KB168126

한국 전통지리학사

"이 저서는 2010년도 대한민국 교육부와 한국학중앙연구원(한국학진흥사업단)을 통해 한국학 특정분야 기획연구 (한국과학문명사) 사업의 지원을 받아 수행된 연구임."(AKS-2010-AMZ-2101)

한국 전통지리학사

초판 1쇄	2015년 12월 30일		
초판 2쇄	2019년 1월 14일		
지은이	오상학	펴낸이	이정원
		펴낸곳	도서출판 들녘
출판책임	박성규	등록일자	1987년 12월 12일
편집주간	선우미정	등록번호	10-156
편집	박세중·이동하·이수연		
디자인	조미경·김원중·김정호	주소	경기도 파주시 회동길 198
기획마케팅	나다연	전화	031-955-7374 (대표)
영업	이광호		031-955-7381 (편집)
경영지원	김은주·장경선	팩스	031-955-7393
제작관리	구법모	이메일	dulnyouk@dulnyouk.co.kr
물류관리	엄철용	홈페이지	www.dulnyouk.co.kr
ISBN	979-11-5925-118-4 (94910)	CIP	2015033457
	979-11-5925-113-9 (세트)		

이 도서의 국립중앙도서관 출판예정도서목록(CIP)은 서지정보유통지원시스템 홈페이지(http://seoji.nl.go.kr)와 국가자료공동목록시스템(http://www.nl.go.kr/kolisnet)에서 이용하실 수 있습니다.

한국의 과학과 문명 002

한국 전통지리학사

오상학 지음

들녘

지은이 오상학

제주에서 태어나 서울대학교 지리학과를 졸업하고 동 대학원에서 조선시대 세계지도 연구로 박사학위를 받았다. 서울대학교 규장각 특별연구원, 국립중앙박물관 학예연구사를 거쳐 현재는 제주대학교 지리교육과 교수로 재직하고 있다. 역사와 지리의 융합적 연구라 할 수 있는 역사지리학에 관심을 갖고, 동아시아의 고지도, 풍수사상의 역사 등을 연구하고 있다. 저서로 『옛 삶터의 모습, 고지도』, 『경기도의 옛 지도』, 『조선시대 세계지도와 세계인식』, 『천하도, 조선의 코스모그래피』가 있고, 공저로 『조선시대 간척지 개발』, 『한라산의 인문지리』, 『하늘, 시간, 땅에 대한 전통적 사색』 등 다수가 있다.

〈한국의 과학과 문명〉 총서

기획편집위원회
연구책임자_ 신동원
전근대팀장_ 전용훈
근현대팀장_ 김근배
전 임 교 수_ 문만용
전임연구원_ 신향숙

일러두기

- 옛 서명과 지도명, 인명은 각 장마다 처음에 등장할 때 한자를 병기하고, 이후에는 가독성을 위해 가급적 한자 병기를 생략했다.

- 중국인명은 과거인은 한자음대로 표기하고 현대인은 중국어 표기법에 따라 표기했다. 일본인명은 과거와 현대의 구분 없이 일본어 표기법에 따라 표기했다.

- 본문에 나오는 지명은 필요에 따라 한자를 병기하되, 한자가 병기되지 않은 지명에 대해서는 "찾아보기"에서 이를 표기해두었다.

- 한글 문헌은 의미가 분명하지 않은 경우만 한자를 병기했으며, 외국 문헌은 원어로 표기했다.

- 지리학사 관련 주요 인물 외에도 시대 파악에 필요한 인물의 생몰연도를 표기했으며, 생몰연도가 미상인 인물에 대해서는 이를 따로 밝히지 않았다.

- 주석은 미주로 하고, 각 장별로 번호를 다시 매겨 정리했다.

- 인용 그림은 최대한 소장처와 출처를 밝히고 저작권자의 허락을 얻었으나 일부 저작권자를 찾지 못하여 게재 허가를 받지 못한 사진은 확인되는 대로 통상 기준에 따른 허가 절차를 받기로 한다.

〈한국의 과학과 문명〉 총서를 펴내며

한국은 현재 세계 최고 수준의 메모리 반도체, 스마트폰, 디스플레이, 철강, 선박, 자동차 생산국으로서 과학기술 분야의 경이적인 발전으로 세계의 주목을 받고 있다. 우리는 한국이 달성한 현대적인 과학기술의 발전을 가능케 한 요인 중의 하나가 한국이 오랜 기간 견지해온 우수한 과학기술 문화와 역사 속에 있다고 생각한다.

문명이 시작된 이래 한국은 항상 높은 수준을 굳건히 지켜온 동아시아 문명권의 일원으로서 그 위치를 잃은 적이 없었다. 우리는 한국이 이룩한 과학기술 문화와 역사의 총체를 '한국의 과학문명'이라 부른다. 금속활자, 고려청자 등으로 대표되는 한국 과학문명의 창조성은 천문학·기상학·수학·지리학·의학·양생술·농학·박물학 등 과학 분야를 비롯하여 금속제련·방직·염색·도자·활자·인쇄·종이·기계·화약·선박·건축 등 기술 분야에서도 다양하게 분명히 드러난다.

우리는 이런 내용을 종합하는 〈한국의 과학과 문명〉 총서를 발간하고자 한다. 이 총서의 제목은 중국의 과학문명에 대한 새로운 인식의 지평을 연 조지프 니담(Josep Needham)의 『중국의 과학과 문명』을 염두에 두고 만들었지만, 우리는 전근대와 근현대를 망라하여 한국 과학문명의 총체적 가치와 의미를 온전히 담은 총서의 발간을 목표로 한다. 나아가 한국의 과학과 문명이 지닌 보편적 가치를 세계에 발신하고자 한다. 지금까지 한국의 과학문명은 세계 과학문명의 일원으로 정당한 가치를 인정받지 못한 채, 중국 문명의 아류로 인식되어왔다. 이 총서에서는 한국 과학문명이 지닌 보편성과 독자성을 함께 추적하

여 그것이 독자적인 과학문명이자 세계 과학문명의 당당한 일원임을 입증하고
자 한다. 우리는 이 총서에서 근현대 한국 과학기술 발전의 역사와 구조를 해
명할 것이며, 이는 인류의 과학기술 발전사를 해명하는 데에 기여할 것이다.

이 총서에서는 한국의 과학문명이 역사적으로 독자적인 가치와 의미를 상실
하지 않았던 생명력에 주목한다. 이를 위해 전근대 시기에는 중국 중심의 세계
질서 아래서도 한국의 과학문명이 독자성을 유지하면서 발전을 지속한 동력을
탐구한다. 근현대 시기에는 강대국 중심 세계체제의 강력한 흡인력 아래서도
한국의 과학기술이 놀라운 발전과 성장을 이룩한 요인을 탐구한다.

우리는 이 총서에서, 국수적인 민족주의나 근대 지상주의를 동시에 경계하
며, 과거와 현재가 대화하고 내부와 외부가 부단히 교류하는 가운데 형성되고
발전되어온 열린 과학문명사를 기술하고자 한다. 이 총서를 계기로 한국 과학
문명에 대한 관심과 이해가 더욱 깊어지기를 기대한다.

마지막으로 〈한국의 과학과 문명〉 총서의 발간이 교육부와 한국학중앙연구
원 한국학진흥사업단의 지원에 크게 힘입었음을 밝히며 이에 감사를 표한다.

〈한국의 과학과 문명〉 총서 기획편집위원회

서양 지리학의 역사가 고대 그리스, 로마 시대로 거슬러 올라가듯이 동양의 지리학도 오랜 연원을 지니고 있다. 『주역(周易)』계사전(繫辭傳)의 "우러러 천문을 관찰하고 아래로 지리를 살핀다[仰以觀於天文, 附以察於地理]."는 구절에서도 드러나듯이 지리는 천문과 더불어 자연학이면서 우주 만물의 원리를 터득하는 기본적인 지식 분야라 할 수 있다. 국가 체제가 확립되면서 지리학은 국가 경영의 기본 학문으로 중시되었다. 강역의 모습을 파악해서 지도로 표현하고 체계적으로 기록하는 것은 국가 경영을 위한 중요 사안이었다.

근대 이전 전통 시대 지리학이 지니는 학문적 중요성은 과학문명사의 관점에서도 여전히 유효하다. 전통 시대 땅(지구)은 인간을 둘러싼 기본적 환경으로 경험적 관찰을 통해 이에 대한 인식을 심화시켜왔다. 땅(지구)에 대한 경험적 관찰과 사유를 거치면서 학문적 체계가 갖추어졌고 후대 학자들의 다양한 저작들이 나오면서 학문이 더욱 성숙되었다. 이러한 과정은 과학문명의 역사와 밀접한 관계를 지니는데, 전통 시대 지리학의 역사는 지상 세계에 대한 인식의 역사이기도 하다.

땅의 과학이라 할 수 있는 전통 지리학의 지식 체계를 명확하게 정의하기란 쉽지 않다. 전통 지리학은 19세기에 학문적 체계화, 전문화가 이루어진 서양의 근대 지리학과 학문적 성격, 범위 등이 다르기 때문이다. 엄밀하게 말한다면 하나의 학문이라기보다는 포괄적인 지식이나 사고(thoughts)에 더 가깝다. 따라서 전통 지리학이라는 용어는 한국에서 서양의 지리학이 도입되기 이전 고대로부터 이어져 내려온 지리적 지식과 사고를 포괄한다.

본서에서 다루고 있는 전통 지리학은 땅을 표현하는 학문인 지도학과 땅을 기술하는 학문인 지지학을 두 축으로 삼고 있다. 현재까지 명맥을 이어오고 있는 풍수도 전통 지리학의 한 분야로 볼 수 있지만 이 책에서는 다루지 않고 있다. 풍수의 학문적 성격이 지도학, 지지학 등과 다르고 전통의 학문 분류에서도 다르게 취급하고 있어서 〈한국의 과학과 문명〉 총서에는 별도의 책으로 수록할 예정이다.

본서에서는 전체 시기를 삼국시대, 고려시대, 조선시대(전기, 후기)로 구분하여 전통 지리학을 정리하고자 했다. 각 시기별로 지리학의 역사를 지도학과 지지학을 두 축으로 삼아 정리했다. 지도학의 경우 필자의 선행 연구에 많이 의지했으며, 지지학의 경우 선학들의 연구 성과에 힘입은 바가 컸다. 한국 전통 지리학의 역사를 고대로부터 통시적으로 기술하려 했지만 남아 있는 사료의 한계로 시대적인 편차를 좁힐 수가 없었다. 전하는 자료가 거의 없는 삼국시대나 고려시대의 내용은 적고 비교적 현존 사료가 풍부한 조선시대의 내용이 많을 수밖에 없었다.

전근대 시기 수백 년에 걸친 학문의 역사를 정리한다는 것은 실로 어려운 작업이다. 필자는 학문적 역량이 일천함에도 무모한 패기 하나로 한국의 전통 지리학을 정리하고자 했다. 그러나 많은 부분에서 능력이 미치지 못함을 고백하지 않을 수 없다. 특히 선학들의 연구 성과들을 리뷰하고 전통 지리학의 새로운 자료들을 발굴하고 정리하는 데는 부족함이 많다. 선학들의 소중한 연구 성과임에도 미처 검토되지 않고 누락된 것들이 많을 것이라 생각한다. 아울러 본서에서 중요한 자료로 소개되지 못한 지도와 지지서들도 꽤 있을 것이다. 이 모든 것들은 필자 본인의 책임으로 후일을 기약하고자 한다. 차후에 강호제현의 질정을 받아 보완하여 보다 완성도 높은 『한국 전통지리학사』를 구축해나가고자 한다.

본서가 세상에 나오기까지 많은 분들의 도움을 받았다. 먼저 연구비를 지원해준 한국학중앙연구원 한국학진흥사업단, 전북대학교 한국과학문명학연구소에 감사를 드린다. 원고를 검토하여 소중한 조언을 해주신 한국과학문명학연구소의 신동원 소장님, 문만용, 신향숙 전임연구원 선생님, 한국과학문명사 집필팀의 고동환 교수님, 전용훈 교수님, 서울시립대학교의 배우성 교수님께 고마움을 표하고 싶다. 아울러 난삽한 원고를 깔끔하게 편집해서 출판해준 들녘출판사의 이정원 대표, 박성규 부대표를 비롯한 편집부 선생님들께 감사를 드린다. 끝으로 언제나 학자의 길을 격려해준 아내 최숙과 아들 해담에게 더없는 고마움을 느낀다.

2015년 12월

한라산 자락에서 오상학

차례

1장 전통 지리학의 내용과 성격

2장 조선시대 이전의 지리학

3장 조선전기의 지리학

4장 조선후기의 지리학

5장 근대적 지리학의 도입과 한계

중국을 중심으로 하는 동아시아 문화권에서 지리학은 천문학과 더불어 오랜 역사적 연원을 지닌 전통 학문으로 인식된다. 『주역(周易)』 계사전(繫辭傳)의 "우러러 천문을 관찰하고 아래로 지리를 살핀다[仰以觀於天文, 附以察於地理]."는 구절에서도 드러나듯이 천문과 지리는 자연학이면서 우주 만물의 원리를 터득하는 기본적인 지식 분야라 할 수 있다.

근대 이전 전통 시대 천문학과 지리학이 지니는 학문적 중요성은 과학 문명사의 관점에서도 여전히 유효하다. 전통 시대 하늘과 땅은 인간을 둘러싼 기본적 환경으로 경험적 관찰을 통해 인식을 심화시켜왔다. 하늘과 땅에 대한 경험적 관찰과 사유를 거치면서 학문적 체계가 갖추어졌고 후대 학자들의 다양한 저작들이 나오면서 학문이 더욱 성숙되었다. 이러한 과정은 과학문명의 역사와 밀접한 관계를 지니는데, 전통 시대의 천문학과 지리학은 각각 하늘과 지상 세계에 대한 인식의 역사라 할 수 있다.

전통 시대의 천문학은 우주의 모습에 대한 사고, 천체 현상에 대한 관찰, 역법의 제작 등을 통해 학문적 체계를 갖추게 되었고 지리학은 땅(지구)의 형상에 대한 관념, 지상 세계의 지도화, 인간 거주지에 대한 기술 등을 통해 학문으로 정립되었다. 지리학은 하늘의 과학인 천문학보다 상대적으로 실용성이 강하다. 천문학은 만물의 주재자인 하늘을 통해 지상 세계의 권위를 얻고자 하는 상징성이 강한 반면, 지리학은 실제 생활에 이용할 수 있는 실용성을 강하게 띠고 있다. 땅의 모습을 지도로 표현하여 지상 세계의 영역을 이해하려 했고, 다양한 지역의 모습을 구체적으로 기술하여 국가 경영에 활용하고자 했던 것이다.

땅의 과학이라 할 수 있는 전통 지리학의 지식 체계를 명확하게 범주화하는 것은 쉬운 일이 아니다. 전통 지리학은 19세기 말에 학문적 체계화, 전문화가 이루어진 서양의 지리학(geography)과는 학문적 성격, 범위 등이 다르기 때문이다. 엄밀하게 말한다면 하나의 학문이라기보다는 포괄적인 지식이나 사고(thoughts)에 더 가깝다. 그러나 여기서는 전통 과학의 다른 분과 학문과의 용어적 통일을 기하기 위해 지리적 사고 대신에 지리학이라는 용어를 사용했다. 따라서 전통 지리학이라는 용어는 한국에서 서양의 지리학이 도입되기 이전 고대로부터 이어져 내려온 지리적 지식과 사고를 포괄한다.

지리학(地理學)은 말 그대로 땅의 이치를 밝히는 학문이다. 이치를 뜻하는 '리(理)'는 합리적 설명과 이해의 의미가 담겨 있다. 그러나 전통 지리학의 스펙트럼은 합리적 설명과 이해를 넘는 다양한 사고까지 포괄하고 있다. 중국을 중심으로 하는 동아시아 사회에서 땅을 대상으로 하는 전통 학문 중에는 풍수(風水)가 있다. 풍수는 땅에 존재하는 기의 흐름을 파악하여 자리를 잡는 일종의 상지기술학(相地技術學)이라 할 수 있는데, 신비적이며 점술적 요소를 다분히 지니고 있다. 이러한 풍수를 지리(地理)라는 용어로 사용하기도 했다. 한국에서는 풍수와 지리를 동일시하여 '풍수지리'라는 용어가 지금까지도 널리 사용된다. 풍수도 땅을 대상으로 한다는 점에서는 전통 지리학의 범주에 포함된다.

그러나 이 책『한국 전통지리학사』에서는 풍수를 제외한 본래적 의미의 지리학을 중심으로 정리했다. 신비적 요소보다는 합리적 설명과 이해를 추구했던 지리적 지식을 탐색하는 것이다. 니담(J.Needham, 1900~1995)

은 『중국의 과학과 문명(Science and Civilisation in China)』에서 '땅의 과학'을 지리학(geography)과 지도학(cartography)을 중심으로 정리했다. 그가 사용한 '지리학(geography)'은 좁은 의미의 지리학으로 지리적인 저술을 의미했는데, 지금의 지지학(地誌學)과 유사한 개념으로 보았다.[1] 이 책에서는 지리학을 지지학과 지도학을 포괄하는 용어로 사용했는데, 현대 지리학의 학문 체계에서는 지리학이 보다 상위 범주의 학문 용어로 취급되기 때문이다.

중국의 경우 중국 지리학사에 대한 단행본 출간이 비교적 이른 시기에 행해졌다. 왕용(王庸)은 1938년 중국 상하이에서 『中國地理學史』를 출간했다.[2] 그는 근대 이전의 중국 지리학을 크게 지도사와 지지사로 나누어 정리했는데, 풍수와 관련된 내용은 수록하지 않았다. 1988년 중국 베이징에서도 중국 지리학사 단행본이 간행되었다. 왕청주(王成組)는 선진(先秦)시대부터 명대에 이르는 중국의 지리학을 지리지와 지도를 중심으로 정리했다.[3] 여기서도 풍수를 지리학의 별도 영역으로 다루지는 않았다.

일본에서는 동양 3국 가운데 가장 먼저 전통 지리학사에 대한 단행본이 간행되었다. 후지다 모토하루(藤田元春)는 1932년 『日本地理學史』를 간행했는데, 지지와 지도를 중심으로 정리했다.[4] 통사적 관점을 유지하고 있지만 시대 구분에 따라 기술하지 않고 주제별로 정리한 점이 특징적이다. 일본 지리학사를 다루고 있으면서도 주변국인 조선과 중국에 관한 내용도 일부 수록되어 있다.

운노 가즈타카(海野一隆)는 2005년 일본의 지리학사를 정리하여 단행본으로 간행했다.[5] 이 책은 그가 생전에 작성한 일본 지리학사에 관한 논문들을 모아서 책으로 엮은 것으로 엄밀한 의미의 통사적 성격의 책은 아니다. 이 책은 2부로 나누어져 있는데, 1부에서는 장소에 관한 지식과 관념을 다루고 있고 2부에서는 장소의 도형적 파악을 다루고 있다. 1부는 지리적 관념과 더불어 지지학적 내용에 해당하고 2부는 지도학적 내용에 해당한다. 분량상으로 2부가 훨씬 많아 지도학사에 치중한 느낌을 준다. 어쨌든 지리학사의 내용 구성을 지지학과 지도학으로 보는 것은 중국의 경우와 다르지 않다.

한국과학문명사 총서의 하나로 기획된 『한국 전통지리학사』는 이와 같은 인식을 바탕으로 전통 지리학을 지도학(지도학사)과 지지학(지지학사) 부분으로 나누어 구성했다. 풍수도 전통 지리학의 영역에 포함되지만 풍수는 지리학뿐만 아니라 자연학이면서 술수학의 성격이 강하고, 합리적 설명과 이해를 추구하는 지도학과 지지학의 성격과는 확연하게 구분되어 별도의 책으로 간행된다. 따라서 『한국 전통지리학사』에서는 각 시기별로 전반부에 지도학, 후반부에 지지학을 배치하여 시계열적으로 고찰하고자 했다.

한국에서 전통 시대 지리학의 학문적 성격이나 범주에 대한 논의는 1789년 정조의 책문(策問)에 답한 정약용의 책문(策文)에서 잘 드러나 있다. 정조는 "곤도(坤道)가 지세를 만듦에 높고 낮음이 생겨서 광륜(廣輪)을 알고 오물(五物)을 분간하여야 하므로 지리학이 생기게 된 것이다."라고 지리학의 기원을 말했다. 이에 대해 정약용은 정조에게 답한 책문에서 "천하에서 다 연구할 수 없는 것은 지리인 반면에, 천하에서 구명하지 않을 수 없는 것도 지리보다 더한 것이 없다고 봅니다."라고 하여 지리학의 중요성을 새삼 강조했다.

정조는 더 나아가 지리학의 학문적 성격과 유용성에 대해 "성야(星野)가 점유하고 곤여(坤輿)가 싣고 있는 명산(名山)·지산(支山)의 분맥(分脈)과 하천이 발원하여 바다로 흘러가는 모습 등을 눈썹처럼 벌려놓고 손바닥처럼 표시하여 그림으로 그리고 기록으로 나타낸 뒤에야 그 토질을 구별하고 이해(利害)를 알아서 생활을 넉넉하게 할 수 있고 교화를 닦을 수 있다고 한다."고 했다. 지도의 제작과 지지의 편찬이 전통 지리학의 두 축임을 명확히 함과 동시에 국가 경영의 필수 학문으로 강조했다.

지리학에 대한 정조의 생각은 다분히 합리적 설명과 이해를 추구하는 전통에 서 있다. 땅을 다루면서도 인간의 화복(禍福)과 관련시켜 해석하는 풍수학을 배제하고 있음을 알 수 있다. 이러한 지리학은 여지학(輿地學)과 동일한 의미를 지닌다. 여지학은 말 그대로 여지(輿地)를 다루는 학문이다.[6] 여지는 땅이 수레[輿]처럼 만물을 싣고 있다는 관념에서 나온 용어로 지표나 땅을 의미한다. 따라서 여지학은 지표(땅) 위의 다양한 사물에 대해 조사하고 기술하고 이를 지도로 표현하는 학문으로 실용적 목적이 강하다.

『대동여지도(大東輿地圖)』를 제작하고 여러 지지서를 편찬한 김정호(金正浩)는 조선시대 대표적인 전통 지리학자라 할 수 있다. 김정호의 지리학은 '좌도우서(左圖右書)'라는 용어에 압축되어 있다. '왼쪽에는 지도, 오른쪽에는 지리서'를 말함인데, 지표상의 다양한 사상(事象)들을 그림으로 표현한 것이 지도이고, 땅의 형상을 체계적으로 기술한 것이 지리지이다. 지도와 지리지를 분리하여 보지 않고 서로 불가분의 관계를 지닌 것으로 이해했던 것이다.

한국의 전통 지리학에 대한 통사적 연구는 해방을 전후한 시기부터 지금까지 여러 학자들에 의해 행해졌다. 초창기 과학사 분야에서 시작되어 지리학, 한국사 분야로 확대되었다. 관련 논문들과 저작들이 축적되어 있지만 아직까지 전통 지리학사에 대한 단행본 출간은 이루어지지 않았다. 다만 2004년 오홍석은 해방 이후 지리학의 흐름을 각 분야별로 정리하여 『현대한국지리학사』로 간행했다.[7]

한국 전통 지리학에 대한 정리 작업은 과학사학자에 의해 처음으로 이루어졌다. 홍이섭은 한국의 과학사를 최초로 정리한 『조선과학사』에서 지리학을 천문학과 더불어 독립된 한 분야로 다루었다.[8] 삼국시대의 지리학과 관련된 단편적인 기록을 소개하고 고려시대에는 지리학과 풍수지리인

음양 사상을 하나의 주제로 정리했다. 조선시대의 지리학은 조선전기의 지도와 관찬 지리지를 다루고 서구 과학이 도입되는 조선후기에 대해서는 실학파의 지리학과 조선지도의 발달을 정리했다. 전체적인 내용은 소략하지만 전통 지리학을 처음으로 정리했다는 점에서 의의가 있다.

전상운은 1966년『한국과학기술사』를 단행본으로 간행하면서 전체 5장 가운데 마지막 장을 지리학 분야에 할당하여 '지리학과 지도'라는 제목으로 고대로부터 조선시대에 이르기까지 지리학의 변천을 다루었다. 그는 풍수지리를 자연지리학설의 선구적 위치에 해당하는 것으로 평가하여 신라말, 고려, 조선 초기의 지리학의 일부분으로 다루기도 했지만 대부분의 지리학 내용은 지도와 지리지로 구성되어 있다.

지리학계에서 전통 지리학에 대한 통사적 연구는 1970년 이찬에 의해 처음으로 행해졌다. 이찬은 고려대민족문화연구소에서 편찬한『한국문화사대계』의 제3권 과학기술사 편에 '한국지리학사'라는 제목으로 고대로부터 일제강점기 이전 1910년까지의 지리학을 다루었는데, 주로 조선시대에 중점을 두고 기술했다.[9] 그는 삼국시대와 고려시대에서 풍수지리를 전통적인 지리 지식의 한 분야로 다루고 있으나 조선시대에서는 지리지와 지도를 중심으로 지리학을 다루고 있다. 전통 지리학의 학문적 성격과 범위를 명확하게 제시하지는 않고 대부분의 내용은 지리지와 지도에 관한 내용으로 이루어져 있어서 지리학과 지도학을 전통 지리학의 양대 축으로 삼았음을 알 수 있다.

1979년 건설부 국립지리원에서『한국지지: 총론』을 편찬했는데, 여기에 '한국의 지지편찬사'와 '한국지도 발달사'를 수록했다. 여기서도 한국의 전통 지리학을 지지와 지도로 나누어 통사적으로 정리했다. '지지편찬사'는 노도양이 정리했으며, 조선 왕조 이전의 지리지와 조선시대의 지리지로 나누어 기술했다.[10] '한국지도 발달사'는 근현대 지도까지 포괄하고 있는

데, 전근대 부분은 이찬이 정리했다.[11] 그는 조선시대 이전, 조선전기, 조선 후기로 시기를 구분하고 세계지도, 전국지도, 관방지도 등을 주요 유형으로 구분하여 기술했다.

최영준은 1992년 조선후기에 한정하여 전통 지리학을 정리했다. 그는 이 시기의 지리학을 지도 제작과 관련된 공간 연구, 지리지의 편찬과 관련된 지역 연구, 자연학에 대한 탐구를 위주로 하는 자연지리 연구, 풍수로 대표되는 인간과 자연과의 관계 연구 등의 네 가지 범주로 구분했다. 지도학 및 지지학과 더불어 천문·기상과 관련한 자연학, 풍수 등도 지리학의 범주에서 다뤘다는 점에서 이전의 저작들과 다르다.

2000년 한국에서 개최된 제29차 세계지리학대회를 기념하여 간행한 『Korean Geography and Geographers』에서 양보경은 전통 지리학을 정리했다. 조선시대를 중심으로 전통 지리학을 자연관과 풍수, 지리지, 지도로 구분하여 기술했다. 특히 전통 지리학에 대한 연구사를 정리하기도 했는데, 실학 지리학을 별도의 장으로 설정하여 정리했다.[12]

전통 시대 지도학에 대한 최초의 단행본은 1971년 이찬에 의해 간행되었다. 이찬은 『한국고지도(韓國古地圖)』라는 제목으로 대형 판형의 지도집을 펴냈다.[13] 다양한 유형의 지도와 더불어 상세한 해설, 그리고 전통 지도학에 대한 논고를 수록했다. 이어 1991년에는 다양한 고지도를 보충하고 해상도 높은 원색 도판을 수록하여 『한국의 고지도』를 간행했다.[14] 당시까지 연구된 성과를 최대한 반영하고 다양한 유형의 지도를 소개하여 지리학뿐만 아니라 여러 학문 분야에서 이용되고 있다.

전통 지도학에 대한 단행본 간행은 역사학자에 의해서도 이루어졌다. 방동인은 1976년 교양국사총서의 시리즈로 『한국의 지도』를 출간했다.[15] 그는 고대로부터 조선시대까지 제작된 지도들을 통시적으로 정리했다. 특히 조선후기에 제작된 정상기의 『동국지도』와 김정호의 『대동여지도』는 근대식 축척 지도로 평가하여 자세히 다루었다. 마지막 부분에서는 산천도, 수리도와 같은 특수 지도를 살펴보았고, 서양의 지도에 표현된 조선의 이미지를 정리했다. 이후 2001년에 방동인은 초기의 저작을 바탕으로 한국지도의 역사를 다시 정리하여 『한국지도의 역사』라는 단행본을 출판했다.[16] 전체적인 체제는 이전 『한국의 지도』의 것과 대동소이하다. 다만 '조선시대 읍지의 편찬과 지도'라는 장을 배치하여 전통 지지학을 한 부분으로 다루었고 이전 책에 없는 다양한 지도 자료를 수록했다.

전통 지도학에 대한 통사적 정리 작업은 이후에도 계속 진행되었는데, 1999년 이상태가 저술한 『한국 고지도 발달사』와 2009년 국토지리정보원에서 간행한 『한국 지도학 발달사』가 그 대표적인 책들이다. 이들 책은 제목에서 드러나듯이 진화론적 관점에서 한국 지도학의 전개 과정을 정리했다. 이상태는 조선시대 지도만을 대상으로 하여 지도의 특징을 역사적 배경과 관련시켜 파악했고 특히 김정호의 지도를 상세하게 다루었다.[17] 『한국 지도학 발달사』는 국토지리정보원의 수탁을 받아 한국지도학회에서 수행한 연구 결과물로서 고지도 발달사와 더불어 근현대 지도 발달사를 비중 있게 다루었다.[18] 해방 이후 국가기관에서 간행한 최초의 지도학 통사라는 점에서 의의가 있다.

외국 학자에 의한 정리 작업도 이루어졌다. 레드야드(G. Ledyard)는 1994년 『The History of Cartography』의 시리즈 8권 가운데 제2권 제2책 「동아시아와 동남아시아의 전통 지도학」편에서 "한국의 지도학"을 집필했다.[19] 이 연구는 이전의 성과와 달리 중국과 다른 한국 지도학의 특성을 문화사적 관점에서 정리했다는 점에서 의의가 있다. 한국의 전통 지도학을 중국 지도학의 아류 정도로 인식했던 외국 학자들의 시각을 돌려놓은 중요한 역할을 했다. 2012년에는 쇼트(J. R. Short)가 한국의 지도학을 정리한 『Korea: A Cartographic History』를 펴냈다.[20] 동양과 서양 지도의 한국 이

미지와 더불어 한국 지도학의 역사를 근현대까지 개략적으로 살펴보았다. 이러한 작업은 한국 지도학의 통시적 이해와 더불어 한국 전통 지도학의 특성을 보다 세밀하게 파악해볼 수 있게 한다.

한국의 전통 지도학사에 대한 선행 연구들의 대부분은 진화론적 관점의 성격이 강한 발달사적 입장에서 지도학사를 다루고 있다. 그러나 단선적 발전을 전제로 하는 발달사적 시각으로는 지도가 지니는 다양한 의미를 캐어보기에는 한계가 있다. 전통 시대의 지도는 과학기술의 영역뿐만 아니라 역사의 기록이며 그 자체로 예술 작품이 된다. 단순히 지리적 실체를 표현하고 있는 것을 넘어 그 시대, 그 지역에서 살았던 인간들의 신념과 가치 체계, 더 나아가 주변 세계에 대한 꿈과 희망도 담겨 있다. 이처럼 고지도는 과학과 예술이 어우러진 독특한 문화 속에서 탄생되며 지역 간 문화 교류를 보여주는 매체이기도 하다.

고지도는 당대의 과학과 예술 그리고 사상이 만나는 지점에 위치하기 때문에 고지도를 읽는 데에는 세심한 주의가 필요하다. 고지도는 다른 문자 언어에 비해 그래픽(graphic) 언어적인 속성을 지니기 때문에 정교한 판독 지식 없이도 접근이 가능하다. 특히 산수화처럼 그려진 그림지도는 누구든지 쉽게 이해할 수 있다. 그러나 고지도도 또한 모양, 크기, 방위, 위치, 상호 관계의 2차원적 조합으로 이루어지고 한 사회의 가치와 이념에 기초하여 표현되기 때문에 제작의 목적, 제작 방법, 이용의 측면에 대한 정교한 이해가 아울러 필요하다. 추상의 수준이 높은 세계지도, 각종의 기호로 표현된 목판본 전도 등은 이러한 예에 해당한다.

동아시아의 문화국가인 한국에서는 고대부터 지도 제작이 이루어진 것으로 보이지만 현존하는 지도들은 대부분 조선시대에 제작된 것들이다. 우리나라의 고지도 역시 다른 문화 요소처럼 대외적인 교류를 통해 발전되어왔지만 우리 나름의 독특한 성격을 지니고 있다. 민족의 영산 백두산에서 전국으로 뻗어 내린 많은 산줄기, 그 사이를 흐르는 하천이 서로 얽혀 이루어진 국토는 독특한 지도 문화를 배태시킨 토양이었다. 그리하여 이웃의 중국이나 일본과는 다른 우리만의 특색 있는 지도들을 제작할 수 있었다.

과거 우리나라에서 제작된 지도들은 현대의 지도 못지않게 다양한 형태를 띠고 있다. 지역 간 문화 교류와 당대인들의 세계관을 보여주는 세계지도, 국토에 대한 인식 체계가 반영된 전도, 지방의 행정구역인 부(府)·목(牧)·군(郡)·현(縣)을 그린 일종의 고을 지도에 해당하는 군현지도, 왕권을 상징하는 장소인 도성을 그린 도성도, 국방이라는 군사적 목적으로 제작되는 관방지도 등으로 크게 분류된다. 이 외에도 풍수지리의 관념에 입각한 산도(山圖), 여행할 때 이용했던 작은 휴대용 지도, 궁궐의 배치를 그린 궁궐도, 하늘의 별자리를 그린 천문도, 토지의 소유관계를 경계로 표시한 지적도 등 실로 다양한 유형의 지도가 제작되었다.

이 책에서는 기존의 진화론적 시각에서 탈피하여 전통 지도학이 지니는 다양한 의미들을 캐어보고자 했다. 고대로부터 1910년 한일강제병합 이전까지 변화의 역동성을 포착하는 통시적 관점을 유지하면서 과학기술사적 의미와 더불어 문화사적 의미를 파악하고자 했다. 이를 위해서는 단순히 현존하는 고지도를 중심으로 탐구하는 것이 아니라 땅에 대한 사고의 변천 과정과 관련하여 지도 제작의 역사를 다루는 것이 필요하다. 특히 『혼일강리역대국도지도』와 같이 세계지도학사에서 손꼽는 뛰어난 지도들을 심층적으로 조명함으로써 조선 지도학의 위상을 제고하고자 했다. 아울러 다양한 유형의 지도가 어떠한 사회적, 문화적 맥락에서 제작되고 이용되었는지 고찰해보았다.

전통 지지학에 대해서도 많은 연구가 축적되었지만 통사적으로 정리한 단행본은 아직 간행되지 않았다. 전통 지지학에 관한 주목할 연구는 1987

년 양보경의 읍지에 관한 연구를 들 수 있다.[21] 조선후기 읍지를 대상으로 한 연구이지만 지리지에 대한 총괄적 검토를 바탕으로 16세기에서 19세기까지 읍지의 성격 변화와 지리적 인식을 검토했다. 그 외의 연구들은 대부분 특정 지리지를 대상으로 한 연구들이고 통사적 연구는 매우 드물다.

서인원은 2002년 조선 초기의 대표적 지리지인『동국여지승람』을 분석하여 단행본으로 펴냈다.[22] 『동국여지승람』의 내용과 편수자 및 수찬자들의 성격을 분석하여 편찬의 역사적 의의를 도출했다. 2012년 윤경진은『고려사』의 지리지를 대상으로 연구한 단행본을 펴냈다.[23] 『고려사』 지리지의 구성과 연혁 정리 방식에 대한 분석을 통해 자료적 성격을 이해하고, 기사에 포함된 오류를 찾아 보정하는 작업으로 이루어져 있다. 지리지를 활용한 연구로는 2003년 박인호가 저술한『조선시기 역사가와 역사지리인식』을 들 수 있다.[24] 그는 조선전기 관찬의 지리지와 조선후기 실학자들의 지리서를 분석하여 역사지리 인식의 변화를 고찰했다. 이처럼 전통 지지학에 대한 통사적 연구는 전통 지도학에 비해서 상대적으로 적은 편이다. 지도학의 경우 하나의 독립된 연구 분야로 인식되는 경향이 많지만 지지학의 경우는 역사학의 하위 분야나 지리학의 분야로 인식되어 지도학처럼 완전히 독립된 분야로 취급되지 못하기 때문이다.

지지학에서도 한국은 오랜 전통을 지녀왔다. 고대부터 중국의 한자를 받아들여 기록 문화를 이루었는데, 국가 경영을 위해 지지서들을 저술하여 이용해왔던 사실들을 단편적인 기록들을 통해 확인해볼 수 있다. 여기에는 국가에서 편찬한 관찬 지지서가 많은 비중을 차지하지만 조선후기에 이르러는 사찬 지지서가 실학자들을 중심으로 활발하게 편찬되었다.

전통 시대의 지지서들을 평가할 때 흔히 '백과사전식 체제'를 지닌 지리서로 평가 절하하는 경향이 있다. 백과사전식 체제는 자연과 인문에 관한 여러 항목을 배열하고 이에 대해 간단하게 기술하는 형식을 말한다. 이는 지역에 대한 종합적 이해를 토대로 주제를 중심으로 기술하는 근대적 지지서와는 분명 다르다. 이러한 형식은 지역에 대한 종합적 이해와는 다소 거리가 있지만 세부적인 요소에 대한 이해를 통해 궁극적으로 지역을 종합적으로 이해하고자 하는 노력에서 나온 것이다. 백과사전식 체제 자체가 문제가 되는 것이 아니라 거기에 수록되는 내용이 새로운 내용들이 아니고 이전 시기의 것을 그대로 베끼는 고식적인 부분이 문제가 된다면 될 것이다. 그러나 이러한 전근대적 형식 그 자체도 당시의 인식을 반영하는 것이기 때문에 세밀한 고찰이 필요하다.

이 책에서는 일제강점기 이전 전통 지지학의 전개 과정을 통시적으로 파악해보았다. 고대 이후 지리지 저술의 역사를 고찰하면서 지리지 양식과 내용의 변천에 주목했다. 특히 조선시대 관찬 지리지와 더불어 민간에서 제작되는 사찬 지리지의 특성을 사회적 맥락 속에서 살펴보았다. 이 과정에서 이중환의 『택리지』와 같은 세계 지지학사에서 중요한 의미를 지니는 지지서는 심층적으로 고찰하여 특장을 부각시키고 가치와 의의를 평가해보았다.

이 책은 이와 같이 전통 시대 지도학과 지지학을 두 축으로 하여 1910년 한일강제병합 이전까지 전통 지리학의 궤적을 과학문명사적 관점에서 정리한 것이다. 지도학과 지지학은 그래픽 언어와 문자언어라는 속성을 지닌다. 발생과 기원의 측면에서는 그래픽 언어가 문자언어보다 오래되었기 때문에 이 책에서는 지도학을 먼저 다루고, 이어 지지학에 대해 기술했다. 지도학과 지지학의 두 분야로 나누어 정리했지만 두 분야는 완전히 서로 분리되어 존재하지는 않는다. 지도에 지지적 기술을 포함하는 경우가 있고 지지서에도 지도를 포함하는 경우도 있다. 따라서 지도학과 지지학은 경우에 따라서는 상보적 관계를 지닌다고 볼 수 있다.

이 책에서는 이러한 부분에 유의하면서 지리적 사고와 지식의 전개 과정을 지구적 차원의 일반성과 지역적 차원의 특수성을 결합하여 해석해 보고자 했다. 기존의 성과들을 계승하고 선행 연구의 미진한 부분들을 보완하고자 했지만 여전히 부족한 부분들이 많다. 집필 작업이 짧은 기간에 이루어지다 보니 기존의 연구들을 일일이 반영하지 못한 아쉬움이 있다. 새로운 자료의 발굴을 통해 전통 지리학의 다양한 양상을 포착하는 것은 앞으로의 과제로 남겨두고자 한다.

統合圖

地形如人立

海圍東西南

唐堯二十五年戊辰東方初有君長名曰檀君降于太白山檀木下都于平壤後移都白岳
太白今之妙香山
白岳今之九月山

督府于平壤爲玄菟等十州都督奈浪臨屯爲東界韓地駕洛國首露王个之金海地 滄海君都介之江陵 高句麗都介之咸川
新羅末又三分 後百濟據完山 泰封據鐵原 髙麗今開城

我 朝都漢陽萬:歲

咸鏡道 二十四官

江原道 二十六官

平安道 四十二官

黃海道 二十三官

京畿道 三十七官

忠清道 五十四官

全羅道 五十

慶尚道 七十二官

東西一千二百三十里
南北三千二百二里
正東江陵距京六百里

八道官名搜錄
監司八
府使六十七
郡七十七

金使五十六
萬戶六十五
鎮五十六

欝陵島
楸島
椒島
白翎
珍島
巨濟
對馬島
日本

1장

전통 지리학의 내용과 성격

전통 지리학의 사상적 기초

1. 전통적 천지관과 세계관

인간을 둘러싼 주변 세계는 크게 하늘[天]과 땅[地]으로 나눠볼 수 있다. 천체 공간인 하늘에는 해와 달 그리고 여러 별이 떠 있고, 비·구름·눈·바람 등 각종 기상의 변화를 몰고 오면서 인간 생활에 많은 영향을 끼친다. 반면에 땅은 인간 생활이 이루어지는 공간으로 여기에는 동·식물을 비롯하여 인간의 생존에 필요한 각종 자원이 존재한다. 오래전부터 인간은 이러한 주변 세계에 대해 관심을 갖고 독특한 인식을 지녀왔는데, 이는 각 문화권마다 다양한 형태로 나타난다.

동아시아 문화권에서는 "하늘은 둥글고 땅은 네모졌다."는 천원지방(天圓地方)의 관념이 가장 기본적인 천지관이다. 이러한 관념은 인간을 둘러싼 세계에 대한 경험과 관찰을 통해 형성된 것이다. 원(圓)은 움직이는 하늘을, 방(方)은 정지해 있는 땅을 상징하는데, 북극성을 중심으로 하는 항성의 일주운동을 보고 천원(天圓)이라 생각했고 태양 운행의 계절에 따른 변화를 보고 지방(地方)이라 했던 것이다. 천원지방은 천지에 대한 원형적(原型的) 사고로서 서구의 지구설을 수용하기 이전까지 이어져 내려왔다.

원과 사각형에 의해 세계를 형상화하고 상징하는 것은 고대 중국에서만 특이하게 존재하던 사고는 아니었다. 원은 '완전'의 상징으로 고대부터 우주의 개념을 파악하는 데 큰 영향을 미쳤으며, 인간이 만든 최초의 기하학적 형태이자 가장 오래된 상징의 하나였다. 이러한 원형은 불교의 가르침을 도상으로 표현한 인도의 만다라에서도 흔히 볼 수 있다. 사각형은 땅을 상징하는데, 고대 헤브루인들도 세계는 바다로 둘러싸인 사각형의 땅이라고 여겼다.

인간은 본래 사선보다도 수직선과 수평선을 선호하는 경향을 지니고 있었으며 고대로부터 하늘은 원형으로, 땅은 직선과 관련된 형태로 인식했다. 이렇듯 기초적 도형인 원과 사각형으로 세계를 표현하는 것은 일종의 원형적 사고로 볼 수 있다. 원형(原型)은 어떤 형상이나 외관을 구성하면서 인간 심리의 깊은 곳에 내재하는 원초적인 관념이나 이미지로, 시간과 공간이 달라도 유사하게 나타날 수 있다.

천원지방을 천지의 형태로서 받아들일 때, '둥근 하늘과 네모진 땅' 이상의 구체적인 모습을 제시한 것은 아니다. 특히 원형인 하늘과 방형인 땅이 곡면인지 평면인지 뚜렷하지 않다. 대부분 사물의 형태에 비유하는 형식으로 표현되었다. 이런 연유로 천원지방의 천지 형태에 대해 비판이 제기되었다. 즉, 천지의 형태가 원형과 방형이라면 하늘이 네모진 땅을 가릴 수 없다는 문제를 제기하며 천원지방을 형태적인 관점보다는 형이상학적 관점에서 이해하려고 했다. 천원지방이 실제 하늘과 땅의 모습을 나타내는 것이 아니라 대상의 성질에서 추출한 메타포라고 보기도 했다. 그러나 둥글고 모난 것이 형상을 묘사하는 단어인 점을 고려할 때 천원지방이라는 개념이 천지의 형태와 무관하다는 주장은 지나치게 일면을 부각시킨 것이라 판단된다. 오히려 천원지방이라는 개념은 천지의 형태를 기본적인 도형으로 추상화한 것이라 할 수 있으며 이후 학자들에 의해 형이상학적 해석이 덧붙여졌다고 보는 것이 타당할 것이다.

이러한 천지관을 바탕으로 중국 문화권에서는 하늘과 땅이 독립적으로 분리되어 존재하는 것이 아니라 유기적인 관계를 맺고 있다는 천지상관(天地相關)적 사고가 오랫동안 유지되었다. 서양에서는 천상의 세계가 지상의 세계와 분리된 신이 주재하는 영역이지만, 동양에서는 지상의 질서가 천상에 투영되기도 하고 천상의 변화가 지상 세계에 영향을 미치는 것으로 인식되었다.

이후 천원지방의 관념은 한반도에서도 대표적인 천지관으로 자리 잡게 되었다. 고구려의 고분벽화에서도 이러한 흔적을 볼 수 있으며, 신라 첨성대의 모습도 천원지방을 상징하는 것으로 이해되기도 한다.[1] 천원지방의 관념은 고려시대를 거쳐 조선시대까지 꾸준히 이어져 내려오게 되는데, 천지에 대한 가장 상식적이면서 일반적인 사고로 수용되었다. 이러한 사고는 지도뿐만 아니라 각종의 문학·예술 작품에서도 표현되고 일상생활의 도구에 반영되기도 했다(그림 1).

천원지방의 천지관을 바탕으로 중국과 한국에서 이어져 내려온 전통적인 지리적 세계관은 중화적 세계관이다. 고대 중국에서는 그들이 살고 있는 공간을 세계의 중심으로 생각하는 중화적 세계관이 형성되었다. 가운데에

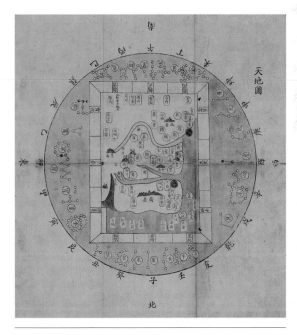

〈그림 1〉 「천지도」(18세기, 국립중앙박물관 소장)

중국인 중화(中華), 그 주위에 이민족의 거주지인 사해(四海), 그 외부에는 미지의 공간인 대황(大荒) 또는 사황(四荒)이 배치되어 있는 동심원적 구조를 띠고 있다. 중심-주변의 지리적 관계에서 생겨난 중화적 세계관은 이후 문화적 차원의 화이관(華夷觀)으로 발전되어 중국을 문명화된 화(華), 이민족을 야만 상태의 이(夷)로 구분했다. 이러한 중화적 세계관은 시대에 따라 다소의 변화가 있었지만 본질적인 요소는 꾸준히 이어져 내려왔다.

중심과 주변의 구분을 통해 형성된 중화적 세계관의 원형은 중국에서 가장 오래된 지리학적 문헌이라 할 수 있는 『서경(書經)』의 「우공(禹貢)」편에서 볼 수 있다. 여기에는 소박한 중화적 세계관이 정치적, 문화적인 차원으로 추상화되어 나타난 오복설(五服說)이 수록되어 있는데, 이는 계층적인 지역 구분으로 국토의 이상적 형태를 표시한 것이다. 500리 단위로 지역을 구분하여 중심지인 왕기(王畿), 왕성의 곡식을 확보하기 위한 지역인 전복(甸服), 경대부(卿大夫)·남작(男爵)·제후(諸侯)가 관할하던 후복(侯服), 문치(文治)와 무단정치(武斷政治)가 병존하는 수복(綏服), 오랑캐[夷]와 경죄인이 거주하는 요복(要服), 오랑캐[蠻]와 중죄인이 거주하는 황복(荒服) 등으로 구분하고 있다.

1743년 정지교(鄭之僑)가 편집한 『육경도(六經圖)』에 수록된 「요제오복도(堯制五服圖)」는 오복설을 모식적으로 표현한 것이다(그림 2). 중심에서 주변으로 가면 왕화의 정도, 문명의 수준 등이 낮아진다. 동심원적 구조를 지니고 있으면서도 원이 아닌 사각형의 구조를 띠고 있는 것이 이채롭다. 이것은 일종의 지도로서 당시 방형의 대지라는 세계 인식에 기초한 것으로 볼 수 있다.[2]

『서경』「우공」에 수록된 소박한 중화적 세계관은 고대 중국의 지리서인 『산해경(山海經)』에서도 볼 수 있다. 그러나 『산해경』에서 보여주는 세계는 「우공」보다는 훨씬 확대된 것이었다. 『산해경』은 「산경」, 「해경」으로 구성되어 있는데, 이들이 기술하고 있는 공간의 구조를 보면 중국을 중심으로 그 주위에 해내제국(海內諸國), 그 외방에 해외제국(海外諸國), 그리고 그 바깥에는 대황제국(大荒諸國)이 에워싸고 있다.

중화적 세계관은 지도 제작과 관련해서 더욱 뚜렷하게 나타난다. 『주례(周禮)』에서 언급되었듯이 일찍이 중국 고대에서는 직방씨(職方氏)라는 관직을 두어 천하의 지도를 관장하게 했다. 이를 통해 방국(邦國), 도비(都鄙), 사이(四夷), 팔만(八蠻), 칠민(七閩), 구맥(九貉), 오융(五戎), 육적(六狄)의 사람들과 그 재용(財用), 구곡(九穀), 육축(六畜)의 수(數)를 분별하여 그 이익과 해로움을 두루 파악하고자 했다. 이러한 현실적 필요에 의한 지도 제작의 경향은 이후 세계지도에

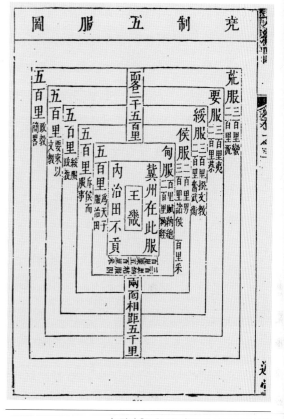

〈그림 2〉 「요제오복도」(1743년, 『육경도』에 수록)

도 반영되어, 제왕의 통치가 행해지는 중화세계는 상세하게 묘사되지만 이민족의 영역 또는 이역(異域)은 지명만 표기되는 정도로 간략하게 처리되었다. 전체의 세계 가운데 중요한 것은 중국과 그 주변의 조공국으로, 이들로 구성되는 세계가 바로 직방세계(職方世界)이다.[3] 중국에서 제작된 전통적인 세계지도는 대부분 직방세계를 표현하고 있다. 1136년 송나라 때 제작된 석각 『화이도(華夷圖)』도 직방세계를 중심으로 그려졌는데, 지도에는 중국을 가운데에 크게 그리고 주변의 일부 조공국들을 배치해놓았다.

중화적 세계관은 유교의 수용과 함께 한국에서도 대표적인 세계관으로

자리 잡게 되었다. 중화적 세계관은 지리적 중화관과 문화적 중화관인 화이관을 포괄하는 것으로 유교적 사고의 토대를 이룬다. 따라서 중화적 세계관의 수용은 유교[유학]의 수용과 밀접한 관련을 지니게 되는데 불교가 사회 전반에 많은 영향을 미쳤던 고려시대에는 불교적 세계관에 비해 상대적으로 미약했던 것으로 보인다. 그러나 이규보(李奎報, 1168~1241)와 같은 일부 유학자는 중화적 세계관을 적극 수용했다.

조선시대에 접어들어 유교적 원리가 사회의 전 분야를 지배하게 됨에 따라 중화적 세계관은 이 분야에서 최고의 지위를 확보하게 되었다. 억불숭유 정책으로 인해 불교적 세계관은 더 이상 전면에 부각될 수 없었다. 그리하여 이 시기에 제작되는 대부분의 전통적인 지도들은 천원지방의 천지관과 중화적 세계관에 기초하여 제작되었다. 이러한 흐름은 이후 19세기까지 계속 이어지면서 조선시대 지리 인식의 주류를 형성하게 된다.

중화적 세계관과 더불어 전통 지리학에 영향을 준 사상으로는 불교적 세계관을 들 수 있다. 불교의 세계관은 수미산을 중심으로 구성되는 지상 세계를 표현한다. 수미산(Sumeru, 蘇迷盧)을 중심에 두고 각각 7개의 산[육지]이 둘러싸고 있고 바깥쪽 주위는 바다[외해]로 이를 철위산(鐵圍山, Cakra-vada-parvata)이 둘러싸고 있다. 외해에는 각각 두 개의 중주(中洲)를 지닌 사대주(四大洲)가 있는데 남쪽에 있는 것이 염부제(閻浮提 Jambudvipa, 贍部洲), 북방에 울단월(鬱單越 Uttarakuru, 俱盧洲), 동쪽이 불파제(弗婆提 Purvavideha, 勝身洲), 서방이 구야니(瞿耶尼 Avaragodaniya, 牛貨洲)이다. 수미산을 둘러싸는 7개의 산은 황금으로 이루어져 칠금산(七金山)이라 부르고 수미산, 철위산과 바다를 총칭하여 구산팔해(九山八海)라 한다. 이러한 지리적 세계관은 남송 때 지반(志磐)의 『불조통기(佛祖統紀)』에 수록된 「사주구산팔해도(四洲九山八海圖)」에 잘 표현되어 있다(그림 3).

『장아함경(長阿含經)』에 의하면, 사대주 중에서 남쪽 대륙은 남쪽이 좁고

 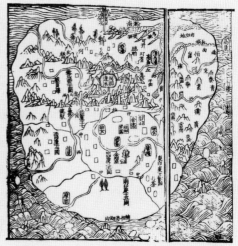

〈그림 3〉 「사주구산팔해도」(1269년, 「불조통기」에 수록)   〈그림 4〉 「남섬부주도」(1607년, 「법계안립도」에 수록)

북쪽이 넓은 사람의 얼굴 모습이고, 북주는 방형, 서주는 원형, 동주는 반월형으로 되어 있다 한다. 남주[또는 남섬부주]는 인도를 포함하는 대륙으로 인간이 사는 현실 세계다. 남주의 형상은 인도반도의 형상에서 착상한 것이다. 이러한 불교적 세계관은 『남섬부주도(南贍部洲圖)』와 같은 세계지도에 잘 표현되어 있다(그림 4). 그러나 불교적 세계관은 인도를 세계의 중심에 배치하기 때문에 중화적 세계관이 강한 중국이나 한국에서는 널리 수용될 수 없었다. 다만 고려시대와 같이 불교가 사회적으로 커다란 영향을 미칠 때는 불교적 세계관이 전통 지리학에도 반영되었을 것으로 보인다. 고려시대 윤포(尹誧, 1063~1154)의 『오천축국도(五天竺國圖)』는 이의 대표적인 사례라 할 수 있다.

2. 풍수적 지리 인식

천원지방의 천지관, 중화적 세계관과 더불어 전통 지리학의 토대를 이루는 사상으로 풍수를 들 수 있다. 풍수는 통일신라시대 중국에서 도입된 이래 왕족을 비롯한 지배 계층뿐만 아니라 후대에는 민간에까지 깊이 뿌리를 내려 일상생활의 여러 부분에서 영향을 끼쳤던 전통 사상 가운데 하나이다. 풍수는 땅속에 있는 기(氣)의 흐름을 파악하여 자리를 잡음으로써 재앙을 막고 복을 추구하는 일종의 전통적인 기술학(技術學)에 해당한다.[4]

이것은 본래 인간이 자연과 더불어 생활하면서 경험적으로 터득한 지혜의 산물이다. 풍수(風水)는 글자 그대로 바람과 물을 가리킨다. 과거 농경 사회에서 바람을 막고 물을 얻는 것은 인간의 생활을 영위하기 위한 가장 중요한 문제였다. 이러한 삶의 기초적인 문제를 해결하기 위해 생겨난 것이 바로 풍수인 것이다. 이후 중국 고대의 음양오행론과 동양의 자연철학인 주역의 원리들을 바탕으로 보다 정교하게 논리적인 체계를 갖추게 되었다.

중국에서 형성·발전된 풍수는 통일신라 이후 당나라와의 문화적 교류가 빈번하던 때에 우리나라로 전래되었다. 도선(道詵, 827~898)과 같은 승려가 풍수의 보급에 큰 역할을 담당했고, 민간에서보다 주로 왕족이나 귀족 그리고 지방의 호족 세력을 중심으로 받아들여졌다. 고려의 태조 왕건은 풍수를 정치적으로 이용하여 고려 왕조의 개국을 합리화하기도 했는데 "삼한 산천의 도움에 힘입어 왕업을 성취했다."고 한 「훈요십조(訓要十條)」에 잘 나타나 있다. 또한 묘청(妙淸, ?~1135)은 풍수도참설(風水圖讖說)을 이용하여 서경으로의 천도를 주장하면서 난을 일으키기도 했다. 이처럼 풍수는 고려의 전 시기에 걸쳐 불교와 더불어 커다란 정치적인 영향력을 행사하기도 했다.

태조 이성계(李成桂, 1335~1408)가 조선 왕조를 개창하고 도읍을 정할 때도 역시 풍수지리를 이용했다. 조선 왕조의 정통성을 확립하기 위해서는 고려 왕조의 수도였던 개성을 떠나 새로운 왕도를 건설하는 것이 무엇보다 시급한 과제였다. 이 과정에서 여러 왕도(王都)의 후보지가 거론되었으며 신하들에 의해 논쟁이 벌어지기도 했다. 특히 정도전(鄭道傳, 1342~1398)과 무학대사(無學大師, 1327~1405)가 서울의 왕궁 위치와 그 방향을 놓고 벌인 논쟁은 야사에 전해져 내려오기도 한다. 당시 무학대사는 한양의 형세상 인왕산을 주산으로 하여 동쪽을 향해 궁궐을 배치할 것을 주장했고, 반면에 정도전은 임금은 남쪽을 바라보며 정사를 펼쳐야 하기 때문에 북악을 주산으로 삼고 남향으로 궁궐을 세워야 한다고 했다. 결국 정도전의 주장대로 북악을 주산으로 하여 경복궁이 건설되었는데, 이처럼 풍수는 왕도의 선정과 궁궐의 배치에도 큰 영향을 끼쳤다.

이후 도성의 천도와 관련된 풍수적인 논의는 광해군 시기 교하천도론(交河遷都論)이 있었을 뿐 다른 예는 역사상에 거의 드러나지 않는다. 그러나 풍수는 왕도의 선정 외에 읍치의 위치 결정, 마을의 공간 배치, 집터 잡기 등을 비롯하여 왕릉의 자리 선정, 사대부를 비롯한 일반 백성들의 묏자리 잡기 등 생활의 다양한 영역에서 이용되어왔다. 고려시대처럼 정치적으로 이용되기보다는 일상생활의 영역으로 스며들게 된 것이다.

풍수는 크게 양택풍수(陽宅風水)와 음택풍수(陰宅風水)로 구분된다. 살아 있는 자를 중심으로 집터나 마을의 입지, 더 나아가 한 나라의 도읍을 결정하는 문제들을 다루는 것이 양택풍수다. 반면에 죽은 자를 위한 터잡기로서 묏자리를 잡는 것이 음택풍수에 해당한다. 양택이든 음택이든 간에 땅속에 흐르는 생기를 살펴 터를 잡아 재앙을 피하고 복을 추구하는 점은 동일하지만 내부의 논리 구조는 다소의 차이를 보이고 있다. 양택인 경우는 길지인 명당에 살고 있는 사람에게 생기의 작용이 미치지만 음택풍수인 경우는 생기의 작용을 받은 유골이 그 음덕을 자손에게 물려준다고 하여 그 자체가 합리적인 설명이 힘든 신비적인 요소를 포함하고 있다.

살아 있는 자를 위한 양택풍수는 국도(國都), 고을의 읍치(邑治), 촌락, 집터를 결정하는 데에 큰 영향을 끼쳤을 뿐만 아니라 지역 공동체를 안정적으로 유지하는 데에도 중요한 기능을 담당했다. 한 고을이나 마을에서 지형지세상 결점이 많은 허한 부분을 인위적으로 보완하거나 특정의 상징물을 세워 재난을 경계하기도 했다. 지세가 낮은 곳에 인공적으로 산을 만들고 침수가 잦은 곳에는 숲을 장양(長養)하기도 했으며, 바람이 휘돌아드는 곳에 돌탑 같은 것을 세워 마을의 화재를 예방하기도 했다. 이처럼 양택풍수는 터 잡는 것뿐만 아니라 주민이 심리적으로 안정감을 얻을 수 있도록 주변의 환경과 경관의 배치를 조절하기도 했다.

이러한 풍수적 지리 인식을 바탕으로 조상들은 전통적으로 국토를 생명체인 인간의 모습에 비유해왔다. 중국을 향해 바라보는 인간의 형상으로 백두산 쪽이 머리, 그 아래 지역이 몸통, 그리고 제주도와 대마도는 양발이 된다. 인간적 국토 인식은 다음의 인용문에서 잘 표현되어 있다.

> 대체로 우리나라의 지형은 북쪽은 높고 남쪽은 낮으며 가운데는 좁고 아래쪽은 넓다. 백두산은 머리가 되고, 대관령은 등성마루가 되어 마치 사람이 머리를 기울이고 등을 굽히고 선 것 같다. 그리고 대마도와 제주도는 양쪽 발 모양으로 되었는데, 해방(亥方, 북북서)에 앉아서 사방(巳方)을 향했다 하니 곧 감여가의 정론이다.[5]

이에 따라 백두산에서 뻗어 내린 산줄기는 근골(筋骨)이 되고, 그 사이를 흐르는 강줄기는 혈맥(血脈)이 된다. 근골과 혈맥이 분리되어 존재할 수 없듯이 산줄기와 강줄기도 분리하지 않고 통일적으로 파악하고자 했던 것인데 이것이 바로 산수분합(山水分合)의 원리다. 이는 산천을 대칭적이면서 조화를 이루는 음양의 구조처럼 이해하여 서로 분리하지 않고 통일적으로 인식하는 것이다. 산지와 하천이 적절하게 조화를 이루며 형성된 국토 공간의 특성을 반영하는 한국적 국토 인식의 원리라 할 수 있다.

풍수적 지리 인식에 기초한 이러한 사고는 전통 지리학에 반영되어 있는데, 지지학보다는 지도학에서 흔히 볼 수 있다. 조선시대 때 제작되는 대부분의 전도에는 국토의 조종산(祖宗山)인 백두산을 강하게 부각시키고, 여기에서 뻗어 내린 산들을 개별적인 산이 아닌 연맥(連脈)의 형태로 표현했다. 이러한 표현은 산줄기를 용맥(龍脈)으로 인식하는 풍수적 사고에서 비롯된 것으로 연맥식 산지 표현은 한국 전통 지도학의 독특한 특징으로 지적되고 있다.[6]

〈그림 5〉의 『조선팔도통합도』를 보면 풍수적 사고에 바탕을 둔 국토관이 반영되어 있음을 알 수 있다. 백두산에서 뻗어 내린 산줄기가 연맥의 형태로 그려져 있고, 팔도의 각 지역은 방위에 따라 채색이 다르게 되어 있다. 지도의 여백에는 "땅의 형태가 사람이 서 있는 것과 같다[地形如人立]."고 하여 국토를 사람의 형상에 비유하고 있다. 아울러 '해좌사향(亥坐巳向)'이라는 국토의 좌향(坐向)을 제시하고 있는데, 방위를 중시하는 풍수적 영향이 반영된 것을 볼 수 있다. 풍수적 사고는 전도뿐만 아니라 군현지도와 같은 미시적 지역을 그린 지도에서도 볼 수 있다. 읍치에 이어지는 주맥을 강조하여 표현하거나 읍치의 산줄기를 마치 산도의 경우처럼 환포(環抱)형으로 표현하는 사례를 들 수 있다.

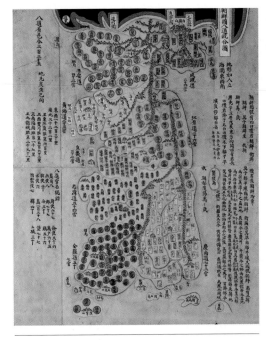

〈그림 5〉 『조선팔도통합도』(19세기, 서울역사박물관 소장)

전통 지도학의 특성[7]

1. 지도 제작의 사회사

1) 제작의 주체

중앙집권적 관료 체제였던 전통 시대 왕조 국가에서 지리적 정보는 국가 경영의 중요한 기초 자료였다. 따라서 각 지역의 정보가 수록된 지지와 지도의 제작 사업은 고대부터 국가기관의 관장하에 이루어진 것으로 보인다. 앞서 언급한 것처럼 중국에서는 고대에서부터 직방씨(職方氏)라는 관직을 두어 천하의 지도를 관장하게 했는데, 이러한 전통이 후대에도 지속적으로 내려왔다.

중국과 달리 우리나라의 경우 지도 제작만을 전담하는 관서는 없었던 것으로 보인다. 조선시대 『경국대전(經國大典)』과 같은 법전에는 지도 제작을 관장하는 기관이 명시되어 있지 않다. 조선 세조 때 지도 제작을 주도했던 양성지(梁誠之, 1415~1482)가 공조(工曹)에서 국가의 지도 및 지적과 관련된 법령의 제정을 청하는 상소를 올렸던 사실로[8] 보더라도 당시 지도 제작을 전담하던 기관은 없었던 것으로 보인다. 다만 조선 초기 태종 때의 육조의 직무 분담과 소속을 상정(詳定)하는 계문에 지도의 고열(考閱)을 병조(兵曹)의 무비사(武備司)에서 담당했다고 하는데[9], 제작된 지도를 검토, 수정하는 정도였다고 판단된다. 전담 기관에 의한 지도 제작보다는 시기별로 다양한 기관에서 지도를 제작하거나 또는 여러 관료들의 공동 작업을 통해 제작되었다.

지도 제작을 주도하는 관료와 더불어 화원(畵員), 상지관(相地官), 산사(算士) 등의 실무진이 참여했는데, 산천의 형세를 상지관이 파악하면 산사가 구체적으로 방위나 거리들을 측정한 후 그림에 정통한 화원이 직접 지도를 그리는 방식을 취했던 것으로 보인다. 지도 제작에 다양한 분야에서의 참여는 전통 시대 지도 제작이 지니는 특성에서 비롯된 것으로, 이러한 경향은 개화기 근대적 지도 제작술이 도입될 때까지 유지되었다고 볼 수 있다. 즉, 전통 시대의 지도 제작은 전체적인 산천의 형세 판단, 그리고 각지의 방위와 거리 측정, 이를 토대로 직접 그리는 작업이 종합적으로 어우러져 이루어졌던 것이다.[10]

실지의 측량과 답사에 기초한 지도 제작과는 달리 주로 편집에 의해 제작되었던 세계지도의 경우에는 다양한 부서와 분야가 참여하기보다는 특정 기관이 전담하여 제작하기도 했다. 이 경우에도 항상 특정 기관만이 제작을 주도했던 것은 아니고 시기별로 주도했던 기관이 다르게 나타나는데, 주로 의정부·홍문관·관상감 등의 기관이 대표적이다. 이 가운데 1402년에 행해진 『혼일강리역대국도지도(混一疆理歷代國都之圖)』의 제작은 의정부가 제작을 주도했던 가장 대표적인 예이다.

지도 제작은 중앙관청에서 주도하는 것 외에 지방관청에서도 활발하게 행해졌다. 각도의 감영, 병·수영을 비롯하여 일반 군현에서도 지도 제작이 이루어졌다. 지방관청의 지도 제작은 지리에 능통한 관료가 관장하고 서리가 그를 보좌하여 기존에 있는 구본을 바탕으로 다시 수정·보완하는 형식을 띠고 있다.[11] 이 경우 실제 지도를 그리는 작업은 지방의 화원이 담당했던 것으로 보인다.

조선에서는 국가기관과 더불어 민간에서도 지도가 제작되었다. 특히 양대 전란을 겪은 후 민간 주도의 지도 제작이 전기에 비해 매우 활발하게 진행되어 뛰어난 지도들이 민간에서 제작되었다. 조선전기에도 일부 관료 출신의 사대부 계층을 중심으로 지도의 사장(私藏)이 이루어졌지만, 조선 후기에는 이러한 현상이 광범하게 나타나면서 민간에서도 뛰어난 지도 제작자들이 나타나게 되었다. 그리하여 이러한 지도가 조정에 알려져 다시 제작되어 국가적 차원에서 활용되기도 했다.

민간에서의 지도 제작은 각종의 지리적 정보에 접근이 용이했던 관료 출신의 사대부나 유학자들을 중심으로 전개되었다. 조선후기 민간에서 지도 제작을 선도했던 가장 대표적인 인물로 김수홍(金壽弘, 1601~1681)과 윤두서(尹斗緒, 1668~1715)를 들 수 있다. 김수홍은 1666년『천하고금대총편람도(天下古今大總便覽圖)』라는 세계지도를 제작했고, 1673년에는『조선팔도고금총람도(朝鮮八道古今總覽圖)』라는 조선전도를 목판 인쇄본으로 제작했다. 그의 지도에는 이례적으로 간기와 제작자를 명시하고 있는 점도 특징적이다.[12] 이처럼 사적 개인으로서 목판본 지도로 세계지도와 조선전도를 간행했다는 것은 이 시기 지도 제작과 관련된 사회적 환경이 전기에 비해 많이 달라졌음을 시사하는 것이다.

그림에 뛰어났던 윤두서는 전도인『동국여지지도(東國輿地之圖)』와『일본여도(日本輿圖)』를 제작했는데 현재 해남의 녹우당에 남아 있다. 윤두서는 고산(孤山) 윤선도(尹善道, 1587~1671)의 증손자로서 당쟁이 극심하던 시기에 관직 진출을 포기하고 평생 학문에 전념했다. 그의 학문은 전통적인 성리학을 바탕으로 실학과 서양 문물까지 수용했으며, 천문·지리·의학·수학·음악·서화 등 다방면에 능통했다. 특히 지리에도 관심을 기울여 일찍이 중국지도를 탐구했고, 조선의 산천에 대해 연구를 거듭하여 지도를 직접 제작했다. 그의 지도는 이후 정약용(丁若鏞, 1762~1836)과 같은 대학자에 의해 열람되기도 했다.[13]

　무엇보다 조선후기 민간 주도의 지도 제작은 농포자(農圃子) 정상기(鄭尙驥, 1678~1752)에 의해 한 획이 그어진다. 그는 벼슬을 단념하고 향촌에 은거하면서 『동국지도(東國地圖)』라는 뛰어난 지도를 제작했다. 정상기의 『동국지도』는 1757년 조정에 알려진[14] 이후 관청에서 적극 활용하게 되는데, 이는 정상기의 지도가 행정, 군사적 용도로는 최적의 요건을 갖추고 있었기 때문으로 보인다. 이의 대표적인 사례는 1770년 신경준(申景濬, 1712~1781)의 『동국여지도(東國輿地圖)』 제작 사업이다. 그는 영조의 명을 받아 『동국문헌비고(東國文獻備考)』와 짝할 수 있는 지도를 만들었는데, 이때 기본도로 사용된 것이 정상기의 『동국지도』였다. 이를 토대로 도별도(道別圖), 군현지도(郡縣地圖) 등을 제작했던 것이다. 이렇게 제작된 지도는 이후에도 관에서 계속 모사되면서 널리 이용되었다.

　민간에서도 정상기의 『동국지도』는 많은 사람들에 의해 지도 제작에 이용되었다. 특히 해주정씨 가문의 정철조(鄭喆祚, 1730~1781), 정후조(鄭厚祚, 1758~1793) 형제는 정상기의 지도를 바탕으로 수정, 편집하여 더 뛰어난 해주본(海州本)을 제작하기도 했다. 또한 이후에 제작되는 많은 전도들은 정상기의 대전도를 바탕으로 축소한 것들인데, 『도리도표(道里圖表)』(한양에서 전국 각지의 간선도로망을 표로 정리한 책)에 수록된 전도, 19세기 전반에 제작된 목판본 『해좌전도(海左全圖)』 등이 대표적이다.

　정상기와 더불어 민간에서 지도 제작을 주도했던 인물은 김정호의 『청구도(靑邱圖)』 범례에서 거론하고 있는 윤영(尹鍈, 1611~1691)과 황엽(黃燁,

1666~1736)을 들 수 있다.[15] 윤영은 그 생애에 대해 알려진 것은 거의 없고 압록강, 두만강의 접경 지방을 중심으로 그려진 관방지도를 제작했던 것으로 보인다.[16] 황엽은 산천의 험하고 평탄함과 도리(道里)의 원근을 알아서 『여지도』와 『지도연의(地圖衍義)』를 만들었다고 전해진다.[17] 이러한 인물 외에도 『환영지(寰瀛誌)』를 저술한 위백규(魏伯珪, 1727~1798), 서구식 세계지도인 『만국전도(萬國全圖)』를 모사·제작했던 하백원(河百源, 1781~1844)이 있다. 아울러 박규수(朴珪壽, 1807~1876)는 용강현령 시절에 오창선(吳昌善)과 안기수(安基洙)의 협조로 우리나라 전도인 『동여도(東輿圖)』를 제작했다.[18]

이상의 양반 사대부에 의한 지도 제작 외에도 주지하는 바와 같이 고산자(古山子) 김정호(金正浩, 1804?~1866?)와 같은 중인 계층의 사람들도 뛰어난 지도들을 제작했다. 『대동여지도(大東輿地圖)』를 제작한 김정호의 경우는 신헌(申櫶, 1810~1884)이라는 고위 무관의 후원이 있었기 때문에 순수한 민간 차원의 지도 제작이라고 보기 힘들지만 1834년 그의 초기 작품인 『청구도』와 같은 것은 관의 지원 없이 순수한 개인적 차원의 지도 제작 사업으로 볼 수 있다. 그밖에 알려지지 않은 많은 사람들이 민간의 지도 제작에 참여했음을 현존하는 지도를 통해 짐작해볼 수 있다.

2) 제작과 이용의 목적

국가가 주도하는 지도 제작의 경우 행정, 군사적인 목적이 주를 이루고 있다. 행정 목적으로 제작되는 경우는 지역의 형세, 인구, 재정 등과 관련된 내용을 지도를 통해 파악하려는 것이다. 군사적 목적인 경우는 외적의 침입으로부터 국가를 보호하고 전쟁과 같은 유사시에 대비하려는 것이 주류를 이룬다.

국가행정의 용도로 제작되는 지도의 경우는 행정에 필수적인 정보가 수록되어야 하는데, 고을 경내의 관사 배치와 산천의 내맥(來脈), 도로의 원근이수(遠近里數), 사방으로 이웃 고을과의 경계 등이 담겨진다. 이를 통해 고을의 상대적인 위치와 더불어 전체적인 형세, 면적, 도로를 통한 연결 관계 등을 파악해볼 수 있는 것이다.

행정의 용도로 지도가 제작·이용되는 가장 대표적인 사례는 행정구역 개편에 관한 논의가 이뤄질 때다. 세종 때 진주에 소속되었던 곤명현(昆明縣)을 남해현(南海縣)과 합쳐 곤남군(昆南郡)으로 승격시킬 때와[19] 낙동강의 동쪽에 있는 해평현(海平縣)을 경상좌도에 속하게 하자는 논의가 제기되었을 때 지도를 기본 자료로 활용했다.[20] 그리고 세조 때에도 박원형(朴元亨, 1411~1469) 및 이조 당상관 한확(韓確, 1403~1456) 등에게 주군(州郡)의 합병을 논할 때와[21] 경상도관찰사가 풍기군의 관할 지역 조정을 논의하기 위해 지도를 그려 바치기도 했다.[22]

또한 국가의 재정 확보를 위한 기초 자료로도 활용되었는데, 고을에 속한 면(面)의 토지 등급을 매길 때나 고을의 세금을 거두거나 인력을 징발할 때 자료로 이용했고, 백성들이 도망가서 사는 한광지(閑曠地)의 상황을 보고할 때도 지도를 제작하여 활용했다.

군사적 목적에 의한 지도의 제작·이용도 많은 비중을 차지한다. 먼저 국방 정책을 논의할 때에 지도가 자주 활용되었다. 태종 때 함경도 경원부의 방어 대책을 논의하면서 지도를 상고했고[23], 세종이 여러 관리들과 북방 방어책을 논의하면서 지도를 참고했다.[24] 다음의 인용문은 이러한 사례를 잘 보여주고 있다.

장수가 된 사람은 여도(輿圖)를 몰라서는 안 된다. 평상시의 경우는 그만이거니와, 급한 때에 이르러서는 그 산천(山川)의 험난하고 평탄함과 도리(道里)의 멀고 가까움에 대하여 진실로 눈과 마음으로 익혀두지 않았을 경우에는 아무리 방략(方略)이 있다 할지라도 베풀 데가 없는 것이다. 우리 경상도는 두 면이 바닷가에 접해 있고, 경상도 병영이 최남단에 위치해 있어 실로 도이(島夷)들과 서로 바라보고 있는 형편이다. 그러니 갑자기 저 악독한 섬 오랑캐들이 출몰(出沒)하며 우리의 진영을 엿볼 적에, 혹은 그들을 쫓아 잡거나, 혹은 아군을 구원하기 위해 격서(檄書)를 달려 보내어 군대를 징발하는 데 있어 그 먼 곳을 건너가 사의(事宜)를 맞출 수가 있겠는가? 내가 이것을 두렵게 여기어 성부(盛府)에 계책을 말하여 화사(畫師)를 시켜 경상 일도의 동서남북의 길이를 자세하게 그려서 청사(廳事)에 펼쳐놓았다. 그렇게 해놓은 다음에는 명산(名山)·대천(大川)과 읍락(邑落)·우전(郵傳)과 연대(煙臺)의 척후(斥堠)와 금대(襟帶)의 요충지(要衝地)가 일목요연(一目瞭然)하게 되었다.[25]

무엇보다 지도가 가장 요긴하게 활용되는 시기는 바로 전쟁 때이다. 군사 작전을 세울 때 지도가 필수적인데, 세조 때 함경도 도체찰사 신숙주(申叔舟, 1417~1475)가 야인을 토벌할 때 도리의 원근과 부락의 다소를 지도를 통해 부장들에게 가르쳐주었다.[26] 특히 임진왜란 때에는 지도가 중요하게 이용되었다. 비변사에서 왜인들의 해로지도(海路地圖)를 보고 그 내용이 매우 상세하게 되어 있어서 남군이 한강을 건널 때 이 지도를 보고 지키기를 청했고,[27] 인성부원군 정철(鄭澈, 1536~1593)이 산천의 도리와 적진의 원근과 방수(防守)의 형세를 알기 위해 방어사 곽영(郭嶸)과 순찰사 허욱(許頊, 1548~1618)으로 하여금 지도를 그려 바치게 했다.[28]

국가 주도의 지도 제작은 대부분 행정·군사적 목적이 강한 반면, 민간에서 주도하는 경우에는 학습용, 생활용, 감상용 등 목적이 다양하다. 민간에서 지도를 활용하는 일차적인 목적은 지도를 통해 지리적 정보를 획득하는 것이다. 한 지역의 위치나 지형지세, 연결 관계 등을 지도를 통해 파악하려는 것이다. 김득신(金得臣, 1604~1684)은 전도를 통해 우리나라의 지형지세를 파악하려 했고[29] 이익(李瀷, 1681~1763)은 일본지도를 통해 일본의 지리를 파악했다.[30] 안정복(安鼎福, 1712~1791)은 서구식 세계지도인 만국전도를 통해 우리나라의 위치를 경위도의 수치로 산정하기도 했다.[31] 1834년 최한기(崔漢綺, 1803~1877)는 김정호와 같이 『지구전후도(地球前後圖)』를 제작하여 세계의 지리를 파악하고자 했다.

또한 일상생활과 관련해서는 여행할 때 많이 이용했는데, 이때는 휴대하기에 편리한 수진본(袖珍本) 지도들을 주로 사용했다. 조선후기에는 금강산 유람과 같은 여행이 문인 사대부를 중심으로 활발해진 시기로, 이에 따라 휴대용 지도에 대한 수요도 증가했다. 또한 토지 분쟁과 같은 소송을 제기할 때 지도를 이용했는데, 전라도 금구(金溝) 지역의 토지 분쟁에서 문서와 더불어 지도를 증거 자료로 사용하기도 했다.[32]

이러한 실용적 차원의 이용과 더불어 예술적 차원에서 지도가 이용되기도 했다. 황윤석(黃胤錫, 1729~1791)은 우리나라 지도를 보면서 자국의 문화에 대한 자부심을 피력했고,[33] 허균(許筠, 1569~1618)은 지도를 펴놓고 우리나라의 산천을 감상했다.[34] 지도가 심미적 감상의 대상으로 이용되었던 대표적인 사례다. 이러한 경우를 흔히 '와유(臥遊)'라고 하는데, 유람과 같은 실제 용도로 이용하지 않고 지도를 집안에 걸어두고 감상하는 것으로 민간에서는 이러한 경향이 적지 않았다. 이 외에 역사 공부의 참고 자료로 지도가 활용되었는데, 안정복은 과거 역사지리적 내용을 고증할 때 지도를 이용했다.[35] 이익도 고대 왕조의 강역을 고증할 때 지도를 중요한 자료로 활용했다.[36]

3) 지도의 유통과 관리

전통 사회도 현대 사회와 마찬가지로 중요한 지리적 정보는 국가의 통제하에 관리되었다. 이에 따라 일국의 지리적 정보가 상세히 수록된 지도는 국가적 기밀로 엄격하게 관리되었다. 일찍이 고려시대 1148년(의종 2) 10월 고려의 이심(李深)과 지지용(智之用) 등이 송나라 사람과 결탁하여 유공식(柳公植)의 집에 보관되어 있던 고려지도를 송의 진회(秦檜)에게 보내려다 발각되어 옥사했던 사례가 있었고[37], 고려 사신이 송나라에서 지도를 입수하려 했던 사건이 있었는데, 이 역시 발각되어 지도는 불태워지고 황제에게 사건이 보고되기도 했다.[38] 이 같은 사례는 지도가 국가 기밀로서 중요하게 관리되던 현실을 단적으로 보여주는 것이다.

조선 왕조에서도 지도는 국가가 관리해야 하는 기밀 사항이었다. 양성지는 도적(圖籍)의 편찬과 관리에 관한 상소문에서 지도를 민간에서 소장하는 것을 금지하고 관부에서 철저하게 관리함과 아울러 중요한 지도는 홍문관, 나머지는 의정부에 보관하도록 건의했다.[39] 이러한 사실은 이 시기 이미 민간에서의 지도 사장(私藏)이 행해지고 있는 현실을 반증하는 것이기도 하다. 지도를 관리하는 전문적인 기관의 부재, 지도 관리를 규정하는 법규의 미비 등이 지도의 사장을 초래했다고 볼 수 있다. 민간에서 지도의 소장은 주로 지도를 쉽게 접할 수 있었던 관료 출신의 사대부에서 가능했던 것으로 보인다.

국가적 기밀로서의 지도 인식은 조선후기에도 이어졌다. 영조 때 안정복은 『동국문헌비고』의 편찬 후 별도로 상세한 지도를 제작했다는 사실을 전해 듣고 이 지도가 해외로 유출될 수 있음을 우려하면서, 우리나라의 지도 수십 종을 세밀하게 필사하여 보관하고 절대로 간행하여 유포해서는 안 됨을 강조했다.[40]

국가 기밀로서 지도가 중시됨과 아울러 주변 국가의 지도 확보도 중요한 과업으로 취급되었다. 이에 따라 중국에 가는 사신들을 통해 중국의 지도를 구득하려 했던 사례가 종종 있었다. 중종 때 중국에 가는 성절사(聖節使)로 하여금 천하지도를 구입하게 했고,[41] 동지중추부사(同知中樞府事) 최세진(崔世珍)은 중국에서 얻어 온 지도 1축을 열람용으로 진상했다.[42] 1603년 북경에 사신 갔다 온 이광정(李光庭, 1552~1627)과 권희(權憘, 1547~1624)는 구라파국의 여지도 6폭을 구해 홍문관에 보내왔는데, 이는 1602년에 마테오 리치(Matteo Ricci)가 제작했던 『곤여만국전도(坤輿萬國全圖)』였다.[43] 최신의 지도를 구득하려 했던 조선 정부의 노력을 짐작해볼 수 있다.

중국으로 가는 사신에 의한 지도 구득 외에 조선에 오는 중국 사신을 통해 지도를 구하려는 노력도 행해졌다. 중종 때 근정전에서 중국 사신에게 잔치를 베푸는 자리에서 임금이 천하지도를 청하자 사신이 돌아가면 집에 있는 지도를 사은사(謝恩使) 편에 부치겠다고 약속했고[44], 이후 상사(上使)가 천하도(天下圖), 하사(下使)가 지도를 보냈다는 기록이 있는 것으로 보아 약속이 이행된 것으로 보인다.[45]

중국뿐만 아니라 일본이나 유구국(流球國)의 지도도 왕래하는 사신들을 통해 입수했다. 조선 초기 1402년에 제작된 『혼일강리역대국도지도』와 1471년 신숙주가 간행한 『해동제국기(海東諸國紀)』에 수록된 일본지도들은 당시 사신들이 입수한 최신의 일본지도를 바탕으로 제작된 것이었다. 단종 때에는 유구국 사신 도안(道安)으로부터 일본과 유구의 지도를 입수하기도 했다.[46] 사신을 통한 지도의 입수는 임진왜란 때 잠시 중단되었다가 일본에 통신사의 왕래가 재개되면서 최신의 일본지도들이 조선으로 유입되어 국가기관과 민간에서 활용되었다.[47]

이러한 국가 간의 지도 유통은 국가 기밀의 유출이라는 중요한 문제와 맞물려 있기 때문에 각국에서는 민감한 사안으로 인식했다. 특히 병자호란 이후 조선과 청나라 사이의 긴장이 해소되기 전에는 사신을 통한 지도의 입수가 문제되는 경우가 많았다. 숙종 때 조선의 동지사(冬至使) 일행이 지도를 매매한 사실을 청나라에서 책망했던 사례가 있고,[48] 지사(知事) 이이명(李頤命, 1658~1722)이 연경에 갔을 때 산동의 해방지도(海防地圖)를 얻었는데, 이것이 금지 품목이라 매입할 수 없어서 화사(畵師)로 하여금 베끼게 하여 가지고 왔던 사례도 있다.[49]

조정에서는 주변국을 통해 최신의 정보를 입수하려는 노력을 기울임과 아울러 국내의 상세한 지도가 유출되는 것을 막는 데도 관심을 쏟았다. 중종 때 중국의 사신이 우리나라의 팔도지도를 요구하자 영의정 유순(柳洵, 1441~1517) 등이 전도를 간략하게 베껴서 주도록 했고,[50] 한극함(韓克諴, ?~1593)의 아들 한격(韓格)이 중국과 우리나라 지도를 가토 기요마사(加藤淸正)에게 바치자 이를 엄하게 처벌했다.[51] 또한 왜인들이 우리나라의 지도를 요구하자 애초 조정에서 허락하지 않았는데, 이후 큰 무리가 없는 범위에서 지도를 대략적으로 모사하여 주었다.[52] 숙종 때에는 청나라의 차사원(差使員)이 소지했던 우리나라의 지도가 상당히 정확하고 소상하여 제작 경위에 대해 논란이 벌어지기도 했다.[53]

주변국으로의 지도 유출을 경계하는 것은 평화로운 시기보다는 국가 사이에서 분쟁이 일어날 때 극명하게 표출되는데, 조선후기 청나라와의 정계(定界) 문제가 발생했을 때가 대표적이다. 숙종 때 백두산 정계의 일을 논하는 자리에서 청나라 칙사(勅使)가 조선지도의 열람을 요청하자 임금이 직접 지도가 없다고 둘러댔고,[54] 이후 재차 요청해 오자 비변사의 지도는 너무 자세하므로 보여줄 수 없고 비교적 간략한 지도를 보여주었다.[55] 청나라의 국내 염탐을 의심하여 지도 보여주기를 극도로 꺼려했던 것이다.

지도의 국가 간 유통에 대해서는 조정에서 적극적으로 통제하고 관리했던 것과 달리 국내에서의 지도 유통에 대해서는 국가의 통제가 느슨했던 것으로 보인다. 특히 양대 전란을 거치면서 지도들이 민간에 많이 유포되었고, 민간에서의 지도 유통은 법적인 규제의 대상이 아니었다. 조선전기 지도의 사장(私藏)을 금하자는 양성지의 건의가 있었지만 이것이 법규로 정해져 시행되지는 못했던 것이다. 오히려 『동국여지승람(東國輿地勝覽)』의 간행과 더불어 이 책에 수록된 『동람도(東覽圖)』가 민간에 널리 보급될 수 있었고, 관료 출신 가문을 중심으로 지도를 사장하는 사례들이 많아졌다. 조선후기에 이르러는 이이명이 지적하듯이 민간에서 사사로이 전사(轉寫)하여 유통되는 지도가 많아졌고,[56] 여기에는 필사본뿐만 아니라 인쇄본도 널리 유포되어 있었다.[57] 이에 따라 지도에 관심을 갖는 민간 학자들을 중심으로 지도의 모사(摹寫)·제작이 광범하게 이뤄지면서 정상기의 『동국지도』와 같은 훌륭한 지도들이 탄생할 수 있었다.

조선 왕조는 중앙집권적 관료 사회였기 때문에 지도의 유통도 국가기관의 주도하에 이뤄지는 경우가 많았다. 특히 지방의 군현에서 지도를 제작하여 중앙 기관으로 수합하는 일은 중요한 국가 프로젝트로 진행되기도 했는데, 대표적인 사례로 1872년 군현지도 제작 사업을 들 수 있다. 이와 더불어 중앙에서 지방으로 지도를 보내어 국방 자료나 행정 자료로 삼기도 했다. 그리고 일부 관청과 관청 사이에서도 필요에 따라 지도의 유통이 행해졌다.

민간에서의 지도 유통은 주로 인맥을 통해 이루어졌고, 상업적으로 지도가 유통되었던 사례는 흔치 않은 것으로 보인다. 물론 조선후기 상업의 발달로 지역 간 교역이 활발해지면서 이에 따라 지도에 대한 사회적 수요도 많아졌다고 생각해볼 수 있다.[58] 그러나 이러한 사회적 수요를 충족시키기 위해 지도가 상업적으로 거래되었다는 기록은 찾아보기 힘들다.[59] 지도는 하나의 상품으로서 매매를 통해 거래되기보다는 여전히 인맥을 통한 유통이 주류를 이루고 있었다.

이처럼 민간에서의 지도 유통은 상업적 거래보다는 인맥을 통해 열람하거나 이를 빌려 모사하는 경우가 대부분이었다. 조선후기 수리(數理)·역산(曆算)에 뛰어났던 황윤석은 정상기의 『동국지도』를 소장하고 있었으며, 세계지도에도 관심이 많아 남사성(南司成)의 집에서 만국전도를 빌려다가 자신이 소장하고 있는 것과 서로 비교하기도 했다.[60] 이처럼 지도를 빌려다가 자신이 직접 모사·제작하는 것 외에 친분이 있는 사람으로부터 직접 얻기도 했다. 선조 때의 장현광(張顯光, 1554~1637)은 친구인 서행보(徐行甫)로부터 『청구도』 한 벌을 얻었고[61] 이석형(李石亨, 1415~1477)은 허종항(許從恒)으로부터 전라도 지도를 얻어 보았다.[62] 『동국지도』를 제작한 정상기와 친분이 두터웠던 이익은 그에게서 『동국지도』 부본(副本)을 얻기도 했다.[63] 이익은 지도에 남다른 관심이 있어서 많은 지도를 수집하여 소장하고 있었는데, 최신의 일본지도도 입수하여 소장하고 있었다.[64] 이러한 일본지도는 통신사를 통해 들여온 것으로 보이는데 부본으로 제작했던 사본이 민간으로 흘러들어간 것으로 보인다.

정약용의 경우 인척 관계를 이용해 지도를 입수, 열람할 수 있었던 대표적인 사례다. 정약용의 모친은 공재(恭齋) 윤두서의 손녀였는데, 이로 인해 정약용은 윤선도가 제작한 『일본여도』와 『동국여지지도』를 얻어 볼 수 있었다.[65] 김정희(金正喜, 1786~1856)의 경우는 이양선(異樣船)에서 입수한 지도를 열람하여 견문을 넓히기도 했고,[66] 안노원(安魯源)은 윤종의(尹宗儀, 1805~1886)가 소장하고 있는 『십오성지도(十五省地圖)』를 얻어 이를 모사한 후 별도로 성경지도(盛京地圖)를 추가하여 『신주전도(神州全圖)』를 제작하는 등 19세기에도 민간에서의 지도 유통이 여전히 활발하게 행해지고 있었음을 알 수 있다.[67]

2. 지도화(mapping)의 문화사

1) 지도화의 정량적, 과학적 특성

지도화의 정량적 특성을 고찰하기 위해 선행되어야 할 것은 당시 사람들의 땅에 대한 인식을 파악하는 것이다. 고대로부터 중국을 중심으로 한 동양 문화권에서는 "하늘은 둥글고 땅은 네모졌다."는 천원지방의 관념을 지녀왔다. 이에 따라 둥근 지구를 전제로 했던 서양의 고대 그리스·로마의 지도학적 전통과는 달리 네모지고 평평한 땅을 전제로 하여 지도가 제작되었다. 이러한 관념은 중국, 조선을 비롯한 동아시아 지도 제작의 강한 전통으로 이어져, 17세기 이후 서구 문명의 충격에도 불구하고 19세기까지 계속 이어져 내려왔다.

따라서 중국을 중심으로 한 동아시아 지역의 지도 제작에서는 둥근 지구를 전제로 하는 투영법의 논의가 거의 없었다. 또한 위도와 경도의 측정에 기반한 경위선이 지도 제작에 활용된 사례도 많지 않다. 그렇다고 지도 제작을 위한 측량이 없던 것은 아니었다. 당시 과학 수준하에서 서양과는 다르지만 그 나름의 독특한 측량 문화를 지니고 있었다.

앞서 검토한 것처럼 전통 시대의 지도 제작은 다양한 전문가들의 참여로 이루어지는 협동 작업이었다. 특히 실지 측량에 기반한 지도 제작의 경우 지형지세를 잘 살필 수 있는 지관과 중요 지점 간 거리를 정확하게 측정할 수 있는 산사(算士)의 참여가 종종 이루어졌다. 최초 지도의 제작이 실제 현장의 측량에 기반하여 이루어지는 점을 고려할 때, 이러한 측량에 대한 이해는 전통 시대 지도화의 정량적, 과학적 특성을 파악하는 데 중요한 부분을 차지한다. 그러나 지도 제작을 위한 측량의 구체적인 모습에 대해서는 남아 있는 기록이 별로 없다. 또한 현존하는 측량 기구도 찾아보기 힘들기 때문에 측량의 실체를 파악하기란 쉽지 않다. 단지 현존하는 단편적인 기록을 통해 당시 측량의 구체적인 모습을 파악할 수밖에 없다.

지역의 모습을 정확하게 표현하기 위해서는 지역의 형세가 먼저 파악되어야 할 것이다. 이를 위해 산줄기와 물줄기의 내거(來去)와 교착(交錯)을 정확하게 파악해야 한다. 아울러 각 지점까지의 거리와 방위가 측정되어야 한다. 현대 지도처럼 등고선 개념이 없던 전통 시대 지도에서는 산의 높이를 측정하는 것은 상대적으로 덜 중시되었다. 일부 산성의 축조나 건물을 지을 때 제한적으로 행해졌다고 볼 수 있다.

맥세(脈勢)를 잘 보는 지관은 산천의 내거와 교착을 파악하거나 나침반(패철)을 사용하여 방위를 결정하기도 한다. 계산에 정통한 산사는 지역 간 거리를 측정한다. 이러한 측량은 지역의 모습을 내다볼 수 있는 산 정상과 같은 높은 곳에서 이뤄지는 것이 보통이었다.

측량에는 여러 기구들이 사용되었는데, 가장 흔히 사용되었던 것은 나침반이었다. 나침반은 방위를 판정하는 데 풍수가들이 주로 사용했으나 천문학자들이 휴대용 해시계의 정확한 자오(남북) 방향을 판정하는 데도 많이 이용했다. 동양에서는 이미 9세기에 지자기(地磁氣)의 편각을 이해하고 있었기 때문에 정확한 방위 측정이 비교적 쉽게 행해질 수 있었다. 거리를 측정하는 데는 주로 줄(繩)을 이용하여 쟀고, 경우에 따라서는 기리고차(記里鼓車)라는 수레를 이용하기도 했다(그림 6).[66] 기리고차는 조선에서 고안된 것은 아니고 이미 중국 진대(晉代, 3세기)에 주행거리를 재는 장치로 만들어 사용했던 것이다. 당시 천자의 행렬에는 지남차와 비슷한 축제용 장식 수레가 몇 개 있었고, 그중에 주행거리를 재던 기리고차도 있었다. 그러나 이러한 기리고차가 일반적으로 사용되지는 않았던 것으로 보인다.

땅을 측량하는 기기로는 인지의(印地儀)와 규형(窺衡)도 사용되었다. 인

〈그림 6〉 기리고차의 복원 모습(출처: 국립과천과학관)

지의는 세조 때 만든 것으로, 일반적으로 땅의 원근을 재는 기기로 알려
졌다(그림 7).[69] 그러나 성종 때 구궁(九宮)의 방위를 측정하는 데 인지의를
사용하는 것으로 보아[70] 풍수적 좌향 판단에 사용했
던 기기로 보인다. 세조는 직접 인지의의 사용법을 신
하들에게 강하도록 했고, 신하들에게 영릉에 가서 인
지의로 땅을 측량하게 하기도 했다.[71] 규형은 특정 지
점의 높이를 측정하던 기기로 보이는데,[72] 지도 제작
과 관련해서는 그리 많이 활용되지 못했다.

조선시대에는 땅의 측량과 아울러 북극고도(北極
高度)의 측량도 행해졌다. 일찍이 세종 때에 역관 윤
사웅(尹士雄), 최천구(崔天衢), 이무림(李茂林) 등을 마
니산, 백두산, 한라산에 파견하여 북극고도를 측정하

〈그림 7〉 인지의의 복원도

게 했으나 그 측정치는 전해지지 않는다. 이후 북극고도의 측정 사업은 지
속되지 못하다가 숙종 때 이후에 다시 재개되었다. 1713년 숙종 때에는 청
나라 사신 하국주(何國柱)가 와서 한양의 북극고도를 측정했고, 정조 때인

1791년에는 전국 관찰사영의 북극고도와 한양을 기준으로 하는 동서편도(東西偏度)를 측정했다.[73] 이러한 북극고도의 측정은 지도 제작과 직접 관련된 것은 아니고 각 지역의 절기와 시각을 측정하여 정확한 역법을 만드는데 필요했던 것이다.

중국을 중심으로 하는 동양 사회에서 전통적인 지도 제작 이론은 그리 많지 않다. 지구설에 입각하여 지도 제작을 주도했던 서양의 경우 르네상스 시기를 거치면서 투영법을 활용한 지도 제작 이론들이 비약적으로 발전한 것과는 달리, 중국을 중심으로 하는 동양 사회에서는 지도 제작에서 정량적인 차원, 즉 과학적·수학적 부분에서의 이론적 논의는 그다지 많지 않다.

동아시아 문화권에서 전통적인 천원지방의 관념은 지배적인 천지관으로 19세기까지 이어져 내려왔다. 둥근 지구를 전제로 하는 서양과 달리 땅을 평평하고 네모난 것으로 인식했기 때문에 지도 제작에서 투영법과 관련된 논의는 거의 없었다. 단지 둥근 하늘인 천구를 2차원상의 천문도로 표현할 때 투영법이 제한적으로 논의된 적은 있다. 따라서 동아시아 문화권에서 지도 제작의 핵심적 문제는 평평한 땅의 모습을 2차원의 공간상에 정확하게 표현하는 문제로 귀결된다.

이러한 문제에 대한 최초의 체계적인 이론으로 중국 진(晉)나라 배수(裵秀, 224~271)의 육체론(六體論)을 들 수 있다. 육체는 분율(分率), 준망(準望), 도리(道里), 고하(高下), 방사(方邪), 우직(迂直)인데, 지도 제작의 요체를 말하는 것이다. 분율은 광륜(廣輪)의 척도를 밝히는 것이고, 준망은 여기와 저기의 체제를 바르게 하는 것이며, 도리는 경유하는 바의 이수(里數)를 정하는 것이고, 고하와 방사, 우직은 지형의 성질에 따라 이용하여 험이(險夷)의 차이를 교정하는 것으로[74] 실제로는 평원이나 구릉을 평면상의 거리로 환산하는 방법에 해당한다. 이러한 육체론은 지도 제작의 큰 원칙을 제시한 것으로, 각각의 항목을 달성하기 위한 구체적인 수학적 지침을 포함하고 있지는 않다. 따라서 이를 실제 지도 제작에 적용하기에는 다소 모호한 측면이 있다.

이러한 배수의 육체론은 다른 문화적인 요소와 마찬가지로 우리나라에 일찍 전해졌을 것으로 보이지만, 지도 제작의 이론으로서 세밀하게 검토된 적은 극히 드물다. 다만 최한기의 「청구도제(靑邱圖題)」와 『대동여지도』를 제작한 김정호의 「지도유설(地圖類說)」에 수록되어 있는데, 이에 대한 특별한 부연 설명은 없다. 신헌의 「대동방여도서(大東方輿圖序)」에도 육체론이 소개되지만 간단하게 요약 정리한 것일 뿐이다. 이로 볼 때, 조선에 수입된 배수의 육체론에 대해 조선의 지도 제작가들이 좀 더 심도 있는 논의를 진행했다고 보기는 힘들다. 다만 지도 제작의 대원칙으로 참고했던 것으로 보인다.

중국에서는 고대부터 육체론을 구현하는 하나의 방법으로 방격법이 사용되었다. 방안 좌표를 이용한 이른바 방격법은 가장 기초적인 도법에 속한다. 이 도법은 선표(線俵), 방격(方格), 방괘(方罫), 계란(界欄), 획정(劃井), 정간(井間) 등으로도 불리며, 동서와 남북을 일정한 거리로 구분하여 방안망을 만들고 그 망을 이용해서 방위와 거리가 정확하게 나타날 수 있게 하는 도법이다. 여기에서의 방안 좌표는 천문학상의 경위선과는 달리 지구를 평면으로 보고 동서와 남북을 일정한 간격으로 구획하여 만든 경위선 조직을 말한다. 이러한 방격법은 중국 지도학의 전통적인 방법으로 간주되는데 기원은 배수의 육체론에 두고 있다. 이후 당대(唐代)의 가탐(賈耽, 729~805)이 제작한 『해내화이도(海內華夷圖)』에 의해 계승되었고 원대(元代) 주사본(朱思本, 1273~1333)의 『여지도(輿地圖)』, 명대(明代)의 나홍선(羅洪先, 1504~1564)이 1555년에 제작한 『광여도(廣輿圖)』 등에 이르러 더욱 발전된 모습으로 나타난다(그림 8). 이러한 중국의 전통적인 도법은 이미 13, 14세기에 서방

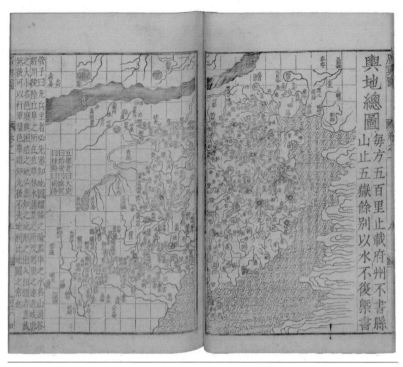

으로 전파되어 아라비아의 지도 제작에 많은 영향을 주었고, 이는 14, 15세기 이후 유럽 지도학에까지 영향을 주게 된다.

우리나라에서도 방격법이 일찍 도입되었을 것으로 보이나 현존하는 기록과 지도에는 17세기에 처음 등장한다. 1669년 남구만(南九萬, 1629~1711)은 『함경도지도』를 제작하면서 한 눈금이 10리가 되는 방격을 사용했고, 이이명도 1687년 『관동지도』를 제작하면서 10리 방격을 사용했다. 또한 최석항(崔錫恒, 1654~1724)도 경상도관찰사로 재임할 당시 10리 간격의 정간을 사용하여 『영남여지도』를 제작한 바 있다. 방격법은 이후 18세기 군현지도책에서 본격적으로 사용되는데 현존하는 여러 지도들에서 확인해 볼 수 있다.[75] 또한 이는 전도 제작에도 이어져 신경준이 제작한 『동국여지도』에는 종선 76, 횡선 131의 방격을 사용했다.[76] 이후 19세기 전도 제작에서도 이러한 전통은 계속 이어졌고, 김정호가 제작한 『청구도』나 『동여도』, 『대동여지도』 등은 모두 방격법에 토대를 두고 그려진 것이다.[77]

방격법은 거리와 방위, 그리고 동일한 축척의 유지를 목적으로 한 것이지만, 지도의 축소, 확대에서도 방격법을 이용했다. 이익은 지도를 묘사하는 방법을 소개하면서 지도의 확대와 축소는 방격법을 통해 가능하다고 지적했다.[78] 김정호도 『청구도』의 범례에서 『기하원본(幾何原本)』을 인용하면서 방격을 이용한 지도의 축소, 확대 방법을 상세히 기술했다(그림 9).

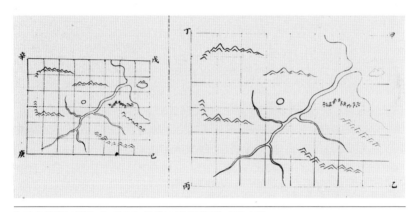

〈그림 9〉 방격을 이용한 지도의 축소, 확대(1834년, 국립중앙도서관 소장)

방격법을 사용하면서 방위선을 활용한 지도가 있어서 주목된다. 목판본 『탐라지도(耽羅地圖)』는 18세기에 제작된 제주도 지도로 추정되는데,[79] 10리 간격의 방안이 그려져 있고 한라산 중심에서 뻗어나가는 24방위선이 그려져 있다(그림 10). 지도 여백에는 지도 제작의 방법과 관련된 기록이 있는데, 산수와 성보(城堡)가 교차하고 만나는 곳은 나침반을 이용해서 결정했다고 한다. 지도 제작에 나침반이 이용되었던 사례는 극히 드물다. 아울러 24방위선을 사용한 사례는 중국에서도 거의 볼 수 없는 희귀한 사례이다.

이는 서양의 포르톨라노 해도(portolano chart)와 유사하다. 포르톨라노 해도는 14~15세기 지중해를 중심으로 한 지역에서 만들어진 항해용 지도

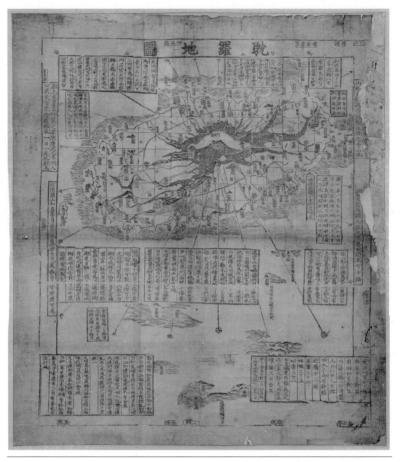

<그림 10> 『탐라지도』(18세기, 경희대 혜정박물관 소장)

로 해안의 항구에서 뻗어나가는 방위선이 그려져 있다. 서양에서는 나침반을 항해에 본격적으로 활용하면서 포르톨라노 해도가 많이 제작되었다. 지도에는 항해의 요충이 되는 몇 개의 지점에서 32개의 방위선이 방사상으로 그려져 있다. 이 방위선을 따라 항해하게 되면 복잡한 지중해에서도 쉽게 목적지에 도달할 수 있게 된다. 『탐라지도』에 그려진 방위선은 항해를 위한 목적에서 그려진 것은 아니지만 제주도를 중심으로 주변 지역의 위치 관계를 쉽게 이해할 수 있도록 한다.

방격법과 더불어 정확한 지도를 제작하기 위해 사용한 방식은 동심원을 이용한 평환법(平圜法)이다. 이는 김정호의 『청구도』 범례에 자세히 소개되어 있다. 이 방식은 사각형 방격의 경우 모서리가 정면[四正]보다 거리가 멀어져 고르지 못한 단점을 극복하기 위해 고안한 것이다. 먼저 지도의 중심에서 사방을 12방위로 나누어 12지(支)를 배치하고, 중심에서 경계 지점까지의 거리를 계산하여 10리 간격의 동심원을 그린다. 이후 각각의 지형지물들을 그려 넣는데 실측된 거리를 토대로 동심원의 간격을 고려하여 배치하면 방위와 거리가 정확해질 수 있다(그림 11).[80] 이러한 평환법은 김정호 자신이 고안한 독특한 방법으로 보이며, 다른 지도 제작자들이 널리 사용한 것 같지는 않다.

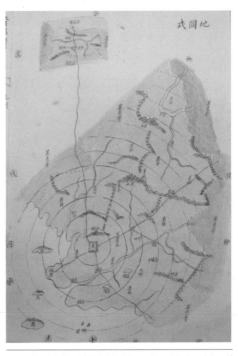

<그림 11〉 평환법을 사용한 「지도식」(1834년, 국립중앙도서관 소장)

거리 관계를 정확하게 표현하는 또 다른 방법은 백리척(百里尺)을 사용하는 것이다. 백리척은 정상기가 『동국지도』 제작 시에 창안한 것이다. 1척이 백 리에 해당되고 1촌이 십 리에 해당되는 축척으로, 여기에서 1척은 당시 통용되던 주척(周尺)에서의 1척이 아니고 지도 제작을 위해 임의로 만들어낸 것이다. 그 백리척을 현재의 자로 재보면 대략 9.6cm에서 9.8cm 정도이다.

정상기의 백리척은 현대의 과학적 측량에 의해 만들어지는 지도에서 표현되는 축척과는 약간 상이하다. 즉, 현대의 지도에서 보이는 축척은 지표 상의 실지 직선거리가 지도 상에서는 얼마로 표현되는가를 나타낸 것인데 반해 정상기의 지도에서 보이는 백리척은 직선거리가 아닌 도로 상의

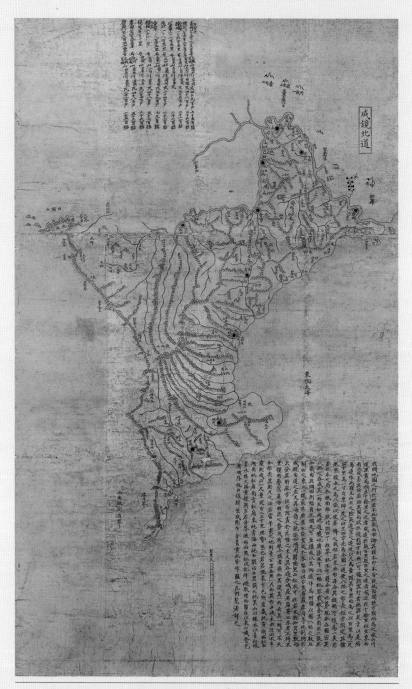

〈그림 12〉 백리척이 그려진 정상기의 『동국지도』(18세기, 서울역사박물관 소장)

거리를 지도 상에 표현하기 위한 척도이다. 다시 말해서 제작 과정에서 필요한 측량 단위인 것이지 독도할 때 지표상의 실제 거리를 산출해내기 위한 축척은 아닌 것이다. 실제로 현대 지도에서와 같이 축척을 이용해 실제 거리를 산출하는 용도로는 백리척이 쓰이지 않았다.

정상기는 이 백리척으로 도면 상에서의 거리를 측량하게 되는데, 평탄한 곳에서는 도로 상의 거리 백 리가 지도 상에서는 1척 즉 9.6cm에 해당되게 했고, 산골짜기나 강이 굽이치는 평탄하지 않은 곳에서는 백이삼 리가 1척에 해당되게 하여 도로 거리를 실지 거리로 바꾸어 지도 상에 표현했다. 실제로 정상기의 지도에서 서울에서 각 주현 간의 거리를 백리척으로 재어보면 도로 거리보다 짧게 측정된다. 도로 자체가 완전한 직선으로 되어 있는 경우는 없기 때문에 이는 당연하다. 특히 도로가 골짜기를 통과하거나 강을 위요(圍繞)하는 경우는 실제 직선거리와의 편차가 훨씬 크기 때문에 정상기는 이를 고려하여 지도 상 표현이 지리적 실제를 반영할 수 있도록 평탄한 곳과 그렇지 않은 곳을 나누어 차별적으로 거리를 적용한 것이다. 이는 당시 실지 지표상에서 측량된 직선거리 자료가 없던 상황에서 오로지 도로 거리 자료만을 가지고 주변의 산천과 같은 지형적 요소들을 고려하여 각 주현의 위치가 정확히 배정되도록 한 것이다. 이렇게 하여 이전 지도에서 보이는 왜곡된 윤곽을 상당 부분 바로잡을 수 있었다.

이상에서 살펴본 것처럼 한국 전통 지도학의 이론적 논의는 방격법이 주를 이룬다. 방격이 아닌 경위선 좌표를 사용하여 지도를 제작하는 경우는 근대적 지도 제작법이 들어오기 전에는 보기가 힘들다. 다만 정약용의 경우 땅이 둥글다는 지원설(地圓說)의 이치를 알아야 지도를 제대로 그릴 수 있다고 강조했다. 다음은 정약용이 지도 제작과 관련하여 기술한 내용이다.

무릇 지도를 제작하는 방법은 한결같이 지지(地志)에 수록된 거리를 준

수해야 합니다. 지구가 둥글다는 올바른 이치를 모르면 비록 반걸음이라도 분명치 못하게 되어 필경 어찌할 줄 모르는 폐단이 있게 됩니다. 경위선(經緯線)을 곤여도(坤輿圖)처럼 만든다면 매우 좋습니다만 그렇게 하지 못할 경우에는 사방 천 리의 지역을 그릴 때는 사각형의 꼭짓점을 잡아 지지를 검토하여 그 지점까지의 거리를 바르게 해야 합니다. 만약 종횡으로 5천 리의 지도를 제작하는 경우 남북으로 5층(層), 동서로 5가(架)의 선을 그리고, 그 층과 가가 경계를 이루는 선(線)보다 먼저 네 꼭짓점의 거리를 바르게 한다면, 그 사방 천 리 되는 한 구역 안에 군현의 산천(山川)을 나누어 배치함에 있어 융통성이 있게 되어 어찌할 바를 몰라 허둥대는 폐단이 없게 될 것입니다. 그렇게 하지 않으면 비록 지지(地志)를 그대로 따랐다 하더라도 끝내 지도를 완성할 수 없을 것입니다. 지구가 둥글다는 이치를 알지 못하는 사람은 어쩔 줄 모르는 경우를 당할 때마다 반드시 지지는 믿을 수 없다고 탓하게 되는데 이는 첫머리부터 역시 이 주의할 점을 범했기 때문입니다. 지구가 둥글다는 올바른 이치를 깨달은 뒤에야 비로소 지도를 제작할 수 있는 것입니다.[81]

정약용은 지구가 둥글다는 이치를 알아야 한다고 강조하고 있으나 정작 지도 제작에서 경위선 좌표의 사용 방법에 대해서는 언급이 없고 대신에 방격법에 대한 내용을 기술하고 있다. 즉, 지지에 수록된 지역 간의 거리 관계를 정확하게 지도에 반영하는 방법을 제시하고 있을 뿐 투영법과 관련된 경위선 좌표에 대해서는 언급이 없다. 이는 부분적으로 지구설을 수용한다 하더라도 지구 제작에까지 적용하기는 쉽지 않음을 보여주고 있다.

2) 지도화의 정성적, 예술적 특성

지도는 문자보다 앞서 만들어진 시각언어다. 이에 따라 선, 형, 색 등 회화의 기본적인 요소를 공유한다. 『설문해자(說文解字)』에 의하면 원래 그림을 뜻하는 '화(畵)'라는 글자는 경계 또는 밭의 네 경계를 표현한 것이라 한다. 애초 그림은 땅을 그리는 데서 출발했다는 것인데 중국의 송대로 내려오면서 경관을 그린 그림은 회화의 여러 양식 가운데 가장 높이 평가되는 양식이었다. 또한 화보(畵譜)에서도 장형(張衡), 배수(裵秀) 등의 유명한 지도제작가들이 수록되어 있는 것을 보아도 지도와 회화 간의 밀접한 관계를 짐작해볼 수 있다.

회화 양식 가운데 실경산수화는 지도와 밀접한 관련을 지니며, 무엇보다 두 장르는 표현하는 대상이 실재하는 공간이라는 점에서 동일하다. 조선시대 화가들도 지도와 산수화의 이러한 친연성으로 인해 예술적 감흥을 목적으로 그린 자신의 작품이 흡사 지리적 정보를 전달하는 지도로 간주될까 염려하기도 했다.[82] 특히 도성이나 고을 또는 산성, 사찰 등과 같은 미시적 지역을 그린 지도는 회화와의 차이가 두드러지지 않는다. 따라서 지도와 회화를 엄격하게 구분하는 것은 쉽지 않다.[83]

지도와 회화 간의 밀접한 관계를 보여주는 것으로 먼저 들 수 있는 것은 제작 매체의 공유다. 지도나 회화는 대부분 종이나 비단 등의 매체에 그려진다. 또한 목판 인쇄본 지도나 판화의 경우 종이를 사용하여 찍어내는 것도 동일하다. 다만 그림은 예술 작품이기 때문에 인쇄본으로 찍어내는 것은 지도에 비해 제한적이다. 아울러 그리는 도구도 같이 공유되어 지도와 회화는 대부분 붓으로 그려진다. 또한 천연색 물감을 사용하여 그린다는 점도 지도와 회화가 공유하는 부분이다.

이러한 제작 매체의 공유로 인해 존재 양식적인 면에서도 공통점이 많다. 회화의 경우 대형 그림은 병풍이나 족자로 제작되는 경우가 많은데 민화나 불화 등이 여기에 해당한다. 지도도 어람용으로 제작되는 대형 지도는 병풍으로 제작되는 경우가 많았다. 이이명이 제작한 『요계관방지도(遼薊關防地圖)』나 최석정(崔錫鼎, 1646~1715)의 주도하에 제작했던 『곤여만국전도』 등이 대표적이다. 아울러 『평양도』, 『통영도』 등 민화풍의 대형 지도들도 병풍으로 제작되는 것이 일반적이었다. 족자로 제작되는 그림들은 인물화 같은 양식에서 많이 볼 수 있고, 지도에서는 비교적 규격이 큰 조선전도나 도성도 등에서 볼 수 있다.

그림의 경우 풍속화 같은 작은 규격의 것은 주로 첩의 형태로 이루어지기도 하는데, 이러한 양식은 지도에서도 볼 수 있다. 전국 팔도를 도별로 그린 지도들에서 흔히 볼 수 있으며, 주로 지도를 접어 첩으로 제작했다. 또한 드물기는 하지만 두루마리 형태로 된 것들도 있다. 두루마리 형태는 회화에서는 주로 행렬 장면을 사실적으로 그린 행렬도 등에서 많이 볼 수 있고, 지도에서는 연안해로도처럼 긴 지역을 지도로 제작할 때 사용했다.

지도는 회화의 제작 매체와 양식을 공유함과 아울러 제작의 주체도 공유한다. 조선시대 국가기관이 주도하는 지도 제작의 경우 반드시 그림에 능통한 화원의 참여가 필수적이었다. 중앙 행정기관인 경우는 도화서에 소속된 전문 화가들이 지도를 그렸다. 도화서 화원은 실용적이고 기록적인 성격의 그림을 전담했는데, 국가의 중요한 행사의 절차와 내용을 기록한 의궤에 실린 의궤도나 연회도, 궁궐도, 국왕의 초상화[御眞]를 제작하고 천문도, 기계류와 건축물의 설계도, 책의 삽화를 그리기도 했다. 또한 사행시 수행하여 중국의 풍물을 그리거나 화보류를 베끼는 일도 종종 담당했다. 이러한 일 외에 국가기관에서 수행하는 지도 제작에 참여하여 지도를 직접 그리는 실무를 맡기도 했다.

지도 제작에의 화원 참여는 중앙관청이 주도하는 경우뿐만 아니라 지방관청에서 주도하는 사업에서도 이루어졌다. 이와 관련하여 팔도의 감사, 병사, 통제사, 수사가 있는 병영에는 사자관(寫字官) 1명, 화원 1명이 중앙에서 파견되어 2년간 근무 후 교체되었다. 지방관청이 주도하는 지도 제작의 경우는 바로 이러한 인력이 실무를 담당했다고 볼 수 있다. 이와 별도로 주요 군현에서는 자체적으로 화원을 확보하여 각종 그림을 그리는 작업과 더불어 지도 제작에도 활용했던 사례를 볼 수 있다.

지도 제작에는 전문적인 기술 화가들의 참여와 더불어 사대부 계층의 문인화가들이 참여했던 사례도 보인다. 세종 때 시(詩)·서(書)·화(畵) 삼절(三絶)로 유명한 강희안(姜希顔, 1419~1464)은 수양대군이 주도했던 지도 제작에 핵심 일원으로 참여했다.[84] 『평양도』를 그린 이징(李澄, 1581~?), 『동국여지지도』를 그린 윤두서 등은 당대의 뛰어난 화가였다. 조선후기에도 뛰어난 화가들이 지도 제작에서 탁월한 업적을 쌓는데, 대표적인 인물로는 정철조와 정수영(鄭遂榮, 1743~1831)을 들 수 있다.

석치(石痴) 정철조는 영조 때 문과에 급제한 후 어진을 모사하는 데 참여할 정도로 그림에 소질이 있었다.[85] 특히 겸재(謙齋) 정선(鄭敾, 1676~1759), 현재(玄齋) 심사정(沈師正, 1707~1769)

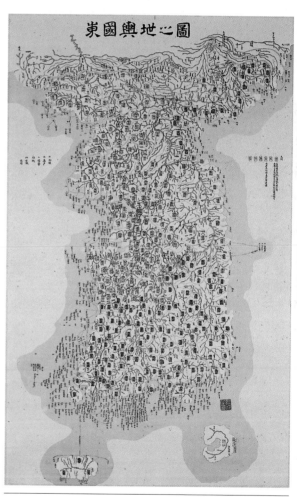

〈그림 13〉 윤두서의 『동국여지지도』(18세기 초, 해남 녹우당 소장)

과 더불어 '석치겸현(石癡謙玄)'이라 불리기도 했다.[86] 그는 이처럼 그림에 뛰어났을 뿐만 아니라 천문, 역산에도 조예가 깊었는데, 황윤석이 저술한 『이수신편(理藪新編)』의 역산(曆算)에 관한 내용이 대부분 정철조로부터 전수받은 것이라 한다.[87] 이러한 학문적, 예술적 배경을 지닌 정철조는 정상기가 제작한 『동국지도』를 새롭게 수정·증보했고, 이후 대축척 조선전도 발달에 커다란 기여를 했다. 정수영은 정상기의 증손으로 산수화에 뛰어났던 화가다. 정상기, 정항령(鄭恒齡, 1700~?), 정원림(鄭元霖)으로 이어지는 가문의 지도 제작 전통을 이어받아 『동국지도』를 수정, 보완한 것으로 유명하다.

　이 외에도 조선후기 회화사의 두 거장인 겸재 정선과 단원(檀園) 김홍도

(金弘道, 1745~?)도 지도 제작과 관련이 있다. 정선이 실제 금강산을 여행하며 그린 초기의 금강산도는 봉우리, 암자 등의 지명이 세밀하게 표기된 일종의 그림지도에 해당한다(그림 14). 김홍도는 1789년 대마도에 가서 지도를 그려 왔다고 전해지며[88] 일종의 그림지도에 해당하는『평양성도』를 제작했다.

지도의 표현 요소에서도 회화적 특성이 나타난다. 지도에서 회화적 특성이 강한 경우는 대부분 미시적 지역을 그린 경우이다. 도성도, 군현도, 명산도, 궁궐도, 사찰도, 산성도처럼 대축척 지도인 경우가 많다. 세계지도나 전도 같은 소축척 지도는 추상 수준이 높기 때문에 회화적으로 그리기보다는 기호를 사용하여 표현하는 경향이 짙다. 그러나 소축척 지도에서도 파도 무늬나 산맥의 표현과 같이 일부 회화적 특징들을 파악해볼 수 있다.

회화적 특성과 관련하여 가장 먼저 제시할 수 있는 것은 시점(Perspective)이다. 정적이고 측정 가능한 추상적 공간을 전제하는 서양과 달리 동양에서는 무한성, 무경계를 지닌 존재로서 공간을 상정한다. 따라서 공간의 경험은 역동적이면서 유동적이고 시간의 경험과 긴밀한 관련을 지니기 때문에 공간을 지배하는 추상적인 기하학적 체계가 없다.[89] 이에 따라 시점에서도 고정 시점보다는 변동 시점을 선호했다.[90] 즉, 동양 회화의 목적은 형식을 통해 정신을 표현하는 것인데, 시와 마찬가지로 풍경과 감흥을 융합시키고 객관적 세계와 주관적 세계를 결합하면서 자연을 의인화하여 내면적 성찰을 강조한다. 이에 따라 경험적 실재를 표현하는 지도에서도 초월적 경험주의[氣韻]적인 회화적 특징들이 나타날 수 있었던 것이다.

조선시대 지도의 경우 세계지도나 전국지도와 같은 소축척 지도들은 대부분 단일 시점에 의해 그려진다. 반면 미시 지역을 그린 도성도나 군현도, 산성도 등에서는 변동 시점이 사용되는 경향을 볼 수 있다. 특히 사산(四山)으로 둘러싸인 도성을 그린 지도에서는 동서남북에 따라 산을 바라보는 시점

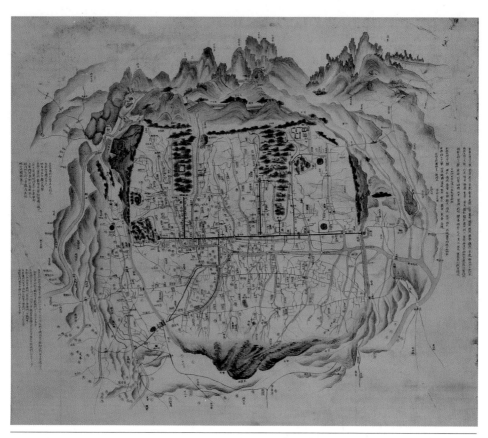

〈그림 15〉『도성도』(18세기, 국립중앙박물관 소장)

을 달리하여 표현했다(그림 15). 이러한 일방 시점(고정 시점)이 아닌 사방 시점(변동 시점)으로 표현한 것은 장면의 역동성을 포착하려는 동양의 산수화적 특성에서 유래하며, 한 장의 지도에 여러 개의 지표면을 만들어 표현한다. 변동 시점에 의해 지형이 표현됨에 따라 관련 지명들도 상-하의 단일 방향으로 표기되지 않고 시점에 입각하여 다양한 방향으로 표기되기도 했다.

시점과 더불어 회화적 특성이 나타나는 것은 축척 부분이다. 축척은 실제 사상(事象)을 줄인 비율을 말하는데, 실경을 그린 회화에서는 모든 사상과 지역들이 동일한 비율로 축소되어 그려지지는 않는다. 작가가 강조하고자 하는 특정 지형이나 사상은 크게 강조되고 그렇지 않은 부분은 작게 축소되어 처리되는 차별적 축척이 적용되는 것이다. 회화식 지도에서 이러한 현상을 흔히 볼 수 있으며, 도성도나 군현도에서 많이 나타난다. 도성도에서는 소우주적 공간으로 표현되는 도성의 내부가 외부에 비해 확대되어 그려진다. 군현도에서도 고을의 중심인 읍치가 주변 지역에 비해 확대되어 표현된다.

이 외에 회화적 특성이 강하게 나타나는 것은 자연적, 인문적 표현 요소들이다. 산수로 대표되는 자연적 요소인 경우 회화적 성격이 뚜렷하게 나타나는데 산의 표현에서 가장 강하게 드러난다. 도성도나 군현도와 같은 대축척의 지도에서는 진경산수화에서 많이 볼 수 있는 준법(皴法)을 사용하여 산의 입체감을 표현하는 것을 종종 볼 수 있다. 또한 산지에 있는 수목이나 산곡 등을 표현하기 위해 미점법(米點法)을 사용하기도 했다.

실경산수화풍의 산지 표현과 더불어 흔히 볼 수 있는 것은 조선적인 특성이 강하게 반영된 산지의 표현이다. 풍수적 지형 인식론에 입각하여 연맥을 강조하는 것이 그것이다. 이것은 주로 묘지를 그린 산도(山圖)의 산지 표현 방식에 기원을 둔 것으로 산의 외형적 형상보다는 맥세, 기운 등을 고려한 표현이라고 볼 수 있다. 즉, 기맥의 연결 관계를 고려하여 산줄기를 그리더라도 맥세가 모이는 결절 지점을 강조하여 표현했고, 전체적인 산의 모습도 기운의 흐름을 포착하는 방법으로 표현했다. 산의 크기나 산줄기의 두께를 다르게 하여 산체나 산줄기의 규모를 표현하기도 했는데 목판본 『동국지도』에서 뚜렷하게 볼 수 있다(그림 16). 이러한 산줄기 표현 방법은 나중에 김정호의 『대동여지도』로 이어지며, 이찬은 이를 '산악투영법'이라 부르기도 했다.[91]

하천과 바다로 대표되는 물의 표현은 산지의 표현보다는 회화적 성격이

〈그림 16〉 『동국지도』(19세기, 개인 소장)

약하다. 대축척, 소축척의 지도를 막론하고 쌍구법(雙鉤法)을 사용하여 나뭇가지 모양으로 그리는 것이 보통이다. 다만 강폭의 크기를 고려하여 하류로 갈수록 넓어지고 상류로 갈수록 좁아지면서 원류에 이르러서는 단선으로 그려진다. 하천은 산지와 달리 고저가 거의 없기 때문에 정사(正射) 시점으로는 그릴 수 없어서 대부분 평사(平射) 시점으로 그려진다. 따라서 산지에 비해 회화적 성격이 약할 수밖에 없다. 다만 물결무늬[水波描]의 표현에서는 종종 회화적인 기법이 사용되기도 한다.

물결무늬는 동양 고유의 것은 아니고 서양이나, 이슬람의 지도에서도 볼 수 있다. 조선시대 지도 가운데에서는 오히려 전도에서 물결무늬를 많이 볼 수 있는데, 『신증동국여지승람』에 수록된 「팔도총도」가 대표적이다. 목판 인쇄본으로 제작되었지만 바다에 물결무늬를 새겨 넣었다. 이러한 전통은 이후의 지도에도 이어져 1673년 김수홍이 제작한 목판본 『조선팔도고금총람도』를 비롯한 여러 목판본 전도에서 볼 수 있다. 또한 고려대 소장의 『해동팔도봉화산악지도(海東八道烽火山岳之圖)』와 같은 필사본 전도도 곡선을 사용하여 출렁이는 파도를 잘 표현하고 있다(그림 17). 이러한 물결무늬는 대부분 바다의 파도를 형상화한 것이지만, 강물의 물결을 표현한 것도 있다. 1872년 제작된 연천현 지도에는 임진강의 물결을 독특하게 표현하고 있는데, 강물이 합류하는 지점에 여울의 모습을 그려 변화를 준 것이 이채롭다.[92]

산수로 대표되는 자연적 요소와 더불어 각종 인문적 요소들에서도 회화적 특성들이 반영된다. 먼저 관청 건물의 모습에서 회화적 특성이 강하게 나타나는데, 지붕 모양, 대청, 심지어 삼문에 그려진 태극 문양까지 세밀하게 묘사되는 경우도 있다. 전패가 봉안된 객사 건물은 양익(兩翼) 구조로 된 지붕 모양을 뚜렷하게 표현하는 것이 일반적이다. 그밖에 홍살문, 원형 감옥, 민가 등도 회화적으로 표현되는 경우가 많다.

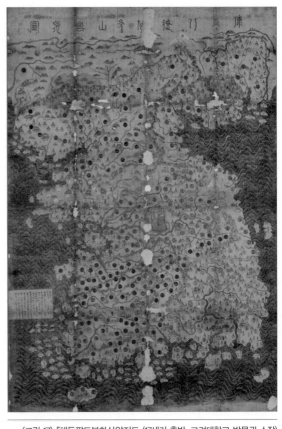

〈그림 17〉 『해동팔도봉화산악지도』(17세기 후반, 고려대학교 박물관 소장)

이 외에 다리의 표현에서도 석교와 나무다리를 구분하여 세밀하게 표현하는 경우도 있다. 그리고 나루터나 포구에 정박해 있는 다양한 배의 모습도 상세하게 묘사된다. 세선(稅船), 전선(戰船), 병선(兵船), 진선(津船) 등이 세밀하게 그려지기도 한다. 일부 지도에서는 읍성 아래에 형성된 장시의 모습도 회화적으로 묘사되며, 통영 지도에서는 쌀가게를 비롯한 상점들도 눈에 띈다. 그밖에 성곽이나 봉수의 모습도 회화적으로 묘사된다. 성곽은 옹성(甕城)의 구조나 성가퀴의 모습까지 그려지기도 하고, 봉수는 봉화가 타오르는 모습을 형상화하여 표현하는 경우가 일반적이다.

인문적 요소 중에서도 그 지역의 대표적인 경관인 경우는 보다 강조되어 세밀하게 묘사된다. 『춘향전』에 등장하는 남원의 광한루와 오작교는 다른 경관에 비해 확대·강조되어 표현되었다. 익산 왕궁리에 있는 오층석탑과 석장승도 이 지역의 명물로 강조되어 그려졌다. 경주 지도에서는 왕릉과 첨성대가 상징적인 건물로 부각되어 있다. 평양 지도에서는 기자(箕子)의 정전제(井田制) 유제(遺制)를 보여주는 바둑판 모양의 흔적이 상징적으로 표현되기도 한다.

지도의 표현 방법과 관련해서 정약용은 고을지도의 제작방법을 구체적으로 제시하기도 했다. 먼저 주척 한 자의 길이를 10리로 잡아 그리도록 했는데, 이를 미터법으로 환산하면 축척이 1:27,000으로 지금의 1:25,000 지형도와 크기가 유사하여 비교적 대축척의 지도임을 알 수 있다.[93] 이러한 축척을 바탕으로 먼저 고을의 중심공간인 읍치를 그리고, 숲·언덕·천택·시내와 도랑의 형세를 본떠 그리며, 이어서 마을을 그린다. 마을의 집은 '△' 표시를 사용하여 집 하나당 '△' 하나를 그린다. 도로는 각기 본래의 형태로 붉은 색으로 그리고, 기와집은 푸른 색, 초가집은 누런 색, 산은 녹색, 하천은 청색을 사용하여 그려야 한다고 했다.[94] 이 방법은 조선시대 군현지도의 것과 유사하지만 고을 내의 모든 가옥을 일일이 그리는 점은 다른 지도에서는 찾아보기 어려운 새로운 방식으로 평가된다. 그러나 1:27,000 정도의 축척을 지닌 지도에서 모든 가옥을 다 그리는 것은 오히려 지도를 번잡하게 만들 우려가 있기 때문에 실제 지도 제작에 적용되지는 않은 것으로 보인다.

전통 지지학의 범위와 성격

1. 전통 시대 지지학의 특성과 유형

지지학(地誌學, chorology, chorography)은 근대 지리학이 형성되기 이전의 지역지(地域誌), 또는 지지(地誌) 기술(記述)을 중심으로 하는 지리학의 한 분야라 할 수 있다. 현대 지리학에서는 지역지리학(regional geography)으로 분류할 수 있으나 엄밀한 방법론과 학문적 체계를 갖춘 것은 아니다.

한국의 전통적인 지지학은 지리지(地理志, 地理誌)라는 범주에서 구성된다. 지리지는 지지(地志) 또는 지지(地誌)라고도 불린다. 지리지와 지지를 엄격하게 구분하지 않지만, 지리지는 전통 시대의 지리적인 기록까지 포괄하는 반면 지지는 서양에서 지리학이 학문으로 성립된 이후 지역에 대한 체계적 기록이라는 의미로 사용되는 경향이 강한 듯하다.

한국에서 현전하는 전통 시대의 지리지는 광의의 지리지와 협의의 지리지로 구분해볼 수 있다(표 1 참조). 넓은 의미의 지리지는 여행 안내기나 산천 잡기(雜記)로부터 이론적이고 전문적인 지리서까지 광범위한 분야를 포괄한다. 지리에 관한 서적 전체를 의미한다고 할 수 있으며, 수록 대상과 내용에 따라 전국지리지(輿誌), 읍지, 외국지, 산천지, 기행 및 일기류, 기타 잡지로 구분할 수 있다.

좁은 의미의 지리지는 특정 지역에 대한 종합적이고 총체적인 기록을 지칭한다. 일정한 지역 내의 자연과 인문 현상에 대한 체계적이고 종합적인 기술이다. 전국지리지와 읍지가 협의의 지리지에 해당한다. 읍지의 경우 공간적 범위에 따라 도지(道誌), 군현지(郡縣誌), 촌동면지(村洞面誌), 진영지(鎭營誌), 변방지(邊方誌) 등으로 구분된다.[95]

현대 지리학에서 다루는 지지의 유형은 기술의 방식과 구조에 따라 4가지 유형으로 구분해볼 수 있다. 첫째, 자연, 생물, 인문의 3요소를 다시 세분하여 각 항목을 나열하는 병렬적 기술, 둘째, 각 항목 사이의 관련에 주안을 두고 지역 전체의 통합된 성격 내지 특징을 취하고자 하는 통합적 기술, 셋째, 지역의 특징을 형성하는 데 중요하다고 판단되는 주제를 중심으로 여러 요소와 지역의 관련성을 추구하는 중점적 기술, 넷째, 특정 지역이 일반적 지역 구조로부터 편기(片寄)된 바를 분명히 하여 그 특징을 기술하는 구조적 기술 등이다.[96] 한국의 전통적인 지리지는 대부분 첫째 유형에 해당한다.

이러한 전통적 지리지는 지역의 특성을 종합적으로 파악하여 기술하는 현대적 지지와 형식과 방법론에서 많은 차이가 난다. 근대적 학문으로 분화되기 이전 전통 시대의 학문은 근대 이후 형성되는 학문과는 접근 방법이 다르기 때문이다. 전통 시대 지리지의 가장 큰 특징은 백과사전식 기술 방식이다. 지리적인 사실을 자연이나 인문적인 항목으로 분류하여 내용을 간단하게 기술하는 형식이다. 따라서 지리적 현상의 인과관계에 대한 체계적인 설명이 부족한 특징을 지닌다.[97] 이러한 백과사전식 기술 방식은 전근대 지리지가 지닌 가장 큰 약점으로 지적되어왔다. 그러나 이러한 약

점이 전근대 학문이 지닐 수밖에 없는 한계라는 사실을 인정한다면 현대 지리학과의 비교 속에서 평가 절하할 수만은 없을 것이다. 전통적인 지지에서도 나름의 가치와 의의가 존재한다면 그것을 적극적으로 찾고 재평가할 필요가 있다.

일찍이 홍이섭은 전통적인 지지가 백과사전식 방법이라는 고루한 격식을 지니고 있지만 고려 이후 정치적 색채를 띤 풍수학을 배격했다는 점에서 조선 지리학에 새로운 공헌을 했다고 평가했다.[98] 그러나 이러한 평가는 다소 일면적이다. 지리지는 국토 경영을 위한 실용적 목적에서 편찬되기 때문에 애초에 풍수학과 같은 신비주의적 학문이 개입될 여지는 크지 않다.

전통적인 지지(지리지)가 지니는 의의와 가치는 탈(脫)풍수적인 성격보다는 시대적 조건하에서 지리지가 지니는 가치에서 찾아볼 수 있을 것이다. 즉, 전통적인 지리지가 백과사전식 기술 방식이라는 한계를 지니고 있지만, 지리지가 오랜 기간 동안 전국에 걸쳐 일정한 형식과 내용을 고수하면서 지속되어온 점은 바로 지리지가 편찬된 시대성과 지역성을 반영해주는 것이라 볼 수 있다. 조선시대의 지리지는 조선시대 사람들이 조선이라는 지역의 성격과 특징을 추출, 표현하고자 했던 방법이며, 이러한 점에서 지리학의 한 양식이라 할 수 있다.[99] 현대의 지역지리학과 비교해볼 때 지역의 성격과 구조를 이해하고자 하는 목적과 필요성에서 형성된 학문적 체계라는 점에서는 공통적이나 시대의 변화에 따른 사상, 학문의 변모와 더불어 방법론상의 차이가 발생한 것으로 이해해야 할 것이다.

전통 시대 지리학의 한 축으로서 지지학의 성격을 다룬 대표적인 학자는 다산 정약용이다. 그는 지리학을 "선비가 반드시 힘써야 하고 왕자(王者)가 반드시 이용해야 하는 학문"이라고 규정하면서 도적(圖籍), 즉 지도와 지리지를 지리학의 두 축으로 제시했다. 그리하여 도서(圖書)의 기록은 중국을 모방하는 것이 아니라 반드시 우리나라 것에 밝아야 한다고 하면서 구체적·현실적 지식으로서의 지리를 제시했고, 국경 밖에 있는 신기한 것을 탐색하는 것보다 국토 내부의 가까운 곳에 있는 것을 조사해 밝혀야 함을 강조했다.[100] 나라를 다스리려면 산천, 이수(里數)의 구분, 궁실, 의복의 제도와 민요나 풍속의 다른 점, 관방이나 화보(貨寶)의 구별이 필요하므로 이러한 정보는 지리서의 편찬으로 얻어질 수 있다는 것이다. 정약용은 지리서 편찬에 대한 원칙을 다음과 같이 밝혔다.

> 지리서를 편찬함에 피차간의 강역 한계는 아주 세밀하게 밝히고 고금의 연혁과 제도는 그 사실을 상세하게 기록해야 합니다. 산은 그 산맥들을 기록하고 물은 원류와 분파 등을 구별하며, 옛 사적 중에 정벌이나 공수(攻守)에 관한 사실들은 무엇보다도 자세하게 기록하고, 효자나 열녀 등 인물은 행적이 탁월하고 순정하여 온 세상이 모두 아는 바가 아니면 삭제해서 간략하게 다루며, 제영시(題詠詩)에 대해서도 1백 수 중에 한 수씩만을 보존하여 그 규례를 엄하게 하여야 합니다.[101]

그가 제시한 원칙을 보면, 강역과 연혁, 산천의 형세와 흐름, 국방과 관련된 사적 등을 중요한 항목으로 수록하고 인물이나 제영(題詠)과 같은 항목은 적절하게 취사선택하여 간략하게 다루도록 하고 있다. 이는 지리지가 지니는 현실적 기능을 중시한 것으로, 『신증동국여지승람』에서 보이는 것처럼 제영 항목이 지나치게 많아 지리지의 현실적 기능이 약해지는 것을 방지하고자 한 것이다. 그의 대표적 지리 저작인 『대동수경(大東水經)』이나 『아방강역고(我邦疆域考)』 등에는 이러한 원칙이 잘 반영되어 있음을 볼 수 있다. 그러나 그의 지지학에 대한 논의도 백과사전식 항목 제시라는 전통적인 방식에서 탈피하지는 못했다.

분류		지리지의 종류		대상 지역	대표 서적
광의의 지리지	협의의 지리지	여지(輿誌)		전국	동국여지승람, 대동지지
		읍지(邑誌)	도지(道誌)	도	경상도읍지, 호남읍지, 관동지
			군현지 (郡縣誌)	부(府)·목(牧)· 군(郡)·현(縣)	의주목읍지, 용인현읍지, 대록지(大麓志)
			촌·동·면지	촌·동·면·리	훈도방주자동지(薰陶坊鑄字洞志), 금계동지(金溪洞誌)
			진영지 (鎭營誌)	진(鎭)·영(營)· 역(驛)·목장(牧場)·성(城)	기전영지(畿甸營誌), 군산진진지(群山鎭鎭誌), 입암산성진지(笠巖山城鎭誌)
			변방지	변경 지방	북관지(北關誌), 북행수록(北行隨錄), 북새기략(北塞記略)
		외국지(外國誌)		외국	해동제국기, 유구풍속기(琉球風俗記), 환영지(寰瀛誌), 해사록(海槎錄)
		산천지(山川誌)		산천, 명승지	동국명산기, 묘향산지
		기행 및 일기류			유두류록(遊頭流錄), 탐라록(耽羅錄)
		잡지(雜誌)			도리표, 서원지

〈표 1〉 한국지리지의 종류[102]

전통시대 지지학에 관한 논설로는 최근에 발굴된 『기인한상량(杞人閒商量)』이 대표적이다. 지리지에 대한 고찰과 개선 방안을 논의한 필자 미상의 책으로 1838년경에 작성된 것으로 추정된다. 책의 내용은 조선시대 지리지에 대한 간략한 평가, 지리지 제작에서의 한계점, 지리지 제작의 당위성과 제작 방법, 지리지에 수록될 항목의 체제와 의의 등으로 구성되어 있다. 조선시대 지리지에 대한 심도 있는 연구와 논의가 담겨 있는 독자적인 저술이라는 점에서 중요한 의미를 지니고 있다.[103]

이 책에서는 지리지에 수록될 항목은 기존의 『동국여지승람』이나 중국의 일통지 등을 따라야 하지만 적절한 증산(增刪)이 필요하다고 지적하고 있다. 이에 따라 제시된 항목은 방리, 호구, 전결, 지계(地界), 정리(程里), 도로, 산천, 누정, 사찰, 연로관원(沿路館院), 창고, 토산, 명환, 인물, 효열, 유우(流寓), 사원(祠院), 총묘, 풍속, 형승, 관방, 제영 등이고, 이를 작성하는 방법을 개략적으로 설명하고 있다. 특히 지리지 제작에서 지도의 활용법을 상세하게 제시하고 있다. 즉, 비변사에 소장된 선본의 읍지도를 취합해서 도

지도를 만들고 팔도의 도지도를 합해서 전도를 만들고 이를 가지고 고을로 가서 실제 조사하여 오류를 시정하는 방안을 제시한 것이다. 특히 지도는 전사 과정에서 많은 오류가 발생하기 때문에 선본을 제작한 후 즉시 목판에 새겨 수백, 수천 매를 인쇄하여 공사(公私)에 보관하면서 시장에서의 매매를 허용한다면 오류 없이 오래 전해질 것이라 했다.[104]

2. 한·중·일 지지의 특징 비교

한국, 중국, 일본의 동아시아 3국은 한자문화권에 속하여 오래전부터 기록 문화의 전통을 지녀왔다. 관찬의 역사서를 비롯하여 유교의 경전, 개인의 문집에 이르기까지 다양한 문헌 편찬의 역사를 지니고 있다. 이 가운데 자국의 국토를 기술한 지지의 편찬도 활발하게 이루어져 다양한 유형의 지지가 전해오고 있다. 지지의 편찬 전통은 중국에서 먼저 확립되었는데, 이규경(李圭景, 1788~?)이 기술한 다음 문장은 중국의 지지학 전통을 잘 드러내고 있다.

여지(輿志)의 기록이 우공(禹貢)에서 시작되었으니, 산천의 경계, 토질과 공부(貢賦)를 정한 기록이 간략하면서도 빠짐이 없다. 『주례(周禮)』 하관(夏官)의 직방(職方)이 나라의 지도(地圖)를 맡아서, 국민·재물·축산·곡식 등의 생산되는 숫자를 분별하여 이해(利害)를 두루 알았고, 대사도(大司徒)는 나라의 토지를 이용하는 일을 맡아, 그 등급과 산물을 구분하며 왕을 도와 나라를 편안하게 했다. 또 토훈(土訓)을 두어 실정을 살펴보게 했고, 춘관(春官)의 소사(小史)와 외사(外史)도 사방(四方)의 기록

을 담당했다.[105]

인용문에서 알 수 있듯이 중국 지지학의 전통은 「우공」에서 비롯되는데, 『주례』에 따르면 지도를 제작하는 관직인 직방씨와 더불어 지지의 저술과 관계된 대사도, 토훈, 소사, 외사 등의 전문적인 관직이 있었음을 알 수 있다. 1세기 이후에는 정사(正史)에 지리지가 수록되기 시작했는데 『후한서』의 지리지가 그 시초다. 이러한 지리지에는 지명의 변천과 왕조의 지방행정구역, 산맥·수계·공납물 등에 관한 내용이 실려 있다.

중국의 경우 방지(方志)와 총지(總志)를 합하여 '방지'라 부르기도 하며, 전국적인 범위를 다룬 일통지(一統志), 성(省)을 대상으로 한 통지(通志)로부터 소규모 촌(村)·리(里)에 이르기까지 각 행정 단위별로 지지가 존재한다. 이 가운데 대부분을 차지하는 것은 부(府)·주(州)·청(廳)·현(縣)의 방지다. 염장(鹽場)·염지(鹽池)·풍경구(風景區)를 대상으로 한 방지는 일종의 특수지로 볼 수 있고, 관애지(關隘志)는 군사와 관련된 지방지다.[106]

중국의 방지는 11,000종이 현존하며 전국 고금의 각급 행정구역에 걸쳐 광범하게 분포해 있고, 속수(續修) 및 중수(重修)를 통한 시간적 연속성을 지닌다. 지지(地志)라는 명칭으로 방지의 체계가 정착된 것은 남송대(南宋代)라 할 수 있다. 현존하는 대부분의 방지는 청대에 간행된 것이지만 그 대강절목(大綱節目)은 송대에 이루어진 것이다.[107]

중국 지리지의 유형 분류는 니담의 『중국의 과학과 문명(Science and Civilisation in China)』에서 볼 수 있다. 이 책에서는 고대의 기록과 정사의 지리지, 인류학적 지리학(anthropological geographies), 남방지(南方誌, descriptions of the southern region)와 외국지(descriptions of foreign countries), 수로지(水路誌, hydrologic books)와 해안지(descriptions of the coast), 지방지(local topographies), 지리적 백과전서(encyclopedias)로 구분했다.[108]

일본에서는 율령국가의 성립과 함께 풍토기가 편찬되었으나 지지(地誌)의 형태를 갖춘 지방지(地方志)가 편찬된 것은 근세에 들어서다. 일본은 지방분권적인 봉건제 국가였기 때문에 전국 단위의 총지보다는 지방지의 편찬이 압도적이다. 일본 역사상 문예부흥기라 할 수 있는 도쿠가와 막부 시대에 태평한 시운을 맞이하여 지방지 편찬이 발흥하기 시작했다. 본격적인 지지가 대부분 일종의 문화 사업이라는 의식하에서 찬수되었고, 명소 안내, 기행기, 도중기(道中記) 등 방계(傍系) 지지라 할 만한 것들도 많이 편찬되었다. 이들은 주로 영리를 목적으로 하며 취미 내지 실용을 주안으로 하는 통속적 읽을거리로 볼 만한 것이 많다.[109] 이는 당시 중국 명나라 학문 체계의 실천과 번치정(藩治政)을 위한 기초 자료의 정비, 문인의 지식에 대한 갈망, 에도시대 후반에 성행한 여행 문화 등에 기인한다. 아울러 이 시기 인쇄술의 발달과 출판의 성행도 지방지 편찬에 영향을 주었다. 이후 메이지시대가 되면서 군사, 행정적 목적의 전국지지 편찬이 행해지기 시작했다.[110]

이상의 내용을 바탕으로 한국, 중국, 일본의 지리지를 비교하여 정리하면 다음과 같다.[111]

첫째, 편찬 단위가 다르다. 한국의 경우는 1읍이 1읍지를 구성하는 것이 일반적이다. 반면에 중국은 행정제도의 중첩적 관계로 인해 주지(州誌), 부지(府誌)라 하더라도 그 안에 몇 개 현의 현지(縣誌)를 포함하고 있으며, 최하위 행정단위인 현의 규모도 수만 호에 달하므로 1종 읍지의 분량이 상당히 많다. 일본은 봉건제도를 취하고 있으므로 봉건 장원인 번(藩, 大名領)을 단위로 하여 작성된 지방지가 대부분이다. 따라서 그 내부에 포함된 군·촌의 지방지가 수록되어 있다.

둘째, 항목과 내용이 서로 다르다. 한국에서는 봉수, 목장, 성씨, 읍사례 등이 독특한 항목이다. 중국의 경우 상이(祥異 혹은 재해) 항목을 별도로 두어 지진이나 서리, 한재(旱災), 낙석, 메뚜기, 대수(大水) 등의 자연재해를 기록하고 있다. 또한 치수와 운하 등 수로에 대한 관심이 높아 「조운지(漕運志)」, 「운하편(運河編)」, 「하거편(河渠編)」, 「수리지(水利志)」 등의 편목을 따로 설정하는 등 수리에 대한 내용이 중시되고, 인물 관련 항목 중에는 '방기(方伎, 의학 기술 관계)', '선석(仙釋, 道佛 관계)' 등의 항목이 수록되었다. 일본의 지지에는 '신사(神社)' 항목이 사사(祀祠)를 대신하고 있으며 사원에 대한 기록이 풍부하고 풍속 등의 항목도 비교적 상세하다. 그러나 항목의 수가 적고 내용도 간략한 경우가 많다. 특히 유람기나 여행을 위한 안내기, 명소기(名所記) 등이 다수 편찬되었다.

셋째, 표현 형식에 차이가 있다. 중국과 한국은 한문으로 기록했으나, 일본에서는 18세기 이후 한문 형태에서 벗어나 일한(日漢) 혼용문도 나타나는데 일반인을 대상으로 한 안내기 등에서 두드러진다.

넷째, 전형적인 지방지 체제가 확립되는 시기에서 차이가 있다. 중국은 12세기 후반경 남송 초에 지방지 체제가 확립되며, 한국은 16세기 후반, 일본은 17세기 중엽에 이르러 지방지 체제가 정착된다.

2장

조선시대 이전의 지리학

선사시대의 암각화와
공간 표현

지도의 기본적 속성은 그림이다. 그림은 문자보다 앞서 만들어진 시각언어이기 때문에 지도의 역사도 문자보다 앞선다. 선사시대 원시인들도 그들이 경험했던 공간이나 경험하지 못한 세계를 지도로 제작했다. 북부 이탈리아의 알프스산 기슭에 있는 카모니카(Camonika) 계곡에서 빙식(氷蝕)을 받은 암벽에 그려진 선사시대 지도가 이의 대표적인 사례다. 이 지도는 기원전 1500년경 카모니카 계곡에 살고 있던 청동기시대 주민의 촌락과 경작지를 표현한 것이다.[1]

우리나라에는 선사시대의 지도가 남아 있지 않다. 다만 청동기시대에 그려진 다양한 암각화 가운데 그림지도의 범주에서 해석해볼 수 있는 것이 있다. 암각화는 말 그대로 선사시대 바위나 암벽에 그려진 사실적인 그림이나 상징적인 도형을 말한다. 울주 반구대와 천전리의 암각화를 비롯하여 경상북도 지역을 중심으로 여러 암각화가 남아 있다. 이들 암각화는 물상을 사실적으로 묘사한 자연주의적 그림과 기하학적 도형으로 묘사한 상징주의적 그림으로 분류된다. 지도의 범주에서 해석해볼 수 있는

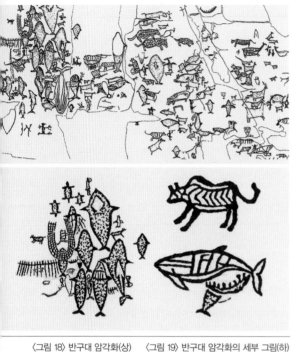

것은 전자의 자연주의적 그림이라 할 수 있다.[2]

그림지도의 범주에서 해석해볼 수 있는 대표적인 것은 반구대 암각화와 천전리 암각화다. 반구대 암각화에는 바다 동물인 고래·물개·바다거북, 육상 동물인 사슴·호랑이·멧돼지·개 등과 더불어 사람의 얼굴, 정면상, 측면상, 배에 탄 모습, 배·울타리·그물·작살·방패·노와 유사한 도구 등이 새겨져 있다(그림 18). 산이나 강과 같은 자연환경보다는 생물체를 중심으로 그려져 있다. 특히 배를 타고 고래를

〈그림 18〉 반구대 암각화(상)   〈그림 19〉 반구대 암각화의 세부 그림(하)

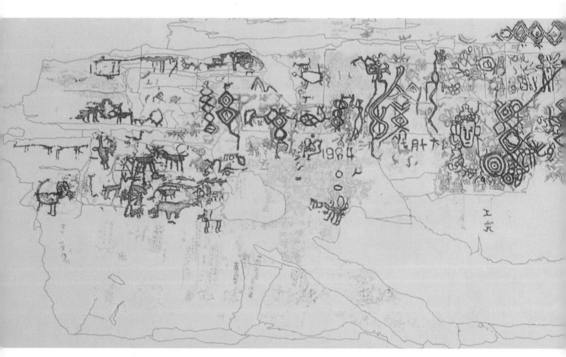

사냥하는 모습과 짐승을 가두어두던 울타리의 모습이 그려져 있어서 당대인들의 생업을 유추해볼 수 있다. 이러한 암각화에는 공간적 관계가 뚜렷하게 표현되지는 않았지만 당시 원시인들이 생활했던 주변 환경을 바탕으로 그들이 인식했던 다양한 생물체와 사상(事象)이 그려졌다는 점에서 초기의 지도로 평가할 수 있다.

천전리 암각화를 보면, 바위 윗부분에 쪼아파기와 갈기 수법으로 표현된 사슴 등의 동물상과 인물상, 추상적 도형들이 있고 아래 부분에는 가는 선각의 글씨들과 인물, 동물 또는 추상적 도형들이 쪼아파기와 긋기 수법으로 새겨져 있다(그림 20). 말이나 사슴으로 추정되는 짐승들, 기마행렬, 배 그림 등이 뒤섞여 있다. 기마행렬은 사람을 태우지 않고 말을 끌고 가는 격자무늬 바지의 인물과 기마 인물, 치마류의 옷을 입은 인물, 화살통과 같은 것을 멘 기마 인물, 머리카락이 위로 뻗은 기마 인물 등 표현이 상세하고 구체적으로 되어 있다.

〈그림 20〉 천전리 암각화

특히 천전리 암각화에는 다른 암각화에서 볼 수 없는 자연환경이 그려져 있어서 주목된다. 암각화의 오른쪽 상단부에는 산의 모습과 수목을, 그리고 그 위에 태양을 상징하는 동심원이 그려져 있다. 이는 실제 관찰한 자연물을 그려 넣은 것으로 초기 지도의 형태로 해석해볼 수 있다.

삼국시대의 지리학

1. 삼국시대의 지도학

1) 고구려의 지도학

한국에서는 오래전부터 지도 제작이 행해져왔던 것으로 보인다. 지도와
지지는 국가 통치의 중요한 자료였기 때문에 고대로부터 지도를 제작하여
국가행정에 사용했을 것이다. 그러나 현존하는 고대 지도가 거의 남아 있
지 않고 지도 제작에 관한 기록도 매우 드물다. 따라서 사료에서 산견되는
단편적인 기록들을 통해 당대의 지도학을 구성해볼 수밖에 없다.

　고구려의 지도와 관련된 것으로 628년(영류왕 11) 고구려에서 당 태종에
게 사신을 보내어 『봉역도(封域圖)』를 바쳤다는 기록이 있다.[3] 이 『봉역도』
는 고구려의 강토를 그린 전도로서 대축척의 세밀도보다는 소략한 형태
의 지도일 가능성이 높다. 당시 지도는 국가의 기밀 사항으로 국가에서
통제했기 때문이다. 그러나 사신 왕래 시 지도를 보냈다는 것으로 볼 때

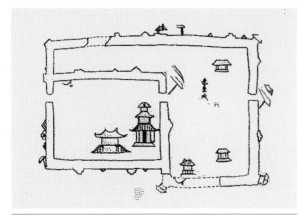
〈그림 21〉 고구려 벽화의 요동성 지도

당시 지도가 국가에 의해 제작되어 활용되었고 조정에서도 제작된 지도들이 보관되어 있었다고 볼 수 있다.

고구려시대의 지도로서 가장 널리 알려진 것은 고구려 벽화에 그려진 요동성 지도이다. 이 지도는 1953년 평안남도 순천군에서 발굴된 4세기경 고분의 벽화에 그려져 있다(그림 21). 현존하는 가장 오래된 한국의 지도로 평가되는데, 도시의 성곽과 내부의 공간 구조를 그린 일종의 성시도(城市圖)라 할 수 있다. 내성과 외성으로 이루어진 요동성 성곽의 모습과 사찰, 전각, 문루 등이 사실

〈그림 22〉 고구려 무용총의 수렵도

적으로 표현되어 있다. 지도에 탑이 그려진 곳에 현재 관음사라는 절이 남아 있다.

지도는 통상의 현대 지도와 달리 북쪽이 아닌 서쪽을 지도의 상단에 배치하여 그렸다. 아울러 건물은 정면에서 투시한 정면도의 형태를 띠고 있으나 성곽은 평면도, 일부 누각은 투시 방향이 다르다. 이처럼 다양한 시점으로 지도를 그린 방식은 전통적 지도학의 한 특성으로 후대에 계속 이어졌다.

무용총의 수렵도는 회화 장르에 속하지만 지형지세가 표현되어 있어서 회화식 지도의 유형으로도 해석해볼 수 있다(그림 22). 산지는 산줄기를 겹쳐 그리는 수법으로 표현했는데, 곡선미를 강조하고 있다. 이는 산의 고저와 기복을 표현하는 효과적인 방법으로 평가할 수 있다. 특히 산 정상부에는 수목까지 그려 당시 수목관도 파악해볼 수 있다.

〈그림 23〉 고구려 안악 제3호 고분 출토 벽화

안악 3호분의 벽화에서도 공간적 관계가 잘 표현되어 회화식 지도의 관점에서 해석해볼 수 있다. 이 그림은 일종의 가옥 구조도에 해당한다(그림 23). 민가의 공간 구조를 표현한 미시적 규모의 그림지도로, 후대에도 보기 드문 사례로 평가된다. 부엌의 주방 시설, 연기통 등이 세밀하게 묘사되어 있고 푸줏간, 우물, 마구간 등이 함께 그려져 있다. 당시 가옥의 구조를 구체적으로 파악해볼 수 있는 중요한 자료라 할 수 있다.

2) 백제의 지도학

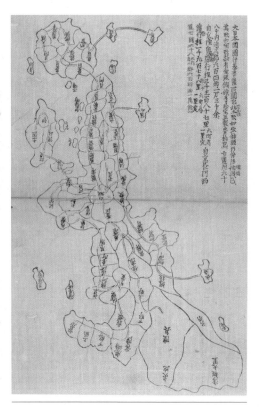

〈그림 24〉 『슈가이쇼』의 교키도(1607년, 일본 국립역사민속박물관 소장)

백제도 고구려와 마찬가지로 국가적 차원에서 지도를 제작하여 활용했다고 볼 수 있다. 『삼국유사』의 기록에는 백제에 도적(圖籍)이 있었다고 전하고 있는데,[4] 도적은 지도와 서적을 의미한다. 또한 일본의 전통적인 『교키도(行基圖)』의 제작자인 교키(行基, 668~794)는 백제계 귀화인이었다. 교키는 불교 승려로 신도의 힘을 모아 둑, 도랑을 축조하여 논을 만들었으며 다리도 놓았다. 특히 일본 전국지도인 『교키도』를 만든 것으로 유명하다. 이러한 사실로 볼 때 교키는 백제의 지도 제작술을 일본에 전파한 것으로 추정된다. 일본의 『교키도』는 가장 오래된 일본 전도로서 팔도 소속의 각국 경계를 마치 거북의 등처럼 그려 넣은 것이 특징적이다. 『슈가이쇼(拾芥抄)』에 수록된 일본지도에는 교키 보살(菩薩)이 그린 것이라 기재되어 있다(그림 24).

〈그림 25〉 백제의 산수문양 벽돌

　백제의 유물 가운데 그림지도의 성격을 지닌 것이 있어서 당대 지도학의 일면을 엿볼 수 있다. 네모진 벽돌에 부조 형식으로 그려진 것으로 산수를 표현하고 있다(그림 25). 신선 사상의 영향을 받아 7세기경에 제작된 것으로 보이는데, 하단에는 물줄기가 표현되어 있고, 세 개의 봉우리로 이루어진 산지가 모식적으로 그려져 있다. 산 정상부에는 사선의 형태로 질감을 표현했고, 수목과 바위의 모습도 독특하게 그려져 있다. 중앙 하단부의 산에는 기와집도 그려져 있어서 단지 자연만이 아니라 인문 경관도 반영되어 있음을 알 수 있다. 당시의 독특한 공간 관념과 지형 표현을 파악해볼 수 있다.

　그림지도와 유사하지만 입체지도의 범주로 볼 수 있는 것으로 금동대향로를 들 수 있다(그림 26). 이것은 7세기 초에 제작된 것으로 추정되는데, 백제 금속공예의 정수를 보여주는 것으로 널리 알려져 있다. 향로에는 산지를 비롯한 자연 지형과 동식물, 사람의 모습이 정교하게 조각되어 있다. 향로 뚜껑의 정상부에 봉황이 턱밑에 여의주를 끼고 있고, 그 아래로 오악을 비롯한 74개의 산봉우리가 표현되어 있다. 산지에는 바위들과 산 중턱의 길, 산 사이를 흐르는 계곡, 폭포 등이 세밀하게 묘사되어 있다. 자연 지형 외에도 다양한 동식물과 사람들이 부조되어 있다.

　이는 중국 한나라 시대에 널리 유행했던 박산향로(博山香爐)(그림 27) 계열에 속하는 것으로 박산향로는 도교의 예식과 관련된 것이다. 박산은 신선들이 살고 있다는 전설의 산이다. 향로의 가운데에는 동해에 있는 신성한

〈그림 26〉 백제의 금동대향로(7세기, 국립부여박물관 소장)   〈그림 27〉 중국 한대의 박산향로

섬과 산이 표현되어 있다. 니담은 이 향로가 중국 입체지도의 기원일 수 있다는 견해를 제시했다.[5] 이러한 향로 제작의 전통이 후대 입체지도를 탄생하게 했다는 것이다. 백제의 금동대향로는 중국 박산향로의 영향을 받아 제작되었지만 묘사된 산들이 훨씬 사실적이고 정교하게 표현되어 있다. 신선 사상과 오행 사상, 불교 등의 영향을 받아 제작된 것으로 실제 지형을 묘사한 것은 아니지만 입체적으로 지형을 묘사했다는 점에서 입체지도의 기원으로 평가해볼 수 있다.

3) 신라의 지도학

신라에서도 지도를 제작하여 활용했던 사실을 단편적인 기록을 통해 확인해볼 수 있다. 『삼국사기(三國史記)』에는 신라 문무왕 때 지도 이용에 관한 기록이 수록되어 있는데, "7월에 입조사(入朝使) 김흠순(金欽純) 등이 돌아와 장차 경계선을 획정하려 하매, 지도를 살피고 옛 백제 땅을 조사하여 잘라 돌려주라는 것이었다."[6]고 하여 지역의 경계선을 그을 때 지도를 중요한 자료로 이용하고 있음을 알 수 있다.

이때 사용한 지도의 내용은 본디 신라의 영역뿐 아니라 새로이 편입된 백제의 영역은 물론 백제와 중국을 사이로 하고 있는 황하까지를 소상히 그리고 있는 지도였을 것으로 추정된다. 경계 획정에 사용되었던 지도이기 때문에 지형지세가 상세하게 그려진 지도였을 것이다.

신라 말기에는 풍수지리의 비조라 일컫는 도선(道詵, 827~898)의 지도에 관한 기록이 전한다. 다음은 도선의 비문에 수록된 내용이다.

> 대사가 옥룡사에 거처하기 전에는 지리산 구령에 암자를 짓고 쉬고 있었는데, 이상한 사람이 대사의 앞에 와서 뵙고 말하기를, "제가 세상 밖에서 숨어 산 지가 근 수백 년이 됩니다. 조그마한 술법이 있으므로 대사님에게 바치려 하니 천한 술법이라고 비루하게 여기지 않으신다면 뒷날 남해의 물가에서 드리겠습니다. 이것도 역시 대보살이 세상을 구제하고 인간을 제도하는 법입니다." 하고 홀연히 사라졌다. 대사가 기이하게 여겨 기약한 곳을 찾아갔더니 과연 그 사람을 만났는데, 모래를 모아 산천 순역(順逆)의 형세를 만들어 보여주었다. 돌아보니 그 사람은 없어졌다. 그 땅이 지금 구례현(求禮縣) 지경에 있는데, 그곳 사람들이 사도촌(沙圖村)이라 일컫는다.[7]

인용문을 보면 당시 이인(異人)이 남해의 강가에서 도선에게 "모래를 모아 산천 순역의 형세를 만들어 보여주었다."는 것이다.[8] 즉 모래를 가지고 지도를 제작했다는 것인데, 이는 현대의 입체지도와 유사하다고 볼 수 있다.

입체지도는 지형지세를 쉽게 이해할 수 있는 장점이 있기 때문에 풍수적 이해를 요구하는 경우에는 매우 유용한 자료가 된다. 따라서 모래를 이용하여 2차원의 평면이 아닌 3차원의 입체로 지형지세를 표현한 것이다. 이와 같은 지도 제작은 후대에서는 보기 힘든 독특한 사례라 할 수 있다.[9]

이처럼 풍수와 관련하여 도선이 입체지도를 제작했지만 다른 지도를 이용한 사례도 기록에 남아 있다. 이수광(李睟光, 1563~1628)의 『지봉유설(芝峯類說)』에는 지도의 이용과 관련된 다음과 같은 내용이 전하고 있다.

> 고려의 중 굉연(宏演)이 『도선전(道詵傳)』을 지었는데 거기에서 말하기를 "처음에 도선은 당나라에 들어가서 일행(一行)에게 배웠다. 일행이 삼한의 산수도(山水圖)를 보고 말하기를, 사람에게 병이 있으면 혈맥을 찾아서 침을 놓거나 뜸질을 하면 병이 낫는다. 산천의 병도 또한 이와 마찬가지다. 절을 세우고 부처를 세우며 탑을 세우는 것은 마치 사람에게 침을 놓는 것과 같다. 이것을 이름하여 비보라 한다." 했다. 뒤에 도선은 비보로 5백 사찰을 세웠다고 한다. 지금 돌부처나 절이 곳곳에 있는 것은 대개 그때에 세운 것이다.[10]

여기에 등장하는 삼한의 산수도가 구체적으로 누구의 지도인지는 알 수 없다. 당시 중국에서 신라에 대한 상세한 지도를 소장하고 있는 것이 어렵다는 점을 감안한다면 이 지도는 신라에서 제작된 후 도선이 가지고 간 것으로 추정된다. 그러나 일행은 당나라 초기의 승려이고 도선의 생몰년은 당나라 말기에 해당하기 때문에 연대에 모순이 있고, 도선이 당나라에 유학했다는 것도 신빙성이 없다. 그렇다 하더라도 신라시대 산수도가 제작되어 활용되었을 가능성은 충분하다고 할 수 있다.

2. 삼국시대의 지지학

우리나라에서는 고대국가가 정비되면서 지리지가 작성되었을 것으로 추정된다. 지역의 자연환경을 비롯한 인구, 토지, 교통, 군사, 풍속 등의 다양한 정보는 국가 통치의 필수 자료가 되기 때문에 이른 시기에 지리지를 편찬했을 것으로 보이나 현전하는 것은 없다. 따라서 이 시기 지지학의 양상은 몇몇 단편적인 기록을 통해 미루어볼 수밖에 없다.

『삼국유사(三國遺事)』에서는 백제지리지(百濟地理志)가 언급되고 있다. "백제지리지에서 말하기를, 『후한서』에서 삼한은 모두 78국인데 백제가 그 하나다."[11]라고 기술되어 있는 것으로 보아 『삼국유사』를 저술한 당시에도 백제의 지리지가 존재하고 있었음을 알 수 있다. 또한 지리지 자체는 아니지만 양전장적(量田帳籍)을 언급하고 있는데,[12] 이 시기 각 지역별로 토지를 측량하고 이를 서책으로 작성하여 국정에 사용했음을 알 수 있다. 각 마을에 대한 토지조사 자료는 이후 지리지 편찬에 중요한 자료로 활용되었을 것이다. 아울러 백제 무왕 때 승 관륵(觀勒)이 일본에 역(曆), 천문지리에 관한 서적을 전했다는 기록으로 볼 때[13], 당시 천문과 더불어 지리에 관한 서적도 상당수 있었던 것으로 보인다. 이때의 지리 서적은 풍수지리가 아닌 실용적인 지리서라 할 수 있는데, 중국에서 풍수지리가 한반도에 전래된 것은 신라 말기 이후이기 때문이다.

신라에서도 지리지가 작성되어 이용되었던 것으로 보인다. 『삼국사기』 지리지에는 "오른쪽 고구려의 주군현(州郡縣)은 모두 164개인데 신라가 개명한 것과 지금의 명칭은 『신라지(新羅志)』에 보인다."고 하여 신라의 지리지인 『신라지』가 『삼국사기』 편찬 당시에 존재하고 있었음을 알 수 있다.[14] 그러나 신라와 백제의 지리지는 현존하는 것이 없어서 대강의 내용을 파악하기는 쉽지 않다.

한편 신라에는 광의의 지리지로 볼 수 있는 신라 촌락 문서가 남아 있어서 당시 지역의 파악 방식과 지역 정보를 정리하고 관리했던 구체상을 확인해볼 수 있다(그림 28). 신라 촌락 문서는 '신라민정문서'라고도 하며, 도다이지(東大寺) 쇼소인(正倉院)에 소장되어 있다. 이 문서에는 사해점촌(沙害漸村)·살하지촌(薩下知村)·모촌(某村)·서원경(西原京) 모촌 등 4개 촌에 대한 상세한 내용이 수록되어 있는데, 촌명(村名)·촌역(村域), 호(戶), 인구, 우마, 토지, 수목(樹木), 인구 및 우마의 변동 등의 순서로 자세히 기록되어 있다. 이는 촌 단위로 시간의 흐름에 따라 변동된 내용을 기록해두었다가 3년에 1번씩 다시 작성했다. 작성 연대는 695년(효소왕 4), 755년(경덕왕 14), 815년(헌덕왕 7), 875년(헌강왕 1) 등 다양한 견해가 제시되고 있으며 현재로는 확정짓기 어렵고 대체로 8~9세기 무렵의 것으로 짐작할 뿐이다.

촌락 문서의 내용이 인구와 경지, 우마, 경제림 등을 중심으로 작성된

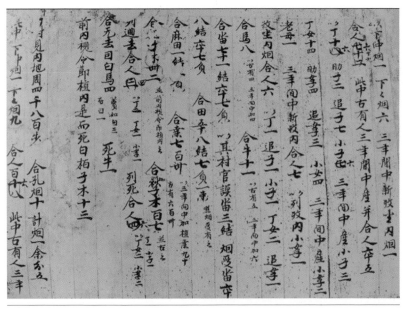

〈그림 28〉 신라 촌락 문서(8~9세기, 일본 도다이지 쇼소인 소장)

것으로 볼 때 일반적 목적의 지리지는 아니고 부세 수취를 위한 대장(臺帳)일 가능성이 높다. 조선시대 읍지에서 볼 수 있는 군사, 교통, 민속, 시문 등의 항목이 전혀 없는 것으로 보아 조세 및 군역·부역의 부과를 위해 만들어진 특수 목적의 지지로 볼 수 있다. 특히 이 문서에는 신라시대 촌락의 지리적 특성을 기술하고 있는데, 촌락의 입지, 주변 경관, 영역에 대한 내용이 다음과 같이 수록되어 있다.

A) 當縣沙害漸村見內山榼地周五千七百卅五步

B) 當縣薩下知村見內山榼地周万二千八百卅步 此中薩下知村古地周八

　千七百七十步 掘加利何木杖谷地周四千六十步

C) 미상(결락)

D) 西原京 □□□村見內地周四千八百步

A의 마을 이름은 사해점촌(沙害漸村)으로 소속된 고을은 미상이다. '견내산개지(見內山榼地)'라는 입지 조건을 제시하고, 이어서 마을 면적을 수록했는데 둘레가 5,725보로 되어 있다. 360보가 1리이기 때문에 대략 16리 정도가 된다. '견내산개지'라는 입지 조건에 대해서는 '나무가 무성한 산으로 둘러싸인 산간 분지', 또는 '가시권 안에 있는 삼림과 초지' 등으로 해석하나 확실하지 않다.

　B의 마을은 살하지촌(薩下知村)으로 입지 조건은 A와 마찬가지로 '견내산개지'다. 마을 둘레가 12,830보로 35리에 해당하여 규모가 제법 크다. 그리고 이 중에서 마을의 옛날 땅인 고지(古地)의 둘레가 8,770보이고 새로 개간하여 넓힌[掘加] '이하목장곡지(利何木杖谷地)'의 둘레가 4,060보라 기재되어 있다. '이하목장곡지'는 기존 마을에서 산지 쪽으로 개척하면서 만들어진 마을로 보인다. D의 마을은 서원경 소속의 이름 미상의 마을이며

'견내지'에 있고 둘레가 4,800보로 되어 있다.

이처럼 마을 단위로 인구, 농경지, 우마까지 상세한 정보를 수록한 지리지는 조선시대에서도 찾아보기 힘들다. 조선시대 지리지의 경우 대부분 군현 단위로 작성되고 군현 내의 자연 촌락을 단위로 지지가 작성된 경우는 매우 드물기 때문이다. 촌락이라는 미시적 규모의 지역에서 지역 정보를 수집하고 활용했던 대표적인 사례로 평가해볼 수 있다.

삼국시대에는 자국 내의 지리서와 더불어 외국에 관한 지리서도 저술되었다. 이의 대표적인 것은 신라의 고승 혜초(慧超, 704~784)의 『왕오천축국전(往五天竺國傳)』이다.[15] 1권 필사본 총 6,000여 자의 두루마리 형태로 이루어져 있는데 일부분만이 현존한다. 『왕오천축국전』은 '오천축국으로 여행 갔던 기록'이라는 말이다. 천축국은 인도이며, 오천축은 인도가 넓기 때문에 동서남북과 중앙의 다섯 지방으로 구분해 한꺼번에 부른 이름이다. 1908년 3월 프랑스의 탐험가 펠리오(Paul Pelliot)가 중국 둔황(敦煌)의 천불동(千佛洞) 석굴에서 발견한 문서 속에 포함되어 있었다.

『왕오천축국전』은 승려가 쓴 여행기로 불교적 관점에 입각하여 서술되었다. 여행 경로는 육지로 갔다가 바다로 돌아온 법현(法顯)의 『불국기(佛國記)』나 현장(玄奘)의 『대당서역기(大唐西域記)』 등과는 달리 바다로 갔다가 육지로 돌아온 여정이다. 혜초는 중국의 남쪽 광저우(廣州)에서 배를 타고 남중국해를 돌아 동부 인도로 들어가 나체(裸體)의 나라에서 여행을 시작한다.

여행 경로를 보면, 서북쪽으로 쿠시나가라(Kusināgara, 지금의 카시아)로 갔다가 1개월 동안 다시 남쪽을 여행해 바라나시(Varanasi)에 이르렀는데, 여기에는 석가모니가 처음 설법한 녹야원(鹿野苑)이 있으며, 약 1세기 전에는 당나라의 현장도 찾아왔던 곳이다. 다시 동쪽으로 가 라자그리하(Rājagrha, 王舍城)에서 최초의 사원인 죽림정사(竹林精舍)를 참배하고, 『법화경(法華經)』의 설법지 영취산(靈鷲山)을 방문했다. 그리고 남쪽의 부다가

야(Buddhagaya)를 거쳐, 서북쪽으로 향해 중천축국의 수도 카나우지로 갔다. 이후 현재의 데칸고원에 해당하는 남천축국을 여행했고 다시 서북쪽으로 향해 서천축국을 거쳐 북천축국을 방문했다. 이어 북쪽의 현재 카슈미르(Kashmir) 지방을 거쳐 대발률(大勃律)·소발률(小勃律) 등을 방문한 후, 이번에는 거꾸로 간다라 지방을 거슬러 내려오면서 스와트·길기트·페샤와르 등지를 거쳐 그 북쪽에 있는 오장국(烏長國)·구위국(拘衛國) 등을 답사했다. 이후 실크로드를 따라 서부 투르키스탄(Turkistan) 지역에 가면서 그의 오천축국 순력은 끝난다. 이후 파미르고원을 넘어서 당의 안서도호부(安西都護府)가 있는 쿠차(Kucha)에 도달하는 727년 11월에 이 여행기는 끝난다.[16]

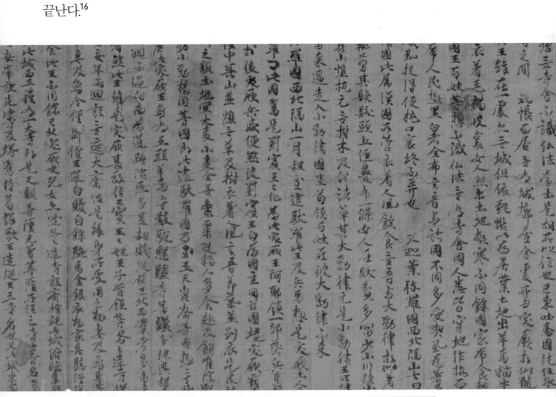

〈그림 29〉 『왕오천축국전』(8세기, 프랑스 파리국립도서관 소장)

이 책은 그보다 1세기 앞서 여행했던 현장의 『대당서역기』나 법현의 『불국기』 등에 비해 서술은 간략하나 사료적 가치는 뒤지지 않는다. 전술한 여행기는 6~7세기의 인도 정세에 관한 자료지만, 『왕오천축국전』은 8세기 인도와 중앙아시아에 관한 것으로 세계에서 유일한 기록이다. 여행기에는 단지 불교 사원과 관련된 내용뿐만 아니라 풍속, 역사, 의복, 물산, 동식물 등 다양한 내용이 수록되어 있다. 다음은 남천축국(南天竺國)에 대한 본문의 내용이다.

> 중천축국(中天竺國)으로부터 남쪽으로 3개월 남짓 걸어가면 남천축국의 왕이 사는 곳에 도착한다. 그 나라 왕은 8백 마리의 코끼리를 소유하고 있다. 영토가 매우 넓어 남으로는 남해에 이르고, 동으로는 동해에 이르며, 서쪽으로는 서해에 이르고, 북쪽으로는 북천축국·서천축국·동천축국의 경계에 접한다. 의복·음식·풍속은 중천축국과 비슷하나 언어가 좀 다르다. 토지는 중천축국보다 덥고 그곳에서 나는 물건으로는 전포, 코끼리, 물소, 황소가 있다. 양도 조금은 있으나 낙타, 노새, 당나귀 등은 없다. 벼 심은 논은 있으나 기장, 조 등은 없다. 그리고 솜과 비단 등은 천축국 어디에도 없다. 왕을 비롯한 수령, 백성들은 삼보(三寶)를 매우 공경한다. 절도 많고 스님들도 많으며 대승불교와 소승불교가 모두 행하여진다.[17]

본문을 보면 여행한 국가의 지리적 위치, 영토의 크기, 기후, 언어를 비롯하여 의복·풍속·음식 등의 문화적 내용, 경지·산물·가축 등의 경제적 내용, 불교 신앙과 관련된 내용 등이 수록되어 있다. 승려의 여행기지만 불교 신앙과 관련된 것 외의 자연환경과 인문적 내용이 본인의 관찰을 토대로 기술되어 있다. 특히 근대 지리학 이전의 지지에서 보이는 백과사전식 서술에서 탈피하여 지역의 성격을 기술하고 있다는 점은 높이 평가할 만하다. 여행 중에 느꼈던 필자의 감회를 시문으로 작성하여 본문에 삽입한 것은 이 책이 문학작품으로서의 면모도 지니고 있음을 보여준다.

고려시대의 지리학

1. 고려시대의 지도학

후삼국을 통일한 고려에 들어와서도 국가 통치를 위해 지도를 제작, 활용했던 것으로 보인다. 신라보다 다소 넓어진 영토를 통치하기 위해서는 신라시대에 사용되었던 지도 외에도 새롭게 고려 강역의 지도를 제작해야 했다. 고려가 건국된 후 정치, 사회적으로 안정되면서 국토의 사정을 파악하고 지도로 제작하는 작업이 본격적으로 이루어졌다. 그 결과 제작된 것이 994년(성종 13)에 편찬된 『오도양계도(五道兩界圖)』이다.[18] 국가에서 공식적으로 제작한 이 지도는 현존하지 않아 그 내용을 알기 어렵지만 고려의 상세한 전도로 추정된다.

『요사(遼史)』에는 1002년(목종 5)에 거란에게 『고려지리도(高麗地理圖)』를 보냈다는 기록이 있다.[19] 여기의 『고려지리도』는 소략한 형태의 고려전도였을 것으로 보인다. 전통 시대는 지도가 국가의 기밀 사항이기 때문에 상세한 지도를 인접 국가에 제공하기는 어렵다. 이는 아마도 사행에 따른 예물의 성격으로 지도를 보냈던 것으로 볼 수 있다.

이와 같이 외국에 가는 사신에 의한 지도의 합법적인 반출이 있었지만 불법적으로 국외에 유출한 사건도 있었다. 1148년(의종 2) 고려의 이심(李深)과 지지용(智之用) 등이 송나라 사람과 결탁하여 유공식(柳公植)의 집에 보관되어 있던 고려지도를 송의 진회(秦檜)에게 보낸 사건이다.[20] 이 사건이 발각되어 두 사람은 옥사 당하게 된다. 이 사건에서 주목되는 점은 유출된 고려지도가 관부가 아닌 사가(私家)에 보관되어 있었다는 점이다. 이로 보아 고려지도의 사용이 관청뿐만 아니라 민간에서도 일부 행해지고 있었음을 알 수 있다. 이는 고려시대에도 지도의 제작과 이용이 비교적 활발하게 진행되었던 것을 말해주는 것이다.

지도를 둘러싼 사건은 지도를 외국으로 반출하려 했던 것뿐만 아니라 고려가 외국 지도를 입수하려던 경우도 있었다. 「대동야승(大東野乘)」은 다음과 같은 기록을 전하고 있다.

> 희령(熙寧) 연간(1068~1077)에 고려에서 공물을 가지고 사신들이 찾아왔다. 그들은 도중에 통과한 주와 현의 도시에서 지방도를 요청했는데, 그때마다 제작된 지도를 얻었다. 산악·하천·도로·급경사면·험로 등 어느 것 하나 빠뜨리지 않았다. 그들은 양주 땅에 도착하자 전과 다름없이 지도를 요청했는데, 당시 지사(知事)였던 진수(陳秀)는 책략을 썼다. 그는 사절들에게 이때까지 제공받았던 양절(兩浙) 지방의 지도를 모두 보여달라고 요구했다. 그것들을 흉내 내어 원하는 지도를 만들고 싶다는 것이었다. 그러나 그는 지도를 손에 넣게 되자 전부 태워버린 뒤 황제에게 이 사건을 보고했다.[21]

이는 중국으로부터 최신 지도를 수입하고 그것을 바탕으로 고려에서 새로

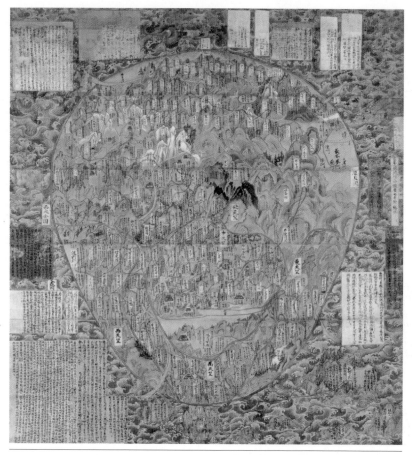

<그림 30> 『오천축도』(14세기, 일본 호류지 소장)

운 지도를 제작했던 사실을 암시한다. 이미 이 시기 지도 제작의 선진 기술이 중국을 통해 입수된 것으로 보인다. 최신의 중국지도를 구해 조선에서 다시 제작하여 국방이나 다른 용도로 사용하려 했던 것이다.

고려는 국가적 차원에서 불교를 숭상하던 나라로 이에 따라 불교적 세계관을 담고 있는 불교식 세계지도가 제작되기도 했다. 1133년(인종 11)에 윤포(尹誧, 1063~1154)는 『오천축국도(五天竺國圖)』를 제작하여 왕에게 바쳤다. 현장법사의 『서역기(西域記)』에 의거하여 지도를 제작한 것이다.[22] 이 지도는 중국의 전통적인 화이도와는 다른 불교적 세계관을 표현한 지도로 추정된다. 윤포의 『오천축국도』와 관련이 있으리라 생각되는 『오천축도(五天竺圖)』가 일본에 몇 종류 남아 있다. 그 가운데 가장 연대가 오래된 것은 14세기에 제작된 것으로 전해지는 호류지(法隆寺) 소장의 『오천축도』이다(그림 30).

이 지도는 가로 166.5cm, 세로 177cm의 대형 지도다. 파도가 그려진 바다 가운데에 계란을 거꾸로 세운 듯한 윤곽을 지닌 대륙이 그려져 있다. 그 중앙과 상부에는 네모난 무열뇌지(無熱惱池)가 있으며 거기에서 네 개의 하천[四河]이 사방으로 흘러간다. 대륙의 내부에는 중첩된 산악 속에 수많은 전당과 탑, 당탑불적(堂塔佛跡)이 그림으로 묘사되어 있고, 천축으로 가는 승려 현장의 행로가 붉은 선으로 그려져 있으며, 이 밖에도 지명과 주기가 기록되어 있다. 그 내용은 주로 인도와 서역 제국으로 되어 있고 그 밖의 지역이 거의 빠져 있다. 심지어 중국조차도 지도의 우변에 신단국(晨旦國), 대당국(大唐國) 등으로 작게 묘사되어 있을 뿐이다. 대륙을 둘러싼 바다에는 남쪽에 집사자국(執師子國)을 비롯한 몇 개의 섬이 있으며, 이와는 별도로 지도의 오른쪽 위에 일본을 뜻하는 규슈(九州), 시코쿠(四國)란 작은 섬이 그려져 있다.[23] 윤포가 제작한 지도도 아마 이러한 모습을 띠고 있었으리라 짐작된다.

고려후기의 지도도 현존하는 것이 없어 단편적인 기록을 통해 파악해볼 수밖에 없는데, 이규보(李奎報, 1168~1241)의 문집에는 세계지도에 관한 기록이 수록되어 있다. 만국삼라(萬國森羅)와 우리나라가 함께 그려진 세계지도로,[24] 중국 남송대의 『화이도』(그림 31)를 바탕으로 제작된 것으로 보인다. 여기에 그려진 우리나라 부분은 고려의 지도를 첨가한 것이다. 따라서 고려에서 중국의 『화이도』를 바탕으로 고려전도를 추가하여 재편집한 지도라 할 수 있다. 이 지도는 송나라의 화이관이 반영된 지도로 우리

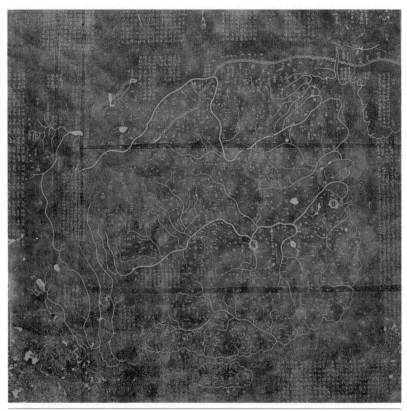

〈그림 31〉 중국의 석각 『화이도』(12세기, 중국 시안 碑林박물관 소장)

나라를 소중화로 인식했다.

공민왕 연간(1351~1374)에는 사농소경(司農少卿) 나흥유(羅興儒)가 중국과 우리나라의 지도를 제작하여 개벽 이래 제왕의 흥망과 강리(疆理)의 이합(離合) 사실을 수록했다.[25] 이 지도는 원대의 세계지도를 바탕으로 제작된 것으로 보인다. 지도의 내용으로 보아 1402년 조선에서 제작된 『혼일강리역대국도지도(混一疆理歷代國都之圖)』와 유사한 것으로 추정된다. 최소한 송대에 제작된 『화이도』와는 다른 유형의 세계지도였던 것으로 보이는데, 이미 이 시기 새로운 유형의 세계지도가 고려에 수입되어 지도 제작에 활용되고 있음을 알 수 있다.[26]

국가적 차원에서 제작된 지도는 전쟁 시 더욱 긴요하게 이용되었다. 다음이 대표적인 사례다.

공민왕 5년 7월에 추밀원부사 유인우를 파견하여 쌍성을 공격했다. 이에 지도를 상고하여 화주 등주 정주 예주 고주 문주 의주 및 선덕 원흥 영인 요덕 정변 등의 여러 진과 성을 수복했다.[27]

이 기사는 1107년(예종 2) 윤관(尹瓘, ?~1111)이 동북면의 여진을 정벌하고 9성을 설치했다가 1109년(예종 4)에 철수한 이래 원나라의 쌍성총관부가 설치되어 있었는데, 1356년(공민왕 5)에 이르러 이 영역을 회복한 사실을 기록한 것이다. 이때 유인우(柳仁雨, ?~1364)가 영토 수복의 전쟁을 치르면서 지도를 중요하게 이용했던 것을 알 수 있다. 이 지도의 정확한 모습은 알 수 없지만 고려의 과거 강역이 자세히 표시된 관찬 지도로 보인다.

고려시대에 제작된 전도의 구체적인 모습은 이첨(李詹, 1345~1405)의 「삼국도후서(三國圖後序)」의 기록에서 볼 수 있는데, 다음과 같이 기술되어 있다.

……우리나라의 군현은 지도에 대강만 나타나 있고 자세하지 못하여 상고할 수 없었다. 삼국을 통합한 뒤에 비로소 고려도(高麗圖)가 생겼으나, 누가 만든 것인지는 알 수 없다. 그 산맥을 보면 백두산에서 시작하여 구불구불 내려오다가 철령(鐵嶺)에 이르러 별안간 솟아오르며 풍악(楓岳)이 되었고, 거기서 중첩되어 태백산·소백산·죽령·계립(鷄立)·삼하령(三河嶺)이 되었다. 양산(陽山)으로 달려 중대산(中臺山)이 되고, 운봉(雲峯)으로 뻗어가 지리산이 되었다. 지축(地軸)이 여기 와서는 다시 바다를 건너 남쪽으로 가지 못하고 청숙(淸淑)한 기운이 서려 뭉쳤기 때문에 산이 지극히 높아서 다른 산들이 이에 견줄 수가 없다. 그 산맥의 서쪽으

로 흐르는 물은 살수(薩水)·패강(浿江)·벽란(碧瀾)·임진(臨津)·한강(漢江)·웅진(熊津)인데 모두 서해로 들어가고, 그 등마루 동쪽으로 흐르는 물 중에서 가야진(伽耶津)만이 남쪽으로 흘러갈 뿐이다. 원기(元氣)의 융결(融結)은 산천으로 제한된다. 풍기(風氣)의 구분된 지역과 군현의 경계를 이 지도로 볼 수 있다.[28]

여기서의 고려도는 고려전도로 볼 수 있는데 한반도의 북부 지방까지 그려진 지도이다. 백두산에서 뻗어 내린 산맥이 지리산까지 이어지는 이른바 '백두대간'이 그려져 있고 이 산줄기에서 발원한 강줄기가 같이 그려져 있는 산천의 지리가 잘 묘사된 지도라 할 수 있다.

이첨은 고려 말의 문신이면서 조선의 태조 이성계에 의해 1398년 이조전서(吏曹典書)에 기용되었다. 이보다 2년 전에 본인이 직접 『삼국도(三國圖)』를 제작했는데, 이에 대한 상세한 내용이 다음과 기술되어 있다.

병자년(1396)에 한양에 와 있으면서 『삼국사』를 읽다가 그 내용이 너무 번다하다고 생각하고 외람스럽게 나의 좁은 소견으로 함부로 빼고 보태고 추려서 3권의 책으로 만들고, 또 우리 지도를 조사하여 정리해서 셋으로 만들어서 각각 책 위에 붙였으니, 모든 군현을 모두 예전 이름으로 기재했고 그 아래에 지금 이름으로 주(註)를 붙였는데, 다만 삭정(朔庭) 이북과 평양 이서 지역 가운데 지지에 수록되지 못한 것은 지금의 이름으로 수록했다.[29]

이첨이 제작한 『삼국도』는 고구려, 백제, 신라의 역사지도로 추정된다. 1396년에 제작되었지만 제작의 기초는 고려지도를 바탕으로 하고 있기 때문에 고려시대 지도의 범주로 해석해볼 수 있다. 그는 1368년 문과에 급제한 후 예문검열(藝文檢閱), 우정언(右正言), 우헌납(右獻納), 우상시(右常侍), 좌대언(左代言) 등의 벼슬을 역임했기 때문에 중앙 관서에 보관하고 있던 고려시대의 지도를 열람하고 필사할 기회가 있었고 이를 바탕으로『삼국도』를 제작할 수 있었던 것으로 볼 수 있다.

이첨의 문집에는 이들 지도에 대한 기록이 수록되어 있다. 고구려지도에 관해서는 고을 지명의 개명된 예를 거론하면서 지도에는 과거의 군현 명칭으로 기재하고 현재 이름으로 주를 달았으며, 삭정 북쪽과 평양 서쪽의 고을 가운데 지지에 수록되지 않은 것은 지금의 이름만 기재했다고 했는데,「삼국도후서」의 기록과 동일하다.[30] 이 고구려지도는 고구려의 강역을 그린 것으로 고을의 명칭을 당대의 이름으로 기재했던 역사지도임을 알 수 있다. 백제지도 역시 역사지도의 성격을 띠고 있다. 백제지도의 제문(題文)에서는 국도(國都)의 변천과 백제 강역의 범위와 특징을 수록하고 있다.[31]

신라지도에 관한 기록은 누락되어 있는데, 대신에 영남지도에 관한 기록이 수록되어 있다. 영남 지방의 형세, 지도 제작 과정, 지도의 중요성 등이 기술되어 있고 마지막에는 문인 관료가 국가의 흥업을 점치는 도구로 지도를 이용하던 사실도 기재되어 있다. 여말, 선초의 지도 제작과 이용에 관한 구체상을 보여주는 것으로 이 시기 지도가 국가 경영에 중요한 자료로 활용되고 있는 현실을 파악해볼 수 있다.[32]

고려시대에는 고려 본국에서 제작된 지도 외에도 중국에서 제작된 지도를 수입하여 이용했던 것으로 보인다. 일연(一然, 1266~1289)의『삼국유사』말갈발해조(靺鞨渤海條)에는 이러한 사실이 다음과 같이 비교적 소상하게 기록되어 있다.

① 『지장도(指掌圖)』를 살피건대, 발해는 장성(長城)의 동북 모퉁이 바깥

에 있다.

② 『지장도』에 이르기를, "읍루(挹屢)와 물길(勿吉)은 모두 숙신(肅愼)이다."라고 했다.

③ 흑수(黑水)·옥저(沃沮)에 대해 동파(東坡)의 『지장도』를 살펴보면, 진한(辰韓)의 북쪽에 남북 흑수가 있다.

④ 『지장도』에 흑수가 장성 북에 있고, 옥저는 장성의 남에 있다.

여기에서 언급하고 있는 『지장도』는 남송 소흥(紹興) 연간(1131~1162) 전반기에 간행된 『역대지리지장도(歷代地理指掌圖)』를 말한다.[33] 『역대지리지장도』는 세안례(稅安禮)가 만든 것으로 추정되는데, 현존하는 최고(最古)의 중국 역사지도책이다.[34] 아울러 세계 최초의 인쇄 지도가 된다. 이 지도의 맨 첫머리에는 만리장성 동쪽과 한반도가 그려진 「고금화이구역총요도(古

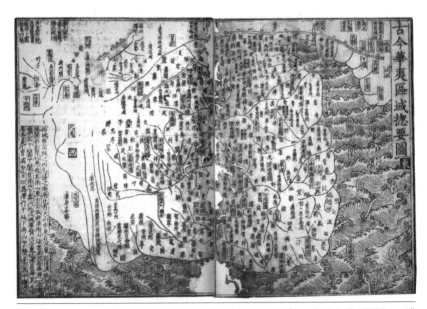

〈그림 32〉『역대지리지장도』의「고금화이구역총요도」(12세기, 일본 동양문고 소장)

今華夷區域摠要圖)」가 있는데, 『지장도』에서 참고한 지도는 바로 이 지도이다. 이 지도는 만리장성과 강의 흐름을 그려 넣는 방법, 만리장성 이북과 서역에 기입된 국명이나 민족명 등에서 중국 시안(西安) 비림(碑林)박물관의 『화이도』와 유사하여 이 지도를 참고하여 만든 것으로 볼 수 있다.[35]

지도에는 우리나라가 뭉툭한 반도의 형상으로 그려져 있고, 만리장성 아래에 고려, 백제, 신라, 옥저 등의 국명과 평양이라는 도시 이름이 표기되어 있다. 바다에는 '부여(扶餘)'라는 지명이 있는데 만주 쪽의 '부여'라는 국명과 대비된다. 부여는 중국의 동북쪽에 위치한 고대국가로 고구려의 북쪽에 있었다. 이 부여는 '扶餘'라고도 표기했고, 지도에는 다른 나라로 인식하여 바다에 그려 넣은 것으로 보인다. 중국의 동쪽 바다에는 동해(東海)라는 바다 명칭이 보인다. 아울러 일본은 '일본(日本)'과 '왜노(倭奴)'라는 명칭으로 표기되어 있다. 고대 중국에서는 일본열도에 사는 사람들을 왜인, 거기서 성립한 국가를 왜국이라 불렀다. 『구당서(舊唐書)』 「동이전(東夷傳)」에서 "왜국은 옛 왜노국이다. 그 나라는 해가 드는 곳에 있는 고로 일본이라 명명한다."고 했다.

『삼국유사』에 수록된 기록과 「고금화이구역총요도」를 비교하면 ③번의 기사를 제외하면 ①, ②, ④번의 기사는 지도와 정확히 일치하고 있다. ③번의 기사에서 나오는 진한은 지도에는 보이지 않는다. 남북 흑수와 옥저는 지도에 표시되어 있다. 이로 본다면 동파의 『지장도』는 ①, ②, ④번의 『지장도』와는 다른 유형의 『지장도』일 수도 있다. 아무튼 중국의 지도가 역사지리적 고증에 중요하게 이용되는 점만 보아도 지도의 이용이 생각보다 활발하게 이루어졌을 가능성이 크다.

2. 고려시대의 지지학

고려시대에도 삼국시대와 마찬가지로 지리지를 작성하여 사용해왔다. 『삼국유사』에 지리지가 언급되는 것으로[36] 보아 당시 고려에서 만든 지리지가 있었고 이것이 활용되고 있었음을 알 수 있다.

현존하는 고려시대의 지리지는 『삼국사기』에 수록된 지리지가 대표적이다(그림 33). 역사책의 부록으로 수록된 것인데, 지(志)의 형식으로 작성되어 있다. '지'는 역사적 인물의 개인 전기를 이어감으로써 역사를 구성하는 기술 방법인 기전체 역사책에서 본기·열전 외에 천문, 지리, 예악, 제도 등에 관한 내용으로 구성된다. 따라서 지리지는 역사의 서술을 보완하는 일종의 부록 역할을 하는 것으로, 독자적인 저술 체계를 갖추지 못했다는 점에서는 '역사학의 시녀'적인 성격을 지닌다고 볼 수 있다. 이러한 사서의 부록으로 지니는 지리지의 역할에 대해서 순암(順庵) 안정복(安鼎福)은 다음과 같이 피력했다.

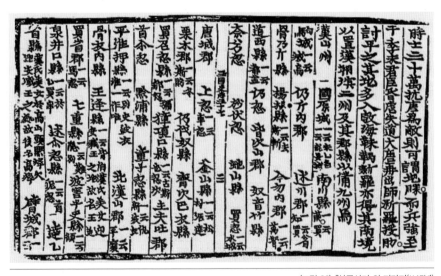

〈그림 33〉 『삼국사기』의 지리지(1145년)

군읍에 지(志)가 있는 것은 국사(國史)에서 근본한다. 『주례(周禮)』에서는 소사(小史)가 방국(邦國)의 기록을 맡고 외사(外史)가 사방의 기록을 맡았으며, 시(詩)를 채집하는 관원도 열국(列國)의 풍요(風謠)를 바치게 되어 있었다. 그러므로 천자(天子)는 궁궐 밖에 나가지 않고도 구주(九州)의 지역 넓이와 산림·천택(川澤)·구릉·분연(墳衍)·원습(原隰) 등의 명물(名物)이며 인정(人情)과 물태(物態), 치란(治亂)과 화복(禍福)의 자취를 환히 알아서 정치를 시행하는 자료로 삼았던 것이니, 이 어찌 훌륭하지 않은가. 뒷세상에는 비록 성주(成周)의 제도와 같지는 못했지만, 그래도 역대의 모든 사책(史冊)에 각기 지리지(地理志)가 있었다.[37]

위에서 안정복이 언급한 것처럼 지리지의 시원은 중국의 역사서에서 유래한다. 그 시초는 『전한서(前漢書)』에 수록된 지리지였다. 사서의 부록으로서 각 지역의 자연환경과 인문적 내용을 수록하여 정치를 행하는 자료로 삼았다. 『삼국사기』의 지리지도 이러한 성격의 지리지이지만 수록된 내용은 매우 소략하다.

　『삼국사기』는 현존하는 우리나라 역사책 가운데 가장 오래된 것으로 1145년(고려 인종 23)경에 김부식(金富軾, 1075~1151) 등이 왕의 명령으로 편찬한 정사(正史)로서 삼국의 역사를 기록한 책이다. 김부식의 표문(表文)에 기록된 동기와 목적을 보면, 중국 역사책에 우리의 역사가 간략하게 수록되어 있으나 자세히 쓸 필요가 있고 전해오는 고기(古記)의 내용이 빈약하여 다시 기록할 필요가 있는 데다 왕, 신하, 백성들의 잘잘못을 가려 후세의 교훈으로 삼고자 했다고 한다.[38]

　『삼국사기』는 기전체(紀傳體)로 정치, 천재지변, 전쟁, 외교 등을 기록한 본기(本紀)가 28권, 문물제도, 지리에 관련된 지(志)가 9권, 나라를 위해 활약한 인물의 전기인 열전(列傳) 10권으로 되어 있다. 『삼국사기』의 지는 제사(祭祀), 악(樂) 1권, 색복(色服), 거기(車騎), 옥사(屋舍)가 1권, 지리가 4권, 직관(職官)이 3권이다. 『삼국사기』의 지리지는 잡지(雜志)의 권34에서 권37까지에 수록되어 있다. 신라의 행정구역별 연혁이 비교적 상세하게 기술되어 있고, 이어 고구려·백제의 행정구역과 연혁이 간략하게 수록되어 있다. 전체적으로 행정구역의 연혁을 중심으로 서술된 것이어서 그 밖의 인문, 자연적 내용은 거의 없다.

지리지는 신라가 통일한 후의 판도를 중심으로 기술했는데, 지리1에서 지리3까지는 신라를 비교적 자세히, 지리4에서는 고구려, 백제, 기타를 간략하게 다루었다. 처음에는 국토를 한 단위로 하여 그 위치를 각종 문헌을 인용하여 서술하고 다음에는 그 국명 또는 지명의 변천을 연혁적으로 자세히 설명했다. 끝에 가서는 각 주군현(州郡縣)을 단위로 하여 설명했다. 신라에 대해 기술한 것의 일부를 소개하면 다음과 같다.

> 신라 강역의 경계에 대한 옛 기록은 서로 다르다. 두우(杜佑)의 『통전(通典)』에는 "그 선조는 본시 진한 종족인데, 그 나라가 백제·고구려 두 나라 동남쪽에 있으며, 동쪽으로 큰 바다에 임했다." 하고, 유구(劉昫)의 『당서(唐書)』[구당서를 말함]에는 "동남쪽이 모두 바다에 접했다." 했으며, 송기(宋祁)의 『신서(新書)』[신당서를 말함]에는, "동남쪽은 일본이요, 서쪽은 백제요, 북쪽은 고려요, 남쪽은 바다에 닿았다."고 했다. 가탐(賈耽)의 『사이술(四夷述)』에는 "진한은 마한 동쪽에 있는데, 동쪽은 바다에 닿고, 북쪽은 예(濊)와 접했다."라고 했다. 신라의 최치원이 말하기를, "마한은 고려요, 변한은 백제요, 진한은 신라다."라고 했는데, 이들 여러 설이 서로 비슷하다.[39]

위의 인용문처럼 신라를 기술한 부분의 서두에는 신라의 연혁과 지리적 위치를 중심으로 기술하고 있다. 대부분 중국 문헌을 인용하여 근거로 삼고 있다. 군현의 사례로 삼척군에 대해서는 다음과 같이 서술되어 있다.

삼척군(三陟郡)은 원래 실직국(悉直國)으로써 파사왕(婆娑王) 때 항복하여 왔는데 지증왕(智證王) 6년 즉, 양(梁)나라 천감(天監) 4년(서기 505)에 주(州)로 만들고 이사부(異斯夫)를 군주(軍主)로 삼았다. 경덕왕(景德王)이 개칭했는데, 지금도 그대로 부른다. 이 군에 속한 현은 넷이다. 죽령현(竹嶺縣)은 원래 고구려의 죽현현(竹峴縣)이었던 것을 경덕왕이 개칭한 것이다. 지금은 위치가 분명치 않다. 만경현(滿卿縣)[鄕이라고도 한다]은 원래 고구려의 만약현(滿若縣)이었던 것을 경덕왕이 개칭한 것이다. 지금은 위치가 분명치 않다. 우계현(羽谿縣)은 원래 고구려의 우곡현(羽谷縣)이었던 것을 경덕왕이 개칭한 것이다. 지금도 그대로 부른다. 해리현(海利縣)은 원래 고구려의 파리현(波利縣)이었던 것을 경덕왕이 개칭한 것이다. 지금은 위치가 분명치 않다.[40]

위의 삼척군 사례는 역사적 연혁을 중심으로 기술되어 있다. 고을이 생겨난 유래와 고을 이름, 고을에 소속된 하부 고을의 연혁과 위치가 간단하게 기술되어 있다. 고을의 자연지리적 내용이나 인문지리와 관련된 다른 내용은 전혀 찾아볼 수 없어서 연혁지(沿革志)의 성격을 벗어나지 못하고 있음을 알 수 있다.

『삼국사기』의 지리지는 고을의 연혁과 관련된 간략한 내용으로 이루어져 있어서 독자적인 지리지의 체계를 갖추지 못한 한계를 지니고 있으나 다음과 같은 장점도 지니고 있다. 첫째, 삼국시대 지명을 그대로 기술하고 있어서 지명 연구에 중요한 자료가 되며, 둘째로 이두식의 원명도 보존하고 있어서 고대 지명을 연구하고 현대 지명에 비정하는 데에 도움을 줄뿐만 아니라 고어를 연구하는 데에도 중요한 자료를 제공한다.[41]

고려시대에는 자국의 지리지뿐만 아니라 외국의 지리지를 들여와 이용했던 것으로 보인다. 『삼국유사』에는 요동성(遼東城)을 고증하는 기사에서 서한(西漢)과 삼국(三國)의 지리지가 언급되고 있다.[42] 서한과 중국의 위·오·촉 삼국의 지리지가 『삼국유사』의 편찬 시점에 고려에 있었던 것으로 볼 수 있는데, 이미 이 시기에 외국의 지리지가 수입되어 국가의 관서와 민간의 지식인들에 의해 활용되고 있었다.

또한 발해를 설명하는 부분에서 가탐의 『군국지(郡國志)』와 지리지가 언급되고 있다.[43] 가탐(賈耽, 730~805)은 중국 당나라 때 유명한 정치가이자 지리학자로 793년에 재상의 지위에 올랐다. 그는 801년에 상세한 세계지도인 『해내화이도(海內華夷圖)』를 제작하고 『고금군국현도사이술(古今郡國縣道四夷述)』 40권을 저술했다. 『군국지』는 바로 『고금군국현도사이술』을 가리킨다. 이처럼 중국의 유명한 지리지들이 고려 사회에서도 이용되고 있음을 알 수 있다.

『삼국사기』 「고구려본기」의 국내성(國內城)을 고증하는 부분에서 『괄지지(括地志)』가 중요한 자료로 언급되고 있다.[44] 『괄지지』 역시 당나라 때의 대표적인 지리지다. 전체 550권으로 구성되어 있고, 당나라 초기 인물인 이태(李泰)가 주편(主編)한 1부(部) 규모의 거대한 지리서이다. 『한서(漢書)』 지리지와 고리왕(顧裏王)의 『여지지(輿地志)』의 특장점을 계승하면서도 새로운 지리서 체제를 완성하여 후대의 『원화군현지(元和郡縣志)』라든가 『태평환우기(太平寰宇記)』에 영향을 준 책으로 평가받고 있다. 그로 인해 역사지리 연구자들이 많이 중시하던 자료로서 고려에서도 이를 활용하고 있음을 보여준다.

그러나 이러한 중국의 지리지들은 시간이 지나면서 중국에서도 산실되어 고려 조정에 요구하기도 했다. 1091년에 송은 고려에 많은 도서를 요구했는데, 그 목록에 『괄지지』와 『여지지』가 들어 있었다.[45] 송나라에서는 이미 고려에 중국의 중요 서적이 많이 있음을 알고 여러 서적들을 요구했던 것인데, 여기에 『괄지지』 500권과 『여지지』 30권이 포함되어 있었다.

중국에서 저술된 지리지 가운데 고려에 대한 것으로 『선화봉사고려도경(宣和奉使高麗圖經)』을 들 수 있다(그림 34). 서긍(徐兢)이 1123년 휘종(徽宗)의 명을 받고 사절로 고려의 송경에서 한 달간 머물면서 견문한 고려의 여러 실정을 기술한 지지서라 할 수 있다. 그림과 글로 설명했기 때문에 '圖經'이라 칭했는데, 현재 전하는 판본에는 그림이 없다.

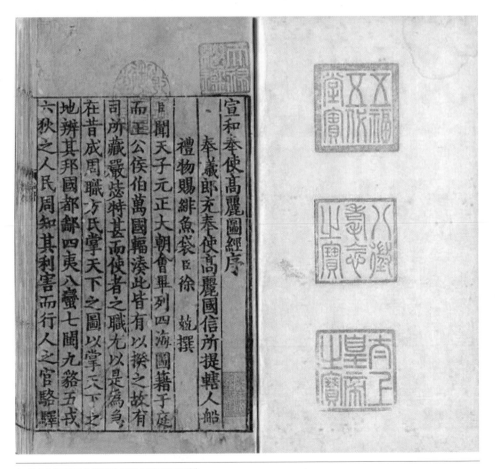

〈그림 34〉 『고려도경』(12세기, 대만 국립고궁박물원)

책은 40권으로 구성되어 있는데, 모두 28문(門)으로 나누었고, 다시 300여 항으로 세분했다. 수록된 내용을 보면, 건국(建國) 세차(世次) 성읍(城邑) 문궐(門闕) 궁전(宮殿) 관복(冠服) 인물(人物) 의물(儀物) 장위(仗衛) 병기(兵器) 기치(旗幟) 거마(車馬) 관부(官府) 사우(祠宇) 도교(道敎) 민서(民庶) 부인(婦人) 조예(皁隸) 잡속(雜俗) 절장(節仗) 수조(受詔) 연례(燕禮) 관사(館舍) 공장(供張) 기명(器皿) 주즙(舟楫) 해도(海道) 동문(同文) 등의 28개 문목으로 되어 있다. 고려의 역사, 풍속, 문물제도, 산업, 교통, 인물에 이르기까지 다양한 내용으로 구성되어 있다. 이러한 내용은 서긍의 직접적인 관찰을 통해 작성되었다는 점에서 일차적인 의의가 있다. 전통적인 지지들이 이전 시기의 지지서 내용을 그대로 전재하는 고답적인 성격을 지니는 경향이 강한 데 반해 이 책은 실제 경험적 관찰을 통해 작성되었다는 점에서 지지학적 가치가 크다고 할 수 있다.

아울러 이 책은 사료적 가치도 매우 크다. 송나라 사람으로서 고려에 관한 기사를 남긴 것으로는 오식(吳栻)의 『계림기(鷄林記)』(20권), 왕운(王雲)의 『계림지(鷄林志)』(30권), 손목(孫穆)의 『계림유사(鷄林類事)』(3권) 등이 알려져 있다. 그러나 현재 완전히 없어졌거나 겨우 그 일부분만이 전하고 있을 뿐이어서 『고려도경』이 가지고 있는 사료적 가치는 매우 크다. 다른 고려사 관련 자료들에서 볼 수 없는 귀중한 기사를 많이 수록하고 있으며, 특히 고려 인종 때를 중심으로 한 우리나라 사회가 중국인의 눈에 어떻게 비쳤으며, 또 어떻게 중국과 비교되고 특징지어졌는가를 이해하는 데 긴요한 자료가 되고 있다.[46]

3장

조선전기의
지리학

조선전기의 지도학

1. 조선의 건국과 지도 제작

1) 왕조의 개창과 세계지도: 『혼일강리역대국도지도』[1]

전통 시대 지도학은 조선 왕조에 들어와 보다 활발하게 전개되었다. 조선
은 왕조를 개창한 이후부터 지도 제작에 심혈을 기울여서 다양한 종류의
지도를 제작한 것으로 보인다. 그러나 현존하는 지도는 매우 드물다. 임진
왜란과 병자호란의 양란을 거치면서 많은 지도가 유실되었기 때문이다.
따라서 현존하는 일부 지도와 관련된 기록들을 통해 이 시기의 지도학을
정리할 수밖에 없다.

　1392년 조선 왕조가 건국된 직후 건국의 정당성을 확보하고 민심을 안
정시키는 일은 무엇보다 중요한 사안이었다. 이를 위해 태조는 1395년 『천
상열차분야지도(天象列次分野之圖)』라는 천문도를 돌에 새겨 조선 건국의
정당성을 만천하에 드러내고자 했다. 이러한 의도는 조선 초기 세계지도

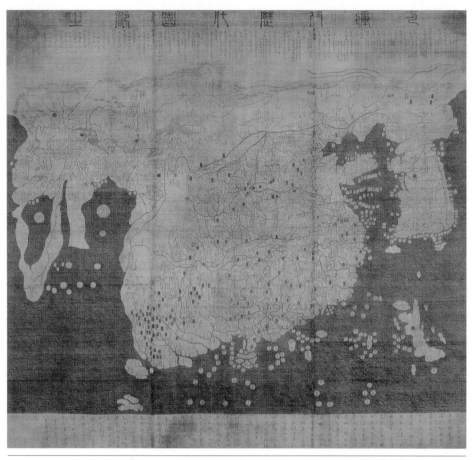

〈그림 35〉『혼일강리역대국도지도』(1402년, 일본 류코쿠대 소장)

제작에도 반영되어 1402년『혼일강리역대국도지도(混一疆理歷代國都之圖)』라는 세계지도가 국가적 프로젝트로 만들어지게 되었다.

지도의 제목이 가리키듯, 이것은 '혼일강리'와 '역대국도'가 결합된 세계지도이다. '혼일강리'는 화(華)에 해당하는 중국과 이(夷)에 해당하는 주변 국들을 합친 영역을 말하는 것으로 화이의 세계를 의미한다. '역대국도'는 중국 역대 왕조의 수도를 상세하게 수록했다는 의미다. 따라서 '혼일강리역대국도지도'는 중국과 주변 지역을 아울러 그린 세계지도로 그 안에 중국 역대 왕조의 수도를 상세하게 표시한 것으로 볼 수 있다.

『혼일강리역대국도지도』는 중국, 일본 등의 인접 국가로부터 최신의 지도를 입수하여 조선에서 새롭게 편집·제작한 것으로 이후에도 꾸준히 모사(摹寫), 수정 작업을 거치면서 조선전기의 대표적인 세계지도로 자리 잡게 되었다.

현재 1402년에 제작된 『혼일강리역대국도지도』의 원도는 현존하지 않고 이후에 필사된 사본만이 전하고 있다. 현존하는 사본들이 몇 점 있는데 국내에는 없고 모두 일본에 소장되어 있다. 지금까지 알려진 사본은 15세기 후반에 필사한 것으로 추정되는 류코쿠대(龍谷大)의 『혼일강리역대국도지도』가 가장 대표적이고(그림 35), 텐리대(天理大) 도서관에 소장된 『대명국도(大明國圖)』, 구마모토(熊本) 혼묘지(本妙寺)에 소장된 『대명국지도(大明國地圖)』, 그리고 1988년에 발견된 것으로 사마바리시(島原市) 혼코지(本光寺)에 소장된 『혼일강리역대국도지도(混一疆理歷代國都之圖)』 등이다. 이들 사본들은 일본, 유구국 부분에 약간의 차이가 있으나 전체적인 구조와 형태 등은 대부분 유사하여 동일 계열의 지도임을 알 수 있다.

『혼일강리역대국도지도』가 세계적인 관심을 끌게 된 것은 이 지도가 그려낸 공간이 동아시아를 넘어 중동, 심지어 아프리카·유럽까지 포괄하고 있기 때문이다. 지도가 제작된 1402년을 전후한 시기는 유럽에서 스페인·포르투갈에 의한 대항해시대의 막이 열리기 직전이었으며, 지도학사적으로는 고대의 탁월한 톨레미의 세계지도가 재생되기 이전이었다. 이 시기 세계지도로는 종교적 세계관을 표현하고 있는 중세 유럽의 세계지도(Mappa Mundi)와 근세의 해도(Portolano)가 결합된 형식의 지도가 주류를 이루고 있었기 때문에 『혼일강리역대국도지도』는 동서양을 막론하고 당시 가장 뛰어난 지도 중의 하나라 할 수 있다.

그렇다면 이러한 세계지도가 극동에 위치한 조선에서 어떻게 하여 제작

될 수 있었을까? 이를 해명하기 위해서는 지도의 하단에 있는 권근(權近, 1352~1409)의 발문(跋文)을 살펴볼 필요가 있다. 다음은 발문의 전문이다.[2]

천하는 지극히 넓다. 안으로는 중국으로부터 밖으로는 사해에 이르기까지 몇 천만 리인지 모른다. 이를 축소해서 몇 척의 길이로 그리려면 상세하게 하기는 어렵다. 그러므로 지금까지 그려진 지도들이 대부분 소략하다. 오직 오문(吳門) 이택민(李澤民)의 성교광피도(聖敎廣被圖)가 매우 자세하고, 역대 제왕의 연혁은 천태승(天台僧) 청준(淸濬)의 혼일강리도(混一疆理圖)에 잘 수록되어 있다. 건문(建文) 4년 여름에 좌정승 상락(上洛) 김공[金士衡]과 우정승 단양 이공[李茂]이 섭리(燮理)의 여가에 이 지도를 연구한 후, 검상 이회(李薈)에 명하여 자세히 교정하고 합쳐서 하나로 만들게 했다. 요수(遼水) 동쪽과 본국의 강역은 이택민의 지도에도 많이 누락되어 있어서, 우리나라 지도를 증보하고 일본을 첨부하여 새로운 지도를 만들었다. 정연하고 보기에 좋아 집을 나가지 않아도 천하를 알 수 있다. 지도와 서적을 보고 지역의 원근을 아는 것은 정치에 도움이 된다. 두 정승이 이 지도에 몰두했던 것을 통해 그분들의 도량이 넓음을 알 수 있다. 나는 재주가 없으나 참찬(參贊)을 맡아 두 분의 뒤를 따랐는데, 이 지도의 완성을 바라보게 되니 심히 다행스럽다. 내가 평일에 방책을 강구하여보고자 했던 뜻을 맛보았고, 또한 후일 집에 거처하며 와유(臥遊)하려 했던 뜻을 이루게 됨을 기뻐한다. 이에 지도의 하단에 기록하게 된 것이다. 이해 가을 8월 양촌(陽村) 권근이 씀.[3]

위 글에서 알 수 있듯이 『혼일강리역대국도지도』의 제작은 1402년(태종 2) 여름, 의정부의 고위 관료가 참여하는 국가적 사업으로 추진되었다. 좌정승 김사형(金士衡, 1341~1407)과 우정승 이무(李茂, ?~1409)가 중국에서 들여온 이택민의 『성교광피도』와 청준의 『혼일강리도』를 검토하고 검상(檢詳) 이회로 하여금 조선과 일본지도를 합쳐 편집하여 하나의 지도로 만들게 했다. 권근은 김사형과 이무의 보좌 역할을 담당했고 위의 발문을 쓰기도 했다. 지도 제작의 실무는 이회가 맡았는데, 그는 『팔도도』를 제작하기도 했던 당대의 뛰어난 지도 제작가였다.

그렇다면 왜 1402년이라는 조선 왕조 초기에 국가적 사업으로 세계지도를 제작하려 했을까?⁴ 이는 지도의 성격과 관련되는 중요한 문제이기도 하다. 권근의 지문(誌文)에서도 지적하고 있듯이 "지도와 서적을 보고 지역의 원근을 아는 것은 나라를 다스리는 데 도움이 된다."는 인식은 고대로부터 지녔던 생각이다. 지리는 천문과 더불어 국가를 경영하는 기초 학문으로 중시되었다. 천문은 천체의 운행을 관찰하고 예측하여 정확한 역(曆)을 제작하는 문제와 관련되어 있고, 지리는 국토의 지형·지세·토지·인구 및 물산을 파악하여 국정의 기초 자료를 마련하는 것과 관련되어 있다. 따라서 예로부터 "우러러 천문을 보고 아래로 지리를 살핀다."고 했던 것이다. 실제로 조선 왕조에서는 개국 초기 1395년(태조 4)에 국가적 사업으로 『천상열차분야지도』라는 천문도를 돌에 새겼다(그림 36).

이처럼 천문과 지리 분야에서 국가적 사업이 추진된 것은 국가 경영의 실용적인 목적에 의한 것이기도 하지만 다른 한편으로는 조선 왕조의 개창을 만천하에 드러내는 이념적인 목적도 크게 작용했다. 천문도의 제작에는 하늘의 성좌를 측정하여 별자리의 도수(度數)를 정확하게 밝히려는 과학적, 실용적 측면과 더불어, 조선 왕조의 개창이 천의(天意)에 의한 선양(禪讓)이었음을 강조하는 이념적 측면이 짙게 깔려 있다. 마찬가지로 세계지도에도 단순히 세계의 형세와 모습을 파악하는 차원을 넘어 새로이 개창된 조선 왕조를 만천하에 과시하려는 의도가 담겨져 있다. 아프리카·유럽 대륙에 비견되는 크기로 조선을 표현함으로써 문화대국의 위상을 한껏 드러내고 있는 것이다.

지도에는 중앙에 중국이 포진하고 있고 동쪽으로 조선, 남쪽 바다에는 일본이 위치해 있으며 서쪽에는 아라비아 반도, 아프리카·유럽 대륙이 그려져 있다. 대륙의 형태가 실제 모습과는 많이 다르나 당시 인간이 인식하고 있던 모든 대륙이 그려져 있다. 동시기 서양 중세의 기독교적 세계관이 투영된 세계지도에 비해서는 훨씬 사실적이다.

그렇다면 아프리카·유럽 대륙은 어떻게 해서 그려질 수 있었을까? 당시 조선은 유럽이나 아프리카의 존재에 대해서 알고 있었을까? 실제로 조선이 아프리카나 유럽 지역에 갔던 경험이 있던 것은 아닐까? 아니면 대외 교류가 활발했던 고려시대의 세계지도를 기초로 제작된 것은 아닐까? 이러한 것들은

〈그림 36〉『천상열차분야지도』(1395년, 국립고궁박물관 소장)

『혼일강리역대국도지도』가 서양에 소개되면서 지도사가들이 가장 먼저 제기했던 의문들이다.

앞서 기술한 권근의 발문에서도 보이듯이 『혼일강리역대국도지도』는 중국으로부터 수입한 두 장의 지도, 즉 이택민의 『성교광피도』와 청준의 『혼일강리도』를 기초로 하고, 최신의 조선지도와 일본지도를 결합·편집하여 만든 세계지도다. 이 가운데 『성교광피도』에는 중국 이외의 지역이 자세히 그려져 있고, 『혼일강리도』는 중국 역대 왕조의 강역과 도읍이 상세히 수

록돼 있다. 따라서 『혼일강리역대국도지도』에 그려진 유럽, 아프리카 부분은 『성교광피도』의 것을 바탕으로 그렸다고 볼 수 있다.

이택민의 『성교광피도』는 현존하지 않기 때문에 구체적인 모습을 알 수는 없지만, 중국 원나라 때 이슬람 지도학의 영향을 받아 제작된 지도로 추정되고 있다. 몽고족이 세운 원 제국은 중국 역사상 가장 넓은 판도를 확보하여 유럽까지 진출했는데 이로 인해 동서 간 교류가 활발하게 이루어졌다. 특히 중세 이슬람 사회에서는 넓은 사라센 제국을 통치하기 위한 기초 자료를 확보하고 성지순례, 교역 등의 필요에서 지리학과 지도학이 발달했다. 지도학은 로마시대의 선진적인 톨레미(Ptolemy) 지도학을 계승하고 있었는데, 칼리프(Caliph)의 후원에 의해 톨레미의 저서들이 번역되었다. 알 이드리시(al-Idrish, 1100~1166) 같은 학자는 지구가 둥글다는 지구설(地球說)을 기초로 원형의 세계지도를 제작하기도 했다(그림 37).

이러한 선진적인 이슬람 지도학은 동서 문화 교류에 의해 중국 사회로 전파되었고, 중국에서 다시 이택민과 같은 학자에 의해 중국식 지도로 편집·제작되었다.[5] 따라서 『혼일강리역대국도지도』에 수록된 유럽과 아프리카의 모습은 중국을 거쳐 들어온 이슬람 지도학이 반영된 것이라 할 수 있다. 지도의 아프리카 부분에 그려진 나일강의 모습과 지명들은 이슬람 지도학의 영향에 대한 증거로 제시되고 있다.

『혼일강리역대국도지도』가 이슬람 지도학의 영향하에서 제작되었지만 기본적으로 바탕에 깔고 있는 세계관은 서로 다르다. 이슬람 지도학은 고대 그리스·로마의 지도학을 계승한 것으로 땅은 둥글다는 지구설에 기초하고 있었다. 그리하여 둥근 지구를 상정한 원형의 세계지도가 많이 그려졌던 것이다. 그러나 『혼일강리역대국도지도』에서는 여전히 "하늘은 둥글고 땅은 네모졌다."는 전통적인 천원지방의 천지관에 토대를 두고 있다. 일부 이슬람 지도에서 보이는 경위선의 흔적은 전혀 볼 수 없다. 지도의 형태

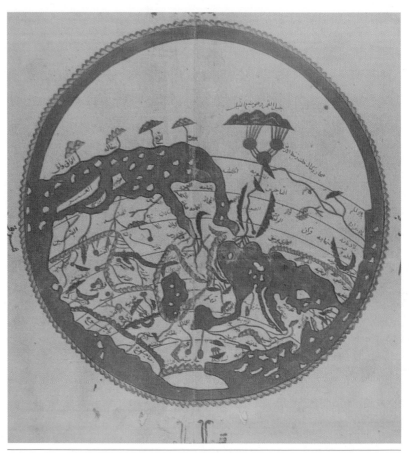

<그림 37> 알 이드리시의 원형 세계지도(1154년, 영국 옥스퍼드대학 보들리언도서관 소장)

도 원형이 아닌 사각형의 형태로 그려져 있다.

천원지방이라는 전통적인 천지관에 기초하여 제작된 지도이지만 중국의 중화관에 기초한 『화이도(華夷圖)』와는 다소 차이가 있다. 즉, 『화이도』에서는 중국과의 직접적인 조공 관계를 맺고 있는 나라들만 주변에 그리고, 조공 관계가 없는 나머지 나라들은 삭제하거나 수록하더라도 지명만 표기하는 정도에 그쳤다. 그러나 『혼일강리역대국도지도』에서는 역사적으로 직접적인 교류가 거의 없었던 유럽·아프리카 대륙까지 영역을 확대하여 그려냈다. 원대 이전에는 볼 수 없었던 100여 개의 지명이 표기된 유럽 지역, 35개의 지명이 표기된 아프리카 지역을 포괄하고 있다는 사실은 이전과는 달리 주변 지역의 객관적 실재를 인정하고 이들의 가치를 적극적으로 이해하려 했던 것으로 볼 수 있다.

그러나 『혼일강리역대국도지도』가 표현하고 있는 세계는 여전히 중화적 세계관에 입각해 있다. 세계의 중심은 중국이고 조선은 중국 문화를 계승한 소중화(小中華)로 표상된다. 다만 16세기 이후 나타나는 경직된 대외 인식과 달리 중화적 세계관에 기초하면서도 개방적으로 세계를 파악하고자 했던 것이고, 그것이 지도에도 반영되어 문화적으로 다른 세계까지 자세히 그려낼 수 있었던 것이다.

최근 『혼일강리역대국도지도』와 유사한 세계지도로 중국의 『대명혼일도(大明混一圖)』가 주목을 끌고 있다(그림 38).『대명혼일도』는 작자와 연대 미상의 세계지도로 조선과 일본을 제외하면『혼일강리역대국도지도』와 매우 유사한 모습을 띠고 있다. 이 지도도 아프리카, 유럽까지 포괄하고 있는데 인도반도를 제외하면 거의 비슷한 윤곽을 지닌다. 1944년 푹스(Fuchs)가 처음으로 학계에 보고했는데, 그는 지명을 토대로 16세기 후반에 제작된 것이라 추정했다.[6] 그러나 최근 중국 측의 연구에서는 지도상의 '광원현(廣元縣)'과 '용주(龍州)' 등의 지명을 근거로 1389년(홍무 22)에서 1391년 사이에 제작된 것으로 추정하여,[7]『혼일강리역대국도지도』보다 앞선 지도라고 주장한다. 이러한 시기 추정은 이후 여러 중국 학자들에게 그대로 수용되어 『대명혼일도』가 『혼일강리역대국도지도』보다 앞선 1389년에 제작되었다고 말한다.[8] 일본 학자 미야 노리코(宮紀子)도 중국에서 주장하는 제작 시기를 그대로 수용하고 있지만 일본 부분의 경우 에도성이 그려진 것으로 볼 때 17세기 초반의 정보가 반영되어 있다고 모순된 주장을 하고 있다.[9]

<그림 38> 『대명혼일도』(16세기 후반, 북경 중국제1역사아카이브 소장)

　　그러나 이러한 입론에는 몇 가지 문제가 있다. 먼저 지도 상에 있는 지명
으로 제작 시기를 추정하는 것은 한계가 있다. 특히 1389년에서 1391년 사
이에 사용되었던 지명이 표기되었다 해서 이 시기에 지도가 제작되었다
는 추론은 무리가 따른다. 지도에는 16세기, 17세기 초의 상황을 보여주는
지명이 수록되어 있기 때문이다. 그렇다면 1389년에 제작되었다가 16세기
후반 이후에 보충된 지도라 보면 되지 않을까? 하지만 이러한 추정은 어디
까지나 짜맞추기식 방법에 불과할 것이다. 그보다는 16세기 후반에 제작된
지도에 청대에 들어와 만문(滿文)을 첨가하여 수정한 것으로 볼 수 있다.
　　특히 지도에는 『혼일강리역대국도지도』에는 없는 인도반도가 분명하게 돌출된 형태로 그려져 있다. 이는 니담이 지적한 것처럼 정화(鄭和, 1371~1433) 함대의 인도양 탐험의 결과로 가능했던 것으로 보인다. 『혼일강리역대국도지도』보다 늦은 시기의 상황을 반영하고 있는 것이다. 이러한 사실을 고려할 때 『대명혼일도』를 『혼일강리역대국도지도』에 앞서는 지도로 보기는 어렵다고 판단된다. 특히 서양의 학자들은 푹스나 니담의 견해를 따르는 것이 일반적인데, 『지도학의 역사』에서 한국 편을 집필한 게리 레드야드(Gari Ledyard)의 경우도 푹스의 견해를 그대로 수용하고 있다.[10] 이러한 것을 종합적으로 고려할 때 중국의 『대명혼일도』도 이택민의 『성교광피도』 계열의 지도를 바탕으로 16세기 이후에 제작된 것이라 할 수 있다.

『혼일강리역대국도지도』에서 표현하고 있는 지역 중에서 가장 독특하고 중요한 곳이 서남아시아, 아프리카, 유럽 지역이다. 서남아시아의 아라비아 반도가 남쪽으로 길쭉하게 그려져 있고, 유럽도 지중해나 이베리아반도가 뚜렷하게 그려져 있다. 서남아시아 지역은 '서역'으로 불리던 지역으로 역사적으로 중국과 교류가 있었던 곳이지만 유럽과 아프리카는 거의 생소했다. 이러한 지역이 지도에 그려질 수 있었던 것은 바로 유라시아 대륙을 아우르는 원 제국의 건설에 의해 가능했다.

이 지역 중에서 특히 아프리카 대륙의 모습이 시선을 사로잡는다. 아프리카 대륙의 모습은 남쪽 부분이 왜곡되어 있는 이슬람의 세계지도와는 달리 실제 지형과 거의 유사한 형태로 이루어져 있다.[11] 아프리카의 서쪽 기니만 부근의 해안선에 다소 왜곡이 있지만 동쪽 해안의 윤곽은 제 모습을 갖추고 있다. 대륙 내부에 나일강이 발원하여 북쪽으로 흘러가는 모습은 이슬람의 지도와 유사하다. 대륙에 커다란 염호(鹽湖)가 있고, 중앙에는 황사(黃沙)가 표시되어 있는데 이는 사하라사막에 해당하는 것으로 생각된다. '달의 산(Mountain of the Moon, 지금의 우간다 르웬조리산)'을 의미하는 '제벨 알 카말(jabal al-qamar)'은 '저불노합마(這不魯哈麻)'라고 표기되어 있다. 이는

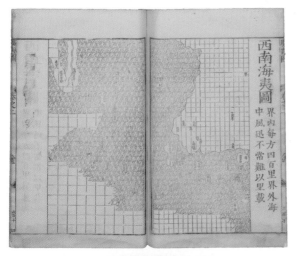

『광여도(廣輿圖)』의 「서남해이도(西南海夷圖)」에(그림 39) '저불노마(這不魯麻)'라 표기되어 있는 것과 차이를 보인다.

그렇다면 1400년을 전후한 이 시기 서양의 지도에서는 아프리카를 어떻게 표현하고 있을까? 1300년에 제작된 헤리포드(Hereford) 지도는 서양의 기독교적 세계관을 표현한 것으로 성경에 수록된 내용이 반영되어 있다. 이 지도를 보면 위쪽은 아시아, 아래 왼쪽은 유럽, 아래 오른쪽은 아프리카 대륙을 표현하고 있다. 아프리카의 모습은 아시아에 붙어 있으며 길쭉한 배의 형상으로 왜곡되어 있다. 14세기에 제작된 서양의 세계지도는 기독교 세계관이 반영되어 있기 때문에 아프리카의 형상도 실제와는 다른 형태를 띠는 것이 일반적이다.

〈그림 39〉 『광여도』의 서남해이도(16세기, 일본 국립공문서관 소장)(상)
〈그림 40〉 카탈란 세계지도(1450년, 파리국립도서관)(하)

15세기 이후에 제작된 세계지도에서도 이러한 흐름이 지속된다. 1450년에 제작된 카탈란(Catalan) 지도에서는 지중해를 중심으로 하는 유럽과 북부아프리카가 비교적 세밀하게 묘사되어 있지만 아시아 지역은 상대적으로 소략하다(그림 40). 무엇보다 이 지도의 아프리카 대륙 남쪽에 거대한 가상의 대륙이 붙어 있다는 점에서 아프리카에 대한 인식은 이전 시기의 수준을 넘지 못하고 있다고 볼 수 있다. 1459년 프라 마우로(Fra Mauro)가 제작한 세계지도는 포르톨라노(portolano) 해도, 톨레미의 『지리학안내』, 그리고 마르코 폴로(Marco Polo)가 견문한 내용을 포함해 아시아에서 새로 발견한 지식을 기초로 했다고 평가된다.[12] 그러나 지도의 아프리카 윤곽을 보면 여전히 이전 시기의 왜곡된 형태를 벗어나지 못하고 있음을 알 수 있다(그림 41).

서양 지도의 아프리카 모습에서 뚜렷한 변화가 보이기 시작한 것은 15세

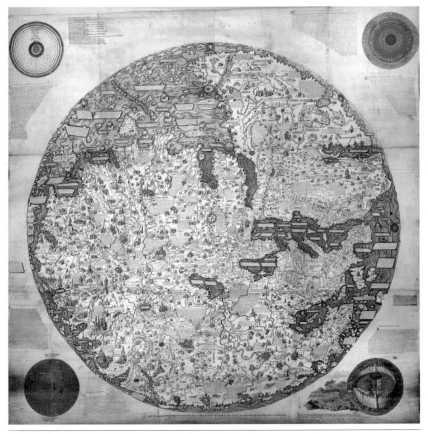

〈그림 41〉 프라 마우로의 세계지도(1459년, 이탈리아 베네치아 마르치아나 국립도서관 소장)

기 말 기니만을 넘어 아프리카 남부로 항해가 행해지면서이다. 이를 선도한 것은 바르톨르뮤 디아스(Bartolomeu Diaz, 1451~1500)였다. 디아스는 1487년 8월 두 척의 카라벨(caravel)선과 한 척의 식량선을 이끌고 출범하여 아프리카 남단을 통과했다. 그는 이 항해에서 희망봉을 보지는 못했지만 해안선이 북동쪽으로 향하고 있음을 알고 만족했다. 그리고 부시먼강의 동쪽에 비석을 세워 그곳을 파드람곳이라고 명명하고 남위 33도의 그레이트 피시강에 되돌아왔다. 귀국하는 도중에 아프리카 대륙 남단의 곳에도 비석을 세웠는데, 그곳은 주앙 2세에 의해서 희망봉(Cabo de Boa Esperanza)이라고 명명되었다. 왜냐하면 이를 통해 '인도 발견에 대한 커라단 희망'이 주어졌기 때문이다. 디아스의 항해는 1489년 귀국한 지 얼마 지나지 않아서 그려진 엔리쿠스 마르텔루스(Henricus Martellus)의 세계지도에 기록되어 있다(그림 42).[13]

마르텔루스의 세계지도를 보면 인도양 윤곽이 톨레미의 지도를 따르고

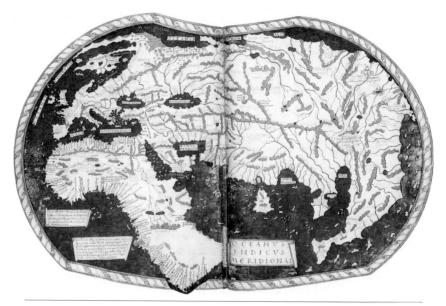

〈그림 42〉 엔리쿠스 마르텔루스의 세계지도(1490년, 영국도서관 소장)

있지만 당시 항해에서 얻은 지식이 반영되어 내해가 아닌 외해로 표현되었다. 그러나 아프리카 동쪽 해안선이 매우 왜곡되어 표현되었다. 『혼일강리역대국도지도』의 아프리카 해안선과는 커다란 차이를 보이고 있다.

디아스의 아프리카 탐험에 이어 바스코 다 가마(Vasco da Gama, 1460~1524)는 3개월 동안 대서양을 항해한 후 희망봉을 돌아서 동아프리카 해안을 북상하여 1498년 5월 인도의 캘리컷에 도착했다. 한편 카브랄(Pedro Alvares Cabral)이 이끄는 제2선단은 바스코 다 가마의 충고를 받아들여 기니 해안의 무풍을 피하기 위해 남서 코스를 택해 브라질에 도착한 뒤, 1500~1501년에 인도에 도달했다. 1502년 알베르토 칸티노(Alberto Cantino)가 리스본에서 빼내어 페라라(Ferrara)에게 보낸 세계지도에는 바스코 다 가마, 카브랄, 그리고 그들을 뒤이은 사람들의 항해 결과를 밝힌 지리학상의 지식이 기록되어 있다. 이 지도는 동·서양에서의 새로운 발견을 기록한 현전하는 가장 오래된 포르투갈 지도다(그림 43).[14]

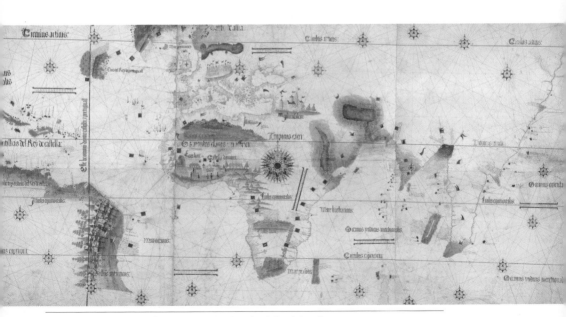

〈그림 43〉 칸티노의 세계지도(1502년, 이탈리아 모데나 에스텐세도서관 소장)

지도에는 당시 탐험의 성과가 반영되어 남아메리카 동쪽 해안의 모습이 그려져 있고, 바스코 다 가마의 항해 결과로 아프리카 동쪽 해안선과 인도 반도 등이 실제의 모습을 갖추고 있다. 아프리카 모습이 원형을 갖추게 된 최초의 서양 지도인 셈인데,『혼일강리역대국도지도』와는 100여 년의 시간적 차이가 난다. 이러한 사실을 종합해볼 때,『혼일강리역대국도지도』는 서양보다 100년 전에 아프리카의 온전한 모습을 그려낸 지도가 된다. 현존하는 지도 가운데 아프리카의 온전한 모습을 그린 최초의 지도인 것이다.

1402년 유라시아 대륙의 동단 조선에서 아프리카 대륙을 온전하게 그려낸 것은 실로 놀라운 일이다. 더구나 유럽, 이슬람 지역의 어떤 지도에서도 볼 수 없는 아프리카 대륙의 완전한 묘사는 지금의 세계사 상식으로는 도저히 풀 수가 없다. 서구 중심의 주류적 역사 인식에서 벗어나 아라비아, 중국 해안 지역의 해상 활동과 문화 교류가 적극적으로 고려될 때 제대로 해명될 수 있을 것이다.

2) 국토의 파악과 전도 제작

조선 초기에는 새로운 왕조의 개창과 국토의 확장으로 행정·군사적으로 최신의 지도 제작이 요구되었다. 특히 압록강 상류의 사군(四郡), 두만강 하류의 육진(六鎭)을 개척하면서 이 지역에 대한 파악이 절실했다. 이에 따라 1424년(세종 16)에는 구체적인 지도 제작에 착수했는데, 그 시작은 국경이 확대된 현재의 함경도와 평안도 지방이었다. 정척(鄭陟, 1390~1475)은 1451년에 함경도와 평안도에 해당하는 양계(兩界) 지방의 지도를 제작했고, 1463년(세조 9)에는 양성지(梁誠之)와 같이『동국지도(東國地圖)』를 완성했다.

성종 때 양성지가 올린 상소문에는 조선 초기에 존재했던 다양한 지도들이 기재되어 있다. 다음은 양성지 상소문의 일부다.

신이 생각하건대 지도는 관부(官府)에서 보관해야 하며, 민간에 흩어져 있게 해서는 안 됩니다. 우리나라에는 고려 중엽 이전에 오도양계도(五道兩界圖)가 있었고, 아조(我朝)의 처음에는 이회(李薈)의 팔도도(八道圖)가 있었으며, 세종조에는 정척(鄭陟)의 팔도도(八道圖)와 양계(兩界)의 대도(大圖)·소도(小圖) 등이 있었고, 세조조에는 신(臣)이 만들어서 진상한 팔도도(八道圖)와 여연(閭延)·무창(茂昌)·우예(虞芮)의 삼읍도(三邑圖)가 있으며, 그리고 지금 신이 만들어서 진상하는 연변성자도(沿邊城子圖)·양계연변방술도(兩界沿邊防戍圖)·제주삼읍도(濟州三邑圖)와 안철손(安哲孫)이 만든 연해조운도(沿海漕運圖)가 있습니다. 그리고 또 어유소(魚有沼)가 만든 영안도연변도(永安道沿邊圖)와 이순숙(李淳叔)이 만든 평안도연변도(平安道沿邊圖)가 있습니다. 그리고 또 하삼도(下三道)의 감사영(監司營)에도 각각 지도가 있습니다. 그리고 왜승(倭僧) 도안(道安)이 만든 일본유구국도(日本琉球國圖)와 대명천하도(大明天下圖)도 족자로 만들어져 있습니다. 그리고 또 신이 만든 지리지 안에는 팔도주군도(八道州郡圖)·팔도산천도(八道山川圖)·팔도각일양계도(八道各一兩界圖)·요동도(遼東圖)·일본도(日本圖)·대명도(大明圖)가 있습니다. 위의 것에서 가장 긴요한 것들을 모두 관에서 거두어 홍문관에 비장하도록 하고, 그 나머지도 한결같이 관에서 거두어 의정부(議政府)에 보관하게 하면 군국(軍國)에 매우 다행이겠습니다.[15]

인용문에서 알 수 있듯이, 당시 존재했던 지도는 세계지도를 비롯하여 중국, 일본, 유구의 외국 지도, 국토 전체를 그린 전국지도, 함경도, 평안도,

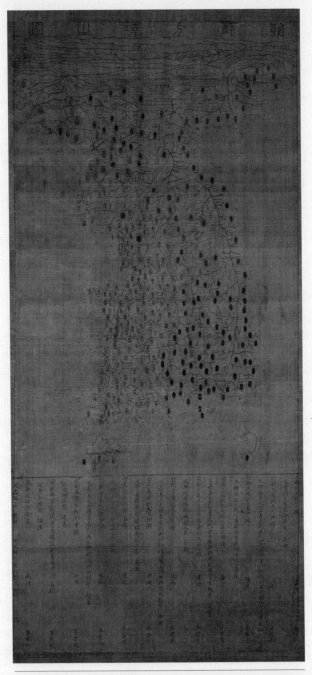

〈그림 44〉『조선방역지도』(16세기, 국사편찬위원회 소장, 국보 제248호)

제주도 등의 변경 지방을 그린 지도, 조운도와 해안가를 그린 연변도 등이 있었다. 특히 함경도, 평안도의 지도가 많은 것은 새로 개척된 이 지역의 경략을 위한 실용적 목적에 기인한다. 그러나 여기에 기재된 대부분의 지도는 현전하지 않고 일부만 전하고 있다.

15세기에 제작된 대표적인 전도는 정척과 양성지가 공동으로 제작한 『동국지도』라 할 수 있다. 『동국지도』는 그 원본이 전해지지는 않으나 사본 또는 같은 유형의 지도로 추정되는 지도가 전해지고 있다. 국사편찬위원회에 소장된 『조선방역지도(朝鮮方域之圖)』는 그중 하나다(그림 44).

이 지도는 하단부 좌목에 있는 관원의 명단으로 볼 때 1557년에서 1558년 사이에 제작된 것으로 추정된다. 왕실에 필요한 의복이나 식품 등을 관장하던 제용감(濟用監)에서 제작한 지도로, 대마도 소케(宗家)에서 보관해오던 것을 1930년대에 조선사편수회에서 소케 문서의 일부로 구입한 것이다. 전체적인 지도의 구도는 상단에 제목, 중간 부분에 지도, 그리고 하단에는 제작에 참여한 제용감 관원의 명단을 수록한 좌목(座目)이 있다. 이러한 형식은 문인들의 모임을 그림으로 기록한 계회도(契會圖)에서 볼 수 있는데, 지도와 회화 간의 밀접한 관계를 보여주고 있다. 한반도의 지형 표현은 중·남부 지방이 비교적 정확한 반면에 북부 지방은 부정확하게 그려져 있다. 만주 일대도 그려져 있어 이 시기의 개방적 영토 의식을 엿볼 수 있다. 압록강과 두만강을 제외하면 하계(河系)망이 비교적 정확하고, 산줄기는 풍수적 지리 인식에 기초하여 연맥으로 표현되었다. 이와 같은 정척·양성지의 지도 유형은 1750년대에 정상기(鄭尙驥)의 『동국지도』가 출현할 때까지 널리 사용되었을 뿐만 아니라 그 후에도 소축척 지도로서 민간에서 빈번하게 제작되었다. 정척·양성지의 『동국지도』 유형은 이 외에도 몇종 남아 있는데, 국사편찬위원회 소장의 『조선팔도지도』와 일본 국회 소장본 등이 알려져 있다.

3) 외국 인식의 표현: 『해동제국기』의 지도

조선이 건국되고 국가의 기틀이 확립됨에 따라 주변 국가와의 교류도 활발하게 진행되었다. 이 시기 조선의 외교 관계는 사대교린의 원칙하에 이루어졌다. 중국에는 사대 관계로, 일본, 여진, 유구 등의 주변국은 교린 관계로 맺어졌다. 이러한 국가 간 교류가 이루어지면서 외국 지도들도 제작되었을 것으로 보인다. 1402년의 『혼일강리역대국도지도』와 같은 상세한 세계지도에 주변국들이 소상하게 그려진 것으로 보아도 이미 이 시기 주변국에 대한 인식이 구체화되어 있음을 알 수 있다. 그러나 조선전기 주변국에 대한 독립된 지도로는 『해동제국기(海東諸國紀)』에 수록된 외국 지도가 유일하다(그림 45).

『해동제국기』는 1443년(세종 25)에 서장관(書狀官)으로 일본에 갔다 온 신숙주(申叔舟)가 1471년(성종 2) 왕명에 의해 찬진(撰進)한 것으로 일본의 지세(地勢)와 국정(國情), 교빙왕래(交聘往來)의 연혁, 사신관대예접(使臣館待禮接)의 절목(節目) 등을 기록한 책이다. 책의 앞부분에는 해동제국총도(海東諸國總圖), 일본본국지도(日本本國之圖), 일본국서해도구주지도(日本國西海道九州之圖), 일본국일기도지도(日本國一岐島之圖), 일본국대마도지도(日本國對馬島之圖), 유구국지도(琉球國之圖) 등의 지도가 수록되어 있다. 여기에 수록된 일본지도는 우리나라에서 현존하는 판본 지도로는 가장 오래된 지도이면서, 독립된 일본지도의 판본으로도 세계에서 가장 오래된 지도이다.[16]

『해동제국기』에 수록된 일본지도는 기본적으로 『교키도(行基圖)』를 따르고 있는데, 이전 시기 박돈지(朴敦之, 1342~?)나 도안(道安)이 들여온 일본지도들도 참고했을 것으로 보인다. 교토(京都)에 있던 일본 국도를 혼슈(本州)의 중앙에 배치시키고 그 동서로 오미구니(近江國) 등의 '구니(國)'를 '주(州)'로 표기하고 경계를 그렸는데, 일본의 지방행정구역인 '구니'를 조선의 지방행

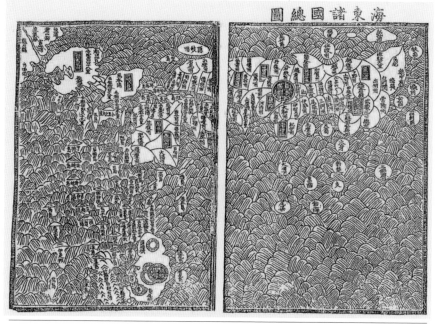

〈그림 45〉『해동제국기』에 수록된 「해동제국총도」(1471년, 서울대 규장각한국학연구원 소장)

정조직인 '주(州)'로 대치시켜 이해했음을 알 수 있다. 전체적인 구도와 '주'의 표현은 교키도와 유사하나 부분적으로 다음과 같은 차이를 볼 수 있다.

첫째, 일본 국도(國都)의 동쪽에 위치하고 있는 가마쿠라도노(鎌倉殿)가 원형으로 묘사되어 있는데 주와는 성격이 다른 것으로 파악되고 있다. 이 것은 이전 시기 존재했던 가마쿠라(鎌倉) 막부가 아니고, 『해동제국기』가 찬진될 당시 무로마치(室町) 막부와 대립 관계에 있었던 고가쿠보(古河公方) 를 가리키는 것으로 보인다. 이는 『해동제국기』의 일본지도가 최신 정보를 토대로 제작되었음을 시사하는 것이다.[17]

둘째, 교키도 계열의 지도에 보이는 도로의 표시가 없고, 대신에 해로의 이정(里程)이 상세하다. 즉, 일본의 국도에 이르는 해로와 유구국의 국도에 이르는 해로의 이정이 이수(里數)의 표기와 함께 수록되어 있다. 교키도 계 열을 따르면서도 조선의 현실적 필요가 반영된 것으로 해석되는데, 해상을 통한 일본 및 유구와의 교류 관계가 지도에도 그대로 투영된 것이다.

셋째, 동지나해를 비롯한 바다의 섬들이 자세히 그려져 있으며 그 위치나 배열이 실제 상황을 반영하고 있다. 이는 당시 일본, 유구에 이르는 활발한 해상 왕래의 결과로 가능했던 것이다. 또한 북쪽에 지금의 홋카이도(北海島)인 이도(夷島)가 묘사되어 있다. 이러한 표현은 「해동제국총도」에서 처음 나타났는데, 이와 관련하여 『해동제국기』의 본문에서도 "일본의 북쪽 지계(地界)가 흑룡강에서 시작한다."라고 하여 남북으로 길게 걸쳐 있는 일본의 지세를 인식하고 있다. 이도의 서쪽에 안도(雁島)가 그려져 있는데, 이는 「해동제국총도」가 일본의 교키도를 기초로 하여 제작되었음을 증명하는 사례다.

앞서 제작된 『혼일강리역대국도지도』의 일본지도와 비교해보면, 『혼일강리역대국도지도』의 일본지도에서는 시코쿠(四國)과 아와지(淡路) 섬이 혼슈(本州)에 연속된 것처럼 그려져 있으나 「해동제국총도」에서는 이것이 수정되어 있다. 또한 전자에서는 시마슈(志摩州)가 혼슈의 육지에 접해 있으나 「해동제국총도」에서는 섬으로 되어 있다. 그러나 두 지도 모두 혼슈의 북쪽 바다에 미쓰케지마(見付島)를 그려 넣었는데, 일본의 교키도에서는 모두 혼슈의 태평양 측에 그려져 있으며 혼슈의 북측에 그리는 사례는 없다.[18] 이에 대해서는 일반적으로 지도 제작 과정에서 잘못 그려졌다고 보고 있으나 혼슈 북쪽 지역과 조선과의 활발한 교류로 인해 그려진 실제의 지명이 표기된 것으로 보기도 한다. 결국 『해동제국기』의 일본지도는 기존 교키도 계열의 지도를 기초로 제작되었지만, 당시 최신의 정보가 수록된 훌륭한 지도라 할 수 있다.

『해동제국기』에는 상세한 대마도지도도 실려 있다(그림 46). 대마도지도도 현존하는 독립된 판본지도로는 세계에서 가장 오래된 지도가 되는 셈이다. 지도의 제목은 '일본국대마도지도(日本國對馬島之圖)'라고 표기되어 대마도가 행정적으로 일본에 소속된 지역임을 명시적으로 밝히고 있다. 지도에는 리아스식 해안으로 이루어진 대마도의 해안선이 세밀하게 그려져 있고 포구의 표시가 상세하다. 산지는 조선의 전통적인 연맥식 표현 방법으로 그려져 있다. 대마도의 8군에 소속된 82개의 포구가 모두 기재되어 있어서 실지 조사를 통해 제작되었음을 알 수 있다. 특히 포구의 지명이 우리나라 한자음의 음과 훈으로 표기되어 있는데 이는 우리나라 사람들의 독자적인 조사에 의해 만들어진 지도임을 입증하는 것이다.[19]

지도의 모양과 관련하여 섬이 하나로 그려진 것은 1672년에 굴착한 수로에 의해 비로소 2개의 섬이 되었기 때문이며, 남북으로 긴 섬을 구부린 새우 모양같이 그린 것은 『해동제국기』의 판형에 맞추기 위한 것으로 보인다. 『해동제국기』의 대마도 부분 기록을 보면, "남북은 3일 거리쯤 되고 동서는 하루나 반일 거리쯤 된다."고 기재되어 있는데 남북으로 긴 섬을 의

〈그림 46〉 『해동제국기』의 대마도지도(서울대 규장각한국학연구원 소장)

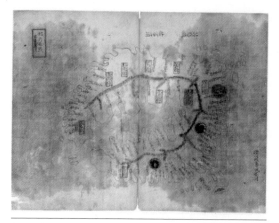

〈그림 47〉『장운도』의 대마도지도(19세기, 국립민속박물관 소장)

도적으로 압축시켜 그리다 보니 본래의 모습과 달리 남북으로 압축되고 아소만(淺茅灣)이 상대적으로 부각되었다. 삼포인 웅천의 내이포에서 아소만에 이르는 해로와 동래 부산포에서 대마도주가 살고 있는 고우포(古于浦)에 이르는 해로가 흰 선으로 그려져 있다.

『해동제국기』의 대마도지도는 조선전기의 가장 대표적인 지도로 이후에도 그대로 모사되는 경우가 있고, 전도에도 유사한 형태의 대마도지도가 간략하게 그려지기도 했다. 국립민속박물관 소장의 『장운도(掌運圖)』는 19세기에 제작된 지도첩인데, 『해동제국기』의 대마도지도와 동일한 지도가 수록되어 있다(그림 47). 조선후기에도 『해동제국기』의 대마도지도가 중요하게 이용되고 있음을 알 수 있다.[20]

15세기 조선에서 이와 같은 정교한 일본지도와 대마도지도를 제작할 수 있었던 것은 일본의 침략에 대한 대비라는 현실적 필요에서 비롯된 바가 컸지만 교린 정책에 기초한 교류를 통해 일본의 현실을 이해하려고 했던 대외 인식의 개방성에서 기인한 바도 크다. 특히 『해동제국기』를 편찬한 신숙주는 일본을 이적시(夷狄視)하지 않고 교린이라는 대일 평화 정책에 입각하여 객관적으로 일본을 알아야 한다고 주장했던 대표적인 일본 전문가였다는 사실과[21] 이후 『해동제국기』가 대일 교류의 교과서 구실을 했다는 점에서 『해동제국기』의 일본지도는 15세기 조선인들의 일본 인식이 개방적이었음을 보여주는 사례로 평가된다.

『해동제국기』에는 또 하나의 외국 지도로 「유구국지도」가 수록되어 있다(그림 48). 이 지도는 단종 때 도안(道安)이 준 지도를 바탕으로 그린 것이다.

도안은 유구국 사신을 칭했지만, 하카다(博多)의 상승(商僧)으로 1453년(단종 1)에 조선에 들어왔다. 그는 예조에서 열린 연회에서 유구국과 사쓰마(薩摩)번 사이의 거리를 표시한 지도를 내보였고, 그해 7월에는 유구국과 일본국의 지도 네 벌을 예조에 바쳤다. 단종은 이 지도들을 배접하여 한 벌은 궐내에 들이고 나머지는 의정부, 춘추관, 예조에 나누어 보관하게 했다.[22] 「유구국지도」는 바로 이러한 지도를 바탕으로 제작한 것으로 보인다.

『해동제국기』의 「유구국지도」는 현존하는 가장 오래된 유구국지도다. 북쪽을 지도의 상단에 배치하여 지금의 오키나와 본섬과 주변의 여러 섬들을 그려 넣었다. 부속 섬에는 수로상의 거리가 부기되어 있다. 오키나와의 중심지인 나하(那覇)에 이르는 수로가 표시되어 있고, 외성과 내성으로 이루어진 슈리성(首里城)을 크게 그려 국도임을 강조하고 있다. 본섬의 해

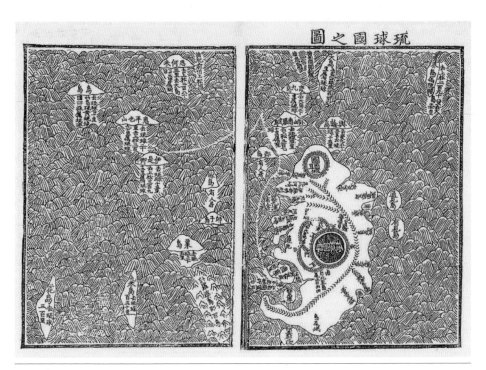

〈그림 48〉 『해동제국기』의 유구국지도

안에 있는 산성이 자세하게 표시되어 있어, 당시의 최신 정보가 반영되어 있다. 남북으로 이어진 산줄기가 조선 지도학의 특징인 연맥식 방법으로 묘사된 점이 특이하다. 『해동제국기』의 「유구국지도」는 조선시대 유구국에 대한 기본 지도로 활용되면서 유구와의 직접적인 교류가 단절되는 조선후기에도 계속 모사, 제작되었다.[23]

2. 성리학 이념의 정착과 지도 제작

1) 성리학적 세계 인식과 『혼일역대국도강리지도』[24]

1402년에 제작된 『혼일강리역대국도지도』는 그 이후 계속 수정, 전사되면서 조선전기 세계지도의 일맥을 형성했다. 한편 주자성리학이 조선 사회의 운영 원리로 뿌리를 내리게 되는 16세기에 접어들면서 또 다른 계열의 세계지도가 제작되었다. 이 지도는 아프리카, 유럽까지 포괄했던 『혼일강리역대국도지도』와는 달리 중국을 중심으로 한 동아시아 일대로 지역적 범위가 축소된 형태를 띠고 있다. 『혼일강리역대국도지도』처럼 여러 사본들이 존재하여 조선전기 세계지도의 양대 산맥 중 하나로 평가된다.

현존하는 사본들은 고려대학교 인촌기념관에 소장된 『혼일역대국도강리지도(混一歷代國都疆理地圖)』를 비롯하여 서울대학교 규장각 소장의 『화동고지도(華東古地圖)』, 일본 묘신지(妙心寺)에 소장된 『혼일역대국도강리지도』, 일본 구나이쵸(宮內廳) 소장의 『혼일역대국도강리지도』, 미토(水戶)의 쇼코칸(彰考館) 소장의 『대명국지도(大明國地圖)』, 도쿄 한국연구원(韓國研究員) 소장본, 개인 소장본으로 모리야 고죠(守屋考藏) 씨 소장본 등이 알려져 있다.

인촌기념관에 소장된 『혼일역대국도강리지도』는 원래 일본에 소장되어 있던 것을 해방 이후에 구입한 것이다(그림 49). 지도 상단에 전서(篆書)로 제목이 표기되어 있고 그 밑에는 역대제왕국도(歷代帝王國都)가 수록되어 있다. 지도의 중심에 중국이 그려져 있고, 그 동쪽에 조선이 『혼일강리역대국도지도』처럼 확대되어 그려져 있으나 일본은 작은 원형의 섬에 일본이라고 표기된 정도이다. 지도 하단에는 명의 위소명(衛所名)이 실려 있고 지도를 만들게 된 동기를 쓴 중국인 양자기(楊子器, 1458~1513)의 발문과 범례가 수록되어 있으나 간기(刊記)가 있는 부분은 훼손되어 있다.[25]

〈그림 49〉 『혼일역대국도강리지도』(16세기, 인촌기념관 소장)

지도에 수록된 내용들을 토대로 제작 시기를 추정해보면 대략 양자기의 지도가 제작된 1526년 이후에서 경상좌수영이 동래로 이전되는 1544년 이전으로 볼 수 있다. 지도 제작의 저본이 되었던 것은 1526년 제작된 중국인 양자기의 『여지도(輿地圖)』로, 여기에 조선 부분을 추가하여 제작한 것이다. 지금의 중국 다롄시(大連市) 뤼순박물관(旅順博物館)에 소장된 양자기의 『여지도』(그림 50)와 『혼일강리역대국도강리지도』를 비교해보면 전체적인 윤곽이 거의 유사함을 알 수 있다.

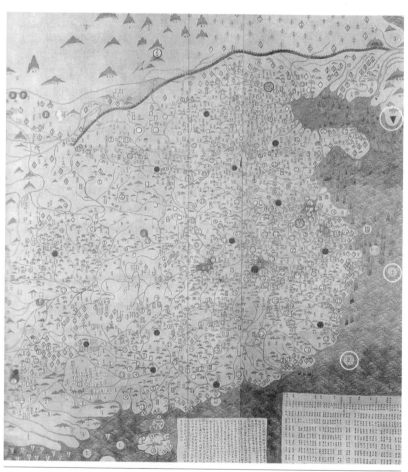

〈그림 50〉 양자기의 발문이 수록된 여지도(16세기, 중국 뤼순박물관 소장)

제작 시기의 추정과 전반적인 내용 등을 토대로 볼 때 현존하는 사본들 가운데 인촌기념관 소장본이 규장각 소장본이나 일본 묘신지 소장본보다 비교적 원본에 가까운 지도로 보인다. 1544년 이전에 제작되었다는 것은 양자기의 지도가 제작된 얼마 뒤 바로 조선으로 유입되었다는 것을 말해준다. 그렇다면 이러한 세계지도를 누가 제작했을까? 앞서 『혼일강리역대국도지도』의 제작 과정에서 알 수 있듯이 상세한 대형 세계지도를 개인 혼자의 힘으로 제작한다는 것은 거의 불가능한 일이었다. 국가적 차원에서 중국에서 입수한 최신 지도를 수차에 걸쳐 제작했던 것으로 보아야 할 것이다. 지도의 제목도 앞서 국가적 프로젝트로 제작되었던 '혼일강리역대국도지도'와 거의 유사한 '혼일역대국도강리지도'라고 되어 있는 점이 이를 뒷받침해준다.

『혼일역대국도강리지도』가 표현하고 있는 지리적 세계의 범위는 동쪽으로 조선·일본, 중심에 중국, 남쪽의 동남아시아, 서쪽으로는 황하의 하원(河源)인 성수해(星宿海), 북쪽은 만리장성과 위쪽의 사막에 이르고 있다. 앞서 제작되었던 조선 초기의 『혼일강리역대국도지도』와는 커다란 차이를 보이고 있다. 즉, 16세기 전반기 양자기의 지도를 바탕으로 제작된 이 지도에는 15세기 초 세계지도인 『혼일강리역대국도지도』에서 보이는 아라비아, 아프리카, 유럽 등이 표현되어 있지 않다. 지리적 범위로만 보았을 때는 전통적인 직방세계로 지리적 세계가 축소된 점이 가장 큰 특징이다. 그렇다면 왜 이 지도에서는 아프리카, 유럽 대륙이 지도 상에서 사라졌을까? 이는 단순히 지도의 계보만으로 설명할 수는 없고 시대적인 변화와 관련지어 살펴볼 필요가 있다. 이러한 시대적 변화는 조선에만 한정되지 않고 중국 본토에서의 변화와 밀접한 관련을 갖는 것임은 물론이다.

몽고족이 세운 원(元)은 유라시아 대륙에 걸쳐 거대한 제국을 건설했는데, 이 시기 이슬람 문화권과의 교류가 이뤄지면서 서양의 고대 그리스, 로

마 문명을 계승한 이슬람의 선진 문명이 전파되기도 했다. 그러나 1368년 명이 중원을 장악하면서 영토는 대폭 축소되었다. 이에 따라 서역과의 교류도 제한적으로 이뤄질 수밖에 없었다. 원 제국 때 이뤄졌던 광범한 문화적 교류는 명과 주변의 일부 조공국에 한정되었다. 유럽, 아프리카의 존재는 서서히 역사 속으로 사라지게 되어 서양 선교사들에 의해 서구식 세계지도가 도입되기 전까지 중국의 세계지도에서는 볼 수 없게 되었다. 15세기 이후 중국에서 제작된 대표적인 지도라 할 수 있는 1536년의『황명일통지리지도(皇明一統地理之圖)』,『황명여지지도(皇明輿地之圖)』(그림 51), 1555년의『고금형승지도(古今形勝之圖)』등에서는 유럽, 아프리카 지역은 전혀 볼 수 없고 다만 나홍선(羅洪先)의『광여도』「서남해이도」에서 아프리카 남단의 모습이 일부 그려져 있을 뿐이다. 양자기 발문의 지도도 이러한 사회적 배경 속에서 제작된 것으로 전통적인 직방세계 중심으로 지리 인식이 축소된 것과 깊은 관계를 지니고 있다.

양자기의 지도를 바탕으로 제작된『혼일역대국도강리지도』도 직방세계로 축소된 인식을 보여주고 있다. 조선 부분만을 새로 추가했을 뿐 일본이나 유구는 양자기 원도를 그대로 따르고 있다. 이것은 조선 초기에 제작된『혼일강리역대국도지도』와 다른 점이다.『혼일강리역대국도지도』에서는 조선 부분만 아니라 일본, 후대 사본에서는 유구까지 새롭게 그려 넣어 대외 인식의 개방성을 보여주었다. 그러나 이 지도에서는 일본과 유구가 조선에 비해서는 비교가 안 될 정도로 작게 그려져 있음을 볼 수 있다.

『혼일역대국도강리지도』가 양자기의 지도를 필사한 것이기 때문에 일본과 유구가 원도의 형태를 따랐다는 것은 어쩌면 당연한 것일지도 모른다. 그러나 선초의『혼일강리역대국도지도』는 중국에서 들여온 지도를 바탕으로 제작되었음에도 불구하고 일본과 유구를 새롭게 추가하여 상세하게 그렸다. 이러한 점은 15세기 교린적, 개방적 대외 관계가 반영된 것으로 볼

〈그림 51〉『황명여지지도』(1536년, 일본 국립공문서관 소장)

수 있는데, 유구·일본의 존재를 적극적으로 인정한 결과이다. 이처럼 16세기 전반 『혼일역대국도강리지도』가 보여주고 있는 지리적 세계는 15세기에 제작되었던 『혼일강리역대국도지도』와는 뚜렷한 차이가 난다. 이는 이 시기의 대외 인식 변화와도 밀접한 관련을 지니는 것이다.

주지하는 바와 같이 조선은 16세기를 거치면서 주자성리학이 체계적으로 정립되게 되며, 이에 따라 대외관도 하나의 논리 구조 속에서 파악되었다. 명에 대한 계서적(階序的) 인식도 확고하게 변하여 중화=명, 소중화=조선으로 파악되고 양자는 군신 관계로 규정되었다. 뿐만 아니라 사대(事大) 정책이 방편이 아니라 자체 목적화하는 현상이 나타나기도 했다. 16세기의 소중화 의식은 명을 중화로 인정하고 그에 버금간다고 하는 면에서 15세기의 조선 중심적 관념보다는 후퇴한 것이지만 한편으로는 유교 문화의 발전에 따른 자존 의식의 표출이라고도 할 수 있다.[26] 이러한 변화는 지도상에서도 볼 수 있는데 조선에게 중요한 지역으로 의미를 지니는 곳은 오직 중국만이며 주변에 존재하는 이역(異域)의 나라들은 별다른 의미를 지닐 수 없었다. 이렇게 본다면 이 시기 조선에서 인식된 세계는 중국과 조선이 대부분을 차지하고 있으며 나머지 지역은 주변의 일부분에 불과했던 것이다. 따라서 선초의 『혼일강리역대국도지도』에서 동쪽 해양에 그려졌던 많은 나라들이 여기에서는 일본과 유구를 제외하고 대부분 사라지게 되었다.

이렇듯 『혼일역대국도강리지도』에서 표현된 지역은 중국의 직방세계를 중심으로 훨씬 축소되어 있다. 그렇다 하더라도 이 시기에 인식되었던 지역이 지도에 표현된 것에 한정되어 있지는 않았다. 이보다 더 넓은 지역을 인식하고 있었음에도 지도 상에 그려지지 않았을 뿐이다. 이 시기 조선과 관련해서 중요한 의미를 지니고 있던 지역은 중국과 그 주변의 일부 조공국에 불과했기 때문이다. 이에 따라 나머지 많은 지역은 선택적으로 생략되었던 것이다.

2) 성리학적 국토 인식과 지도 제작

16세기로 접어들어 조선의 주자성리학은 향촌 사회에 정착되면서 국가 운영의 원리로 확고하게 자리매김하게 된다. 조선 초기에 제작된 정척·양성지의 『동국지도』와 같은 보다 정밀한 조선전도가 계속 제작되면서도 다른 한편으로 성리학의 이념이 반영된 지도들도 나타나게 되었다. 이의 대표적인 것은 『신증동국여지승람(新增東國輿地勝覽)』에 수록된 『동람도(東覽圖)』를 들 수 있다.

『동람도』는 『신증동국여지승람』의 부도(附圖)인데, 인쇄본 지도로는 가장 오래된 지도이다. 정척·양성지의 『동국지도』와 더불어 조선전기를 대표하는 지도로 평가된다. 『동국여지승람』은 조선 초기 세종 대 이후 관찬(官撰) 지리지 편찬 사업의 결실로 나타난 것이며, 1481년(성종 12)에 완성되었다. 그 후 여러 번에 걸친 개찬(改撰)과 증보(增補)를 거쳐 1530년(중종 25)에 전 55권으로 증보 간행된 것이 『신증동국여지승람』이다. 『신증동국여지승람』은 1462년(天順 7)에 간행된 중국의 『대명일통지(大明一統志)』의 체제와 양식을 많이 따르고 있다. 『대명일통지』에는 「대명일통지도」(그림 52)와 13성의 지도를 부도로 삽입하고 있는데 『신증동국여지승람』에서도 이를 모방하여 팔도총도와 팔도의 지도를 부도로서 수록했다.

『동람도』는 지지(地誌)를 보완하는 부도로서 제작되었기 때문에 표현하고 있는 내용들은 매우 소략하다. 지지에 이미 많은 내용들이 지역별로 수록되어 지도에서는 단지 지역의 개략적인 모습만 보여주는 정도에 그치고 있다. 또한 규격이 작은 목판본으로 제작되어 지도에 많은 정보들을 담을 수도 없었다. 무엇보다 지도에 수록된 내용은 『신증동국여지승람』이라는 지지가 지니는 성격과 긴밀한 관계를 지니고 있다.

세종 대에 제작된 『세종실록』 「지리지」와 같은 이전 시대 지리지는 국가의 지배 체제를 확립하기 위해 지역을 파악하려는 목적이 강했기 때문에 군사·행정·경제 등과 같은 실용적 측면에 비중이 두어졌다. 반면 『신증동국여지승람』에서는 전국적 지배 체제의 확립 이후 왕권의 위엄과 유교적

〈그림 52〉『대명일통지』에 수록된 「대명일통지도」(1462년) (상)
〈그림 53〉『신증동국여지승람』의 팔도총도(1530년, 서울대 규장각한국학연구원 소장) (하)

지배 원리를 강화하려는 목적이 우세하여 시문·인물·예속(禮俗)·고적 등과 같은 항목이 강화되었다. 『동람도』에도 이러한 지지의 특성이 반영되어 있다.

『신증동국여지승람』의 「팔도총도」는 자세한 국토 정보를 제공할 실용적 목적으로 간행된 지도가 아니라 유교적 이념을 보여주는 지도다(그림 53). 지도에 수록된 내용은 유교적 의례에 따라 국가적 차원에서 제사를 지내던 곳으로 한정되어 있다. 조선 초기에 확립된 산천사전제(山川祀典制)에 따르면, 해(海)·악(嶽)·독(瀆)의 신은 중간 규모의 제사인 중사(中祀), 명산과 대천의 신에게는 작은 규모의 제사인 소사(小祀)를 드리게 되어 있다. 그러나 예로부터 명산으로 알려진 금강산이나 한라산 등은 사전(祀典)에 등재되지 못했기 때문에 지도에도 그려져 있지 않다.

아울러 바다 명칭인 동해, 서해, 남해가 바다가 아닌 육지에 표기되어 있다. 이 역시도 산천제와 관련되는 것이다. 당시 바다의 신은 중사(中祀)로 중시되었는데, 강원도, 전라도, 황해도에 제단이 설치되어 있었다. 지도의 해당 위치에 동해, 서해, 남해 등으로 표기되어 있다. 바다 명칭으로 동해, 서해, 남해가 표기된 것이 아니라 바다의 신에게 제사지내는 제단이 있는 곳에 동해, 서해, 남해라고 각각 써 넣었던 것이다.

무엇보다 해안의 섬들이 상대적으로 많이 그려져 있다. 제주도, 강화도, 거제도 등의 큰 섬뿐만 아니라 군산도, 흑산도, 울릉도, 우산도(지금의 독도) 등도 그려져 있다. 이것은 우리 강역의 대략적인 영역을 나타내려는 의도에서 그려진 것이다. 비록 절대적인 위치나 방향 등에서 오류가 있지만 육지뿐만 아니라 도서 지방까지 강역으로 분명하게 인식했던 상황을 보여준다. 특히 대마도가 그려진 점은 대마도의 양속성에서 비롯된 것으로 보인다. 대마도가 경제적, 문화적으로는 조선에 속하지만 정치적, 행정적으로는 일본에 속한 속성으로 인해 지도에 그려질 수 있었다. 아울러 앞서 언급한 인간적 국토관으로 본다면 대마도와 제주도가 인간의 양발에 해당하기 때문에 대마도가 전도에 포함된 것이다.

이처럼 팔도총도에 그려진 조선의 모습은 행정이나 국방 등의 실용적 목적으로 제작되는 지도와 근본적으로 다른 면을 지니고 있다. 국토의 산천 파악이 국방과 같은 실용적 차원이 아니라 제사를 통한 왕권의 위엄과 유교적 지배 이념을 확립하려는 의도와 밀접한 관련이 있는 것이다. 이러한 성격은『동람도』의 도별 지도에서도 볼 수 있다.

『동람도』의 도별 지도도 실용성을 강조한 군사, 행정용 지도와는 거리가 멀다. 조선시대 지방의 고을인 군현이 배치되어 있고 각 고을을 진호하

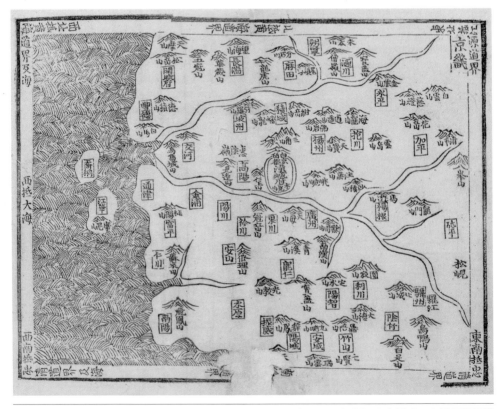

〈그림 54〉 『동람도』의 경기도지도(서울대 규장각한국학연구원)

는 진산(鎭山)이 그려져 있다. 이와 더불어 지도의 외곽에 사방에서 인접하고 있는 지역을 표시한 것이 전부다. 고을을 연결하는 도로망이나 산성과 같은 군사시설은 전혀 볼 수 없다. 경기도지도를 보면 경기도 소속 군현이 배치되어 있고 고을의 진산이 옆에 그려져 있다(그림 54). 대개 조선시대 지도들은 풍수지리적 산천 인식에 따라 산을 연결하여 산줄기 형식으로 표현하지만 이 지도에서는 진산을 독립된 형태로 표현했다. 진산은 풍수지리에서 말하는 주산(主山)이나 조종산(祖宗山) 등과는 차원이 다른 것으로 전통적인 산악신앙에서 비롯된 것이다. 각 고을에서 내려오던 산악신앙을 국가적 차원에서 파악하여 관리하려던 의도가 담겨져 있다. 통진과 김포와 같은 일부 고을에서는 진산이 아예 그려져 있지 않아서 이러한 원칙이 엄격하게 적용되지는 않고 있다.

이러한 『동람도』는 민간에 널리 유포, 이용되었다. 목판본뿐만 아니라 필사본 지도도 다양하게 제작되었다. 이후 다소의 변용을 거치면서 후대에 계속 이어져 내려와 우리나라 지도 제작의 큰 흐름을 형성하게 된다.

한편 『동람도』와 동일한 형태는 아니지만 『동람도』와 유사한 성격의 지도가 이후 민간에서 제작되기도 했는데, 대표적인 것으로는 1673년 김수홍(金壽弘)이 목판본으로 제작한 『조선팔도고금총람도(朝鮮八道古今總攬圖)』를 들 수 있다(그림 55). 그러나 이 지도는 전통적인 『동람도』처럼 윤곽의 왜곡이 심하다. 지리 정보를 사실적으로 전달하기 위한 지도보다는 고금의 연혁과 인물을 강조하여 그린 역사 연혁도의 성격을 지닌다. 민간에서 역사 공부를 위한 독사(讀史)적 목적으로 제작한 것으로 국토 파악의 실용적 목적과는 다소 거리가 있다. 중요한 자연 지명이나 인문 지명만을 기재하던 당시까지의 지도와 달리 해당 지역의 중요 인물을 선택하여 기재한 점이 독특하다. 즉, 지리지의 영역에서 취급하던 인물 정보를 지도의 영역으로 확장시킨 것이 이 지도의 중요한 특색이다. 도덕이 높은 사람, 경서에 밝은

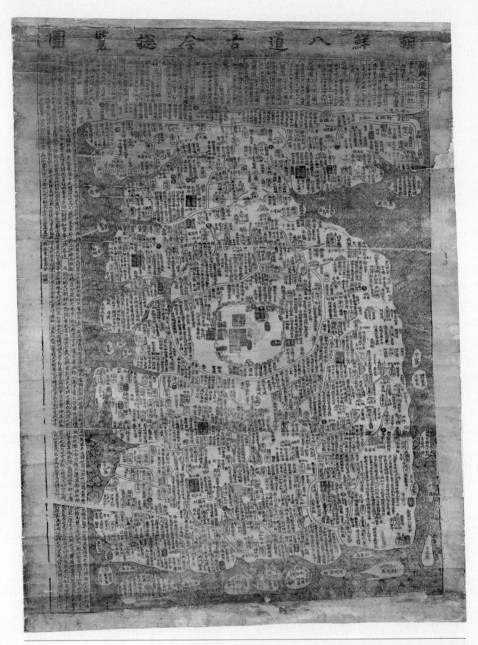

〈그림 55〉 김수홍의 『조선팔도고금총람도』(1673년, 서울역사박물관 소장)

사람, 충효와 절의가 있는 사람, 문장이 뛰어난 사람, 신비한 행적이 있는 사람 등의 행적을 태어난 곳이나 죽은 곳, 또는 관향에 표기했다. 예컨대 한산도에는 이순신 장군이 전사한 곳이라는 내용이 표기되어 있다.[27]

2절

조선전기의 지지학

1. 조선의 개국과 실용적 지지학

1) 『신찬팔도지리지』와 『경상도지리지』

조선이 건국된 후 태종·세종을 거치면서 국가의 기초가 확립되고, 사회의 질서도 안정됨에 따라 국토의 확장, 국가 재정의 확보, 국방 태세의 확립 등을 통해 중앙집권적 통치 체제를 구축하고자 했다. 지역에 대한 정보를 수집하고 기초 자료로 활용하는 일은 국가의 중요한 사안이었다. 따라서 이 시기에는 역사서의 부록이 아니라 독자적인 체계를 갖춘 지리서가 본격적으로 편찬되기 시작했다.

이 시기 대표적인 관찬 지리지로는 『신찬팔도지리지(新撰八道地理志)』 (1432년)와 『세종실록』 「지리지」(1454년), 양성지의 『팔도지리지』(1478년) 등을 들 수 있다. 이들 지리지들은 조선 초기 국가적 사업으로 간행된 전국 단위 지리지인데, 『신찬팔도지리지』와 『팔도지리지』는 현전하지 않고 있다.

조선 개국 후 33년의 세월이 지난 1424년(세종 6)에 세종은 대제학 변계
량(卞季良, 1369~1430)에게 처음으로 조선 전역에 걸친 지지 및 주군(州郡)
연혁의 찬진(撰進)을 다음과 같이 명했다.

> 대제학(大提學) 변계량(卞季良)을 불러 이르기를, "옛날 노인이 점점 드
> 물어가니 문적을 남기지 아니할 수 없다. 본국의 지지(地志)와 주(州)·
> 부(府)·군(郡)·현(縣)의 고금 연혁을 찬술해보려고 한다. 그러나 지금
> 춘추관(春秋館)에 일이 많아 지지는 편찬할 수 없으니, 우선 주·부·군·
> 현 연혁을 편찬하여보라. 또 주공(周公)의 빈풍(豳風)이라 하는 시와 무일
> (無逸)이라 하는 서(書)는 거울삼을 만한 것이다. 그러나 우리나라의 풍속
> 이 중국과 다르니, 민간에서 농사짓는 괴로움과 부역하는 고생을 달마다
> 그림으로 그리고 거기에 경계되는 말을 써서 보는 데 편하게 하여 영구히
> 전하려고 한다." 하니, 계량이 계하기를, "지지와 주군 연혁은 동일한 것입
> 니다. 춘추관(春秋館)의 한 사람으로 하여금 겸하여 맡게 하면, 신은 탁
> 신(卓愼)·윤회(尹准)와 함께 의논하여 편찬하겠사오며, 월령(月令)에 대한
> 글은 신이 담당하겠습니다." 하니, 임금이 이르기를, "월령문(月令文)은
> 천천히 하고, 지지와 주군의 연혁을 경이 편찬하여 바치라." 하였다.[28]

세종은 지지와 주군의 연혁을 다른 것으로 인식하여 주군의 고금 연혁과
는 다른 지지를 구상하고 있음을 알 수 있다. 그는 이전 시기 사서의 부록
으로 수록된 『삼국사기』 지리지와 같은 주군의 연혁을 위주로 하는 지리
지가 아니라 지역의 다양한 내용을 수록하는 지지를 생각하고 있었던 것
이다. 반면에 변계량은 지지와 주군 연혁을 동일한 것으로 인식하고 있는
데, 지지를 사서의 부록으로 인식한 데서 기인하고 있다.

이 명에 따라 8년 후인 1432년(세종 14)에 맹사성(孟思誠, 1360~1438) 등

<그림 56> 『경상도지리지』(1425년, 서울대 규장각한국학연구원 소장)

이 『신찬팔도지리지』를 진헌했는데 기록상 조선시대 최초의 관찬 지리지가 된다. 그러나 현재는 전하지 않는다. 다만 이 전국지리지의 저본이 되었던 각 도별 지리지 가운데 1425년(세종 7)에 작성한 『경상도지리지(慶尙道地理志)』의 부본(副本)이 남아 있어 지리지 원본의 내용을 짐작케 한다(그림 56).

『신찬팔도지리지』의 편찬 과정은 『경상도지리지』 서문을 통해 알 수 있다. 다음은 서문의 일부분이다.

영락 22년(세종 6, 1424) 12월 삭일(朔日)에 춘추관(春秋館)에서 수교(受敎)하였다. 경상도의 주부군현(州府郡縣)의 역대 관호(官呼)와 읍명(邑名) 연혁 및 이합(離合)의 사정을 호조에 명하여 이를 각 도에 이관(移關)시켜 자세히 살핀 후 본관에 전송케 하여 참고로 삼게 하라. 홍희(洪熙) 원년(세종 7, 1425) 6월에 예조에서 수교하였다. 각도 주부군현의 역대 관호와 읍명 연혁 및 이합을 다시 각 도에 명하여 올린 바의 규식에 따라 자세히 살펴 이문(移文)하도록 하라. 이에 앞서 주상 전하께서 경연(經筵)에서 논강(論講)하신 후 문신 등에게 명하여 본조(本朝)의 지리지를 찬성(纂成)케 하였다. 이 이사(二司)의 계목(啓目)은 상지(上旨)를 받든 것이다. (중략) 지대구도사(知大丘都事) 금유(琴柔)와 인동현감(仁同縣監) 김빈(金鑌)이 그 일을 맡아 널리 자문하여 규식에 따라 궐략(闕略)을 보충하여 일부를 이루어 춘추관에 전송하였다. 남지(南智)와 경주부윤 오식(吳湜), 판관 정개보(鄭介保) 등이 모두 다시 일부를 만들어 일의 전말을 적어 본영(本營)에 비치하기를 청하니 황무지학(荒蕪之學)이 사양하지 못하였다.

을사년(乙巳年, 세종 7, 1425) 겨울 12월 삭일에 감사 하연(河演)이 적는다.[29]

서문에 따르면 세종의 지리지 편찬령이 내려진 지 보름 후인 12월 1일 호조가 경상도 주부군현의 연혁 등을 각 도에 보내어 검토하게 한 후, 다시 춘추관으로 보내게 하여 참고하도록 했다. 그 후 예조에서는 이를 바탕으로 새롭게 편찬 규식(規式)을 만들고, 이를 각 도에 보내어 규식에 맞추어 재조사하도록 했다. 이를 바탕으로 경상도 감영에서는 규식에 따라 도내 각 군현의 자료를 모아 빠진 것들을 보충하여 한 부를 만들어 춘추관으로 보내고, 또 한 부를 만들어 경상도 감영에서 보관한 것이다. 이처럼 『경상도지리지』는 경상도 감영의 독자적인 계획에 의해 편찬된 것이 아니고 세종의 명에 의해 예조와 춘추관에서 마련된 규식에 따라 경상도 감영에서 조사하여 작성한 지리지다.[30]

『경상도지리지』는 『신찬팔도지리지』를 편찬하기 위해 작성된 것으로 중앙에서 하달된 일정한 규식을 따르고 있다. 이 규식은 『경상도지리지』 서문에 제시되었는데, 다음은 규식과 관련된 내용이다.

그 규식을 대략 말하면, 제도(諸道), 제읍(諸邑)의 역대 명칭의 연혁, 부주 군현과 향소부곡의 이합, 산천의 계역(界域), 험한 관방, 산성·읍성의 둘레와 너비, 온천(溫泉)·빙혈(氷穴)·풍혈(風穴), 염분(鹽盆)·염정(鹽井), 목장(牧場)·철장(鐵場)·양마소산처(良馬所産處), 토지의 비옥도, 수천(水泉)의 깊고 얕음, 풍기(風氣)의 한온(寒溫), 민속에서 숭상하는 것, 호구·인물·토산·잡물의 수, 조세 운송의 수륙로, 영진(營鎭)과 포구를 건설할 땅, 군정과 전함의 수, 해도(海島)의 원근, 섬에서 농사짓는 사람의 유무, 연대와 봉화의 소재지, 조선 선왕과 왕비의 능침, 고려 태조와 옛날 명현의 묘, 고을 출신으로 벼슬했던 사람 중에서 덕예와 공적이 출중한 사람, 옛날에 있었던 신기한 일 등인데 낱낱이 조사하여 이문(移文)하라.[31]

규식의 내용을 보면 국가행정과 관련된 항목 중심으로 이루어져 있다. 고을의 연혁을 비롯하여 상대적인 위치, 인구수, 산성이나 봉수, 관방 등 군사와 관련된 내용, 토지의 비옥도·소금·목장·토산 등 경제와 관련된 내용, 그리고 인물이나 고적 등에 관한 항목으로 구성되어 있는 것이다. 특히 국방과 관련된 내용이 많은 것은 여말선초 남북으로 외침이 잦았기 때문이기도 하지만, 태종 대 이후 추진된 북진 정책의 영향이 컸던 데서도 그 원인을 찾을 수 있다. 이전 시기 『삼국사기』의 지리지에서 보이는 연혁 중심의 내용에서 탈피하여 실제 행정에 필요한 실용적인 항목으로 구성되어 있다.

중앙에서 하달된 규식은 각 도로 전달되면서 좀 더 상세한 항목으로 구성되었다. 이를 『경상도지리지』 총론에서 볼 수 있는데 다음과 같은 내용으로 구성되어 있다.

① 도명(道名)은 모대(某代)에 모도(某道)라 칭하고 모대에 모도라 개명한 사연도 아울러 적을 것.
② 도와 도내의 주부군현이 또한 타도에 이합된 바가 있으면 세대연월과 사연(辭緣)을 아울러 적을 것.
③ 도내의 부, 목, 대도호부, 군, 현 등의 수를 모두 기재할 것.
④ 도내의 명산대천과 사방 경계, 산천의 이름, 이수(里數)뿐만 아니라 험조(險阻)와 관방(關防) 요해처를 모두 기록할 것.

⑤ 도에서 상공(常貢)하는 물건들을 모두 기재할 것.

⑥ 도내의 산성, 읍성의 둘레 길이와 온천, 빙혈, 풍혈, 목책, 목장, 양마 생산처 등은 모두 기재할 것.

⑦ 도내의 내상(內廂, 병마절도사영)과 각 진(鎭)의 바다까지의 거리를 기재하되 소속 관리와 군인 수를 아울러 기재할 것.

⑧ 도내의 수영(水營)과 도만호(都萬戶), 만호(萬戶), 천호(千戶)가 거느리는 병선의 수와 어느 고을의 어느 포구에 정박되어 있는지를 기재하고 아울러 배를 모는 군인 수도 기재할 것.

⑨ 본조의 선왕·선후(先后)의 능침 및 단군·기자의 사당, 기자릉, 고려의 태조묘와 옛날 명현의 묘가 무슨 읍 무슨 방향으로 몇 리 떨어진 곳에 있는지 적을 것.

⑩ 도내 각 관(官)의 토지 비옥도, 샘물의 깊고 얕음, 풍기의 춥고 따뜻함, 민속에서 받드는 바를 아울러 기재할 것.

⑪ 여러 섬들이 육지와의 떨어진 거리와 섬 안에 이전에 백성들이 살면서 농사지은 여부를 기재할 것.

⑫ 도내에서 조세를 거두어 배에 싣는 곳과 조운하는 수로와 육로로 운반하는 길을 순서대로 기재할 것.

⑬ 도내의 당시 호구와 전결 수.

전체적인 항목의 내용은 중앙에서 하달된 것과 대략 유사하나 총론에서 제시된 것보다 상세하다. 특히 진공물을 모두 기재하는 것과 수군에 대해서도 전함을 비롯하여 정박처까지 상세한 정보를 포함할 것을 지시하고 있다. 일반 군현의 규식도 도의 규식과 전체적으로 비슷한 내용을 지니고 있지만 일부 항목에서는 훨씬 상세하게 제시되어 있다.

일반 군현의 규식 가운데 독특한 것은 고을의 견아상입지, 월경지 그리고 진산을 기재하라는 내용이다. 견아상입지와 월경지는 조선시대 행정구역의 독특한 사례로 본 고을의 땅이 다른 고을에 깊숙하게 들어간 경우나 멀리 떨어져 다른 고을에 위치한 사례로, 고을의 산물 확보나 세곡의 보관 등과 같은 경제적 이유에서 만들어져 조선 말기까지 이어졌다. 공간적 관점에서 볼 때 비효율적인 행정구역 체제로 조선 말기 행정구역이 개편되면서 사라지게 되었다. 아울러 물산을 자세히 기록함과 더불어 그 땅에 적합한 경종 잡물도 기재하라 하여 농업의 안정을 중시하고 있다.

이상에서 살펴본 것처럼 1425년(세종 7)에 제작된 『경상도지리지』는 1432년에 편찬된 『신찬팔도지리지』의 저본 지리지라 할 수 있다. 세종 대 지리지 편찬은 조선 왕조에서 처음으로 이루어진 사업으로 『경상도지리지』와 같은 각 도에서 작성된 지리지를 바탕으로 미진한 점을 수정, 보완하여 『신찬팔도지리지』를 완성할 수 있었다.

현존하는 『경상도지리지』의 내용을 살펴보면, 앞부분에 경상도 전체에 해당하는 총설이 수록되어 있고 그다음으로 각론에 해당하는 군현별 내용이 들어 있다. 경상도를 경주(慶州), 안동(安東), 상주(尙州), 진주(晉州)의 네도(道)로 나누어 각각의 군현을 배치했다. 경주도의 경우 경주부(慶州府), 밀양도호부(密陽都護府)가 각각 하나씩 있고, 양산(梁山), 울산(蔚山), 청도(淸道), 흥해(興海), 대구(大丘)의 5군(郡)과 경산(慶山), 동래(東萊), 창녕(昌寧), 언양(彦陽), 기장(機張), 장기(長鬐), 영산(靈山), 현풍(玄風), 영일(迎日), 청하(淸河) 등 10개 현이 소속되어 있다. 그리고 경주부, 밀양도호부, 양산군, 대구군, 영산현 같은 고을에는 그 고을에 속하는 임내(任內)인 속현(屬縣)에 대한 내용도 수록되어 있다.

이처럼 『경상도지리지』는 경주, 안동, 상주, 진주 4도와 그 관할 군현의 연혁, 계역(界域), 산천, 관방, 공물, 성곽, 진영, 병선, 교통, 고적, 토의경종(土宜耕種), 토지비척(土地肥瘠), 호구, 성씨, 인물, 봉화, 기후, 풍혈, 염분, 목장, 전설 등 인문과 자연의 다양한 요소가 수록되어 있다. 특히 성곽, 병선, 봉수 등 국방 관계와 조세, 공부 등의 재정적인 항목이 자세히 다뤄지고 있는 점이 특징적이다. 당시 국가를 통치하기 위한 중요한 행정, 경제, 군사 등의 내용으로 구성되는 실용성이 강한 조선 왕조 최초의 관찬 지리지라는 점에 의의가 있다.

2) 『세종실록』「지리지」

세종 대의 지리지 편찬 사업은 『세종실록』「지리지」로 이어졌다(그림 57). 『세종실록』「지리지」는 1454년(단종 2) 『세종실록』을 편찬할 때, 세종의 업적을 기리기 위한 목적에서 기왕의 지리지를 실록에 첨재(添載)하자는 논의에 따라 부록(附錄)한 것이다. 『조선왕조실록』 가운데 오직 『세종실록』에만 지리지가 수록된 것은 세종의 업적이 매우 많아 일일이 실록에 기록하면 번거롭고 장황하여 열람하는데 불편하기 때문이다.

　이 지리지는 한 국가를 통치하는 데 절실히 요구되는 정치, 경제, 군사 분야의 국가적 현실을 파악하기 위하여 편찬된 것이며, 같은 의도

<그림 57> 『세종실록』「지리지」

로 편찬된 『신찬팔도지리지』를 수정·증보한 것이다. 『세종실록』「지리지」와 『신찬팔도지리지』의 기초가 된 『경상도지리지』를 비교해보면 30년간의 시기적 차이가 있지만 인구수에서는 양자가 동일한 사실로 볼 때 『신찬

팔도지리지』가『세종실록』「지리지」의 저본이 되었다고 볼 수 있다.『세종실록』「지리지」의 편찬에 관해서는 서문에 제시되어 있다.

> 우리나라의 지지(地志)가 대략『삼국사(三國史)』에 있고, 다른 데에는 상고할 만한 것이 없더니, 우리 세종대왕이 윤회(尹淮), 신장(申檣) 등에게 명하여 주군(州郡)의 연혁을 상고하여 이 책을 편찬하게 했다. 임자년(1432)에 완성되었는데, 그 뒤 주군이 갈라지고 합쳐진 것이 한결같지 아니하다. 특히 양계(兩界)에 새로 설치한 주(州)·진(鎭)은 그 도(道)의 끝에 이어 붙인다.[32]

서문에서는 1432년 지리지가 완성된 사실을 기술하고 있는데, 이 지리지는『신찬팔도지리지』이다. 즉, 1424년 각 도에 주군의 연혁과 지지를 작성해서 올리라는 명을 내리고 이를 수정, 보완하여 1432년『신찬팔도지리지』를 완성한 것이다.『세종실록』「지리지」는 바로 이『신찬팔도지리지』를 저본으로 제작된 것이다.

『세종실록』「지리지」의 구성을 보면『세종실록』권148에서 권155에 걸쳐 수록되어 있는데, 경도한성부(京都漢城府)에서 시작하여 구도개성유후사(舊都開城留後司), 경기, 충청, 경상, 전라, 황해, 강원, 평안, 함길의 순서로 되어 있다. 수록 내용은 경도한성부의 경우, 연혁과 도성의 둘레, 사대문, 사소문, 5부 행정구역, 종묘, 사직, 문묘, 궁궐, 도로, 교량, 관사(館舍), 5부 호수, 전결 등을 기록하고 이어 산천, 제단, 적전(籍田), 도진(渡津), 빙고(氷庫), 조지소(造紙所), 수전(水輾), 활인원(活人院), 귀후소(歸厚所), 사찰 등에 대한 위치, 수량, 유래 등을 수록했다.

구도개성유후사에서는 대체로 경도한성부의 항목과 비슷하나 약간 간략하고 송도팔경, 영이(靈異) 항목이 추가되어 있다. 지방의 도와 군현을 보면, 도의 경우 처음에 관원(官員)과 정원(定員), 연혁, 사경(四境), 행정구역, 명산, 대천 등 그 도의 연혁과 자연환경을 기술했다. 이어 호구, 군정(軍丁), 진영, 간전(墾田), 공부(貢賦), 약재, 역 등을 상세히 기재했다.

지방 군현의 수록 내용을 제주목의 사례를 통해 보면 맨 처음 관직 항목이 나오고 이어서 연혁, 산천, 호구, 군정, 성씨, 기후, 풍속, 토의(土宜), 토공(土貢), 약재, 읍성, 봉화, 목장, 영이(靈異) 등으로 이루어져 있다.[33] 다른 군현의 경우도 기재 항목이 대체로 유사하지만 고을에 따라서는 인물, 풍기, 민속, 어량(魚梁), 철장(鐵場), 부곡(部曲), 제방(堤防) 등의 항목이 더해지기도 한다.

수록된 대부분의 내용이 『경상도지리지』의 항목과 유사하다. 국가 통치에 필요한 실용적인 정보로 이루어져 있는 것이다. 이러한 실용적 목적이 강한 『세종실록』 「지리지」를 평가하면 다음과 같이 정리할 수 있다.[34]

첫째, 『세종실록』 「지리지」는 무엇보다 기재 내용이 정확하다는 점이다. 내용의 정확성을 기하기 위해 숫자와 통계를 중시하여 인구, 거리, 면적 등을 정확한 숫자로 기입했다.

둘째, 지역성의 파악에 중점을 두고 있다. 지역의 독특한 성격을 파악하고 있는데, 제주목의 경우 "풍기(風氣)가 따뜻하고 풍속은 어리석고 검소하다."[35]라는 것처럼 자연환경의 특성과 인간 생활에 해당하는 인문적 특성을 간략하게 제시하고 있다. 경기도 장단현의 경우 "땅이 기름지고 메마른 것이 반반 되며, 기후가 일찍 추워진다."[36]고 했고, 충청도 충주목의 경우 "땅이 기름지고 메마른 것이 반반이며, 민간의 풍속이 검소하고 인색하다."[37]고 했다. 황해도 옹진현의 경우 "땅이 메마르고 기후가 차며, 백성들이 물고기와 소금으로 생업을 삼는다."[38]고 했고, 강원도 평해군의 경우 "땅이 기름지고 메마른 것이 반반이며, 기후가 따뜻하고, 해산물[海錯]로 생업을 삼고, 무예를 숭상한다."[39]고 했다. 평안도 양덕현의 경우 "땅이 메마르며, 기후는 매우 차고 일찍 서리가 내린다."[40]고 하고 함경도 회령도 호부의 경우 "땅이 기름진 곳이 많고, 메마른 곳이 적으며, 기후가 몹시 춥고, 검소(儉素)와 강용(强勇)을 숭상한다."[41]고 기술했다. 풍토와 주민의 습성을 제시하고 있는 근대 지리학의 환경결정론처럼 풍토를 주민의 습성과 직접 연관시키지는 않고 있다.

셋째, 산업을 중시하고 있다. 수록된 항목에 궐토비척(厥土肥瘠), 토의, 토산, 토질, 간전, 철장, 약재, 목장, 어량, 염소, 도자기소 등 산업 경제와 관련된 내용이 많다. 조선은 농업 국가였기 때문에 토지의 규모, 토질, 적합한 작물 등과 같이 농업과 관련한 내용이 상세하다. 아울러 어량, 염소 등 어업과 관련된 내용, 철장과 같이 광업과 관련된 항목, 목장과 같은 목축업 관련 내용, 도자기소와 같은 수공업 관련 내용 등 실로 다양한 산업 경제와 관련된 항목이 수록되어 있다. 특히 약재가 아주 자세히 수록된 것은 후대의 타 지리서에서는 찾아보기 힘들다.

넷째, 지인상관론(地人相關論)에 따른 항목을 배열하고 있는데, 이를 통해 인간과 환경과의 관계에 관한 사고를 엿볼 수 있다. 자연환경 항목으로 산천을 자세히 다루고 있고, 환경적 요인 가운데 인간 생활에 영향을 미치는 기후, 토질 등을 중요하게 고려했다. 아울러 자연환경에 대한 인간 활동의 결과로 나타나는 여러 중요한 경관들, 예를 들면, 간전, 토산, 염소, 목장 등이 중요 항목으로 다루어졌다. 이러한 것은 현대 지리학의 인간과 환경 간의 관계에 대한 사고의 일단으로 해석해볼 수 있다.

종합적으로 평가할 때 인문지리학의 창시자인 독일의 칼 리터(Carl Ritter)가 나오기 300년 전에 지인상관론적 사상을 지니고 있었고, 그것을 방법론적으로 구현한 지리지라 할 수 있다. 후세 한국지리지 편찬에 모범이 되었을 뿐만 아니라, 오늘날 인문지리학의 선구자 역할을 했다. 후대에 간행된 우리나라의 지리서는 물론 세계의 어떤 지리지보다 그 가치가 높다고 평가할 수 있다. 그러나 백과사전식 항목으로 나열하고 인간과 자연과의 교섭 과정을 인과적으로 설명하지 못한 점은 당시의 한계로 지적할 수 있다.

3) 『고려사』 「지리지」

『고려사』의 지리지(그림 58)는 독자적인 지리서가 아니고 『삼국사기』의 지리지처럼 역사서의 부록으로 저술된 것이다. 역사 기술의 보조적인 역할을 지리지가 담당하고 있다는 전통적인 지리지의 범주를 탈피하지 못한 것이다.

『고려사』는 조선 왕조 건국 초기 태조 이성계가 정도전(鄭道傳, 1342~1398)·정총(鄭摠, 1358~1397)에 명함으로써 편찬하게 되었는데, 그 후 여러 번 개찬한 결과 1451년(문종 원년)에 139권으로 완성을 보게 되었다. 기전체의 정사로서 세가(世家), 지(志), 표(表), 열전의 4편으로 이루어졌는데, 그중 '지'는 전 49권으로 구성되어 있다. 『고려사』 「지리지」의 서문에 다음과 같이 저술의 목적을 제시하고 있다.

> 우리나라는 세 면이 바다로 둘러있고 한 면이 육지에 연결되어 있어서 강토의 너비는 거의 만 리나 된다. 고려 태조가 옛 고구려 땅에서 일어나 신라를 항복시켰다. 후백제를 멸망시키고 개경에 수도를 정하니 삼한(三韓)의 땅이 통일되었다. 삼한이 평정되었지만 아직 행정구역을 정리할 여가가 없다가 940년(태조 23)에 비로소 전국의 주, 부, 군, 현의 명칭을 고쳤고 성종이 다시 주, 부, 군, 현과 관방, 역참, 강하, 포구의 명칭을 고치면서 마침내 전국을 나누어 10개 도를 만들고 12개 주에 각각 절도

사를 두었다. (중략) 그 후 전국을 5개의 도와 두 개의 계(界)로 정하니 양광도, 경상도, 전라도, 교주도, 서해도와 동계, 북계였다. 전국에 총 4경, 8목, 15부, 129군, 335현, 29진을 두었고 그 경계선의 서북쪽은 당나라 이래로 압록강을 경계로 했고 동북쪽은 선춘령을 경계로 했다. 대개 서북쪽은 고구려 경계에 미치지 못했으나 동북쪽은 고구려 때보다 확장되었다. 이제 대체로 역사 기록들에 나타난 연혁에 근거하여 이 지리지를 만든다.[42]

서문에서 제시되고 있듯이 『고려사』 「지리지」는 지역의 연혁에 중점을 두고 있음을 알 수 있다. 이는 역사서의 부록으로 「지리지」를 인식하고 있는 데서 기인한다.

『고려사』의 지리지는 제56권에서 제58권에 수록되어 있는데, 지(志) 부분으로는 10, 11, 12에 해당한다. 전체 '지' 부분에서 차지하는 비중이 상당히 적다. 『삼국사기』의 지리지와 마찬가지로 고을의 연혁을 중심으로 기술되어 있다. 내용을 보면 고려 성종 때의 행정구역인 10도, 12주, 510여 개의 주현에서, 현종 이후의 5도·양계·4도호·8목·15부·129군·335현·29진으로 되기까지의 변천 과정을 행정구역별로 수록했다. 본사인 세가 편의 보조적인 역할을 한다는 점에서는 『삼국사기』의 지리지와 유사하다. 그러나 연혁 이외에도 일부 고을에는 유명한 역사 유적이나 명산, 도서 등의 내용이 수록되어 『삼국사기』의 지리지보다는 정보량이 많은 편이다. 다음은 양광도(楊廣道) 청풍현(淸風縣)의 기술 사례다.

청풍현은 원래 고구려의 사열이현(沙熱伊縣)인데 신라 경덕왕이 지금 명칭으로 고쳐서 내제군(奈隄郡)의 관할하에 현으로 만들었다. 현종 9년에 본 목에 소속시켰고 후에 감무를 두었으며 충숙왕 4년(1317)에 이 현

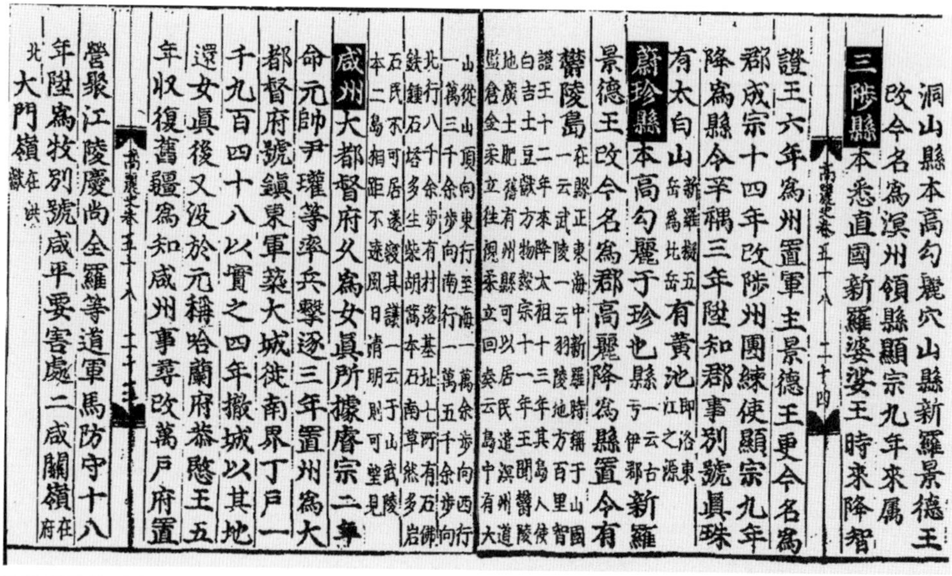

〈그림 58〉 『고려사』 「지리지」

의 중인 청공(淸恭)이 왕사(王師)로 됨에 따라 지군사(知郡事)로 승격시켰다. 월악(月嶽, 신라는 月兄山이라 불렀다)이 있고 풍혈(風穴)이 있다.[43]

각 군현에 수록된 내용은 고을의 연혁이 대부분을 차지하고 있다. 고려 이전 삼국시대의 명칭을 제시하고 이후에 변화된 내용을 수록했다. 고려시대에 들어와 군현의 설치와 지방관의 품계, 고을의 승강 등을 기재했다. 일부 고을에서는 청풍현의 사례처럼 고을의 연혁 외에 명산이나 중요한 지형, 나루터, 섬, 능묘, 제사처, 경승지 등을 수록하기도 하여 단순한 연혁지 이상의 성격을 보여주고 있다.

『고려사』 「지리지」는 전통적인 역사 보조 역할의 지리지로는 마지막 책에 해당한다. 따라서 독자적인 지리지가 아니기 때문에 그 의의도 반감될 수밖에 없다. 그러나 고대의 강역 변천을 다루는 역사지리 분야에서는 중요한 자료가 된다. 『고려사』 「지리지」가 지니는 역사지리적 의의는 『고려사」「지리지」단계에서 후세의 8도 경계가 대략 정해졌고, 경기, 충청, 경상, 전라 등의 도(道) 이름을 비로소 사용했으며 고려시대의 각 도, 군, 현 등의 연혁에 관한 희소한 사료라는 점을 들 수 있다.[44]

4) 『팔도지리지』와 『경상도속찬지리지』

세조는 『세종실록』「지리지」가 편찬된 이듬해인 1455년(세조 원년) 8월 12일 집현전 직제학 양성지에게 우리나라의 지리지와 지도를 만들 것을 명했는데,[45] 양성지는 『신찬팔도지리지』 편찬의 사례에 따라 우선 각 도별 지리지 편찬에 착수했다. 전국적으로 새로운 조사를 실시하여 전지(前志)와 대조하면서 재정리하여 1479년(성종 9) 1월 6일에 『팔도지리지』를 성종에게 찬진했다.[46] 그러나 이 『팔도지리지』는 간행되지 못했다. 다만 『팔도지리지』 편찬에 필요한 지방 자료의 모음인 현존하는 『경상도속찬지리지(慶尙道續撰地理志)』를 통해 그 내용을 짐작해볼 수 있다(그림 59).[47]

『경상도속찬지리지』는 앞서의 『경상도지리지』가 발간된 지 약 44년이 지난 1469년(예종 원년)에 찬진되었다. 경상도관찰사 김겸광(金謙光,

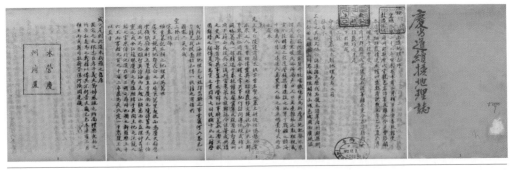

〈그림 59〉『경상도속찬지리지』(서울대 규장각한국학연구원 소장)

1419~1490), 김해부사 이맹현(李孟賢, 1436~1487) 경주교수 주백손(朱伯孫), 성주교수 장계이(張繼弛), 안동교수 조욱(趙昱) 등이 왕명을 받들어 편찬한 것이다. 앞서의 지리지에 비해 수록된 정보량은 훨씬 많다. 『경상도속찬지리지』를 편찬하는 데에도 앞서의 지리지처럼 일정한 규식을 예조에서 마련하여 각 도에 하달했다. 다음은 지리지 편찬사목이다.[48]

① 경술년 이후 각 주진(州鎭)의 설립과 혁파, 승강 등의 일. ② 계수관이 관할하는 고을과 주진(主鎭)이 관장하는 곳, 각 고을의 토성(土姓) 중의 명현. ③ 속현이 내속된 연유와 시기, 재임한 수령 가운데의 명현. ④ 향·소·부곡의 현황. ⑤ 고을의 공세(貢稅)를 납부하는 고을의 창고, 또한 바다에서 경강에 이르는 수로, 경상도 공세 중에서 낙동강을 거슬러 올라가 고개를 넘은 후 배로 서울에 이르는 경로, 양계와 제주의 경우 납세하는 장소. ⑥ 제언(堤堰)과 지택(池澤)의 소재와 관개 면적. ⑦ 염분의 소재처. ⑧ 강무장(講武場) 현황. ⑨ 연대 봉화의 상준(相准). ⑩ 역참의 합배(合排)와 서로의 거리. ⑪ 목장의 현황(면적, 마우 수, 수초의 질). ⑫ 전대의 능침과 사우, 명현의 사묘와 정표와 정려처. ⑬ 유명 고개. ⑭ 나루터의 선박 보유 수, 항시 두는 여부, 매우(霾雨) 시 사용 여부, 여울의 교량 유무, 얼거나 비올 때 조배(造排)하는지를 분간해서 작성. ⑮ 각 고을에서 서울까지의 이정(里程). ⑯ 재배하는 약재. ⑰ 어량(魚梁)과 어산물. ⑱ 도기소와 자기소, 산물의 품질. ⑲ 금은옥석동 연철 수철의 산출처와 품질, 공철(貢鐵)의 분량. ⑳ 읍성과 산성, 행성의 축조 시기, 면적, 높이, 석축(石築) 벽축(甓築), 축성, 목책 군창의 유무, 샘물과 우물의 수와 고갈 여부, 옛 샘터의 활용 가능 여부. ㉑ 관방으로 병영, 수영, 각 진과 포구의 석보(石堡)의 소재지와 거리, 각 포(浦)의 병선 수와 선군(船軍)의 수, 각 진의 군사 가운데 기병, 보병 수. ㉒ 유명한 누대와 대소 누제(樓題, 題詠). ㉓ 사찰 소

재처와 소속 종파. ㉔ 원우(院宇)의 현황. ㉕ 철령, 압록강, 용성, 자성(慈城)과 같은 험조요해처. ㉖ 긴관(緊關)인 마을 명과 지명을 모두 기재. ㉗ 섬의 현황으로 위치, 거리, 면적, 전답 결수와 민가 유무. ㉘ 양계의 도절제사 본영의 건치연혁. ㉙ 양계 지방 강 연안의 각 진, 야인이 거주하는 지명과 원근의 부락을 기재.

이를 보면, 『경상도지리지』가 12항목인 데 비해 항목이 29개로 배가되었고, 인문지리 방면 특히 경제에 관한 항목이 많아졌다. 『경상도지리지』에서 볼 수 없던 제언, 지택, 염분, 약재, 어량, 도자기소, 금은옥동철 등의 광산물, 특수 산업을 발달시킨 향·소·부곡이 수록되어 있다. 특히 교통 관련 항목이 상세하게 수록되었다. 서울까지의 이정과 공세를 운반하는 수로뿐만 아니라 나루터의 상황을 자세히 기재토록 했다. 제언 항목도 매우 상세하게 조사하여 기재했는데, 관개 면적까지 표시했다. 또한 국방에 관한 항목이 새로이 추가되었다. 양계의 절도사 본관의 연혁 및 양계 연안의 각 진, 야인 소재를 비롯하여 강무장, 연대(煙臺), 봉화 등은 그 예이다. 그러나 고을의 재정 파악에 기본 자료인 호구와 전결 항목이 누락되어 있다. 반면에 전에 없던 정표와 정려처, 누대, 제영 등의 예속 항목이 추가되었다.

예속 항목의 추가는 지리지의 성격과 관련하여 매우 중요하다. 세종 때 편찬된 대부분의 지리지는 실용적인 측면이 강하여 예속 항목이 거의 수록되지 않았다. 『세종실록』「지리지」에 없는 수령 명현(名賢)을 42명이나 수록하고, 효자·열녀를 추앙하는 정표문려를 52개나 수록한 것은 조선의 성리학적 사회체제가 점차 안정되어가는 것을 반영하고 있는 것이다. 충효를 바탕으로 하는 성리학적 이념을 사회 운영의 기본 원리로서 강조하고 있음을 알 수 있다. 아울러 누대 48개소와 시가(詩歌)인 제영 94개는 문화적인 측면을 강조하기 위한 것이다.[49]

『경상도속찬지리지』에는『경상도지리지』와 달리 도에 관한 총론 없이 바로 군현의 지지가 수록되어 있다. 즉, 경주·안동·상주·진주의 4계수관 (界首官)으로 나누어 각 계수관에 속한 고을을 29개 항목에 따라 내용을 기술했다. 무엇보다 이전 시기의 지리지에 비해 새로워진 점은 지도를 삽입한 사실이다. 양성지는 지리지에 팔도주군도, 팔도산천도, 팔도도, 양계도 등을 붙임으로써 지도를 결합하는 지리지의 새로운 양식을 만들어냈다.『경상도속찬지리지』는 세종 시기의 실용적 지리지에서 문화적 성격이 강한『신증동국여지승람』으로 이어지는 가교 역할을 담당한 지리지라 할 수 있다.

5) 외국에 관한 지지:『해동제국기』

15세기에 편찬된 지지서는 대부분 관찬의 전국 또는 도별 지리지인데 외국에 대한 지지도 편찬되었다. 이의 대표적인 것이『해동제국기』다(그림 60). 앞서 살펴보았듯이『해동제국기』는 1443년(세종 25)에 서장관으로 일본에 갔다 온 신숙주가 1471년(성종 2) 왕명에 의해 찬진한 것으로 일본과 유구의 지세와 국정, 교빙왕래의 연혁, 사신관대예접의 절목 등을 기록한 책이다. 앞부분에는 지도가 수록되어 있고 그 뒤로 일본국기(日本國紀), 유구국기(琉球國紀), 조빙응접기(朝聘應接紀) 순으로 되어 있다.

1471년 초간본 이후 몇 가지 내용이 추가되었는데, 1473년(성종 4)에는 '전산전(畠山殿)의 부관인(副官人) 양심조(良心曹)가 궤향일(饋餉日)에 진정(進呈) 한 서계(書契)'가 첨가되고 그 이듬해에는 예조좌랑 남제(南悌)가 삼포의 왜인 주거지로 만들어진 웅천제포지도(熊川薺浦之圖), 동래부산포지도(東萊富山浦之 圖), 울산염포지도(蔚山鹽浦之圖) 등의 지도 3장을 추가했다. 1501년(연산군

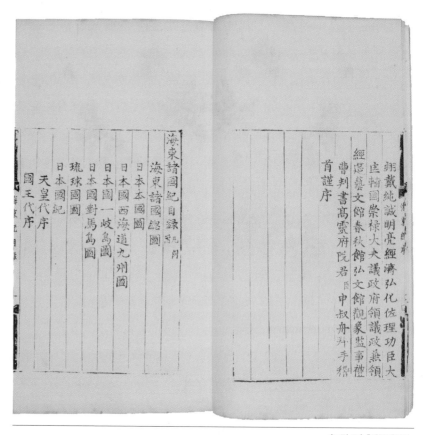

7)에는 유구국에서 사신이 왔는데, 당시 병조판서 이계동(李季同)의 건의
를 받아들여 성희안(成希顔, 1461~1513)이 그들의 국정(國情)을 기록하여 권
말에 첨부했다. 그러나 초간본의 원본 내용은 수정되지 않고 그대로 이어
졌다.

이 책의 서문에는 『해동제국기』 편찬의 목적이 다음과 같이 기술되어
있다.

대저 이웃 나라와 수호(修好) 통문(通問)하고, 풍속이 다른 나라 사람을

안무(安撫) 접대하기 위해서는 반드시 그 실정을 알아야만 그 예절을 다할 수 있고, 그 예절을 다해야만 그 마음을 다할 수 있습니다. 그리하여 우리 주상 전하께서 신(臣) 숙주(叔舟)에게 명하여 해동제국의 조빙(朝聘)·왕래(往來)·관곡(館穀)·예접(禮接)에 대한 구례(舊例)를 찬술해 오라 하시니, 신은 그 명령을 받고서 공경하고 두려워하였습니다. 삼가 옛 전적을 상고하고, 보고 들은 것을 참작하여, 그 나라의 지세를 그리고, 세계(世系)의 원류(源流)와 풍토의 숭상한 바와, 또한 우리나라의 응접(應接)한 절목(節目)에 이르기까지 대략 서술하여, 그것을 편집하여 한 책을 만들어서 올립니다.[50]

서문의 내용처럼 『해동제국기』는 해동 몇 나라의 지리와 역사와 관한 책으로 거기에 우리나라 사신 왕래의 구례(舊例)를 적어 넣어 사대교린 정책의 참고 자료로 활용하고자 했던 것이다. 당시 조선은 북으로는 여진과 남으로는 일본, 유구와 교린 외교를 펴고 있었는데, 『해동제국기』는 대마도를 포함한 일본과 유구의 역사, 지리, 외교 관련 내용 등을 수록한 것이다.

『해동제국기』 서문에는 일본 지리에 대한 설명이 수록되어 있다. "삼가 살피건대, 동해 가운데 자리 잡은 나라가 하나뿐이 아니지만 그중에서 일본이 가장 오래되고 또 큰 나라입니다. 그 땅이 흑룡강 북쪽에서 시작하여, 우리나라의 제주도 남쪽에까지 이르러서 유구국과 서로 접경을 이루게 되어 그 지세가 매우 기다랗습니다."라고 하여 일본의 상대적 위치를 상당히 정확하게 인식하고 있음을 알 수 있다. 이는 『혼일강리역대국도지도』와 같은 조선전기의 세계지도에서는 보기 힘든 것이다. 이미 이 시기 일본이나 유구의 지리적 위치에 대한 인식이 기존의 세계지도에서 보이는 것 이상으로 정교해져 있음을 알 수 있다. 결국 이러한 진전된 지리적 지식을 바탕으로 『해동제국기』를 간행할 수 있었다.

『해동제국기』는 조선시대 외국에 관한 최초의 지지라는 의의가 있다. 일본에서 들여온 최신 정보뿐만 아니라 실제 경험적 관찰을 통해 얻은 지식을 바탕으로 지역을 기술하고 있다. 다음은 조선과 가장 가까운 대마도의 기술 사례다.

군(郡)은 8개다. 민가는 모두 해변 포구를 따라 살고 있는데, 모두 82포(浦)다. 남에서 북은 사흘 길이고, 동에서 서는 하룻길, 혹 한나절 길도 된다. 4방이 모두 돌산[石山]이라 토지가 메마르고 백성들이 가난하여 소금을 굽고 고기를 잡아 팔아서 생활한다. 종씨(宗氏)가 대대로 도주(島主) 노릇을 하는데, 그 선조는 종경(宗慶)이다. (중략) 도주의 목장은 4개소인데, 말이 2천여 필이나 되고, 등허리가 굽은 말이 많다. 생산품은 감귤과 목저(木楮)뿐이다. 남과 북에 높은 산이 있는데 모두 천신(天神)이라 명칭하여 남은 자신(子神), 북은 모신(母神)이라 한다. 풍속이 신을 숭상하여 집집마다 소찬(素饌)으로 제사지내고, 산의 초목이나 금수도 감히 침범하는 사람이 없고, 죄인이 신당으로 도망가면 또한 감히 쫓아가 체포하지 못한다. 위치가 해동 여러 섬들의 요충이어서 우리나라에 왕래하는 각지의 추장들이 반드시 경유해야 할 곳이므로, 모두 도주의 문인(文引)을 받은 뒤에라야 오게 된다. 도주 이하가 각기 사선(使船)을 보내는 것이 해마다 일정한 액수가 있는데, 대마도는 우리나라에 가장 가까운 섬인 데다가 매우 가난하기 때문에 해마다 쌀을 차등 있게 주었다.[51]

대마도 부분을 보면 대마도의 지리뿐만 아니라 일정, 자연환경, 도주(島主), 주민들의 생업, 물산, 풍속 등 다양한 내용으로 이루어져 있다. 이 시기의 관찬 지리지가 대부분 백과사전식 체제로 주요 항목에 대한 간단한 기술로 이루어진 것을 감안한다면 『해동제국기』의 지역에 대한 기술은 지역을 종합적으로 이해하려는 시도로서 진일보한 기술 형식으로 평가해볼 수 있다.

『해동제국기』는 다양한 지도를 활용하여 지지와 지도를 결합시키고 있다. 지지에서 지도를 활용한 조선시대 초창기의 사례라 할 수 있다. 『해동제국기』에는 해동제국총도(海東諸國總圖), 일본본국지도(日本本國之圖), 일본국서해도구주지도(日本國西海道九州之圖), 일본국일기도지도(日本國一岐島之圖), 일본국대마도지도(日本國對馬島之圖), 유구국지도(琉球國之圖) 등의 외국지도 외에도 1473년에 추가된 웅천제포지도, 동래부산포지도, 울산염포지도 등의 우리나라 지도도 수록되어 있다. 이처럼 지도로써 지지를 보완하는 형식은 16세기 대표적인 관찬 지지서인 『신증동국여지승람』으로 이어지고, 이는 조선후기 『여지도서』 및 다양한 읍지에서 계승된다.

2. 성리학의 정착과 지지학: 『신증동국여지승람』

세조 대를 거치면서 통치 기반이 확고해지고 유교 문화가 정착되어갔기 때문에 지리지의 편찬 의도도 점차 달라져갔다. 즉 『세종실록』 「지리지」와 비교해보면 예속과 관련된 내용이 충실해져 역사, 문화에 대한 관념적 내용의 비중이 커졌다. 이러한 경향을 대표하는 것이 이 시기 관찬 지리지의 결정판인 『동국여지승람』이다.

『동국여지승람』은 성종의 뜻에 따라 양성지의 『팔도지리지』에 우리나라 문사(文士)들의 시문인 동국 시문을 모아 첨가하여 1481년(성종 12)에 일차 완성했다. 전 50권으로 이루어진 『동국여지승람』은 명의 『대명일통지』에 자극되어 찬수된 것이지만, 그 체제는 사실상 송나라 축목(祝穆)의 『방여승람(方輿勝覽)』을 모방해 만든 것이다. 『신증동국여지승람』의 서문에는『동국여지승람』의 간행 전말을 다음과 같이 기록하고 있다.

> 우리 전하가 즉위하신 10년 무술년 봄 1월에 신(臣) 양성지(梁誠之)가
> 『팔도지지(八道地誌)』를 바치고, 신 등이 『동문선(東文選)』을 바쳤더니, 전
> 하께서는 드디어 선성부원군(宣城府院君) 신 노사신(盧思愼), 우찬성(右贊
> 成) 신 강희맹(姜希孟), 지중추부사(知中樞府事) 신 성임(成任), 남원군(南原
> 君) 신 양성지, 대사성(大司成) 신 정효항(鄭孝恒), 참의(參議) 신 김자정(金
> 自貞), 승문원(承文院) 판교(判校) 신 이숙감(李淑瑊), 좌통례(左通禮) 신 박
> 숭질(朴崇質), 행 호군(護軍) 신 박미(朴楣) 및 신 거정(居正) 등에게 명하
> 여 시와 문을 『지지(地誌)』에 넣게 하셨습니다. 신 등이 공손히 엄하신
> 명을 받자와 사신(詞臣)을 가려서 거느리고 분과를 나누어 이루기를 구
> 하여 위로는 관각(館閣)의 도서로부터 아래로는 개인이 보관한 초고(草
> 藁)까지 열람하지 않음이 없이 일체 나누어 넣었습니다.[52]

서문에서 보듯이 양성지가 편찬한 『팔도지지(팔도지리지)』에 시문을 첨가
한 지지의 편찬을 명하여 『동국여지승람』이 만들어지게 된 것이다. 기본
적으로 순수한 지리지에 시문을 덧붙인 형식을 띠고 있다. 이러한 형식으
로 인해 이전 시기의 지리지에 비해 실용적인 면은 약화될 수밖에 없지만
반면에 성리학적 이념은 추가된 시문을 통해 강조되고 있다.

이후 『동국여지승람』은 성종 대와 연산군 대에 수정 작업을 거치고 중
종 대에 새로 증보하여 1530년(중종 25) 55권의 『신증동국여지승람』으로
새롭게 탄생되었다(그림 61). 『신증동국여지승람』은 경도, 한성, 개성, 경기
도, 충청도, 경상도, 전라도, 황해도, 강원도, 함경도, 평안도의 순서로 수록
되어 있으며 맨 처음에 팔도총도, 그리고 각 도의 처음에 도별 지도를 삽
입했다. 수록된 항목을 보면, 대체로 건치연혁, 군명, 성씨, 풍속, 형승, 산

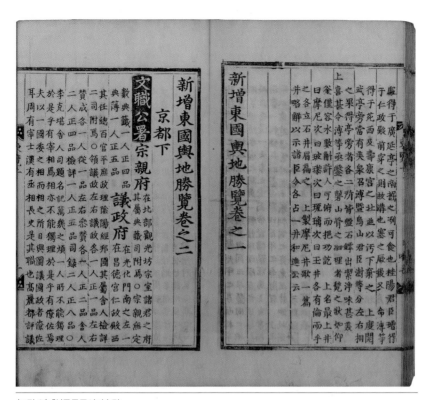

〈그림 61〉 『신증동국여지승람』

천, 토산, 성곽, 관방, 봉수, 궁실, 누정, 학교, 창고, 역원, 불우, 사묘, 고적, 명환, 인물, 제영 등의 순으로 되어 있다. 전체적으로 볼 때, 『신증동국여지 승람』은 성리학적 질서에 바탕을 둔 지리서였던 만큼 경제, 군사적 측면보 다는 문화적 측면이 강조되어 있다. 이전 시기 지리지에 수록되었던 교통, 산업, 인구, 호구 등의 내용이 빠지고, 유교적 윤리를 강조하는 인물(열녀, 효자 포함) 항목과 제영과 같은 시문 항목이 전체에서 상당 부분을 차지하 고 있다. 이는 향촌 사회에서 유교적 강상윤리(綱常倫理)를 확립하려는 의 도에서 비롯된 것이다. 『신증동국여지승람』의 서문에서도 이와 같은 의도 가 드러나 있는데, 조종(祖宗)을 높이고 상하의 구분을 엄하게 하며 일국 의 인재를 교육하고 삼강의 근본을 표창하는 유교적 덕목을 강조하고 있다. 『신증동국여지승람』의 서문에는 책에 수록된 항목에 대한 상세한 설명을 다음과 같이 덧붙이고 있는데, 당시 지리지에 수록된 여러 항목에 대한 인식을 엿볼 수 있다.

> 연혁을 먼저 쓴 것은 한 고을의 흥폐를 몰라서는 안 되기 때문이고, 풍속과 형승(形勝)을 다음에 쓴 것은 풍속은 한 고을을 유지시키는 바이며, 형승은 사경(四境)을 공대(控帶)하는 바이므로 명산대천을 경위(經緯)로 삼고, 높은 성과 큰 보루를 금포(襟抱)로 삼았습니다. 묘사(廟社)를 맨 먼저 기재한 것은 조종을 높이며 신기(神祇)를 존경해서이고, 다음에 궁실(宮室)을 쓴 것은 상하의 구분을 엄하게 하고, 위엄과 무거움을 보이기 위해서입니다. 오부(五部)를 정해서 방리(坊里)를 구분하며, 여러 관청을 설치하여 모든 사무를 보는데, 능침(陵寢)은 조종의 길이 편안한 곳이며, 사(祠)와 단(壇)은 또 국가의 폐하지 못할 전례입니다. 학교를 일으키는 것은 일국의 인재를 교육하려는 것이고, 정문(旌門)을 세우는 것은 삼강(三綱)의 근본을 표창하려는 것입니다. 사찰은 역대로 거기에서 복을 빌었고, 사묘(祠墓)는 선현을 사모하여 추숭(追崇)한 것입니다. 토산은 공부(貢賦)가 나오는 바이고, 창고는 공부를 저장하는 곳입니다. 누대(樓臺)는 때에 따라 놀며 사신을 접대하는 곳이고, 원우(院宇)는 여행객을 접대하고 도적을 금하는 것입니다. 관방(關防)을 웅장하게 한 것은 도적을 방비하기 위해서이고, 참(站)과 역(驛)을 벌여놓은 것은 사명(使命)을 전달하기 위해서입니다. 인물은 과거의 어진 이를 기록한 것이고, 명환(名宦)은 장래에 잘하기를 권한 것입니다. 또 제영을 마지막에 둔 것은 물상(物像)을 읊조리며 왕화(王化)를 노래하여 칭송함은 실로 시와 문에서 벗어나지 않기 때문입니다.[53]

유교적 명분 질서를 확립하려는 의도는『신증동국여지승람』곳곳에서 볼 수 있다. 다음은 이러한 성격을 잘 보여주는 대표적인 사례로『신증동국여지승람』전라도 정의현(旌義縣)의 열녀 항목에 수록된 내용이다.

> 열녀 정씨(鄭氏)는 고려시대 직원(職員) 석나리보개(石那里甫介)의 아내이다. 하치(哈赤, 목마장을 관리하는 몽골인 관원)의 난에 그의 남편이 죽었는데, 정씨는 젊고 자식이 없었으며 얼굴이 예뻤다. 안무사 군관이 강제로 아내로 삼으려 하니, 정씨가 죽기로 맹세하여 칼로 스스로 목을 찌르려 하므로 끝내 이룰 수 없었다. 늙도록 시집가지 않았다. 일이 알려져 조정에서 정려(旌閭)했다.[54]

위의 사례는 조선시대 가장 변방에 해당하는 제주도에서 유교적 가치 규범인 효열(孝烈)을 장려하던 상황을 보여준다. 정씨는 목마를 담당하던 몽골인 관리의 부인이었는데, 1374년 목호(牧胡)의 난 때 최영(崔瑩, 1316~1388) 장군이 이끄는 진압군에 의해 남편이 죽임을 당했다. 당시 고려의 군관이 강제로 취하려 했지만 이를 거부하고 끝내 절개를 지키자 국가에서 정려했던 것이다. 몽골인 남편을 위해 절개를 지킨 여자에게 최고 수준의 국가적 표창을 한 것이다. 핏줄이 다른 이민족 남편, 그것도 제주도를 식민 통치하던 목호 남편을 위해 절개를 지킨 정씨 부인은 보편적 인륜을 강조하는 성리학적 시각에서는 똑같은 열녀로 인정받고 있다. 보편적 행위 규범을 추구하는 조선의 성리학적 이념은 혈연적, 지연적 한계를 뛰어넘고 있는 것이다.

향촌 사회에 성리학적 이념을 구현하려는 조선의 의지는『신증동국여지승람』의 사묘(祠廟) 항목에서도 확인할 수 있다. 모든 고을에서 사묘 항목을 수록하고 있는데, 사직신에게 제사를 지내는 사직단, 향교인 문묘(文廟), 성황신에게 제사를 지내는 성황단, 구천을 떠도는 귀신들에 제사지내는 여단(厲壇) 등이 수록되어 있다. 이들 사묘는 1묘 3단이라 하는데, 이 가운데 성황단과 여단은 민간에서 행해지던 제사를 유교적 이념에 입각하여 국가적 차원에서 거행하기 위해 만들어진 것이다. 향촌 사회에 유교적 이념을 확고하게 정립시키려 했던 조선의 의지를 볼 수 있는 대목이다.

이처럼 『신증동국여지승람』은 이전의 지리지에 비해 실용적 성격이 약해지고 성리학적 가치를 중시하는 이념적, 문화적 성격이 강한 특징을 지니고 있다. 순수 지리지적 성격이 약하다는 한계를 지니고 있으면서도 몇 가지 중요한 의의를 지닌다. 첫째, 『신증동국여지승람』은 당시 국내의 관계 자료를 총망라하고 오랜 기간에 걸친 수정, 보완 작업으로 완성되었다. 둘째, 조선시대의 모든 지리적 편제는 15세기에 그 기초가 정해졌는데, 이 시기 지지의 결정판인 『신증동국여지승람』은 과거의 역사지리를 연구하는 데 필수적이다. 셋째, 당시 산업의 발달을 고찰하는 데 유용한 자료를 제공해준다. 이 책에서는 각 지방의 토산 항목에 270여 종의 산물이 기록되어 있다. 넷째, 억불숭유의 정책을 추진하면서도 불우 항목을 넣은 것은 사찰에서 복을 비는 당시의 사회 현실을 적극 반영하려 했던 결과이다. 이 외에도 군사시설의 배치, 국경 지대의 경비, 유용 광산물의 산지, 각 지방의 풍속 기질의 비교, 교통의 요지 등 현대와 비교 연구할 만한 점이 많다. 따라서 부분적 한계에도 불구하고 조선전기를 대표하는 지리지로서 손색이 없다고 할 수 있다.

『신증동국여지승람』은 후대에 민간에 널리 유포되어 이용되었다. 자신의 고을과 조선의 지리를 알고자 하는 경향 각지의 선비들에게는 더없이 유용한 책이었다. 후대에 저술되는 많은 지리서에서 이 책의 내용들을 인용했다. 특히 이 책에 수록된 지도인 『동람도』는 민간에서 활용되어 목판본뿐만 아니라 필사본 지도로 다양하게 제작되었다. 『동람도』의 도별 지도를 그대로 답습하면서 여백에는 해당 도의 관원과 병영·수영, 역도·진보 등의 위치를 수록하기도 했다. 또한 서울로부터 각 군현까지의 일정과 더불어 도로를 홍선으로 그려 넣는 경우도 있다. 이는 원래의 『동람도』 자체가 실용적인 측면이 약한 데서 기인하는 것으로 이러한 주기를 통해 이를 보완하려 했던 것이다.

4장

조선후기의 지리학

1절

조선후기의 지도학

1. 서양 지리 지식의 도입과 그 영향[1]

1) 17세기 서양 지리 지식의 도입과 지도 제작

16세기 후반 이후 중국으로 진출한 서양의 선교사들은 기독교뿐만 아니라 천문, 역법 등과 같은 과학 문명을 전파하는 중요한 역할을 수행했다. 특히 기독교 전도를 위해서는 중국인이 지녀왔던 기존의 전통적인 세계관의 변화가 요구되었는데, 서구식 세계지도와 세계지리서는 세계관을 변화시킬 중요한 수단으로 적극 활용되었다. 그리하여 마테오 리치(Matteo Ricci, 1552~1610)는 1584년 한역의 서구식 세계지도를 제작한 이래, 1602년 북경판『곤여만국전도(坤輿萬國全圖)』(그림 62)를 비롯하여 10여 판본 이상의 세계지도를 제작했다. 또한 1623년 알레니(Giulio Aleni, 1582~1649)는 「만국전도」가 수록된『직방외기(職方外紀)』를 저술했고, 페르비스트(Ferdinand Verbiest, 1623~1688)는 1672년『곤여도설(坤輿圖說)』을 편간(編刊)한 데 이어

1674년 양반구도(兩半球圖)인 『곤여전도(坤輿全圖)』를 제작했다. 이들 세계지도와 세계지리서는 당시 중국으로 전해진 서양의 지리 지식을 대표하는 것들이다.

중국에서 서양 선교사들에 의해 제작, 간행된 많은 서학서와 세계지도는 대부분 연행 사신에 의해 조선으로 유입되었다. 당시 서양 선교사들은 조선으로까지 진출하지 못하고 중국에서 활동하고 있었기 때문에 사신들의 왕래에 의한 간접적인 통로로 서학과 접할 수 있었다. 서학의 유입은 명·청 교체기부터 간헐적으로 진행되다가 대청 관계가 안정되면서 활발해졌다.

선교사들에 의해 제작된 서구식 세계지도가 최초로 도입된 것은 1603년 북경에 고명주청사(誥命奏請使)로 갔던 이광정(李光庭)과, 부사(副使) 권희(權憘)에 의해서다. 이수광(李睟光)의 『지봉유설(芝峰類說)』에는 이광정과 권희가 북경에서 구입한 구라파국여지도(歐羅巴國輿地圖) 6폭을 홍문관으로 보내왔다는 기록이 있다. 그러나 이수광은 이 지도의 제작자를 구라파국의 사신 풍보보(馮寶寶)로 기록했는데,[2] 이는 마테오 리치의 한자명인 이마두(利瑪竇)를 잘못 전해 듣고 쓴 것으로 판단된다. 구라파국여지도가 6

〈그림 62〉 북경판 『곤여만국전도』(1602년, 일본 미야기현립도서관 소장)

폭으로 이루어진 것으로 보아 이는 바로 전년 1602년 북경에서 제작된
『곤여만국전도』로 추정된다. 이후 허균(許筠)도 1614년 사신으로 중국에
갔다가 마테오 리치의 지도와 교지 12장을 얻어 돌아오기도 했다.[3]

진주사(陳奏使) 정두원(鄭斗源, 1581~?)은 1630년 후금의 군대에 점령되
어 있던 육로를 피해 해로로 중국에 갔는데, 이듬해 돌아오는 길에 등주에
서 예수회 선교사 로드리게스(Jeronimo Rodriguez, 陸若漢)를 만나 조선 국
왕에게 전할 선물로 자명종, 천리경과 같은 귀중한 서양의 물건과 서학서
등을 얻어 돌아왔다. 여기에는 천문, 역법과 관련된 서양의 과학 서적뿐만
아니라 1623년 알레니가 저술한 대표적 지리서인『직방외기』와『만리전도
(萬里全圖)』5폭이 포함되어 있었다.

이상에서 파악한 서구식 세계지도의 전래 사례는 기록으로 확인되는
대표적인 것들로 대부분 사신들에 의해 들여온 것들이다. 이 외에도 사행
(使行)에 동행한 관료들이 개인적으로 구입하여 사가(私家)에 소장했던 지
도들도 다소 있었던 것으로 보인다. 마테오 리치의 한역세계지도 가운데
『양의현람도(兩儀玄覽圖)』는 1603년 북경에서 이응시(李應試), 풍응경(馮應京)

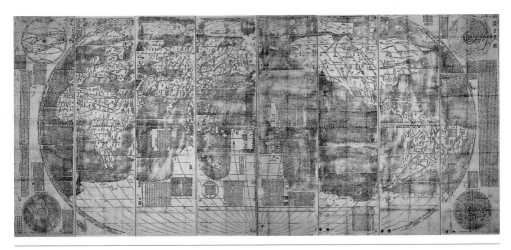

〈그림 63〉『양의현람도』(1603년, 숭실대학교 한국기독교박물관 소장)

등이 각판한 것인데, 현재 숭실대 기독교박물관에 보관되어 있다(그림 63).[4]

또한 페르비스트가 1674년 제작한 양반구도인『곤여전도』도 제작된 지 얼마 안 되어 조선으로 유입된 것으로 보인다.[5] 이에 대한 상세한 기록이 남아 있지는 않지만 현재 서울대도서관[6], 숭실대 기독교박물관 등지에 1674년 초간본이 소장되어 있는 것으로 보아『곤여만국전도』처럼 일찍이 연행 사신을 통해 들여왔다고 생각된다. 17세기 중반 이후 조·청 관계가 안정되면서 중국을 통한 서양 문물은 계속 조선 사회로 유입되고 있었던 상황이었기 때문에 이러한 추론이 결코 무리한 것은 아니다.

이처럼 중국에서 제작된 한역의 서구식 세계지도는 사행을 통해 서학서와 함께 조선 사회로 유입되었는데, 이 과정에서 일부 지도는 사행원 개인에 의해 사적으로 구입되어 사가에 소장됨으로써 민간 지식인들에게까지 영향을 줄 수 있었다. 그러나 마테오 리치나 페르비스트의 서구식 세계지도는 대형 지도로서 이를 모사하거나 휴대하는 데는 어려움이 있었다. 오히려 책에 삽입된 소형 지도가 휴대와 모사에 편리하여 대형 한역 세계지도보다 많은 학자들에게 유포될 수 있었다. 특히 알레니의『직방외기』와 같은 서학서뿐만 아니라『삼재도회(三才圖會)』,『도서편(圖書編)』등과 같은 중국인이 편찬한 백과전서류에 수록되어 많은 지식인들에 영향을 미치게 되었다.

중국에서 수입한 서구식 세계지도는 수량이 한정되어 있어서 조선에서 다시 모사되거나 중간되기도 했다. 마테오 리치의『곤여만국전도』나 페르비스트의『곤여전도』등은 대형 세계지도이기 때문에 개인적으로 모사하거나 복각하는 것은 매우 어려운 일이었다. 따라서 국가적 차원에서 관료들이 주도하여 모사, 제작되는 경우가 일반적이었다. 이의 대표적인 사례는 1708년(숙종 34)『곤여만국전도』의 제작이다(그림 64).

이 지도는 천문과 역법, 지리 등을 주관하던 관청인 관상감(觀象監)에서

〈그림 64〉 회입 『곤여만국전도』(1708년, 서울대학교 박물관 소장)

제작했는데 이 사업에는 당시 영의정이었던 최석정(崔錫鼎, 1646~1715) 외
에 전관상감정(前觀象監正) 이국화(李國華)와 유우창(柳遇昌) 등이 참여했다.
그렇다면 마테오 리치의 세계지도를 18세기 초반에 다시 제작한 목적은
무엇일까? 이는 역법 개정과 같은 시대적 상황과 밀접한 연관을 지닌 것으
로 보인다. 이미 시헌력(時憲曆) 채택으로 서양 역법의 우수성이 공인된 상
태에서 서양 선교사가 제작한 세계지도가 완전히 무시될 수는 없었다. 따
라서 최석정도 지도가 보여주는 세계가 전통적인 세계관과 매우 달라 우
활(迂闊)하고 황탄(荒誕)하다고 하면서도 그 자체로서 존재 이유가 있다고
보고 마땅히 이로써 견문을 넓혀야 한다고 역설했던 것이다.[7]

마테오 리치의 대형 세계지도 외에 책자에 수록된 소형 서구식 세계지
도도 일부 모사·제작되었는데, 대표적인 예가 『삼재도회』에 수록된 마테
오 리치의 「산해여지전도(山海輿地全圖)」이다. 이러한 사례는 조선에서 마테
오 리치의 세계지도가 좀 더 다양하게 모사·제작되었을 가능성이 크다는
것을 시사한다.

마테오 리치의 『곤여만국전도』 외에도 여러 세계지도가 제작되어 지식인
들에 많은 영향을 끼쳤는데, 알레니의 『직방외기』에 수록된 「만국전도」, 페
르비스트의 『곤여전도』 등도 이에 일익을 담당했다. 이 시기 조선에서 필사

된 알레니의 「만국전도」도 현존하고 있는데 규장각 소장의 「천하도지도(天下都地圖)」를 대표적으로 들 수 있다(그림 65).

페르비스트의 『곤여전도』도 일찍 조선에 도입되어 지식인들에 영향을 미쳤다. 『곤여전도』도 마테오 리치의 『곤여만국전도』처럼 대형 판본으로서 세로 146cm, 가로 400cm에 이른다. 타원형으로 그려진 『곤여만국전도』와 달리 동반구, 서반구를 두 개의 원안에 그렸다. 대형 세계지도라서 개인적으로 판각하는 것은 거의 불가능하고 이를 필사하는 것도 그리 쉬운 일이 아니었다. 17, 18세기 조선에서 『곤여전도』의 제작과 관련한 기록은 발견되지 않고 있다. 그러나 대형의 『곤여전도』도 조선에서 필사되었던 것으로 보이는데, 일제 시기 조선의 『곤여전도』를 연구했던 다보하시 기요시(田保橋潔)는 당시 채색 필사본의 『곤여전도』가 조선에 존재하고 있었음을 보고했다.[8] 이와 관련하여 최근 부산박물관에서는 필사본 『곤여전도』를 구입하여 소장하고 있다.

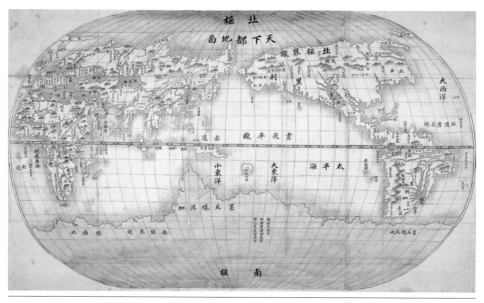

〈그림 65〉 「천하도지도」(18세기, 서울대 규장각한국학연구원)

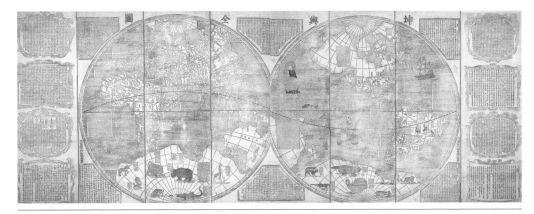

〈그림 66〉 해동 중간본 『곤여전도』(1860년, 숭실대학교 한국기독교박물관 소장)

『곤여전도』는 17, 18세기 조선에서 타원형으로 제작된 마테오 리치나 알레니의 지도에 비해 영향력이 다소 떨어진다는 평가를 받기도 하는데,[9] 지구설(地球說)의 이해가 전제되지 않은 상태에서 세계를 두 개의 원으로 표현한 것은 전통적인 인식에 머물러 있던 사람들에게는 수용하기 매우 어려웠을 것으로 보인다. 이후 『곤여전도』는 1860년에 이르러야 국가적 차원에서 다시 간행되어 널리 보급되게 되었다(그림 66).

한편 17, 18세기 서구식 세계지도의 수용을 통해 인식을 변화시켰던 흐름은 19세기 최한기(崔漢綺)의 『지구전후도(地球前後圖)』, 『지구전요(地球典要)』의 세계지도로 이어졌고 더 나아가 박규수(朴珪壽)와 최한기의 지구의(地球儀) 제작으로까지 이어졌다.

최한기는 친구 김정호의 도움을 받아 1800년 중국의 장정부(莊廷敷)가 제작한 서구식 세계지도를 1834년 다시 제작했다. 이것이 『지구전후도』로서 동반구와 서반구로 분리하여 그린 반구도의 형태를 띠고 있다(그림 67). 최한기는 이후 1857년에 중국 위원(魏源, 1794~1856)의 『해국도지(海國圖志)』와 서계여(徐繼畬, 1795~1873)의 『영환지략(瀛環志略)』 등을 기초로 종합적 세계지리서인 『지구전요』를 저술했다.

〈그림 67〉 최한기의 『지구전후도』(1834년, 서울대 규장각한국학연구원 소장)

『지구전후도』는 최한기와 김정호의 합작품으로 자료 제공은 최한기, 판각은 김정호가 담당했다. 이 지도는 양반구도로 그려진 서구식 세계지도로 목판본으로 제작된 것이다. 목판으로 인쇄되어 널리 유포되면서 세계 인식의 변화에 영향을 끼쳤다.

『오주연문장전산고(五洲衍文長箋散稿)』에 수록된 장정부의 지도설에 의하면, 서양인의 구도(舊圖)를 축소하여 제작했는데, 외이(外夷)의 명칭은 『흠정직방회람(欽定職方會覽)』, 『사이도설(四夷圖說)』 등의 책을 주로 참고했고 옆에 옛 명칭도 부기했다고 한다. 또한 각 성부(省府)의 정해진 도위(度位)는 『수리정온(數理精溫)』에 수록된 것을 취했다. 경위선은 10도 간격으로 그었지만 원 주위를 1도 간격으로 표시했다. 적도와 황도도 1도 간격의 눈금을 표시했는데 황도에는 24절기를 기입해 넣었다. 24절기는 태양이 황도에서 15도 운동한 지점과 대응되는데 지도에서도 이와 동일하게 표시되었다. 지도의 외곽 원둘레에는 계절별 주야영단각분(晝夜永短刻分)을 표시하여 지역별로 절기의 지조시각(遲早時刻)을 알 수 있게 했다. 이러한 점은 『지구전후도』가 지리적 세계의 이해만을 목적으로 제작된 것이 아님을 보여주는 대표적인 사례이다. 다시 말해서, 지리적 세계뿐만 아니라 계절의 변화와 일출입 시각 등 역법과 관련된 내용이 중요하게 다뤄진 것이다.

최한기는 1834년 『지구전후도』의 제작에 이어 1857년에는 일종의 종합적 세계지리서라 할 수 있는 『지구전요』를 저술했다.[10] 이 책의 저술 목적은 지리 지식에 대한 이해의 확대를 통해 '기화(氣化)'를 깨닫고 그를 기반으로 '인도(人道)'를 터득하는 데 있었다.[11] 중국에서 아편전쟁 후에 간행된 양무서(洋務書)인 위원의 『해국도지』와 서계여의 『영환지략』 등을 기초로 편집했다. 당시까지 조선에서 저술된 세계지리서로는 가장 방대하면서 다양한 내용을 수록하고 있다.

『지구전요』는 도합 13권 7책의 필사본으로 이루어져 있으며, 12권까지는 세계지지(世界地志)로 구성되어 있다. 제13권에는 천문도와 지도만을 따로 모았고, 역상도(歷象圖) 23매, 제국도(諸國圖) 41매를 수록했다. 이처럼 『지구전요』는 지지와 지도의 두 체제로 구성되어 있는데, 지도를 앞에 수록하고 지지를 뒤에 수록한 『영환지략』과는 다른 양식이다. 『영환지략』이 지도에 중점을 두었다면[12] 『지구전요』는 지지에 중점을 두었다고 할 수 있다. 따라서 『지구전요』에서의 지도는 지지의 부도(附圖)적 성격이 강하다. 『지구전요』의 지도가 지니는 이러한 성격은 지지학에 대한 그의 서술에서도 드러난다. 그는 지지라는 것은 풍토와 물산, 고금의 사실을 수록한 것이고 지도는 군국(郡國)의 경계와 면적을 본떠 그린 것이라 하여, 지도는 지지를 보충해주는 부도적 의미로 생각했던 것으로 보인다.[13]

제13권에는 「지구전후도(地球前後圖)」(그림 68), 「황청전도(皇淸全圖)」를 비롯해 각 대륙별 여러 나라의 지도들이 수록되었다. 이들 지도들은 『영환지략』에 수록된 지도들을 저본으로 사용하여 그대로 모사한 것인데, 『영환지략』에 없는 「일본도(日本圖)」가 추가된 점이 다를 뿐이다.[14] 『해국도지』에도 지도가 수록되어 있지만 『영환지략』의 것과 비교해볼 때 정교함이 다

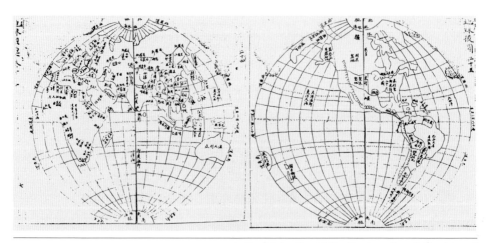

〈그림 68〉 『지구전요』의 「지구전후도」(1857년, 국립중앙도서관 소장)

소 떨어진다. 그러나 후대의 판본은 지도의 내용이 수정되어 상당히 정교
해지기도 했다.

『영환지략』에 수록된 지도(그림 69)는 당시 최신의 서양 지도를 저본으
로 제작된 것으로, 원본 상태를 변형하지 않고 대부분 그대로 그렸고 단지
지명들을 한문으로 번역했을 뿐이다. 서계여는 1843년 샤먼(廈門)에 공무
차 머무를 때 미국인 아빌(Abeel David, 雅裨理)을 만났는데, 그가 지녔던 지
도책과 더불어 이듬해 샤먼의 고을 사마[郡司馬]였던 곽용생(霍蓉生)이 구
득한 지도책이 더욱 상세하여 이 두 지도책을 바탕으로『영환지략』의 지도
들을 제작했다.[15]

『지구전요』의 세계지도는 당시로는 가장 최신의 자료를 수록했다는 점
에서 의의가 있다. 비록 최한기가 중국에서 제작된 것을 다시 모사한 것이
지만 최신 자료를 국내에 소개하고 자신의 독창적인 기준에 따라 재편집
한 사실은 중요하다. 무엇보다『지구전요』의 세계지도가 조선의 지도학사
상 지니는 가장 중요한 의의는 세계지도첩의 효시를 열었다는 점이다. 이
전 시기 서구식 세계지도가 대부분 타원형 또는 양반구형의 병풍 또는 낱

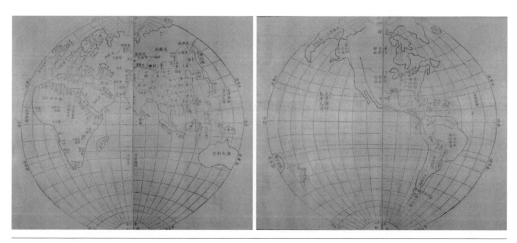

〈그림 69〉『영환지략』의 세계지도(1843년)

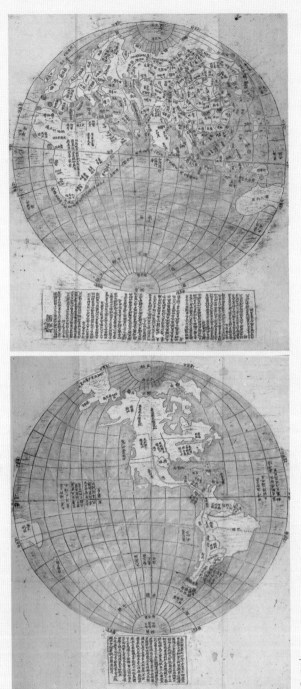

〈그림 70〉 목판본 『지구도』
(19세기, 국립중앙박물관 소장)

장으로 제작되었지만 최한기는 이를 지도책(Atlas)의 형태로 제작하여 세계의 모습을 개략적으로 보여주는 것을 넘어 각 지역의 구체적인 모습을 생생하게 보여주려 했던 점은 높이 평가할 만하다.

『지구전요』의 지구도는 목판본 지도로도 제작되었다. 국립중앙박물관에 소장된 『지구도(地球圖)』(그림 70)는 『지구전요』의 「지구전후도」와 형태와 내용이 일치한다. 경위선의 조직, 남북회귀선, 북극권·남극권의 표시 등도 『지구전요』의 세계지도와 동일하다. 조선에서 제작되었지만 강화도나 제주도의 위치는 왜곡되어 있다. 지도 하단에는 각 대륙과 주요 국가에 대한 내용이 간략하게 기재되었다.[16] 이러한 사실로 볼 때, 『지구전요』의 「지구전후도」도 1834년의 『지구전후도』처럼 목판본으로 간행되면서 지식인들에게 영향을 주었던 대표적인 서구식 세계지도라 할 수 있다.

한편 최한기는 서구식 세계지도 제작의 경험을 바탕으로 지구의도 제작했던 것으로 전해진다. 숭실대학교 한국기독교박물관에 소장된 청동 지구의는 최한기가 제작한 것으로 알려져 있으며, 현존하는 국내 유일의 단독 지구의다(그림 71). 지구의에 그려진 세계지도는 최한기의 『지구전요』에 실린 「지구전후도」와 유사하여, 『지구전요』의 저술 시기인 1857년을 전후하여 최한기가 제작한 것으로 추정되고 있다.[17]

지구의는 직경 24cm 정도의 크기로 제작되었다. 10도 간격으로 경선과 위선이 있고, 북회귀선과 남회귀선, 황도를 표시하고 있다. 황도에는 하지, 동지 등 24절기가 새겨져 있다. 느티나무를 파서 사발 모양의 받침대를 만들고 청동으로 만든 360도의 눈금을 새긴 둥근 고리를 받침 위에

〈그림 71〉 청동 지구의(19세기, 숭실대학교 한국기독교박물관 소장)

붙여놓았다. 360도 눈금이 있는 둥근 고리는 지구의가 들어갈 수 있을 정도의 크기로 만들었고, 지구의의 남북 축을 수평으로 올려놓도록 고안되어 있다.

지구의에 새겨진 지도의 형태와 내용은 최한기의 『지구전요』에 수록된 「지구전후도」와 흡사하다. 그러나 일부 차이가 있는데, 『지구전요』의 세계지도에 없는 황도가 그려져 있고 거기에 24절기를 배치했다. 『지구전요』의 세계지도에 그려진 북극권과 남극권은 지구의에 표시되지 않았다. 황도가 그려져 있지만 북극권과 남극권이 표시되지 않은 점은 1834년 『지구전후도』와 동일하다. 이러한 사실로 볼 때, 청동 지구의는 1834년 최한기의 『지구전후도』와 『지구전요』의 「지구전후도」를 기초로 제작되었다고 할 수 있다.

19세기 선구적 개화사상가였던 박규수도 서양의 지리 지식을 수용하는 데 적극적인 인물이었다. 박규수는 천문, 지리의 지식을 바탕으로 19세기 중반경 일종의 지구의에 해당하는 지세의(地勢儀)를 제작했다(그림 72). 『해국도지』를 참고 자료로 삼아 부속 관측 도구를 덧붙인, 이전 시기에 볼 수

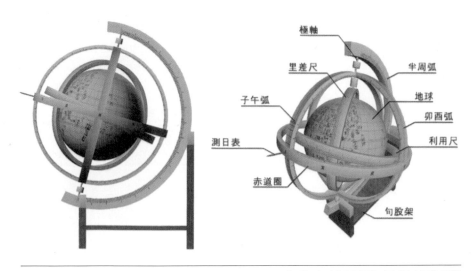

〈그림 72〉 지세의의 복원도(김명호·남문현 복원)

없었던 새로운 것이었다. 이 지구의는 후에 김옥균(金玉均, 1851~1894)을 비롯한 개화파의 세계 인식을 바꾸는 데 중요한 역할을 담당하기도 했는데, 현재 전해지지 않는다.

2) 서양 지리 지식의 영향

17세기 이후 조선으로 전래된 서구식 세계지도와 세계지리서는 전통적인 세계관에 침잠되어 있던 학자들에게 많은 영향을 주었다. 초기에는 한양과 근기(近畿) 지역의 실학자들을 중심으로 전파되었으나 18세기에는 지방에서도 일부 학자들이 서구식 세계지도를 접하는 사례가 나타나기도 했다.[18] 당시 지식인들에게 서구식 세계지도는 단순히 호기심을 불러일으키는 이물(異物)을 넘어 하나의 탐구 대상이 되기도 했는데 일종의 유행이라 할 정도로 커다란 반향을 일으켰다.[19]

　서구식 세계지도가 보여주는 세계는 기존 중화적 세계관에 기초한 지도와는 비교할 수 없을 정도로 확장되어 있다. 전체 세계에서 본다면 중국이라는 나라는 세계의 일부분에 불과하다. 중국 외에도 여러 대륙에 걸쳐 많은 나라가 있다는 사실만으로도 조선의 유학자들에게는 하나의 충격이었다. 중국을 중심으로 하는 동아시아 일대의 세계를 전체 세계로 인식했던 학자들에게 서구식 세계지도가 보여주는 세계는 이전에는 접할 수 없었던 새로운 것이었고 이를 통해 기존에 인식했던 지리적 세계를 서서히 넓혀갔던 것이다. 여기에는 『직방외기』와 『곤여도설』과 같은 세계지리서도 한몫을 담당했음은 물론이다.

　서구식 세계지도에는 역법의 기초를 이루는 천문학적 지식과 더불어 지구과학적 지식이 많이 수록되어 있다. 지구를 천세(天勢)를 기초로 하여 5대

(帶)라는 기후대로 나누고 지세(地勢)를 기준으로 하여 5대주(大洲)로 구분했다. 이를 토대로 각각의 대륙에 대하여 그 지계(地界)를 밝혀 중국 밖에도 또 다른 하나의 세계가 있다는 것을 보여주었는데, 이는 중화관에 경도되어 있던 조선의 지식인들에게 새롭게 시야를 넓혀주었다.

이렇게 지리적 세계에 대한 인식을 확대시키면서 일부 학자들은 전통적인 천원지방(天圓地方)의 천지관을 극복하여 지구설의 수용으로까지 나아가게 되었다. 그러나 서구의 세계지도를 통해 오대주설(五大洲說)을 받아들인다 해도 곧바로 지구설을 수용할 수는 없었다. 평평하고 모난 땅에서 둥근 지구로 인식을 전환하는 것은 쉬운 일이 아니었다.[20] 서양의 오대주설 같은 것은 천원지방의 천지관을 고수하고 있는 사람들이라도 받아들일 수 있는 것이지만, 지구설은 그렇지 못하다. 특히 천구 상의 경위도와 지구 상의 경위도가 대응되고 따라서 천체의 관측을 통해 땅의 거리를 측정할 수 있다는 사실을 이해하는 것은 쉬운 일이 아니었다. 서구식 세계지도의 골간을 이루는 경위선과 투영법 등의 개념을 이해하는 것은 조선의 평균적 지식들에게는 매우 힘든 일이었다.

지구설 수용의 어려움에도 불구하고 김만중(金萬重, 1637~1692), 이익(李瀷), 안정복(安鼎福), 천문·역법과 지리에 남다른 관심이 있었던 황윤석(黃胤錫), 정약용(丁若鏞) 등이 지구설을 수용했던 대표적인 인물이다. 특히 이익은 중력의 법칙에 해당하는 '지심론(地心論)'을 이해했다. 그는 지구의 아래쪽에 사람이 살 수 있는 것은 바로 지구 중심으로 작용하는 힘에 의해서 가능하다고 기술했다.[21] 그러나 이러한 선진적인 서양 학문을 이해했던 이들 역시도 조선의 유학자적인 한계를 벗어날 수는 없었다. 이들은 중국이라는 나라가 전체의 땅 가운데 한 조각에 불과하다고 하면서 지리적 중화관을 극복할 수 있었으나, 중국은 여전히 인류와 만물이 가장 먼저 생겨난 곳이며 성현이 먼저 나와 문화가 가장 발달된 곳이라 하여[22] 문화적

중화관을 탈피하지는 못했던 것이다.[23]

중화적 세계 인식의 극복은 지리적 중화관에서 탈피하고 더 나아가 문화적 중화관인 화이론을 극복하는 것이다. 하지만 여전히 성리학의 이념이 지배하고 있던 조선 사회에서 이것은 그리 쉬운 일이 아니었다. 지리적 중화관에서 탈피할 수 있다 하더라도 문화적 중화관까지 극복하는 것은 유교적 원칙을 부정하지 않고서는 거의 불가능한 것이다. 조선후기 성리학에서 핵심적인 부분이었던 존주론(尊周論)은 여전히 중국 문명을 정점에 위치시켰기 때문이다. 그러나 유학에서 중시하는 존주론적 이념이 사회를 지배하고 있음에도 불구하고 극히 일부 학자는 문화적 중화관을 극복하기도 했다.

소론계 실학자인 이종휘(李種徽, 1731~1797)는 마테오 리치의 세계지도를 통해 세계 인식을 확대시키고 전통적인 중화적 세계관을 극복했다. 그의 문집에는 마테오 리치의 지도를 보고 기술한 기문(記文)이 수록되었는데, 「이마두남북극도(利瑪竇南北極圖)」라 표기되어 있다. 이는 『곤여만국전도』에 부도(附圖)로 삽입된 「남북극도(南北極圖)」가 아니라 『곤여만국전도』 그 자체를 말하는 것으로 보인다. 그는 이상서(李尚書)의 집에서 리치의 세계지도를 열람하고는 아시아 부분을 손수 베끼고 나머지 부분은 중요한 부분만 추려 스스로 세계지도를 재편집하기도 했다. 더 나아가 그는 마테오 리치의 『기인십편(畸人十編)』[24]을 읽고 그것이 인의절검(仁義節儉)에 근본을 둔 것이라 높이 평가할 정도로 천주교의 교리에 대해서도 다소 개방적인 태도를 취하고 있었다.[25] 이러한 인식을 토대로 중화주의적 화이관이나 중국의 문화적 우수성이 전제된 소중화 의식을 철저히 비판하고 동이(東夷) 문화에 대한 강한 자부심을 드러낼 수 있었다.[26] 그러나 그는 서구식 세계지도의 6대주설(아메리카 대륙을 남북으로 분리)을 추연(鄒衍)의 9대주설에 연결시켜[27] 6대주설이 탐험과 같은 서양 독자적인 성과에 기초한 것임을 부정하는 한계도 보였다.

노론(老論) 낙론(洛論)계 실학자인 홍대용(洪大容, 1731~1783)은 중화적 세계관을 극복한 가장 대표적인 인물이다. 그는 지구설을 바탕으로 중국 중심의 세계관을 극복했으며 더 나아가 중국과 오랑캐를 구분하지 않는 '화이일야(華夷一也)'를 주장하기에 이르렀다. 월식에 대한 과학적 설명으로 지구설을 증명했고, 하늘의 측량을 통해 땅을 측량할 수 있는 이른바 '측천법(測天法)'도 이해하고 있었다. 그의 측천법은 중국 강희제 때 표준으로 정해진 1도(度)=200리(里)보다는 마테오 리치 측천법인 1도=250리, 지구 둘레 9만 리를 수용하고 있었다. 또한 하늘을 이고 땅을 밟고 있어서는 횡계(橫界)도 없고 도계(倒界)도 없이 어디나 똑같은 정계(正界)이므로 지구 상의 어떤 지역도 다 중심이 될 수 있다고 하여 화(華)와 이(夷)의 구분이 무의미함을 지적했다.[28]

이처럼 홍대용은 지구설을 바탕으로 중화적 지리 인식을 근저에서 부정했고 더 나아가 문화적 차원의 화이론과 내외(內外)를 구분하는 명분론마저 무의미함을 역설했다. 지구 상의 모든 지역은 그 자체로서 가치와 존재 의의를 지니고 있어서 상하나 귀천이 있을 수 없다는 그의 논리는 당시로서는 매우 파격적인 내용들이었다. 일종의 문화적 상대주의에 입각하여 지역의 고유성을 인식했던 것으로 보이는데 이러한 그의 사상은 박지원(朴趾源, 1737~1805), 박제가(朴齊家, 1750~1805) 등의 북학파로 이어져 이국(夷國)에 해당하는 청의 선진 문물 수용의 논리적 근거로 작용하기도 했다.

조선에 유입된 서양의 지리 지식은 일부 지식인들에 의해 적극적으로 수용되었지만, 유보되거나 또는 부정적으로 인식되는 경향이 지배적이었다. 다른 한편으로는 서양의 지리 지식을 조선 방식으로 새롭게 해석하는 사례도 나타났다. 19세기 중반경에 제작된 것으로 추정되는 『여지전도(輿地全圖)』가 대표적이다(그림 73). 『여지전도』는 서양의 지리 지식이 조선 사

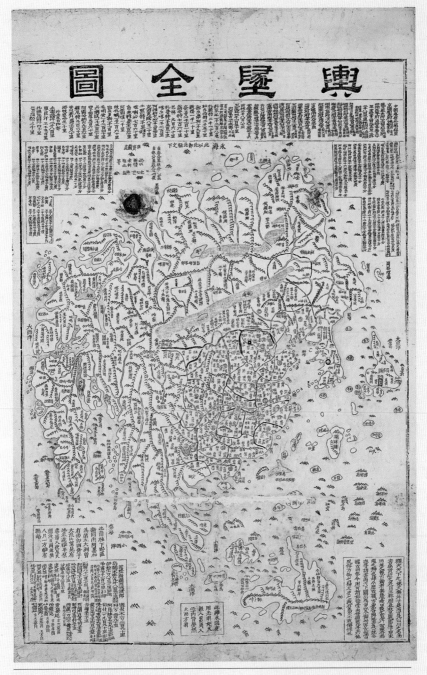

〈그림 73〉 『여지전도』(19세기, 서울역사박물관 소장)

회에서 어떻게 수용되고 변용되는가를 파악할 수 있는 자료라는 점에서 중요한 의미를 지닌다. 기존에 지니고 있던 전통적인 지리적 세계관이 서구식 세계지도의 도입으로 어떻게 변해갔는가를 이 지도를 통해 파악해볼 수 있는 것이다.[29]

목판본 『여지전도』의 규격은 세로 85cm, 가로 60cm 정도이다. 지도의 상단에는 「여지전도(輿墬全圖)」로 표기되어 있는데 '地'자가 고자(古字)인 '墬'로 표기되어 있다. 지도에는 아시아·유럽·아프리카·오세아니아 대륙이 그려져 있고 아메리카 대륙은 빠져 있다. 서양의 많은 지명이 수록되어 있으며 조선의 윤곽도 비교적 잘 그려져 있다. 지도 상단에 중국의 각성외 번정리(各省外藩程里)가 실려 있고 그 밑에는 조선의 한성(漢城)과 팔도관찰사영(八道觀察使營)의 북극고도와 한성을 중심으로 한 편도수(偏度數), 그리고 중국 각지의 북극고도와 북경을 중심으로 한 편도수가 기재되어 있다. 지도의 하단 여백에는 「건륭신강서역제부(乾隆新疆西域諸部)」와 지도에 대한 제작자의 간단한 설명을 주기(注記)하여 지도와 지지를 결합한 전통적인 양식을 띠고 있다.

『여지전도』는 지구설을 전제로 하고 있는 서구식 양반구도를 기초로 제작되었지만 구대륙과 오세아니아 대륙이 그려진 「지구전도(地球前圖)」만을 취하고 신대륙 부분은 수용하지 않았다. 그리하여 주기문(注記文)에서 천하의 땅은 이 지도에 그려진 것 외에는 없다고 과감하게 말하기도 했다. 또한 경위선이나 적도, 황도 같은 천문과 관련된 부분을 배제하여 흡사 평평한 대지를 전제로 한 것처럼 지도를 그렸다. 둥근 지구를 평면 상의 종이에 2차원으로 표현할 때 나타나는 투영법 문제는 『여지전도』에서는 전혀 고려되지 않은 듯 보인다.

그러나 지도를 자세히 검토해보면 지도의 작자로 추정되는 김정호가 지구설 자체를 부정하지는 않았던 것으로 보인다. 그가 동양의 전통적인 천원지방이라는 세계관을 바탕으로 지도를 제작했다면 동서남북 사방의 끝에 대해 4극(極) 개념을 사용했을 것이다. 그러나 지도 상에는 남극과 북극이라는 용어가 보일 뿐, 동서의 끝이라는 용어는 보이지 않고 있다. 지도 상단에는 '차이북즉북극지하(此以北卽比極之下)'라는 주기가 보이고, 하단에는 '차남극하야구(此南極下野區)……'라는 문장이 수록되어 있다. 이는 『지구전후도』에서처럼 둥근 지구를 전제로 한 북극과 남극을 명시적으로 인정한 것이라 생각된다.

『여지전도』는 지구설을 부분적으로 수용하고 있지만, 여전히 전통적인 중화적 세계관에 기초하고 있다. 지구설을 수용하면서도 세계를 둥글게 그리지 않은 것은 지도의 제작자가 중화적 세계관을 강하게 고수하고 있기 때문이다. 지구설의 입장에서 본다면 중심이라는 것은 상대적인 것으로 환원된다. 중화적 세계관에서는 중국이 언제나 세계의 중심이었지만 지구설에서는 지구 상의 어떤 나라도 중심이 될 수 있다. 이는 지리적 중화관과 정면으로 배치되는 것이다.

이러한 연유로 지도 제작자가 구상했던 세계는 중국을 중심으로 하는 직방세계(職方世界)였다. 그러나 이전 시기 중국에서 그려졌던 직방세계 중심의 지도와는 다른 모습을 띠고 있다. 직방세계 중심의 지도에서 직방세계의 외연(外延)은 역사적으로 중국과 통교했던 주변국에 한정되어 있고, 이러한 나라들도 구체적인 영역은 그려지지 않고 단지 명칭만 수록되는 경우가 일반적이었다. 그러나 『여지전도』에는 당시 객관적 실재로서 인정된 유럽과 아프리카 등이 비록 규모가 축소되어 있지만 서쪽 편에 자리 잡고 있다. 유럽에 있는 나라들은 서양 선교사들의 여러 서적을 통해 실재하는 국가로 인정된 것들이다. 직방세계의 외연이 뚜렷하게 확장되어 있음을 알 수 있다.

『여지전도』는 서구식 지도의 영향을 받아 지리적 세계가 확대되어 그려

졌지만, 중화적 세계관에 따라 중국을 가운데에 위치시켰다. 서구식 세계
지도에서 볼 수 있는 중국의 위치는 정중앙이 아닌 경우가 대부분이다. 그
러나 이 지도에서는 유럽, 아프리카 대륙을 축소시킴으로써 중국을 중앙
에 배치시킬 수 있었다. 이것은 『여지전도』가 기본적으로 중화적 세계 인
식에 기초하고 있음을 극명하게 보여주는 것이다.

한편 중국에서 들어온 서구식 세계지도를 통해 일부 선진적 학자들이
세계 인식의 폭을 확대시켜갔지만, 또 다른 부류의 학자들은 이러한 흐름
에 대해 부정적 태도를 취하기도 했다. 서구식 세계지도에 대한 반응의 양
상은 개개인이 처한 시대적 조건과 그들의 성향에 따라 다양하게 나타났다.

중국의 경우 서구식 세계지도에 대한 반응이 시대별로 다양하게 전개되
었다. 명말 마테오 리치에 의한 『곤여만국전도』의 간행은 지식인 사회에 커
다란 충격을 주었다. 이전에 접할 수 없었던 새로운 지리적 사실을 보여주
는 세계지도는 당시 지식인들에게 크게 환영받았다. 그리하여 중국에서만
마테오 리치의 세계지도가 열 번 이상 제작되었다. 그러나 한편으로는 서구
식 세계지도가 보여주는 세계상에 대해 반대와 비판이 행해지면서 전통적
인 인식을 고수하기도 했다. 서구식 세계지도가 보여주는 세계는 전통적인
중화적 세계 인식과는 매우 다르기 때문에 이에 대한 저항과 반발은 어쩌면
당연한 것이었다. 그 대표적인 사례는 명말인 1610년 이유정(李維禎)이 찬
(撰)한 『방여승략(方輿勝略)』 서문(敍文)을 비롯하여 서창치(徐昌治)의 『성조
파사집(聖朝破邪集)』, 진조수(陳祖綬)의 『황명직방지도(皇明職方地圖)』 등에서
찾아볼 수 있다.

『방여승략』에서는 리치의 지도에 표현된 세계가 중국 고대의 추연이 말
했던 세계와 유사한 것으로 보았는데, 육합(六合)의 외부에 대해 성인은 존
이불론(存而不論)의 태도를 취한 점을 들어 반감을 표시했다. '존이불론'은
『장자(莊子)』에서 최초 언급되는데[30] 서구식 세계지도에 대한 반감과 저항

을 표현할 때 수사적으로 사용되었다. 중국인에게 서구식 세계지도가 보여주는 세계는 인간이 경험하지 못한 미지의 세계로, 이들의 존재를 인간의 능력으로는 증험할 수 없는 것이고 따라서 '두고서 논하지 않는' 태도를 취했던 것이다.

그러나 '존이불론'적 태도를 넘어 보다 완강하게 저항했던 사례도 보인다. 서창치의 『성조파사집』에 수록된 위준(魏濬)이 찬한 「이설황당혹세(利說荒唐惑世)」가 대표적이다. 그는 마테오 리치가 사설(邪說)로써 사람들을 속이고 있다고 강도 높게 비난했다. 세계지도의 경우 증험할 수 없는 것으로써 사람을 속이고 있고, 또한 과거로부터 양성(陽城)이 천지의 중심인데 중국이 서북쪽으로 치우쳐 그려져 있는 것은 마땅히 잘못된 것이라 했다. 마테오 리치는 원래 유럽이 중앙에 그려진 원도를 중국인의 중화적 세계관을 고려하여 정중앙은 아니지만 중앙 근처로 배치시켰다. 그러나 위준은 중국이 정중앙에 없다 하여 이를 비판한 것이다.[31]

일본의 경우는 쇄국정책을 취하면서도 나가사키를 통해 서양의 학문을 접할 수 있었다. 이 과정에서 서구식 세계지도와 지구의 등이 유입되어 지식인들에 영향을 미쳤고, 많은 국학자(國學者)들은 서양의 우주관을 지지했다. 그러나 서양의 천동 지구설은 일본에서도 일부 유가, 불가에 의해 배척되었다. 특히 서양의 지구설을 최대의 적으로 느꼈던 사람은 수미산설(須彌山說)을 믿고 있던 불가들이었다. 그리하여 호에이(寶永) 연간(1704~1711)에는 모리 쇼켄(森尙謙)의 『호법자치론(護法資治論)』이 간행되어 분위기를 고조시켰고, 이러한 분위기는 메이지 초기까지 이어졌다. 이 가운데 엔쓰(圓通)는 불교 우주관을 구체적으로 보여주는 수미산의(須彌山儀)를 제작하고 『불국역상편(佛國曆象編)』을 저술했는데 거꾸로 서양 지리 지식을 이용하여 수미산설의 정확성을 입증하려 했다. 특히 조선에도 유입되었던 호탄(鳳潭)의 『남섬부주만국장과지도(南贍部洲萬國掌菓之圖)』(1710년)는 보수적인 사람들에게 이용되어 19세기 중반까지 이어졌다.[32] 그러나 지식인 사회에 강한 영향을 끼쳤던 주류는 서구식 세계지도였다.

이와 같은 서구식 세계지도에 대한 거부와 저항은 조선에서도 볼 수 있었다. 일찍이 숙종 때 『곤여만국전도』의 제작을 총 지휘했던 최석정은 이문(異聞)을 넓히기 위해 지도의 제작과 열람의 필요를 인정했지만 『곤여만국전도』가 보여주는 세계를 바로 받아들이지 않고 유보적인 태도를 취했다.[33] 위백규(魏伯珪)도 처음에는 마테오 리치가 제시했던 지리 지식이 추연이 말했던 것과 유사하다 하여 리치의 '구구주도(九九州圖)'라 이름 붙였으나, 이 지도는 원형의 천하도였다. 당시 보통의 유학자들이 서구식 세계지도를 통해 떠올렸던 것은 추연의 대구주설(大九州說)이었고, 이로 인한 반응은 당연히 '존이불론'적인 태도였다. 지리적 세계에 대한 전통적인 인식에 젖어 있던 지식인들이 서구식 세계지도의 내용을 바로 이해하고 수용한다는 것은 쉬운 일이 아니었다.

서구식 세계지도가 유입되는 상황에서 전통적인 중화적 세계관을 고수하며 직방세계 중심의 지도를 제작한 대표적인 사례는 김수홍(金壽弘)의 『천하고금대총편람도(天下古今大總便覽圖)』에서 볼 수 있다(그림 74).

김수홍의 『천하고금대총편람도』는 작자와 제작 시기가 명기되어 있는 대표적인 지도로, 1666년에 목판본으로 제작되었다. 『천하고금대총편람도』의 크기는 세로 143cm, 가로 90cm로 민간에서 개인이 제작한 세계지도로서는 비교적 큰 규모이다. 지도의 대륙 윤곽은 이전 시기에 제작되었던 세계지도에 비해 매우 퇴보된 느낌을 주는데 흡사 직사각형에 가까울 정도로 아주 과장되게 그려져 있다. 전통적인 중화관에 따라 중국을 중앙에 크게 그리고 동남 해양과 서북 지역에 주변 국가를 배치했다. 지도에는 지명뿐만 아니라 여백에 주기와 더불어 많은 기록이 수록되어 있는데, 지도와 지지(地誌)적 요소가 함께 어우러진 전통적인 양식을 띠고 있다. 중국

의 각 지역에는 고금의 인물과 사적 그
리고 형승 등이 상세하게 실려 있어서
지금의 역사부도처럼 역사 공부할 때
보는 독사(讀史)용 지도로 매우 유용한
정보를 신고 있다. 조선 부분은 뚜렷한
윤곽이 없이 단지 조선의 연혁과 팔도
의 개황, 국토의 도리(道里) 등이 기록
되어 있는데, 중국에서 제작되는 지도
에서 흔히 볼 수 있는 모습이다. 지도의
상단에는 『대명일통지(大明一統志)』의
노정기(路程記)와 당나라 두우(杜佑)의
『통전(通典)』에 수록된 노정기가 실려
있다. 지도 왼쪽 여백에는 지도의 서문
에 해당하는 김수홍의 글이 수록되어
있으며, 이는 이 지도의 성격을 이해하
는 데 중요한 자료가 된다.

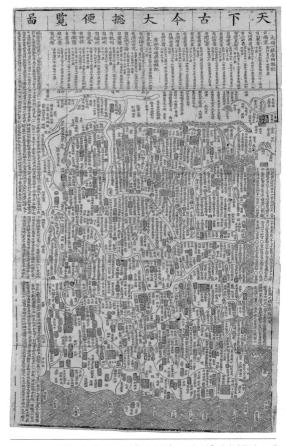

〈그림 74〉 『천하고금대총편람도』(1666년, 서울역사박물관 소장)

『천하고금대총편람도』는 내용으로

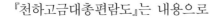

볼 때, 중국에서 1644년 조군의(曹君義)가 간행한 『천하구변분야인적노정
전도(天下九邊分野人跡路程全圖)』와 다소 유사하다. 이 지도는 서양 지도를
중국식으로 변형한 것으로, 중국 부분은 유시(喩時)의 『고금형승지도(古今
形勝地圖)』, 외국 부분은 마테오 리치의 『곤여만국전도』를 기초로 제작한
것이다. 동남해 상에는 가상적인 지명인 이신국, 삼수국, 금치국, 여인국, 소
인국, 모인국, 천심국 등이 기입되어 『천하고금대총편람도』와도 대략 유사
하다. 물론 윤곽으로 보면 두 지도의 차이가 많지만 내용적으로 비슷한 점
이 있어서 지도 제작에 참고했던 것으로 보인다.

중국에서 제작된 전통적인 중국지도는 직방세계를 중심으로 그려지며, 당시 조공을 하던 주변 국가들이 표기된다. 직방세계를 벗어나는 가상의 나라들이 표시되는 것은 매우 드물다. 김수홍의 지도가 보여주는 공간적 범위는 직방세계를 크게 벗어나는 것은 아니었다. 그러면서도 기존 전통적인 화이도와는 달리 『산해경(山海經)』에 등장하는 가상의 국명을 지도 외곽에 기입했다. 이러한 사실은 이 시기 중국 중심의 세계지도에서도 이전과는 다른 변화된 양상이 반영되고 있음을 시사하는 것으로 보인다. 특히 김수홍은 서양국(西洋國)을 천축국(天竺國) 밑에 기입했고 만리장성의 바깥에는 '구라파국(歐羅巴國) 이마두(利瑪竇)'라 기재하기도 했다.

서구식 세계지도가 제시하고 있는 세계 인식을 거부하고 새로운 대안적 세계 인식을 제시하는 경우도 있었다. 이의 대표적인 것은 현종 대의 인물인 김백련(金百鍊)의 '오세계설(五世界說)'이다. 이러한 지리적 세계 인식은 추연의 대구주설과도 흡사한데 서양 오대주설의 수용을 거부하고 오히려 전통 속에서 새로운 세계 인식을 창조한 전형적인 보기이다.

서구식 세계지도에 대한 보다 완강한 거부는 예조참판 김시진(金始振, 1618~1667)의 『역법변(曆法辨)』에서 볼 수 있다. 그는 마테오 리치가 그린 『곤여만국전도』를 '감여도(堪輿圖)'라 독특하게 명명했다. '감여'는 풍수의 별칭이므로 감여도는 풍수도를 뜻한다. 리치의 세계지도 제목을 신비적인 풍수도에 대응시킨 것 자체가 리치의 세계지도가 보여주는 세계에 대한 불신을 깔고 있는 것으로 볼 수 있다.[34]

이익의 제자이면서 안정복과 더불어 반서교론자(反西敎論者)로 유명한 신후담(愼後聃, 1702~1761)도 서양 학문에 대응하여 전통적인 지리적 세계관을 고수하려 했던 대표적인 인물이다. 그는 알레니의 『직방외기』를 읽은 후의 논평을 통해 구라파의 여러 나라들은 바다 건너 먼 곳에 위치한 오랑캐 나라로 땅의 크기가 비슷하다 해서 중국과 비교하는 것은 지극히 불륜(不倫)한 것이라 단언했다.[35] 이러한 현상은 성리학이 사회 운영의 원리로 자리 잡고 있었던 조선 사회에서는 지극히 당연한 것이기도 했다. 서교의 확산이 진행됨에 따라 기존의 전통적인 유교적 질서가 위협받게 되었는데, 이 상황에서 유학자들은 성리학적 원리를 더욱 고수하게 되었고 서교뿐만 아니라 서학까지도 거부하게 되었다. 이러한 사회적 분위기는 전통적인 직방세계 중심의 세계지도를 계속 제작하게 했고 원형의 천하도라는 또 다른 형태의 세계지도를 탄생시켰다.

3) 전통으로의 회귀: 원형 천하도

조선후기 서구식 세계지도의 영향으로 땅이 둥글다고 하는 지구설을 수용하는 단계에 이르지 못하더라도 인식된 지리적 세계는 크게 확대되었다. 그런데 문제는 이전에 지녀왔던 중화적 세계관으로는 확대된 지리적 세계를 담아낼 수 없다는 것이었다. 중국이 대부분을 차지하면서 하나의 대륙으로 구성된 전통적인 세계의 틀로는 5개의 큰 대륙으로 구성된 새로운 세계를 설명할 수 없게 되었다. 이러한 상황에서 『회남자(淮南子)』, 『산해경』 등과 같은 중국 고대의 고전들과 추연의 세계관이 새로운 조명을 받게 되었다. 이 속에는 중국과 주변 조공국으로 구성되는 직방세계를 훨씬 뛰어넘는 세계에 대한 기술이 수록되어 있기 때문이다. 원형 천하도는 바로 이 확대된 세계 인식을 담아내기 위해 새롭게 만들어진 지도로서, 지도 제작의 기본 자료를 서양이 아닌 『산해경』과 같은 동양적 전통에서 찾았던 것이다.

천하도는 원 안에 그려져 있어서 원형 천하도라 부른다. 제일 안쪽부터 내대륙-내해-외대륙-외해의 구조로 이루어져 있다. 내대륙에는 중국, 조

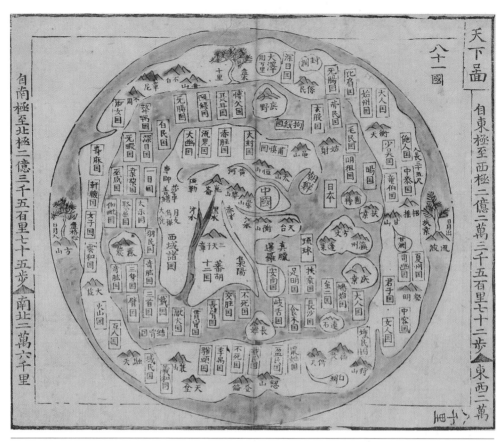

〈그림 75〉 목판본 원형 천하도(18세기, 국립중앙박물관 소장)

선, 안남(安南), 인도(印度) 등의 실재하는 나라들이 그려져 있다. 내해에는 일본국, 유구국 등의 실재하는 나라들과 일목국(一目國), 대인국(大人國), 삼수국(三首國), 관흉국(貫胸國) 등 중국의 고전 『산해경』에 나오는 가상의 나라들이 혼재되어 있다. 외대륙에는 대부분 가상의 나라들로 채워져 있고, 일월(日月)이 뜨는 곳에는 신목(神木)인 부상(扶桑)이, 일월이 지는 곳에는 반격송(盤格松)이 그려져 있다.

이러한 원형 천하도는 조선후기에 다양하게 제작되면서 민간 대중들에게 널리 유포되었다. 현재에도 목판본(그림 75)으로 제작된 인쇄본만 10종

이상이 남아 있고 채색 필사본도 여러 종류가 남아 있다. 보통의 천하도와
는 다르게 '태극도(太極圖)'란 명칭이 붙은 것도 있는데, 외곽의 원은 음양
을 나타내는 기호로 독특하게 되어 있다.

그렇다면 원형 천하도는 언제 제작되었으며 어디에서 유래한 것일까? 또
한 그 안에 담겨져 있는 세계관은 어떤 것일까? 조선인들은 천하도를 통
해 무엇을 인식했던 것일까? 중국을 중심으로 하는 동아시아 문화권에서
는 "하늘은 둥글고 땅은 네모지다."는 천원지방의 세계관이 지배적이었다.
이러한 관념은 지도나 천문도뿐만 아니라 각종 문양에 표현되기도 했다.
이와 같은 천원지방의 관념은 서양에서 지구설이 들어오기 전까지 계속
이어졌다.

세계를 원형으로 보는 원형 세계관은 특정 문화권에서 드물게 볼 수 있
기보다는 다양한 문화권에서
확인된다. 고대의 바빌로니아·
그리스, 중세의 T-O지도(그림
76), 마파문디(Mappamundi), 이
슬람의 세계지도 등 여러 곳
에서 원형의 세계지도를 볼 수
있다. 원은 인간이 그릴 수 있
는 가장 근원적이면서 기초적
인 도형이기 때문에 세계를 원
으로 표현하는 것은 여러 문화
권에서 광범하게 나타날 수 있
는 것이다. 이로 인해 기존의
일부 학자는 원형 천하도의 기
원을 서구 및 이슬람의 차륜지

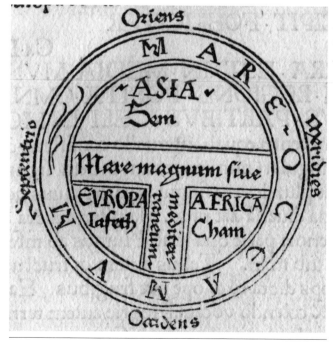

〈그림 76〉 중세 서양의 T-O지도(1472년, 미국 뉴베리도서관 소장)

도(車輪地圖)에 두기도 했다.[36]

그러나 원형 천하도는 조선에서 제작되고 사용되었기 때문에 서양 중세의 세계지도와 같은 원형 세계지도와의 관련을 상정하는 것은 지나친 비약이다.[37] 내대륙, 내해, 외대륙, 외해의 구조를 지니고 있는 원형 세계지도는 조선 이외의 다른 곳에서는 발견되지 않고 있다. 다른 문화권에서 볼 수 있는 대부분의 원형 세계지도에는 대륙과 그를 둘러싸는 해양으로 이루어져 있다. 원형 천하도의 외대륙과 유사한 것은 보이지 않는다. 이러한 구조적인 차이로 인해 원형 천하도의 기원을 T-O지도와 같은 서양의 원형 세계지도에 두는 것은 문제가 있다. 또한 서양 또는 이슬람 세계의 원형 세계지도가 이 시기 조선으로 유입되어 원형 천하도의 출현에 영향을 주었다고 보기도 어렵다. 왜냐하면 시간적, 공간적 차이가 너무 크고 두 지도가 표현하고 있는 지리적 세계가 질적인 차이를 지니고 있기 때문이다.

최근의 연구들은 서구식 세계지도의 영향을 주로 인정하여 단원형 세계지도에서 직접 기원하고 있다고 보고 있다. 운노 가즈타카(海野一隆)는 『삼재도회(三才圖會)』, 『월령광의(月令廣義)』 등에 수록된 단원형 세계지도(그림 77)에 뿌리를 두고 있는 것으로 보았고,[38] 배우성의 경우도 단원형 세계지도에 기원하는 것으로 보고 있지만 운노 가즈타카와는 달리 단원형 세계지도를 마테오 리치(利瑪竇)의 『곤여만국전도』, 알레니(艾儒略)의 『만국전도』 등의 타원형 세계지도까지 포괄하는 용어로 사용하고 있다.[39] 두 사람 모두 천하도의 형태적 기원을 서구식 세계지도에서 찾는 점은 동일하다. 서구식 세계지도의 아시아·아프리카·유럽의 구대륙을 천하도의 내대륙에, 남북아메리카 대륙을 천하도의 외대륙에 대응시키고 있다.

이와 같은 주장은 서구식 세계지도의 영향을 지나치게 강조한 나머지 형태적 유추로까지 나아간 것인데, 원형 천하도와 『곤여만국전도』와 같은 서구식 세계지도를 형태적 차원에서 엄밀하게 비교한다면 하나의 계통으로 파악할 만한 유사성은 크게 두드러지지 않는다. 특히 아메리카 대륙을 외대륙으로 유추한 것은 구한말 원형 천하도를 외국에 최초로 소개한 이익습(李益習)의 주장과도 유사하다.[40] 그러나 원형 천하도와 서구식 세계지도와는 전체적인 구도뿐만 아니라 세부적인 형태에서도 크게 다르다. 서구식 세계지도에서 기원했다면 최소한 일부분이라도 형태적으로 유사해야 하는데 그런 부분은 찾기가 어렵다. 더 나아가 지명과 같은 내용적인 면에서도 두 지도 사이에 일치하는 것이 있어야 하지만 서구식 세계지도에서 볼 수 있는 한역 지명은 전혀 볼 수 없다.

이러한 사실들을 고려할 때, 원형 천하도는 서구식 세계지도의 영향으로 인해 세계 인식이 확대된 사회적 배경하에서 태동했지만, 서구식 세계지도를 원형 천하도 제작에 직접적으로 활용했다고는 보기 힘들다. 서구

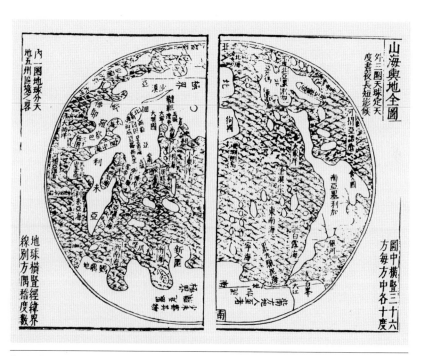

〈그림 77〉 『삼재도회』의 산해여지전도(山海輿地全圖)

식 세계지도를 포함한 기존의 지도에서 직접 연유하기보다는 오히려 새롭게 세계상을 만들었을 가능성이 더 높다.

대부분의 원형 천하도는 내대륙·내해·외대륙·외해의 동일한 구조로 이루어져 있지만 지명 표기에서는 사본마다 약간의 차이가 있다. 보통은 140여 개의 지명이 수록되어 있으나, 목판본의 경우는 이보다 적은 것도 있다. 필사본의 경우 영국 대영박물관 소장본은 168개나 되는 지명이 수록되어 있기도 하다. 국내의 윤형두 소장본도 동일 계열의 사본이다(그림 78).[41] 원형 천하도가 지니는 내용상의 특성은 지도에 기입된 지명의 분석을 통해 파악해볼 수 있다.

천하도에 수록된 많은 지명들이 어디에 그 기원을 두고 있는가를 밝히는 것은 천하도의 연원과 성격을 규명하는 중요한 문제이다. 이미 몇 명의 학자는 이 부분에 대한 심도 있는 연구를 진행하기도 했다. 현재까지의 연구를 통해 볼 때, 원형 천하도에 실려 있는 지명은 대부분『산해경』에서 보이는 지명들이고, 그밖에『한서(漢書)』「서역전(西域傳)」,『상서(尙書)』「우공(禹貢)」,『당서(唐書)』등의 사서와『동천복지악독명산기(洞天福地嶽瀆名山記)』,『십주기(十洲記)』,『고미서(古微書)』등 도교 관련 서적들에서 볼 수 있는 것들이다. 일부 지명은 조선후기의 백과사전인『송남잡지(松南雜識)』에서도 볼 수 있다. 내대륙에는 당시 실재하던 나라의 지명이 많은 비중을 차지하고 있고, 내해에는 일본, 유구 등과 같은 실제 국가의 지명도 보이고 있으나 대부분 가상의 지명들이다. 외대륙에도 대부분이 가상의 지명들로 이루어져 있다.

지명의 분석을 통해 파악할 수 있는 것은『산해경』에 나오는 지명의 비율이 압도적이라는 사실이다. 이러한 사실로 인해 오가와 다쿠지(小川琢治)는 원형 천하도가 산해경도(山海經圖)라고 추정하기도 했다.[42] 그러나 원형 천하도는 조선후기에 새롭게 제작된 것으로서 원래 중국 고대에 존재했던 산해경도로 보기는 힘들다. 그러나 지도에 수록된 많은『산해경』의 지명을

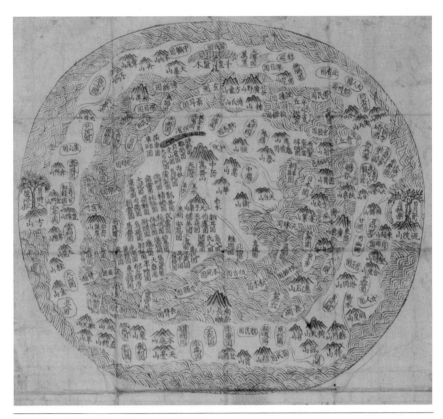

〈그림 78〉 다지명 원형 천하도(17세기 말, 윤형두 소장)

통해 볼 때 『산해경』이 지도 제작의 기초 자료로 이용된 것만은 분명하다.

　『산해경』은 고대인의 꿈과 무의식에 뿌리를 둔 원형적 심상을 집대성했다고 볼 수 있다. 이러한 이단(異端)의 정신은 갈홍(葛洪)의 『포박자(抱朴子)』로 계승, 발전되어 도교라는 거대한 상징체계를 구축했다고 평가되고 있다.[43] 그러나 『산해경』은 현실의 실용성을 강조하는 유교의 입장에서는 대표적인 이단서로 취급될 수밖에 없었다. 중국에서도 한대 이후 유학이 뿌리를 내리게 되면서 유학자들에게는 경전이 아닌 기서(奇書)로 인식되었다. 그런 가운데에서도 일부 도가들이나 문장가, 시인들에 의해 꾸준히 읽히면서 후대까지 이어져 내려왔다.

『산해경』은 우리나라에도 일찍 전해졌으며 이에 대한 학자들의 인식은 중국과 큰 차이가 없었다. 고려시대의 이규보(李奎報)는 『산해경』을 괴설로 취급했다.[44] 조선시대의 유학자들 사이에서도 이러한 경향이 지배적이었던 것으로 보인다. 조선후기 박학다식했던 대표적인 학자인 이덕무(李德懋, 1741~1793)조차도 『산해경』을 황당무계한 책으로 평가했다.[45] 조선후기 실학의 거두였던 이익도 이와 같은 태도를 취했다.[46] 조구명(趙龜命, 1693~1737)은 더 나아가 『산해경』의 내용을 비판하기도 했는데, 『산해경』의 방위에 따른 지명의 배치가 잘못된 사실을 지적하기도 했다.[47] 이처럼 『산해경』은 대부분의 학자에게서 이단 서적으로 취급되고 있었지만, 서구 지리 지식의 영향으로 세계 인식을 확대시킬 수 있었던 유만주(俞晚柱)와 같은 학자에게는 확장된 세계를 설명하는 중요한 텍스트였다.

그렇다면 원형 천하도의 제작에 『산해경』이 가장 기초적인 자료로 이용된 원인은 어디에 있을까? 『산해경』에는 확장된 세계 인식을 포괄할 수 있는, 미지의 세계를 포함한 다양한 영역에 대한 기술이 수록되어 있다. 그러나 이러한 기술이 수록된 책은 『산해경』이 유일한 것은 아니다. 『산해경』 외에도 『회남자』, 『목천자전(穆天子傳)』, 『포박자』, 『박물지(博物志)』 등 다양하다. 그러나 이러한 책들은 『산해경』과 같이 동심원적 공간 구조의 일관된 체계를 지니고 있지는 않기 때문에 이들로부터 원형 천하도와 같은 세계지도를 구성하는 것은 거의 불가능하다. 『산해경』으로부터 원형 천하도와 같은 세계지도를 구성할 수 있는 가장 중요한 요인은 『산해경』에 수록된 각 부분들이 방위에 따라 기술되어 있다는 점이다. 「산경(山經)」, 「해경(海經)」에 수록된 각 편에는 중앙과 동서남북의 방위를 기준으로 지명이 기술되어 있다. 이러한 방위는 『산해경』의 다양한 지명을 지도 상에 배치시키는 기준이 되었다.

원형 천하도에 수록된 『산해경』의 지명을 좀 더 분석해보면 이러한 사실을 알 수 있다.『산해경』에 수록된 지명의 편명과 천하도 상에서의 위치를 서로 비교하면 거의 대부분 일치하고 있다. 의천산(倚天山), 소문산(蘇門山), 대산(待山) 등은『산해경』「대황동경(大荒東經)」에 수록되어 있지만 원형 천하도에서는 외대륙의 남방에 수록된 정도가 방위의 불일치로 지적되고 있다.[48] 그러나 이들 지명이 표기된 원형 천하도 상의 위치는 엄밀하게 본다면 외대륙의 남쪽이 아니라 동쪽과 남쪽의 모서리에 해당한다. 4방위로 구분된 것에서 4방위 사이에 해당하는 지역을 동서남북의 4방위로 명확하게 구분하는 것은 어렵다. 원형 천하도와『산해경』사이에서 방위의 오차가 발생하는 지명은 지도 상에서 모서리에 위치한 지명들뿐이다. 이러한 사실로 비추어볼 때, 원형 천하도의 지명 배치는『산해경』에 수록된 편명의 방위를 기준으로 삼았다고 할 수 있다. 또한 원형 천하도가 처음 제작되어 계속 전사, 판각되면서 지명의 오기(誤記)나 위치상의 변동이 있을 수 있다는 사실을 고려할 때 천하도 일반형에 볼 수 있는 방위의 일치는 거의 완벽에 가깝다고 할 수 있다.

『산해경』의 편명과 원형 천하도 상에 배치된 지명들의 비교를 통해서 또한 가지 중요한 사실이 파악된다. 그것은 천하도의 내대륙·내해·외대륙에 배치된 지명들은『산해경』에서는 각각「오장산경(五藏山經)」및「해내경」·「해외경」·「대황경」과 거의 일치하고 있다는 것이다.『산해경』에는「해외동경」에 수록된 부상(扶桑)이 일월이 뜨는 곳에 의도적으로 배치되어 외대륙의 밖에 위치한 정도가 유일하게 지적할 수 있는 오차다.

이러한 사실들을 종합해볼 때, 원형 천하도는『산해경』의 각 편명으로 이루어진 중심-주변의 동심원적 구조를 내대륙-내해-외대륙-외해의 구조로 형상화시켰고,『산해경』의 각 편에 수록된 지명을 정해진 방위에 따라 지도 상의 대응되는 지역에 배치시켰다고 볼 수 있다. 그밖에 신선 사상과 관련된 일부 지명은 중국의 역사서나 도교 관련 서적에서 뽑아 수록

했다. 다음의 지명표는 기존 연구를 바탕으로 수정, 보완한 것이다.[49]

　이처럼 독특한 내용을 지니고 있는 원형 천하도에는 어떠한 세계관이
반영되어 있을까? 원형 천하도의 세계관에서 무엇보다 가장 먼저 지적할
수 있는 것은 전통적인 천원지방의 관념이 지도의 기초를 이루고 있다는
사실이다. 세계를 원형으로 표현했다고 해서 천원지방의 관념을 극복했다
고 보기는 어렵다. 중세 이슬람의 원형 세계지도, 선교사들이 제작한 단원
형 세계지도는 지구설에 기초하고 있으나 원형 천하도는 여전히 천원지방
의 관념을 고수하고 있는 점에서 근본적인 차이가 있다. 원형 천하도에서
표현된 원은 땅의 모습이라기보다는 하늘을 표현한 것으로 다만 여기에서
땅과 접하고 있을 뿐이다.

〈그림 79〉 원형 천하도 일반형의 지명 배치

	지 명	출 전		지 명	출 전
1	中國	다수 문헌	41	厭火國	海外南經
2	朝鮮	海內北經, 海內經 외 다수 문헌	42	貫胸國	海外南經
3	肅愼國	海外西經	43	長臂國	海外南經
4	大封國	海內北經, 犬封國의 오기	44	交脛國	海外南經
5	赤脛國	海內經	45	不死國	海外南經, 大荒南經
6	流鬼國	『通典』, 『新唐書』	46	岐舌國	海外南經
7	大幽國	海內經	47	食木國	출처 미상
8	安南國	『唐書地理志』	48	長沙國	海內經
9	暹羅國	『隋書』	49	足明國	출처 미상
10	眞臘國	『隋書』	50	扶桑國	『梁書』
11	琉球國	『隋書』	51	蚩蚩國	『松南雜識』
12	日本國	다수 문헌	52	鳩始國	海內東經, 始鳩國의 오기
13	明徂國	海內北經	53	小人國	大荒東經
14	暘國	海外東經, 大荒東經의 湯谷	54	淑女國	大荒西經
15	毛民國	海外東經	55	壽麻國	大荒西經
16	勞民國	海外東經	56	軒轅國	海外西經, 大荒西經
17	玄股國	海外東經, 大荒東經	57	女子國	海外西經, 大荒西經
18	拘綏國	海外北經, 拘纓國의 오기	58	雲和國	『松南雜識』
19	博父國	海外北經, 博氏國	59	火山國	『太平寰宇記』
20	聶耳國	海外北經	60	互人國	大荒西經
21	歐絲國	海外北經	61	域民國	大荒南經
22	無腸國	海外北經, 大荒北經	62	羲和國	大荒南經
23	犁禺國	출처 미상	63	驩頭國	海外南經, 大荒南經
24	白民國	海外西經	64	季禺國	大荒南經
25	深目國	海外北經, 大荒北經	65	載民國	大荒南經
26	無暇國	海外北經, 無晵國의 오기	66	盈民國	大荒南經
27	巫咸國	海外西經	67	鼠姓國	『松南雜識』
28	桑梨國	海外北經, 柔利國의 오기	68	壎民國	大荒東經
29	一目國	海外北經	69	女人國	『三才圖會』
30	大樂國	海外西經	70	君子國	大荒東經
31	聚屈國	『洞天福地嶽瀆名山記』	71	中容國	大荒東經
32	伽毗國	『法顯佛國記』	72	司幽國	大荒東經
33	羽民國	海外南經, 大荒南經	73	夏州國	大荒東經
34	奇肱國	海外西經, 長脚國의 오기	74	龍伯國	『博物志』, 『列子』
35	三身國	海外西經, 大荒南經	75	中秦國	『古微書』, 中秦國의 오기
36	奇肱國	海外西經	76	少昊國	大荒東經
37	臂國	海外西經, 一臂國의 오류	77	佻人國	『古微書』
38	三首國	海外南經	78	大人國	大荒東經, 大荒北經
39	截國	海外南經	79	始州國	大荒北經
40	結胸國	海外南經	80	比肩國	『松南雜識』

81	無腸國	海外北經, 大荒北經	113	長離山	『洞天福地嶽瀆名山記』
82	深目國	海外北經, 大荒北經	114	連石山	『洞天福地嶽瀆名山記』
83	千里盤木	大荒北經	115	廣桑山	『洞天福地嶽瀆名山記』
84	舟山	大荒北經	116	蓬萊山	海內北經, 『洞天福地嶽瀆名山記』
85	不咸山	大荒北經, 不句山의 오기	117	方丈山	『洞天福地嶽瀆名山記』
86	章尼山	大荒北經, 章尾山의 오기	118	瀛洲	『洞天福地嶽瀆名山記』
87	不周山	大荒西經, 西山經	119	扶桑山	海外東經, 『洞天福地嶽瀆名山記』
88	寒署水	大荒西經	120	圓嶠山	『洞天福地嶽瀆名山記』 員嶠山의 오기
89	大荒山	大荒西經	121	姑射山	海內北經, 東山經
90	融天山	大荒南經	122	泰山	東山經
91	襄山	大荒南經	123	恒山	西山經
92	天臺山	大荒南經	124	崑崙山	大荒西經, 『洞天福地嶽瀆名山記』
93	登備山	大荒南經	125	華山	西山經
94	㐶山	大荒南經, 㐶㐶山의 오기	126	嵩山	『尚書』「禹貢」
95	倚天山	大荒東經, 猗天山의 오기	127	三天子鄣山	海內南經
96	蘇門山	大荒東經	128	衡山	中山經
97	白淵	大荒南經	129	天台山	『洞天福地嶽瀆名山記』
98	待山	大荒東經	130	黃河	海內西經 외 다수 문헌
99	堅明山	大荒東經	131	江水	中山經
100	甘淵	大荒東經, 大荒南經	132	赤水	海內西經
101	甘山	大荒東經	133	黑水	海內西經, 南山經
102	招搖山	大荒東經	134	洋水	西山經
103	扶桑	海外東經	135	疏勤	『漢書』「西域傳」
104	流波山	大荒東經	136	車師	『漢書』「西域傳」
105	衡天山	大荒北經	137	繕善	『漢書』「西域傳」
106	係民山	大荒北經, 係昆山의 오기	138	沙車	『漢書』「西域傳」
107	封淵	大荒北經	139	大宛	『漢書』「西域傳」
108	大澤	大荒北經	140	烏孫	『漢書』「西域傳」
109	盤格松	大荒西經, 柜格松의 오기	141	月支	『漢書』「西域傳」
110	方山	大荒西經	142	西域諸國	국명이 아님
111	廣野山	『洞天福地嶽瀆名山記』	143	蕃胡十二國	국명이 아님
112	麗農山	『洞天福地嶽瀆名山記』	144	梟陽	海內南經

〈표 2〉 천하도의 지명과 출전
(『』이 없는 것은 산해경의 편명임)

최근의 연구들은 원형 천하도의 원형이 서구식 세계지도 가운데 단원형
세계지도에서 기원한 점을 강조하고 있는데, 이는 원형 천하도의 원형이
땅을 표현한 것으로 보기 때문이다. 그러나 원형 천하도는 단지 지상 세계
만을 표현한 것이 아니라 하늘의 세계도 표현하고 있어서 오히려 우주지

(宇宙誌, cosmography)의 성격을 지닌 것으로 이해되어야 한다. 지상 세계에서 중심에서 가장 극으로 가면 하늘과 만나게 되는 전통적인 천지관이 반영되어 있는 것이다. 따라서 지상의 사극(四極)에 원형의 하늘을 상정하는 것은 그리 어려운 일이 아니다.

원형 천하도가 땅이라는 지리적 세계뿐만 아니라 하늘까지 표현한 우주지적 성격을 지니고 있다면 원형 천하도가 표현하고 있는 지리적 세계는 어떤 사고에 기초하고 있을까? 일본의 지도사가인 운노 가즈타카가 지적한 것처럼 원형 천하도는 서구의 지리 지식에 대항하기 위해 신선 사상에 기초한 신선적, 도교적 세계관을 표현한 것으로 볼 수 있을까?

그러나 조선이 성리학이 지배하는 유교 사회라는 점을 고려한다면 신선적, 도교적 세계관을 표현한 지도가 광범하고 장기간에 걸쳐 유행하기는 매우 힘들다. 특히 도교가 중국에 비해 더욱 영향력이 미약했던 조선의 경우 도교적 세계관을 지닌 세계지도가 유학자들 사이에 널리 유포되기는 쉽지 않다. 이보다는 오히려 중화적 세계관에 기초하고 있다고 보아야 할 것이다.

원형 천하도를 보면 내대륙이 중앙에 위치해 있고, 그 중심에는 중국이 자리 잡고 있다. 그리고 중국 주변에는 숭산(嵩山), 화산(華山), 항산(恒山), 태산(太山), 형산(衡山)의 오악(五嶽)과 번호(蕃胡)와 서역제국(西域諸國)과 북쪽의 여러 나라가 표시되어 있다. 엄밀하게 따진다면 천지의 중심인 곤륜산(崑崙山)이 지도의 정중앙에 그려져야 함에도 중국을 중앙에 배치하고 곤륜산은 중앙에서 약간 비껴나게 그려지는 경우가 많다.

또한 대부분의 원형 천하도에서는 중국이 다른 나라들과 다르게 큰 원의 형태로 강조되어 그려졌다. 원형 천하도가 조선에서 제작되었음에도 불구하고 조선은 중국만큼 부각되어 있지 않다. 자신이 거주하는 곳을 세계의 중심으로 생각하고 크게 강조하여 그리는 것은 여러 문화권에서 볼 수 있는 현상이다. 그러나 조선의 경우 성리학 수용과 더불어 세계에 대한 인식도 중국의 중화적 세계관에 기반하고 있었기 때문에 조선을 세계의 중심으로 생각하는 지리적 사고는 존재할 수 없었다. 단지 중국에 버금가는 문화국으로서의 소중화(小中華)를 내세울 뿐이었다.

이와 관련하여 원형 천하도의 목판본을 검토해보면 흥미로운 사실이 발견된다. 중국은 원으로 크게 강조하여 표현했고 조선은 아무런 표시 없이 글자로만 표기했으며 나머지 주변에 배치된 나라들은 직사각형 안에 표기한 것이다. 이러한 현상은 원형 천하도의 원본과 가까운 것으로 판단되는 목판본에서는 동일하게 나타나고 있다. 이러한 원, 무도형, 직사각형 등의 차이는 중국·조선·기타 국가가 위계를 지니고 있음을 보여주는 것이다. 그것은 다름 아닌 중국이 중화, 조선은 소중화, 기타 나라는 오랑캐인 이국(夷國)이라는 전형적인 화이관(華夷觀)이 반영되어 있는 것으로 볼 수 있다. 중국과 기타 국가를 원과 직사각형이라는 도형으로 분명하게 구분하고 있고 그 사이에 문화국가로서 소중화인 조선을 배치시킨 구도이다.

원형 천하도는 직방세계와 유사한 내대륙뿐만 아니라 가상의 외대륙까지 표현하고 있어서 기존의 화이관에 입각한 전통적인 세계지도와는 커다란 차이를 보이고 있다. 그러나 직방세계의 외연이 확대된 것에 불과하며 중화적 세계관이 다른 인식으로 대체된 것은 아니다. 유가에게 이단서로 취급되던 『산해경』의 지명을 많이 수록하면서도 유학자들에 별다른 거부감 없이 받아들여질 수 있었던 것은 원형 천하도가 지니는 중화적 세계관 때문이었다. 만약 중국이나 조선이 지도의 중심이 아닌 구석에 위치해 있다면 일반 유학자들에게 세계지도로 오랫동안 인정받기는 어려웠을 것이다.

원형 천하도에 담겨 있는 우주지적 특성은 흥미롭게도 신선 사상과도 연결된다. 신선도(神仙道)의 발생학적 기본 원리는 천일(天一), 지일(地一), 인일(人一)의 삼신일체(三神一體)인데, 이는 일(一)을 공간과 시간의 의미로 파악할 경우 천계(天界)·지계(地界)·인계(人界)가 연결된 하나의 공간, 과거·현재·미래가 연결된 하나의 시간이라는 의미를 지닌다. 원형 천하도에서는 천계·지계·인계가 연결된 하나의 공간을 표현하고 있다. 이는 신선도의 기본 원리인 삼재일체(三才一體)를 표현한 것이며, 천지인 합일(合一)을 구현한 것이다. 이러한 신선 사상과의 관련으로 인해 원형 천하도에는 다수의 신선 관련 지명이 수록될 수 있었으며, 일월의 출입처, 불로장생을 상징하는 수목도 그려졌던 것이다.

조선은 주지하다시피 유교가 사회 운영의 원리로 기능했던 사회다. 따라서 국가의 제도, 정책뿐만 아니라 인간들의 일상생활에 이르기까지 유교적 원칙이 관철되었다. 그러나 비공식적 부분에서는 항상 유교적 원칙만이 적용되지는 않았다. 민간 신앙과 관련해서는 오히려 전통의 무속, 신선 사상, 불교 등도 영향력을 행사하고 있었다. 유교의 근본 원리를 저해하지 않는 한 유교는 다른 신앙과 관습들도 포용할 수 있었다. 유학자들이 펴낸 『동국여지승람』 등의 지리지에서도 불우(佛宇) 항목이 독립되어 편성되는 점을 고려할 때 이는 결코 불가능한 것이 아니었다. 무병장수에 대한 염원, 신선들이 사는 이상향에 대한 동경 등과 같은 것은 유교적 원칙을 철저히 따르던 유학자들도 충분히 지닐 수 있는 삶의 원초적인 부분이다. 원형 천하도에 담겨 있는 신선 사상과 관련된 내용들도 바로 이러한 차원에서 수록될 수 있었다. 천원지방과 중화적 세계관이 근본적으로 부정되지 않는 한 신선적 요소를 원형 천하도에 수록하는 것은 얼마든지 가능한 것이었다.

결국 원형 천하도는 전통적인 천원지방과 중화적 세계관을 근간으로 지리적 세계뿐만 아니라 하늘의 영역까지도 같이 표현한 우주지적 성격을 지니며, 무병장수의 신선 사상도 반영된 17세기 이후 조선에서 만들어진 독특한 세계지도라고 할 수 있다.

2. 국토 인식의 진전과 조선전도

1) 전란의 극복과 지도의 제작

두 차례의 전란을 경험한 조선은 안으로는 피폐해진 민생을 안정시키고 밖으로는 외적의 침입에 대비해야 했다. 사회, 경제적으로도 전쟁 후의 복구 사업에 총력을 기울여 양안(量案)의 정리와 호적(戶籍)의 정비가 국가적 차원에서 행해졌고 농업생산력의 회복을 위해 농지 개간과 농법 개량이 광범하게 진행되었다. 농업에서의 생산력 증대는 수공업, 광업으로까지 확대되면서 상품교환경제의 발달을 자극했고 이로 인해 지역 간 상호작용이 활발하게 이루어지고 있었다.

또한 학문적으로도 실학이 태동하여 일군의 학자들에 의해 우리나라의 역사지리에 대한 연구가 진전되고 있었다. 이러한 모든 여건들은 당시 지도 제작에 유리한 환경을 조성하고 있었다. 특히 이 시기에 이르러서는 민간의 지도 소유를 금지했던 조선전기와는 달리 사대부를 중심으로 일정 정도의 지도 소유가 가능해졌고 이를 바탕으로 민간의 지도 제작이 비교적 활발하게 행해질 수 있었다.

이러한 사회적 변화 속에서 지도의 양식도 전기와는 다른 양상을 띠게 되었는데, 지도가 낱장으로 제작되지 않고 첩 또는 책의 형태로 제작되기 시작했다. 이전 시기의 지도들은 주로 단독의 축(軸)이나 족자(簇子) 형태로 제작되는 경우가 많았지만, 17세기 이후로는 서양의 아틀라스(atlas)와 같은 형태로 여러 장의 지도가 수록된 책이나 첩으로 만들어졌다. 물론 이전 시기에도 지도첩 형태가 없는 것은 아니지만 이 경우 대개 팔도의 도별 지도를 모아 수록하는 정도였다. 그러나 이 시기의 지도첩, 지도책에는 조선전도와 도별도뿐만 아니라 외국 지도, 도성도 그리고 천하도를 포함하여 여러 장르의 지도를 수록하는 데 그 특징이 있다. 이 시기 이러한 지도 양식의 변화는 지도가 더 이상 특권 계층의 전유물이 아니라 점차 대중화되고 있는 상황을 반영하는 것이다.

지도의 대중화와 맞물려 민간의 지도 제작가들이 세상에 드러나기 시작했다. 실제로 김정호의 『청구도』 범례에서 뛰어난 지도 제작가로 언급하고 있는 윤영(尹鍈, 17세기 인물로 추정), 황엽(黃曄, 1666~1736)은 17세기에서 18세기 전반에 걸쳐 활약했던 인물들이다. 윤영에 대해서는 이익의 『성호사설』에 자세히 언급되어 있다.

> "내가 지도 한 첩을 얻었는데, 서북으로 위치한 저쪽 나라와 우리나라와의 경계가 상세히 기재되어 있으니 직접 답사하고 눈으로 보는 것이나 다름없었다. 이것은 근래 사람의 식견이나 역량으로는 작성할 수가 없다. 옛적에 윤영(尹鍈)이란 사람은 윤씨 집안의 서자로 이충무공의 외손이며, 이완평의 서녀를 아내로 삼았다. (중략) 그는 항도부기 1첩을 제작했으나 전해지지 않고 이 지도는 아마 그가 남긴 듯하다. 그의 말에 의하면, '영고탑은 숙신의 옛터이다. 한·당 이전에는 동북 지방에 강대한 나라나 큰 부족이 없고 우리나라만이 세력을 형성하고 있었다. (중략)' 나의 친구 정여일도 백리척을 만들어 정밀하게 지도를 제작했는데 대략 이 지도와 들어맞는다.……"[50]

여기에서 이익이 언급하고 있는 윤영은 김정호가 『청구도』 범례에서 언급하고 있는 세 사람의 지도 제작자 중 한 사람이다.[51] 윗글에서 이익이 지적하고 있듯이 윤영은 정상기보다 훨씬 앞선 시대 사람임에는 틀림없다. 그의 장인인 이완평(李完平), 즉 이원익(李元翼)은 1547년(명종 2)에서 1634년(인조 12) 사이의 인물이므로, 이를 토대로 보더라도 윤영의 삶은 1700년을 넘지 않는 17세기에 걸쳐 있었을 것으로 추정된다. 따라서 이익과 동시대의 인물인 정상기보다 몇 십 년을 앞선 지도 제작자가 되는 셈이다. 이익이 언급하고 있는『동국지도』는 구체적으로 어떤 지도인지는 분명하지 않지만 지도에 대한 그의 설명으로 본다면 압록강, 두만강의 접경 지방을 중심으로 그려진 관방지도임에 틀림없다. 또한 이익이 인용하고 있는 윤영의 말은 현존하는 몇몇 관방지도에도 그대로 나와 있다. 서울대 규장각한국학연구원 소장의『서북피아양계만리일람지도(西北彼我兩界萬里一覽之圖)』(그림 80)와 국립중앙도서관 소장의『서북강계도(西北疆界圖)』가 대표적인 지도로, 이들 지도 여백에는 이익이 인용하고 있는 윤영의 말과 똑같은 글이 실려 있다. 이러한 관방지도도 목판본이 아닌 필사본으로서 모사에 의해

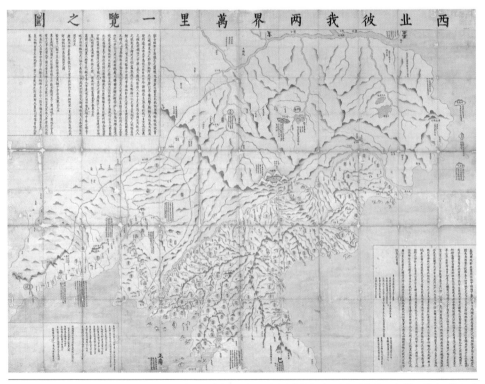

〈그림 80〉『서북피아양계만리일람지도』(18세기, 서울대 규장각한국학연구원 소장)

계속적으로 이어져 내려왔다고 볼 때 그 저본은 윤영의 지도였을 가능성이 매우 높다. 즉 정상기의 지도에서처럼 지도를 모사할 때 지도뿐만 아니라 지도 여백의 발문까지도 같이 전사해놓기 때문에 현재 남아 있는 몇몇 관방지도들은 바로 이익이 언급하고 있는 윤영의 『동국지도』를 저본으로 모사한 것으로 볼 수 있는 것이다. 이들 지도의 북부 지방 윤곽을 보면 조선전기의 지도들보다 훨씬 정교해졌음을 알 수 있다.

또한 17세기에는 전례 없이 국방에 대한 관심이 고조되었고 많은 군사시설들이 새로 만들어지거나 복구되었다. 진보(鎭堡)의 정비, 성곽의 수축, 산성의 축조, 관방시설의 신설 등이 행해졌다. 이 과정에서 군사적 목적의 여러 지도가 제작되었다. 특히 17세기 청나라의 위협이 고조되는 시기에는 조선과 청의 접경 지역을 중심으로 하는 지도가 여러 차례 제작되었다. 이러한 지도 중에서 중국에서 들여온 최신 정보를 기초로 상세한 군사정보가 담긴 『요계관방지도(遼薊關防地圖)』는 여러 번 모사되면서 『해동지도(海東地圖)』와 같은 군현지도책에 수록된 대표적인 관방지도였다(그림 81).

접경 지역을 중심으로 하는 관방지도와 더불어 평안도, 함경도 일대의 지도도 계속 제작되었다. 평안도, 함경도 지역은 변방 지역으로 남부 지방에 비해 인식의 정도가 낮았다. 그러나 이 지역에 대한 군사적 관심이 고조되고 각종 국방시설들이 들어서면서 많은 정보가 축적되었고 이전 시기의 왜곡된 인식을 극복할 수 있었다. 그리하여 조선전기의 지도에서 흔히 보이던 북부 지방의 과장된 윤곽이 서서히 수정되기 시작했다.

이러한 시대적 분위기를 바탕으로 18세기에는 정교한 전도 제작도 행해졌다. 이의 대표적인 지도가 농포자 정상기가 그린 『동국지도』였다. 이전 시대의 지도들이 많은 결함들을 갖고 있어서 지도로서의 역할을 제대로 못하는 것을 안타깝게 여긴 정상기는 이를 극복한 보다 정확한 지도를 만들려는 의도를 지니고 지도 제작에 임하게 된다. 그리하여 백리척이라는

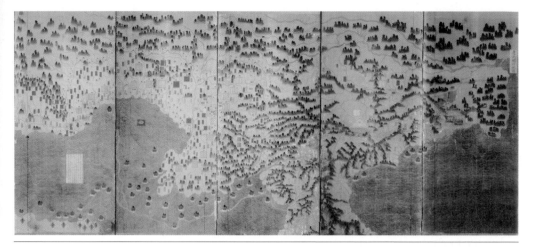

<그림 81> 『요계관방지도』(1706년, 서울대 규장각한국학연구원)

독특한 축척을 사용하여 북부 지방이 개선된 지도를 제작했다.

2) 정상기의 『동국지도』[52]

조선후기의 실학자인 정상기(鄭尙驥, 1678~1752)의 자는 여일(汝逸)이고 호
는 어은(漁隱) 또는 농포자(農圃子)이다. 정상기의 학문은 반드시 옛 사람
으로부터 시작했고 많은 서적들을 두루 섭렵하여 다방면으로 풍부한 지
식을 쌓았다. 그리고 중년 이후로는 두문불출 저술에만 몰두하여 『농포
문답(農圃問答)』『인자비감(人子備鑑)』『심의설(深衣說)』『도검편(韜鈐篇)』『향
거요람(鄕居要覽)』『치군요람(治郡要覽)』 등의 많은 저작을 남겼으나 『농포문
답』을 제외하고는 현전하지 않는다. 그의 학문은 공리공론보다는 실용적
인 성격을 띠고 있었고 다방면에 걸쳐 폭넓게 궁구했다. 특히 그는 국방을
중시하여 『도검편』과 같은 군사 관련 전문 서적을 저술하기도 했는데 현존
하는 『농포문답』에서도 국방 관련 항목이 상당 부분을 차지하고 있다. 실

사구시적인 그의 학문 성향은 당대 실학의 대가인 성호 이익과의 교류를 통해 더욱 성숙되었고 마침내는 말년에 『동국지도』라는 역작으로 결실을 보게 되었다.

『동국지도』의 제작 과정에 대해서는 『동국지도』 사본에 수록된 발문을 통해 대략을 파악해볼 수 있다. 다음은 정상기의 『동국지도』 가운데 초기 사본에 실려 있는 발문의 일부다.

> "세상에 돌아다니는 우리나라 지도가 대단히 많으나 사본과 인쇄본을 막론하고 모두가 지면의 넓고 좁음과 둥글고 모난 것에 의해서 그렸던 까닭에 산천과 도리가 모두 어그러졌다. 십여 리 정도의 가까운 것이 수백 리보다 더 멀고, 수백 리 정도의 먼 것이 십여 리보다 더 가깝다. 동서남북의 방위에 이르러서는 그 위치가 바뀌어 그 지도를 보고 사방을 돌아다니려고 해도 하나도 의지할 수가 없으니 어둠속에서 길을 가는 자와 다름이 없다. 나는 이것을 근심하여 마침내 이 지도를 만든 것이다."[53]

위의 지도 발문에서 알 수 있듯이 정상기는 이전 시대의 지도들이 많은 결함들을 갖고 있어서 지도로서 역할을 다하지 못하는 것을 안타깝게 여겨 보다 정확한 지도를 만들기 위해 지도 제작에 임하게 된다. 당시 사회에서 통용되는 지도들은 대부분 지면 모양에 따라서 만들어졌기 때문에 거리나 방위들이 정확하지 못했기 때문이다.

이들 지도의 대표적인 지도가 『신증동국여지승람』에 삽입된 일명 『동람도(東覽圖)』인 팔도총도와 도별도이다. 그런데 『신증동국여지승람』 판본의 가로와 세로의 비율에 맞도록 지도의 형태를 조정했기 때문에 팔도총도의 모습은 남북으로 압축된 형태로 나타나고 있고, 각 도별도 역시 판본 규격에 맞도록 지도의 형태를 조정하고 있어서 축척도 일정하지 못한 결점을 지니고 있었다. 또한 『동람도』가 행정, 군사적 용도에서보다는 『신증동국여지승람』의 부도(附圖)로서 만들어졌기 때문에 지도에 싣고 있는 내용도 매우 소략하다. 이러한 유형의 지도는 당시 민간에서 상당히 유행하고 있었던 것으로 보인다.

당시 지도가 지닌 결점들을 개선하기 위해 정상기는 말년을 『동국지도』 제작에 몰두했다. 당대까지 축적된 지도 제작의 성과와 지리 지식을 활용했던 것으로 보인다. 현존하는 유일한 저작인 『농포문답』에서도 지적하고 있듯이 그는 병약하여 한 고을 밖을 제대로 벗어나 본 적이 없었다. 따라서 전 국토를 답사하고 측량하여 『동국지도』를 제작한 것은 아니다. 오히려 조선전기의 대학자이며 고위 관직에 있었던 정인지(鄭麟趾, 1396~1478)의 직계 후손으로서 집안에 소장된 지도와 각종 지리지 등을 쉽게 이용할수 있었고, 당대 최고의 실학자였던 성호 이익을 비롯한 여러 학자들과의 교류를 통해 새로운 자료를 구득할 수 있었던 것으로 보인다. 이러한 모든 자료를 바탕으로 백리척(百里尺)을 이용한 독특한 방법을 사용하여 당대 최고의 『동국지도』를 제작할 수 있었던 것이다.

정상기의 지도는 대전도(大全圖)(그림 82)와 이를 팔도로 나누어 첩으로 만든 팔도분도(八道分圖)(그림 83)로 이루어져 있다. 현재 정상기의 원도 자체는 전하지 않는 것으로 보이기 때문에 현존하는 사본을 토대로 원도의 모습을 파악해볼 수밖에 없다. 대전도의 경우는 현존 사본이 팔도분도에 비해 매우 적은 편인데 이들의 규격은 대략 가로 130~140cm, 세로 240~260cm 정도이다. 조선전기의 대표적 지도인 양성지, 정척의 『동국지도』 유형에 속하는 『조선방역지도』의 규격이 가로 61cm, 세로 132cm인 것을 보더라도 정상기의 지도는 이전 시기의 전도와는 달리 대축척의 지도이다. 그러나 이러한 대축척 전도는 여러 장의 종이를 이어 붙여서 그려야하는 전사상의 불편함과 열람, 휴대상의 문제 때문에 후대에까지 활발하

〈그림 82〉 『동국대전도』(18세기, 국립중앙박물관 소장)

〈그림 83〉『동국지도』의 팔도분도 사본 중 함경북도(18세기, 서울대 규장각 한국학연구원 소장)

게 전사되어 이어지지는 못했고 대신에 팔도분도의 형식이 정상기 지도 사본의 주류를 이루게 된다.

정상기의 팔도분도는 이전의 팔도분도와는 다른 양식으로 되어 있다. 즉, 『신증동국여지승람』과 같은 지리지에 실리는 팔도분도는 각 도별 지역의 넓고 좁음에 관계없이 한 지면에 무조건한 도를 배정하여 그렸기 때문에 축척이 서로 달라 산천의 표현과 도리(道里)가 모두 부정확한 것이 특징이었다. 정상기의 팔도분도는 이러한 문제점을 해소시키도록 고안되었다. 경기도와 충청도는 면적이 다른 도에 비해 그리 넓지 않기 때문에 한 장의 지도에다 합쳤고, 함경도는 넓은 면적으로 인해 남도와 북도로 분리하여 두 장의 지도로 만든 것이다. 따라서 각 분도의 규격도 다소의 차이는 있지만 대략 가로 60cm, 세로 100cm 내외이다.

정상기의 팔도분도는 양식상에서 또 다른 특징을 보여주고 있는데, 첩으로 되어 있다는 점이 그것이다. 첩으로 만든 이유는 열람과 휴대상의 편의를 위해서다. 이러한 형식은 정상기의 『동국지도』 이전에도 있었던 것으로 보인다. 『신증동국여지승람』에 실린 『동람도』처럼 지지의 내용을 보완하는 보조적인 지도가 아니라 독립적으로 간행된 지도책들이 이미 16세기를 거쳐 17세기에 이르러 널리 유행했다. 정상기는 바로 이러한 성과들을 계승하여 대축척의 분도첩으로 만들었고, 이와 같은 양식은 이후 각 군현지도집을 비롯하여 김정호의 『청구도』, 『대동여지도』에 이르기까지 대축척 지도첩이 조선후기 지도학사상 하나의 큰 흐름으로 자리 잡는 데 상당한 영향을 끼쳤던 것이다.

『동국지도』는 조선전기의 지도들과 비교했을 때 일차적으로 윤곽에서 커다란 차이를 보이고 있다. 이러한 차이는 특히 압록강, 두만강 유역을 중심으로 하는 한반도 북부 지방에서 현저하게 나타나고 있다. 양성지, 정척의 『동국지도』를 계승한 대부분의 지도들은 북부 지방이 중·남부 지방에 비해 면적이 작게 표현되었다. 특히 압록강과 두만강의 유로가 부정확한데 압록강과 두만강의 하구가 위도 상 상당한 차이가 남에도 불구하고 거의 같은 위도선 상에 있는 것으로 표현되고 있다. 정상기의 지도에서는 이러한 전기 지도의 결점을 거의 극복하여 현대 지도의 한반도 윤곽과 비교해 보아도 그다지 차이가 나지 않을 정도로 정확한 윤곽을 보여주고 있다.

정상기의 『동국지도』는 표현상에서도 이전 지도와는 다른 특성을 지니고 있다. 산맥과 물줄기는 지표면의 근골(筋骨)과 혈맥(血脈)이 되기 때문에 과거의 지도 제작자들은 다른 것들보다 우선적으로 산천의 표현에 관심을 두었다. 정상기의 『동국지도』에서 산천의 표현과 관련하여 가장 두드러진 특징은 산계(山系)와 수계(水系)가 이전 지도와는 비교가 안 될 정도로 매우 상세해졌다는 점이다. 이전의 지도들은 소축척 지도이기 때문에 산계와 수계를 자세히 표현할 수 없는 측면이 있기도 하지만 기본적으로 산천으로 대표되는 공간에 대한 인식이 후대에 비해 상당히 제약되어 있었다. 그러나 정상기의 『동국지도』에 이르러서는 대축척 지도로 제작되어 산계와 수계가 보다 자세히 표현될 수 있는 여지가 마련되었고, 이전까지 축적된 공간 인식을 바탕으로 후대의 김정호 지도와 비교해도 손색이 없을 정도로 산천 체계를 잘 표현해내고 있다(그림 84).

이와 더불어 산줄기 체계에 입각한 지형 표현이 더욱 구체화되었다. 산줄기 체계는 백두산에서 지리산까지를 하나의 커다란 산줄기로 하고, 이 산줄기에서 크게 가지 친 이차적인 산줄기는 대하천의 유역 능선으로, 다시 여기서 뻗어나간 지맥(支脈) 순으로 지형을 표현한 것이다. 이러한 산줄기들은 하천을 가르는 분수령 역할도 한다. 따라서 산줄기는 각각의 유역을 나누는 경계가 되는 것이다.

이 같은 산줄기 체계는 우리의 오랜 전통적 지리 인식 체계에 근거를 둔 것으로, 동아시아 내에서도 중국이나 일본에서는 볼 수 없는 조선의 독특한 산지 표현 방법이라 할 수 있다. 이러한 기법은 조선전기의 세계지도인 『혼일강리역대국도지도』와 전도인 『조선방역지도』에서도 볼 수 있다. 이러한 산줄기 중심의 지형 표현 기법은 이후 김정호의 『대동여지도』로 이어지면서 확고히 정립되었다.

『동국지도』에는 인문적 요소도 상세하게 표현되었는데, 가장 두드러지는 것은 교통로이다. 현존하는 이전 시기의 지도를 보면 대부분 도로망이 표현되지 않고 있다. 소략한 『동람도』 계열의 지도에서는 물론이거니와 양성지·정척의 『동국지도』 유형의 지도에서도 교통로가 표시 안 된 것들이 있다. 그러나 정상기의 『동국지도』에 이르러서는 교통로가 자세하게 표시되고 있다. 서울을 중심으로 해서 지방으로 뻗어가는 대로는 물론 각 군현을 잇는 연결 도로까지 자세히 그렸고, 서해안에서 남해안에 이르는 해로까지도 표시했다. 또한 산지 상의 영로인 고개도 상세히 표시되어 있다. 이렇듯 교통로에 대한 강조는 지도의 실용성을 고양시킨 것으로 평가된다. 조선후기에 상공업이 발달하고 지역 간 교류가 활발해지면서 지도는 실용성을 보다 중요하게 고려하게 된 것으로 보인다.

『동국지도』에는 교통로와 더불어 역보(驛堡), 산성, 봉수와 같은 군사적인 내용이 자세하게 수록되어 있는 점도 특징적이다. 정상기는 국방에 대

조선시대 4대 지도의 지형 표현 비교(李祐炯)

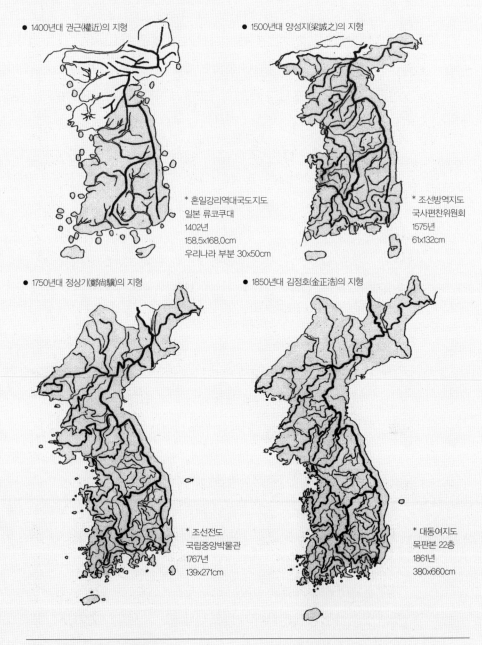

● 1400년대 권근(權近)의 지형

* 혼일강리역대국도지도
일본 류코쿠대
1402년
158.5×168.0cm
우리나라 부분 30×50cm

● 1500년대 양성지(梁誠之)의 지형

* 조선방역지도
국사편찬위원회
1575년
61×132cm

● 1750년대 정상기(鄭尙驥)의 지형

* 조선전도
국립중앙박물관
1767년
139×271cm

● 1850년대 김정호(金正浩)의 지형

* 대동여지도
목판본 22층
1861년
380×660cm

〈그림 84〉 조선시대 지도의 지형 표현

해 남다른 관심이 있었기 때문에 자신의 지도에서도 이를 중시하여 표현했던 것이다. 역의 경우는 찰방역만을 그렸지만 진보(鎭堡)의 경우는 연해와 북방의 것이 거의 망라되어 있다. 산성의 경우 고성보다는 당시 국방상 요지이며 실지 군대가 주둔하고 있던 성을 중심으로 그린 것으로 보인다. 봉수도 이전 지도와 달리 매우 상세하게 표시되어 있다. 특히 영읍의 성곽도 빠짐없이 표시하여 국방에 대한 농포자의 지대한 관심을 엿볼 수 있다. 이 밖에도 유명한 포구와 마을, 사찰, 고읍, 저수지, 나루터 등도 그려져 있다. 이들 인문 요소의 표현 방식은 『동국지도』의 발문에 잘 나타나 있는데 다음의 인용문이 그것이다.

> "채색 방법에서는 경기는 순황, 호서는 홍백, 호남은 순홍, 영남은 청홍, 영동은 순청, 해서는 순백, 관서는 백흑, 관북은 순흑, 산은 녹색, 하천은 청색으로 했다. 홍선으로 수륙 대로를 그렸으며, 황선으로 좌우 분계를 표시했고, 돈대 위의 붉은 점으로 봉수를 나타냈다. 흰 성가퀴는 산성을 표시한 것이며, 영읍에 성이 있는 경우는 밖에 흰 선을 둘렀으며, 역보는 원으로 그리되 청과 황으로 나누어 표시했다. 이것은 모두가 지도를 그린 범례이니 지도를 보는 이는 자세히 숙지하기 바란다."[54]

인용문에서 알 수 있듯이 『동국지도』는 채색된 필사본 지도이기 때문에 다양한 색상을 지리적 사상(事象)의 표현에 이용하고 있다. 각 도별로 오방색을 사용하여 고을들을 구분했는데, 대략적으로 중앙은 황색, 동쪽은 청색, 서쪽은 백색, 남쪽은 홍색, 북쪽은 흑색의 원칙에 입각하여 일부 도는 색상을 혼합하여 채색했다. 황선으로 각 도의 좌도와 우도의 경계를 표시했고 봉수는 돈대의 형상에 불꽃을 나타내는 붉은 점으로 표현했다. 산성은 흰 성가퀴를 그려 표현했고, 고을에 성이 있는 경우는 산성과 구분하기 위해 흰 선을 둥글게 그렸다. 역원과 진보는 작은 원으로 표현했으며 청색과 황색으로 구분했다. 이러한 채색과 기호를 이용한 표현 방법은 이후 방안식 군현지도나 대축척 군현지도에 연결되고 김정호의『동여도』나『대동여지도』의 정교한 범례로 발전되었다.

이상의 것을 종합적으로 고려하면『동국지도』는 이전 시기 지도에서 볼 수 없는 다음과 같은 지도학적 가치를 지니고 있다.

첫째, 정상기는 백리척이라는 독특한 축척을 고안하여 사용했다. 백리척은『동국지도』의 사본마다 다소의 차이는 있으나 대략 9.4~9.8cm의 길이로 되어 있다. 이 길이가 백 리에 해당한다는 것이다. 막대기 모양으로 그려진 일종의 제척(梯尺)으로, 동서양을 막론하고 찾아보기 힘든 사례이다. 중국에서는 일찍이 가로 세로의 격자망인 방괘(方罫)를 이용하여 지도를 제작했으나 백리척과 같은 제척의 형태는 보이지 않는다. 우리나라에서도 17세기에 방괘를 이용한 지도 제작이 행해졌다. 그러나 방괘의 경우 방향과 거리를 정확하게 표현해주는 효과는 있으나 지도가 오히려 번잡해지는 결점도 있었다. 또한 도로와 같은 곡선으로 된 거리를 측정하기가 용이하지 않다. 따라서 정상기는 이런 결점을 보완하기 위해 독창적인 사고로 백리척을 고안한 것으로 보인다. 백리척은 현대의 바 스케일(Bar Scale)과도 유사하여 이를 이용하면 각 지점 간 직선거리를 쉽게 측정할 수 있다.

둘째,『동국지도』에서 비로소 국토의 원형이 확립되었다. 정상기의『동국지도』 이전의 지도는 대부분 북부 지방의 윤곽이 왜곡되어 있었다. 조선 전기 정척·양성지 등의 학자들에 의해 제작된 지도는 남부 지방은 비교적 원형에 가깝게 그려졌으나 북부 지방은 두만강과 압록강의 유로가 거의 수평으로 그려졌고 면적도 실제보다 작게 그려져 왜곡이 심한 편이었다. 이는 함경도, 평안도가 변방이기 때문에 이에 대한 정보가 부족했던 데서 기인한다. 그러나 18세기에 접어들면서 청나라의 침입에 대한 국방 강화,

청나라와의 국경 분쟁, 평안도·함경도 지역의 개발과 같은 요인으로 북부 지방에 대한 관심이 증대되었다. 이로 인해 이 지역에 대한 정보 수집과 지도 제작도 활발히 진행되었다. 정상기의 지도는 이러한 사회적 배경하에서 나올 수 있었다. 그는 이전의 지리지, 지도를 비롯하여 이 시기 간행되는 읍지, 관방지도 등을 수합하여 왜곡되었던 북부 지방의 윤곽을 바로잡을 수 있었다. 조선시대 지도의 결정판이라 할 수 있는 김정호의『대동여지도』(1861년)보다 무려 100년 이상 앞서서 우리 국토의 형태를 실제에 가깝게 그려냈던 것이다.

셋째,『동국지도』는 대축척 전도의 효시가 된다. 조선시대에 제작된 대부분의 지도에서는 축척 표시가 없다. 따라서 현대 지도와 같은 축척을 산정하기란 쉽지 않다. 그러나 정상기의『동국지도』는 백리척이라는 축척을 사용했기 때문에 축척을 산정할 수 있는 대표적인 지도이다. 대부분의 백리척이 9.4~9.8cm인데 10리를 5km로 잡았을 때 축척은 대략 1:51만~53만 정도가 된다.『동국지도』이전의 지도들 가운데서도 대축척에 해당하는 것이 있었지만 이들 지도는 우리나라 전도가 아니라 특정 지역을 그린 지역도가 대부분이다. 당시 유행하던 지도는 전도의 경우 이보다 훨씬 작은 축척으로 제작된 것이었고 도별도도『동국여지승람』에 실려 있는 지도처럼 소축척의 소략한 지도였다.

넷째,『동국지도』는 자연, 인문에 걸쳐 다양한 정보를 수록하고 있다. 당시로는 대축척에 해당하는 정상기의『동국지도』는 실제에 가까운 국토의 윤곽 묘사를 바탕으로 산계와 수계의 표현이 명확한 체계를 갖추고 있다. 여기에는 산명, 하천명, 고개명 등이 상세히 수록되었다. 전국의 모든 군현이 표시되고 이들 고을을 잇는 교통로도 자세히 그려져 있는데 육로와 더불어 해로도 잘 그려져 있다. 또한 역보(驛堡), 산성, 봉수와 같은 군사적인 내용이 중점적으로 표시되어 있으며 유명 포구와 마을, 사찰, 고읍, 제언,

나루터 등 이전 지도와는 비교할 수 없는 다양한 정보가 수록되어 있다.

다섯째, 『동국지도』는 이후 민관(民官) 지도 제작의 기본도로 사용되었다. 1757년 조정에 알려지게 된 정상기의 『동국지도』는 이후 관청에서 적극 활용하게 된다. 이의 대표적인 사례는 1770년 신경준의 『동국여지도』 제작 사업이다. 그는 영조의 명을 받아 『동국문헌비고』와 짝할 수 있는 지도를 만들게 되는데 이때 기본도로 사용된 것이 정상기의 『동국지도』였다. 이를 바탕으로 그는 도별도, 군현지도 등을 제작했다. 이렇게 제작된 지도는 이후에도 관에서 계속 전사되면서 이용되었다.

민간에서도 정상기의 『동국지도』는 많은 사람들에 의해 지도 제작에 이용되었다. 특히 해주정씨 가문의 정철조(鄭喆祚), 정후조(鄭厚祚) 형제는 정상기의 지도를 바탕으로 수정, 편집하여 더 뛰어난 해주본(海州本)을 제작하기도 했다. 또한 이후에 제작되는 전도들은 정상기의 대전도를 바탕으로 축소한 것들인데 『도리도표(道里圖表)』에 수록된 전도, 『해좌전도(海左全圖)』 등이 대표적이다. 이익, 정약용 같은 대학자들도 정상기의 지도 사본을 소장하고 이를 토대로 그들의 지리 지식을 더욱 넓힐 수 있었다.

3) 대축척 조선지도의 제작

정상기의 『동국지도』는 이후 계속 수정되면서 조선후기 대축척 지도의 제작을 주도했다. 수정본 계열 사본들의 표현상 특징에서 가장 두드러지는 것은 한반도의 윤곽에서 원도 계열의 사본과는 다른 모습을 띠고 있다는 점이다. 원본 계열의 사본이 『동국지도』 원도를 그대로 모사하고 지명과 같은 일부 변화된 사항들만 수정하는 경우가 대부분이지만 수정본 계열의 사본에서는 원도의 형식에서 벗어나 국토의 윤곽에서 상당 부분 수정이 가해졌다. 이들의 대표적인 것은 규장각 소장의 『팔도분도』와 『좌해분도』, 호암미술관 소장의 『해동도』(그림 85) 등이다.

이들은 1767년 이전에 제작된 비교적 초기에 속하는 사본들인데 지도 첩 구성에서도 원도의 형식을 탈피하고 있다. 즉, 정상기의 원도는 경기·충청도를 합쳐 한 장의 도면에 그리고 함경북도를 남도와 북도로 분리하여 각각 한 장의 지도로 만들었는데, 이와는 달리 『팔도분도』와 『좌해분도』에서는 각각 팔도별로 지도를 한 장씩 그렸다. 이와 더불어 이들 사본들에서는 백리척과 발문이 수록되어 있지 않다.

이와 같은 초기 수정본 계열의 사본과 원도 계열의 사본을 비교해보면, 표현하고 있는 국토의 윤곽에서 상당한 차이를 보이고 있다. 가장 먼저 눈에 띄는 차이는 오늘날의 중강진에서 만포로 이어지는 압록강의 유로 부분에서 나타난다. 정상기의 원도 계열 사본에서는 이 압록강의 유로 부분이 다소 완만하게 나타나고 있는 데 반해 수정본 계열에서는 우리나라 쪽으로 만입된 형태를 띠고 있다.

이 외에 남해안에서도 윤곽의 차이가 두드러지게 나타나고 있다. 남해안의 고흥반도와 여수반도, 이들 주변의 도서 지방을 표현하는 데서 차이를 보이고 있으며, 초기 수정본은 정상기의 원도에서 보이는 오류를 시정하고 있다. 정상기의 원도 계열 사본들에서는 백야곶(白也串)을 섬으로 표현해놓고 있는데 초기는 물론 후대의 사본에서도 이를 수정하지 않고 그대로 전사해놓고 있다. 그러나 초기 수정본 계열의 사본은 이러한 오류를 시정했고 또한 제주도 정의현 서쪽이 호수로 표현되었던 원도 계열의 잘못도 바로잡았다.

초기 수정본이 표현해내고 있는 지리적 사상(事象)들은 이전의 원도 계열 사본과는 비교할 수 없을 정도로 풍부해졌다. 산천, 고개와 같은 자연적 요소는 물론 창고, 산성, 사찰, 군현 내의 방리, 일부 면명(面名), 나루, 무

〈그림 85〉 초기 수정본 계열의 사본인 『해동도』의 경기도 부분(18세기, 호암미술관 소장)

덤, 정자, 비석 등과 같은 원도 계열 사본에서는 보기 힘든 다양한 인문적 요소들이 수록되어 있다. 초기 수정본 계열의 사본들은 후대에도 계속적으로 전사되면서 뚜렷한 계보를 형성하게 된다.

『동국지도』의 수정본 계열에 속하면서 초기 수정본 계열과는 또 다른 계열의 사본이 현전하고 있다. 성신여대 박물관 소장의 『동국팔로분지도(東國八路分地圖)』와 서울대 규장각한국학연구원 소장의 『조선팔도지도』(도서번호, 古4709-54) 등이 그것이다. 이 지도들도 정상기의 『동국지도』를 그대로 전사하지 않고 수정·변형시킨 것들이며, 조선후기 지도 발달사에서 중요한 위치를 점하는 지도로 평가된다.

이 계열의 지도도 초기 수정본처럼 정상기의 원도를 따르지 않고 구성 체제나 윤곽이 상당히 수정되었다. 표현 내용들은 이전의 초기 수정본보다 훨씬 풍부해졌다. 특히 군현 내 모든 면의 명칭과 군현 경계까지 표시되었는데 이는 초기 수정본에서 볼 수 없었던 것들이다.

이 계열의 지도 중 『동국팔로분지도』에는 지도 표지에 '갑진맹춘(甲辰孟春)'이라는 연기가 표기되어 있고 지도첩 뒷부분에는 범례가 수록되어 있어서 제작 시기와 제작자를 파악할 수 있는 단초를 제공해주고 있다. 지도에 수록된 지명으로 보아 '갑진맹춘'은 1784년(정조 8)에 해당한다. 또한 지도 말미에는 '동국여지도범례'가 수록되어 있어, 원래의 지도 명칭이 '동국여지도'였음을 알 수 있다. 범례에는 정항령(鄭恒齡) 집안의 지도를 저본으로 삼고 별도의 양지척(量地尺)을 만들어 여러 읍지로 교정하여 제작했음을 밝히고 있다. 원래의 지도첩은 총도 1폭, 팔도분도 8폭, 영애해방도(嶺隘海防圖) 1폭, 사예도(四裔圖) 1폭 등 도합 11폭으로 구성되어 있었는데 팔도분도만이 남아 있다. 이 지도의 제작자는 『사예지(四裔志)』를 저술한 정후조로 추정되는데 다음의 『팔도지도』 발문이 결정적인 단서가 된다.

"최근에 해주정씨 좌랑 정후조는 판서 정운유(鄭運維)의 아들인데 그의 형 문관 정철조는 역법, 서학 그리고 글씨와 그림에 뛰어났고 후조는 중국, 서역, 청해, 몽고, 성경(盛京) 지도 등을 더욱 힘써 궁구했는데, 우리나라에 이르러서도 일이관지하여 하동본(河東本)에 의해 수정을 가해 마침내 그 이상의 뛰어난 지도를 만들어냈다."[55]

위 글에서처럼 황윤석은 정후조가 중국, 서역, 청해, 몽고, 성경(盛京) 지도 등을 궁구했다고 지적하고 있는데, 바로 이러한 것을 바탕으로 정후조가 『사예도』를 제작했을 가능성이 매우 높다고 보는 것이다. 그가 궁구했던 것은 우리나라의 주변국인 사예(四裔)에 관한 것이기 때문이다. 아울러 황윤석은 정후조가 하동본인 정상기의 『동국지도』를 바탕으로 새롭게 수정 제작한 '해주신본'의 제작 사실을 분명히 밝히고 있다. 이러한 기록은 '동국여지도범례'의 기술과도 일치하고 있다. 따라서 『동국팔로분지도』는 정후조의 '해주신본'으로 추정된다.[56]

『동국팔로분지도』와 동일한 사본이 남아 있는데, 서울대 규장각한국학연구원 소장의 『조선팔도지도』이다. 두 지도를 비교해보면 지도의 내용이나 윤곽이 거의 일치하고 있다. 단지 평안도와 함경도에서 차이를 보이고 있는데, 이는 표현상의 차이가 아니라 구성 체제상의 차이이다. 즉, 『동국팔로분지도』에서는 평안도와 함경도를 한 도면에 그렸지만, 『조선팔도지도』에서는 평안도와 함경도의 도면 규격이 너무 크기 때문에 남도와 북도로 나누어 그렸던 것이다.

이들 '해주신본' 계열의 지도는 이전의 다른 사본들과 달리 방대한 양의 지리 정보를 수록하고 있으며 표현 체계나 방법도 더욱 정교해졌다는 점에서 정상기의 『동국지도』를 한 단계 높인 지도로 평가된다. '해주신본' 계열의 사본이 지니는 특징을 정리하면 다음과 같다.

〈그림 86〉『동국팔로분지도』의 경기도 부분(18세기, 성신여대박물관 소장)

첫째, 산맥과 하천으로 대표되는 자연적인 요소의 표현이 정상기의 원도 계열 사본들보다 훨씬 정교해졌다. 산맥과 하천 중에서 10리가 넘는 것은 명칭이 없더라도 모두 그려 넣었다.

둘째, 지도 상에 표현된 인문적 정보가 비약적으로 늘어났다. 정상기의 원도 계열 사본들은 군현명, 해로를 포함한 교통로, 봉수, 산성, 역보 등의 관방과 관련된 정보들을 표현하는 데 그치고 있는 반면, '해주신본'에서는 산의 영애(嶺隘), 봉수, 강의 나루, 창고 명칭, 면의 명칭, 역참 등을 아우르고 있고 특히 군현의 방리(坊里)는 모두 표기했다.

셋째, 정상기의 원도 계열 사본들에서는 거의 볼 수 없었던 각 읍 간의 경계를 표시했다. 또한 두만강, 압록강 주변의 파수(把守)와 황해도 연해의 파수를 표시했으며 읍치까지의 거리를 주기했다.

넷째, 범례가 보다 정교해졌다. 정상기의 원도 계열에서는 취락의 계층을 고려하지 않았으나 여기에서는 서울은 큰 노란색 원으로 표시했고, 순영(巡營)은 홍색 사각형, 병영·수영·통영 등은 청색 사각형, 여타의 군현은 홍색 원으로, 역은 노란색의 작은 사각형, 진은 청색의 마름모꼴 등으로 구분하여 계층을 보다 명확히 표현했다.

정상기의 『동국지도』는 이후 신경준의 지도 제작에도 활용되었다. 『동국문헌비고(東國文獻備考)』「여지고(輿地考)」의 편찬을 담당했던 신경준(申景

瀋)은 1770년 『동국여지도』의 제작을 명받고 이를 실행하게 된다. 다음은 『동국여지도』의 제작과 관련된 기록이다.

> 또한 신에게 명하여 동국지도를 만들도록 했다. 이때 기관에서 소장된 10건을 꺼내고 여러 집안을 방문하여 고본(古本)을 보았는데, 현로(玄老, 정항령)가 그린 지도만 한 것이 없었다. 마침내 그것을 사용하여 교정을 가했다. 6월 6일에 시작하여 8월 14일에 마쳐 진상했다. 열읍도(列邑圖) 8권, 팔도도(八道圖) 1권, 전국도(全國圖) 족자 1개인데 주척 두 치를 한 선으로 하여 그렸는데, 종선 76개, 횡선 131개였다.[57]

위 기록에서 알 수 있듯이 신경준은 『동국문헌비고』「여지고」의 편찬을 수행하면서 국가적 사업으로 지도를 제작하게 되었다. 그는 전도와 도별도, 군현지도를 하나의 세트로 제작했다. 신경준의 『동국여지도』 제작에는 정항령이 그린 지도가 저본으로 사용되었는데, 이는 정상기의 『동국지도』 사본을 가리킨다. 즉, 정상기의 『동국지도』는 아들 정항령에 의해 다시 전사·제작되면서 보완되었고, 정항령과 친분이 있었던 신경준이 이 지도를 『동국여지도』 제작의 저본으로 활용했던 것이다.

『동국여지도』는 우리나라의 국토를 20리 방안을 사용하여 동서로 76개, 남북으로 131개의 선을 그어 만든 것이다. 규장각에 소장되어 있는 『조선지도』, 『팔도군현지도』 등 20리 방안의 군현지도가 이때 제작된 열읍도의 사본으로 추정된다. 이들 지도들은 4.2cm의 방안에 그려져 있다. 주척한 자를 20.5cm로 잡아도 거의 두 치에 해당하는 수치다. 이들을 모두 합하면 가로 315cm, 세로 546cm의 대형 전도가 된다. 정상기의 『동국지도』 대전도의 두 배에 해당하는 크기다.

신경준 『동국여지도』의 팔도도 사본으로 추정되는 지도가 현재 경희대

학교 혜정박물관에 소장되어 있다(그림 87). 팔도의 지도 가운데 경기도, 함경도, 강원도 지도가 남아 있으며, 열읍도 사본으로 추정되는 규장각 소장의 『조선지도』와 그 형태와 내용이 거의 일치하고 있다. 『조선지도』에서는 읍치를 단순화시켜 원으로 표현하고 있는 반면, 혜정박물관 소장 도별도에서는 읍치를 객사, 아사 등의 관아 건물을 그려 표현한 점이 다른 정도이다.

『동국여지도』 계열의 사본을 정상기 『동국지도』의 원도 계열과 비교하면 커다란 차이를 파악할 수 있다. 먼저 규격 면에서 『동국여지도』 계열의 사본이 훨씬 크기 때문에 수록하고 있는 지리 정보의 양도 많을 수밖에 없다. 아울러 산계와 수계의 표현이 한층 더 자세하고 정교해졌음을 알 수

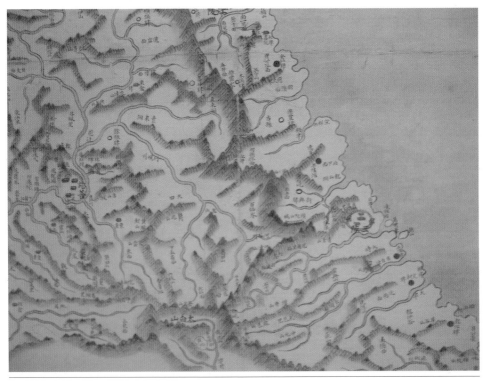

〈그림 87〉 신경준의 『동국여지도』 계열 사본의 강원도 부분(18세기, 경희대 혜정박물관 소장)

있다. 해안가의 섬들도 상세하게 그려져 있다. 이로 볼 때 신경준의 『동국여지도』는 정상기의 『동국지도』 사본을 저본으로 활용하면서 고을의 모습이 상세하게 묘사된 기존의 회화식 군현지도와 읍지와 같은 지리지를 참고 자료로 삼았음을 짐작할 수 있다. 도별 지도에 그려진 읍치의 모습이 회화식 군현지도에서 보이는 모습과 흡사한 것은 이러한 가능성을 더욱 높여주고 있다.

신경준의 『동국여지도』 계열 사본은 규장각에도 소장되어 있다. 병풍으로 제작된 『조선팔도지도』(도서번호 古屛912.51 J773)가 그것이다.[58] 이 지도는 6폭의 병풍(1폭 163cm×65cm)으로 되어 있으며, 각 지도를 이어 붙이면 세로로 5m나 되는 대형 전도가 된다.[59] 따라서 혜정박물관 소장의 『동국여지도』 계열 사본과 비슷한 크기임을 알 수 있다. 두 지도를 비교해보면 전체적인 윤곽과 수계망에서 거의 일치하고 있어서 같은 계열의 사본임을 알 수 있다. 그러나 산줄기의 표현이 상이하고 일부 지명에서 차이나고 있는 것으로 보아 직접적인 모사 관계에 있지는 않고 약간의 보완, 수정이 가해졌음을 알 수 있다. 표현 형식으로 보아 『조선팔도지도』가 후대 사본으로 판단된다.

『동국여지도』 계열의 사본은 다른 수정본 계열보다 지도학사상 차지하는 의의가 더욱 크다. 무엇보다 정상기의 원도를 대폭 확대하여 대축척 지도로 만들었다는 점에서 여타의 수정본 계열과 차별화된다. 이러한 대축척 도별도는 20리 방안에 기초한 군현지도 제작으로 이어졌고, 이들은 19세기 대축척 지도의 선구적 역할을 했다는 점에서 의의가 있다고 평가할 수 있다.

정상기의 『동국지도』에서 시작된 대축척 조선지도의 제작은 18세기 후반을 거쳐 19세기에 들어와서도 계속 이어졌다. 이 시기의 대축척 지도는 이전 시기와 달리 절첩식의 형태를 띠면서 휴대와 이용에 편리하도록 고안되었다. 이의 대표적인 것으로 일본 오사카 부립도서관 소장의 『조선도』를 들 수 있다(그림 88).

이 지도는 1800년에서 1822년 사이에 제작된 것으로 추정되는데, 우리나라 전체를 남북 26층, 동서 22판으로 나누어 구획한 채색 필사본 전국지도이다.[60] 지도 한 면의 크기는 세로 21.7cm, 가로 15.0cm이며 26층의 지도 전체를 이으면 세로 546cm, 가로 323cm의 대형 지도가 된다. 『조선도』는 지도의 윤곽, 도로 상의 10리 점의 표시, 남북 100리 동서 70리를 한 면으로 하는 방안지도 양식의 구성 등 『청구도』의 특징으로 지적되었던 장점들을 지니고 있어서 『청구도』 제작의 기반이 된 지도로 추정된다.[61]

『조선도』는 18세기 후반 본격적인 발전을 이룩한 방안식(方眼式) 군현지

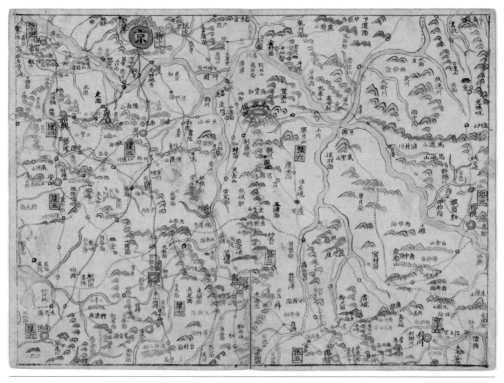

〈그림 88〉 『조선도』(19세기 전반, 일본 오사카 부립도서관 소장)

도의 영향하에 등장했다. 『조선도』의 전체적인 국토 윤곽이나 세부 지형 표현은 『조선지도』나 『해동여지도』로 대표되는 방안식 대축척 군현지도와 매우 유사하다. 『조선도』는 특히 『해동여지도』와 내용의 유사성이 높지만, 단순히 『해동여지도』에 수록된 개별 군현지도를 합성하는 데 그친 것이 아니라, 군현지도들 사이에 나타나는 모순된 정보 등을 수정하고 새로운 정보를 추가했다.[62]

국립중앙박물관 소장의 『동여』도 19세기 전반에 제작된 대축척 지도에 속한다(그림 89). 지도 내부에 기입된 명칭은 '대동여지도(大東輿地圖)'라 되어 있다. 14첩으로 구성되어 있고, 지도의 한 면에는 세로 10개, 가로 7개의 방안선이 그려져 있다. 따라서 방안 1개 크기는 20리에 해당한다.[63] 이

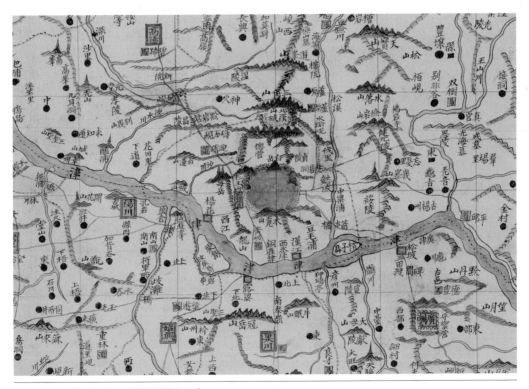

〈그림 89〉 『동여』(19세기 전반, 국립중앙박물관 소장)

지도는 방격식 군현지도인 규장각 소장의 『조선지도』나 국립중앙도서관 소장의 『해동여지도』에 가까워 이들 계통의 지도를 바탕으로 제작한 것으로 보인다. 이후 김정호의 『청구도』로 이어지는 과도기적 지도라 할 수 있다.[64]

국립중앙도서관 소장의 필사본 『대동여지도』도 19세기에 제작된 대축척 지도이다(그림 90). 『청구도』에서 『대동여지도』로 이어지는 지점에 위치한 지도로 제작 시기는 1843년에서 1859년 사이로 추정된다. 이 지도는 규장각 소장의 『조선지도』, 국립중앙도서관 소장의 『해동여지도』 등의 지리 정보 표현과 기호 사용 등을 계승한 『청구도』의 구성을 더욱 보완하여 체계화시키고 지리 정보의 정확도를 높여 김정호의 『대동여지도』 제작에 밑거름이 된 지도로 평가되고 있다.[65]

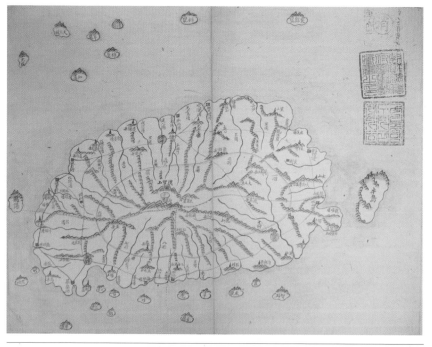

〈그림 90〉 필사본 『대동여지도』(19세기 중반, 국립중앙도서관 소장)

3. 지도 제작의 다양화

1) 국방의 중시와 관방지도

조선시대 국가 주도의 지도 제작은 군사적 목적에 의해 수행되는 경우가 많았다. 외적의 침입으로부터 국토를 수호하는 것은 다른 어떠한 사안보다도 중요한 일이었다. 이를 위해 지형지세를 파악하고 적절한 장소에 군사시설을 마련하게 되는데 이 과정에서 지도가 필수적으로 이용되었다. 관방지도(關防地圖)는 이러한 군사지도를 지칭하는 것이다.

조선시대의 국방 정책은 크게 육군에 의한 육상 방어와 수군에 의한 해안 방어로 나뉜다. 육군에 의한 방어는 유사시 산성에 들어가 항전하는 산성 중심의 방어 체제가 기본을 이루었다. 그러나 임란와 호란의 양난을 겪은 후에는 험준한 고갯길과 같은 군사적 요충지에 관문성(關門城)을 쌓고 방어하는 관방 중심의 군사전략으로 전환되기도 했다. 해안 방어는 주로 연안항로를 차단할 수 있는 해안이나 도서 지방에 진보와 같은 군사기지에 전선을 배치시켜 유사시에 대비토록 했다.

임진왜란과 병자호란의 양대 전란을 겪은 다음에는 청나라와의 접경 지대를 상세히 그린 『요계관방지도』, 『서북피아양계만리일람지도』 등과 같은 군사지도가 제작되어 이용되었다. 또한 군사적 요충지에 축조된 산성지도도 활발하게 제작되었다. 견고하기로 유명한 영변의 『철옹성전도(鐵瓮城全圖)』(그림 91), 수도 방어를 담당했던 북한산성과 남한산성 등의 지도가 이에 해당한다. 또한 해안 방어를 위한 군사지도도 계속 제작되어 활용되었는데, 여기에는 해안의 수군기지와 더불어 해상 교통로도 자세히 그려졌다.

18세기 조선의 육상과 해상 방어를 위해 제작된 대표적인 지도로 국립중앙박물관 소장의 『청구관해방총도(靑丘關海防總圖)』를 들 수 있다(그림

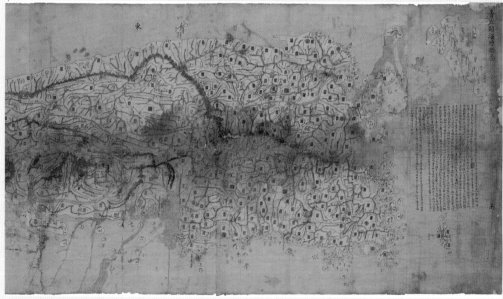

〈그림 91〉『철옹성전도』(18세기, 서울대 규장각한국학연구원) (상)
〈그림 92〉『청구관해방총도』의 부분도(18세기, 국립중앙박물관 소장) (하)

92).『청구관해방총도』는 독특한 시점으로 그려진 대형 관방지도다. 와우형(臥牛形) 관방지도로 전체적인 지도의 규격은『동국대전도』정도로 큰 편이다. 조선시대에는 동쪽을 지도의 상단으로 배치하는 와우형 전도도 일부 제작되었다. 이는 북쪽을 지도의 상단으로 배치하는 현대와는 다른 것으로, 상대적으로 시점의 다양성을 보여주는 사례이다. 남쪽에는 일본의 모습이 소략하게 그려져 있다. 지도 여백에는 관방과 관련된 주기문(注記文)도 수록되어 있다. 산지는 산줄기를 강조하는 연맥식으로 표현되었으며, 백두대간의 모습이 뚜렷하다. 또한 압록강, 두만강 이북의 만주 지역까지 포괄하는 것은 정상기의『동국대전도』와 유사하다. 특히 의주에서 산해관에 이르는 도로를 표시했으며 몽고족의 침입을 방지하기 위해 세워진 목책이 잘 그려져 있다. 이 가운데 목책의 문이 상세한데 이는 변경 지역에 대한 군사적 관심을 표현한 것이다. 조선 부분에서는 진보와 성곽이 잘 그려져 있다. 홍선으로 교통망을 그렸고, 해안에는 방어 시설과 관련된 초(哨)와 당(塘)이 표시되어 있다. 봉수는 횃불 모양으로, 요충지는 깃발 모습으로 표현했다. 당시 섬이었던 안면도가 여전히 곶으로 그려지는 등 이전 시기 지도에서 보이는 불완전함도 보인다.

관방지도 가운데 해안 방어를 목적으로 제작된 것으로는 국립중앙박물관 소장의『해방도(海防圖)』를 들 수 있다(그림 93). 임진왜란을 겪은 후 조선에서는 해안 방어를 강화했는데 해안의 요충지에 군사기지를 마련하고 전선을 배치했다. 지도에는 해안 군사기지의 상황이 한눈에 파악될 수 있도록 그려져 있다. 전체적인 한반도의 윤곽은 실제 지형보다 왜곡되어 있는데, 이는 지형 표현이 정확한 지도를 목적으로 한 것이 아니고 군사기지의 배치 상황을 보여주는 데에 우선순위를 두었기 때문이다. 이에 따라 내륙 지역의 고을들은 과감하게 생략되어 표시되지 않았다. 반면 해안의 섬들과 이들 사이를 지나가는 해로는 상세하게 그려져 있다. 중국으로 가는

<그림 93> 『해방도』(18세기 후반, 국립중앙박물관)

항로도 북방항로와 남방항로로 구분하여 그려진 점이 이채롭다. 이러한 항로는 명·청 교체기에 육로가 막히자 이용했던 것으로 지도 제작의 당시 상황은 아니었던 것으로 보인다.

해안 방어 태세에 대한 정비는 19세기 후반 서양 세력이 서서히 다가옴에 따라 더욱더 강화되었다. 1872년 전국적 차원의 군현지도 제작에는 해안의 진지도가 다수 포함되어 해안 방어를 중시하던 당시 상황을 엿볼 수 있다. 이러한 성격의 대표적인 지도로 무안의 목포진지도를 들 수 있다(그림 94). 목포는 조선시대 무안현(務安縣)에 속해 있었던 해안 방어 기지로서 1439년에 최초로 설치되었다. 임진왜란뿐만 아니라 이후에도 군사적 요충지로서 중요한 역할을 담당했고, 1897년 개항되면서부터는 항구도시로서 급성장했다.

지도는 개항 이전 목포진의 모습을 잘 보여주고 있다. 기암절벽으로 이루어진 유달산의 모습을 부각시켰으며 지금은 연륙(連陸)된 남쪽의 삼학도(三鶴島)도 예전 모습으로 그려져 있다. 당시 정4품 무관(武官)인 수군 만호(萬戶)가 관할하던 진(鎭)은 원형의 성곽을 중심에 크게 그려 강조했다. 진성(鎭城) 내부에는 전패(殿牌)를 모셨던 객사(客舍)와 만호의 청사인 아사(衙舍)가 중요한 건물로서 표현되어 있으며 그 밖의 부속 건물로 장청(將廳), 사령청(使令廳), 이청(吏廳), 군기고(軍器庫), 창고(倉庫) 등이 표시되어 있다. 특히 옥은 원형 울타리를 형상화시켜 표현한 점이 이채롭다. 해안에는 선소

(船所)인 어변정(禦變亭)의 모습과 더불어 각종 수군 선박이 표시되어 있고 유달산 정상부에는 붉은 색으로 봉수를 그려 중요한 군사기지로서의 면모를 잘 보여주고 있다. 주변 지역과 연결되는 길은 홍선으로 그렸는데 동쪽 관해동(觀海洞) 근처에는 주막(酒幕)도 표시되어 있다. 남쪽의 바다에는 세곡선(稅穀船)의 항로도 표시했으며, 나루터에는 일반인이 이용하던 나룻배를 독특한 모습으로 그려 넣었다. 군사적 시설물뿐만 아니라 당시 시대적 변화상까지 반영되어 있다.

〈그림 94〉 『무안목포진지도』(서울대 규장각한국학연구원 소장)

2) 지역의 개성적 표현과 군현지도

조선시대 지방 행정구역의 기본 단위는 부(府)·목(牧)·군(郡)·현(縣)으로 이루어지며, 백성들의 실생활이 이루어지는 공간이다. 여기에는 지방관청인 관아가 중심에 위치해 있고, 주변에는 백성들이 모여 사는 촌락들과 경지가 펼쳐져 있다. 고을의 중심에는 관아 외에도 향교와 같은 교육기관과 장시도 형성된다. 백성들의 생활은 바로 군현이라는 생활권 안에서 이루어진다. 농업과 같은 생산 활동은 촌락 단위로 이루어지고 행정 업무나 장시를 통한 물자 교환은 읍내에서 이루어졌다. 이와 같은 고을의 모습을 그린 지도를 통상 군현지도라 하며, '읍지도(邑地圖)'라고도 불린다.

국토 전체를 대상으로 그리는 전도는 소축척으로 그려지지만 지방의 행정단위인 군현을 그린 지도는 대축척에 해당한다. 이에 따라 전도의 경우에는 지도의 표현 방식도 보다 추상화된 형태를 지향하여 각종 기호가 사용되지만, 군현지도의 경우는 지역의 모습을 회화적으로 표현하는 것을 많이 볼 수 있다(그림 95). 축척의 경우 대상 지역이 동일한 축척으로 그려지지 않고, 행정의 중심지인 읍치(邑治)는 크게 확대되어 그려지고 나머지 주변 지역은 소축척으로 표현된다. 또한 당시 지방 통치에 중요한 사항들이 우선적으로 선택되고 그렇지 않은 요소들은 생략된다.

고을 전체의 지형지세, 읍치 공간의 관청이나 제사 공간, 각 촌락의 분포와 거리, 군사적 요충지, 재정적인 요소, 유교적인 교화에 필요한 각종 상징물 등이 중요하게 표현된다. 또한 행정에 필요한 고을의 정보를 간략하게 정리하여 지도의 여백에 수록하기도 했다. 군현지도들은 고을의 수령이나 관청의 주도하에 제작되는 것이 일반적이기 때문에 당시 지방 통치에 중요한 사항들이 우선적으로 선택되고 그렇지 않은 요소들은 생략되는 경우가 많았다. 이렇듯 군현지도는 행정적인 성격을 강하게 가진 지도인 것이다.

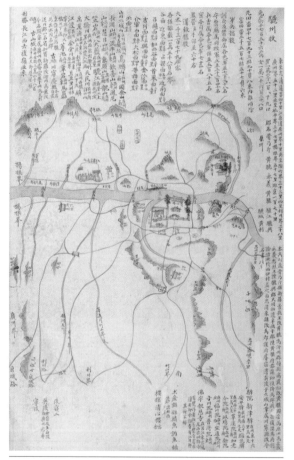

〈그림 95〉 회화식 군현지도, 『해동지도』 여주목(18세기, 서울대 규장각한국학
연구원 소장)

조선후기의 군현지도는 18세기 영조, 정조 대에 집중적으로 제작되었다. 이 시기에는 회화적 형식이 강조되는 회화식 군현지도뿐만 아니라 방격을 기초로 그려지는 경위선표식 군현지도도 제작되었다. 전체 도면에 동일한 축척을 적용하여 거리나 방위를 정확하게 하기 위해 방격을 사용했다. 이러한 경위선표식 군현지도는 개별 고을에서 제작되기보다는 중앙관부의 주도하에 제작된 것으로 보인다. 다시 말해서 개별 고을에서 제작한 것을 수합하여 하나의 군현지도책으로 제작한 것이 아니고 대축천 조선전도를 바탕으로 방격을 그어 군현지도책으로 만든 것이다. 이 시기에 제작된 경위선표식 군현지도는 규장각한국학연구원 소장의 『조선지도』(그림 96), 국립중앙도서관 소장의 『해동여지도』 등을 들 수 있다.[66]

　규장각 소장의 『조선지도』나 국립중앙도서관 소장의 『해동여지도』는 모두 20리 방안을 사용하여 그려졌다. 『조선지도』는 1770년 신경준이 제작한 열읍도 사본으로 추정되기도 한다. 현재에도 유사한 사본이 다수 전하

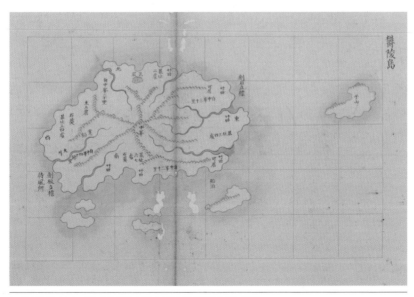

〈그림 96〉 『조선지도』(18세기 후반, 서울대 규장각한국학연구원 소장)

고 있다. 『해동여지도』는 각 도별로 방격에 의해 군현의 위치를 표시한 경위전도(經緯全圖)가 수록되어 있어서 『청구도』의 저본 지도로 보는 경우도 있으나,[67] 방격의 형태나 지도의 내용으로 볼 때 직접적인 저본은 아니고 간접적은 영향 관계에 있는 지도로 판단된다. 최근 『해동여지도』와 동일한 부본이 일본 동양문고에 『강역전도』(그림 97), 일본 오사카 부립 나카노시마도서관에 『해동여도』(결본)라는 이름으로 소장되어 있음이 확인되고 있어서 이후 경위선표식 군현지도 제작에 미친 영향이 적지 않다고 할 수 있다.

19세기로 넘어가면서 조선 사회는 세도정치로 인한 정치적 혼란과 더불어 삼정의 문란 등으로 민생의 안정이 위협받게 되었다. 관료 사회의 부패는 정상적인 국가정책의 집행을 더욱 어렵게 만들기도 했다. 이러한 상황

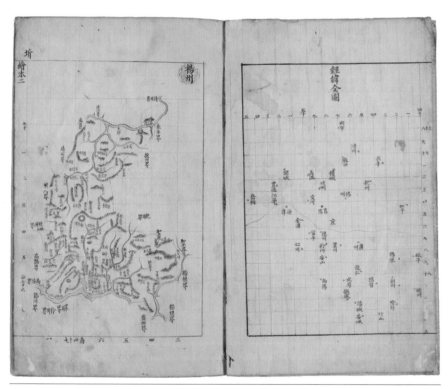

〈그림 97〉 『강역전도』(18세기 후반, 일본 동양문고 소장)

에서 집권한 흥선대원군은 과감한 개혁을 추진하게 되었다. 그는 중앙집권적 정치체제를 확립하기 위해 외척 세도를 일소하고 당쟁을 타파하며 군제를 정비하고 재정을 확보하기 위한 각종 정책을 추진했다. 특히 두 차례의 양요(洋擾)를 겪으면서는 서양의 침략에 적극적인 대응책을 모색하게 되는데 국방과 치안을 위한 관제 개정, 군제 개편, 군사시설의 확충과 경비의 강화, 군기의 정비와 실험 등을 시도했다.[68] 이러한 시대적 상황에서 지방의 실정 파악은 시급한 과제였고 이를 위해 1871년 전국적인 읍지 편찬 사업과 이듬해인 1782년에 전국적인 차원의 지도 제작 사업이 추진되었다.

현재 서울대학교 규장각에는 조선시대 관찬 지도 제작 사업의 마지막 성과로 평가되는 1872년 제작된 지방지도 총 459매가 소장되어 있다. 이때 제작된 지도들은 군현지도뿐만 아니라 영(營)·진보·목장·산성 등을 그린 지도까지 포함하고 있어서 한 시기에 제작·수합된 지방지도로는 가장 많은 수량을 보유하고 있다. 이들 지도는 1년이 채 되지 않은 짧은 시간에 제작·수합되어 전체적인 제작 원칙하에 체계적으로 그려지지는 못했지만 이전 시기의 지도보다 큰 규격으로 작성되어 지도에 들어 있는 정보량은 다른 군현지도들과 비교가 안 될 정도로 풍부한 편이다(그림 98).

이때 제작된 군현지도는 대부분 회화식 군현지도이며, 도별, 고을별로 많은 편차를 보인다. 대부분의 군현지도는 저마다의 독특한 개성을 지니고 있는데, 지역성이 지도에도 반영되어 있다고 볼 수 있다. 지도에는 이원적 축척이 적용되어 고을의 중심인 읍치 공간을 부각시켜 표현했고 주변 지역은 소축척으로 처리했다. 지도의 여백이나 뒷면에 지도를 보완하는 텍스트가 수록되는 경우가 많은데, 지도와 지지가 결합되는 전통적인 양식이 여전히 이어지고 있음을 알 수 있다.

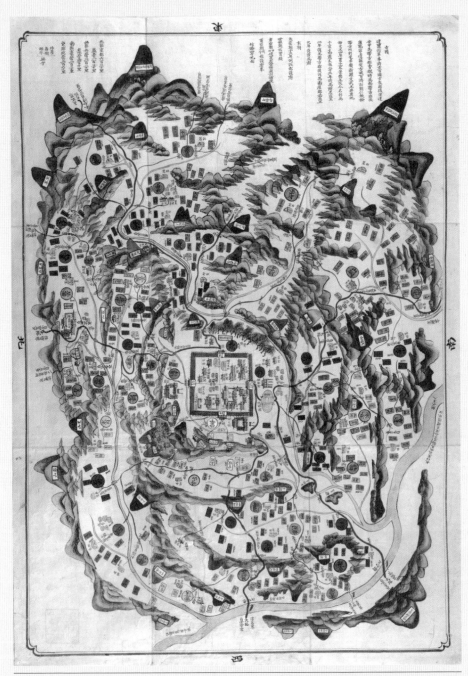

〈그림 98〉 1872년 군현지도(전라도 남원부, 서울대 규장각한국학연구원 소장)

3) 왕권의 상징과 도성도

조선의 수도였던 한양을 비롯한 많은 도시들은 성곽으로 둘러싸여 있었다. 도시의 성곽 내부를 중심으로 그린 지도를 도성도라 하는데, 대개는 서울 지도를 지칭한다. 조선은 중앙집권적 사회로서 국토 공간도 서울로 집중되는 구조를 띠고 있었다. 더 나아가 수도 서울은 왕도(王都)로서 왕권을 상징하는 장소로 기능했다. 이러한 왕도를 지도로 표현하는 작업은 조선전기부터 간헐적으로 행해져왔는데, 특히 영조·정조 대 조선후기 문예부흥기에는 뛰어난 도성도들이 많이 제작되었다.

도성도는 왕도가 지니는 권위를 부각시켜 표현하는 상징성과 실제 생활에 이용할 수 있는 실용성을 지닌다. 왕권의 상징을 표현하는 것으로는 왕궁과 종묘·사직 등이 위엄 있게 그려진다. 또한 왕도를 하나의 소우주적 공간으로 표현하기 위해 주변의 사산(四山)을 이어 그리고 산지의 표현도 회화적 기법을 활용하여 실감나게 묘사하는 것이 보통이다. 왕도의 내부 공간에는 하계망과 도로망이 매우 상세하게 그려지고, 행정구역 명칭이 세밀하게 표기되어 실제 생활에서의 활용도를 높여준다.

규장각 소장의 『도성도』는 현존하는 도성도 중에서 최고 작품으로 꼽히는 것으로 정조 연간(1776~1800)에 제작된 것이다(그림 99). 도봉산과 북한산을 배경으로 하면서 백악산(白岳山)·인왕산(仁王山)·목멱산(木覓山, 남산)·타락산(駝駱山, 낙산)의 내사산(內四山)을 중심으로 서울의 빼어난 자연환경을 산수화처럼 표현했다. 도성 안 시가지의 인문 현상은 평면적으로 처리하여 풍부한 지명을 기록하고 주위의 산세와 대비되도록 했다. 여백에는 행정구역, 도성의 크기와 도로를 기록했는데, 창덕궁의 정문인 돈화문(敦化門)을 기점으로 삼았다. 이 당시 창덕궁이 실질적인 정궁의 역할을 했기 때문이다. 원본은 남쪽을 바라보며 정사(政事)를 보는 왕의 시각에 맞추어

<그림 99> 『도성도』(18세기, 서울대 규장각한국학연구원 소장)

그려 지도의 위쪽이 남쪽으로 되어 있는 점이 독특하다.

　도성도는 주로 관청에서 제작하다가 18세기 이후에는 민간에 널리 유포되면서 사적으로도 많이 제작되었다. 또한 조선후기 서울에 인구가 많아지면서 한양의 생활공간도 외곽으로 확장되는데, 이러한 경향을 반영하여 도성의 주변 지역까지 넓게 포괄하는 지도가 제작되었다. 특히 이 시기에는 도성도에 대한 민간의 수요가 급증하여 『수선전도(首善全圖)』와 같은 목판본 도성도도 널리 유포되었다(그림 100).

　『수선전도』는 지도의 내용과 표현 기법으로 보아 김정호의 작품으로 추정되는 서울지도다.[69] 지도의 제작 시기는 자하문 밖에 있던 총융청(摠戎廳)을

1846년에서 1849년 사이에 총위영(總衛營)으로 고쳐 부른 적이 있는데, 지도에 총신영(總新營)으로 표기되어 있어서 1846년에서 1849년 사이에 제작된 것으로 추정되고 있다.[70]

목판본으로 제작된 『수선전도』는 가로 65cm, 세로 83cm로 『청구도』나 『대동여지도』에 수록된 도성도보다는 규격이 크고 수록된 내용도 훨씬 상세하다. 지도의 목판은 상·중·하의 3부분으로 구성되어 있다. 이는 판목의 크기에 제한이 있어서 분리한 것으로 보인다. 지도의 전체적인 구도는 도성 내부와 한강 북쪽의 성저십리(城底

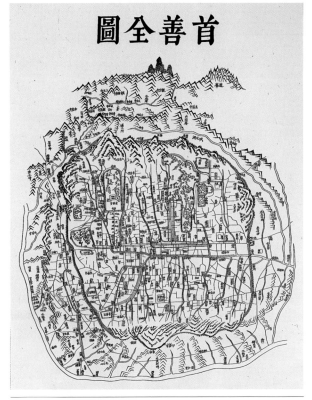

<그림 100> 『수선전도』(19세기, 국립중앙박물관)

十里) 지역을 포괄하고 있다. 산지의 표현은 전통적인 연맥식 방식을 사용했다. 북한산의 세 봉우리가 강조되어 표현되어 있고 도성의 4산(四山)이 수목의 모습과 함께 그려져 있다.

도성의 내부는 외부보다 대축척을 사용하여 상세하게 표현했다. 종묘와 사직, 궁궐, 관서 등의 주요 건물과 행정구역 명칭, 하계망, 가로망이 자세히 그려져 있다. 특히 종로를 중심으로 북쪽과 남쪽의 산지와 지명의 방향이 서로 반대로 되어 있는 점이 이채롭다. 이러한 방식은 전통적인 지도에서는 종종 볼 수 있는 것으로, 전도가 아닌 지역도에서는 여러 시점에 의해 지도가 그려졌기 때문이다. 하계망은 도로망과의 혼돈을 피하기 위해 쌍선으로 표현된 점이 특징적이다. 한강의 경우 지도의 구조와 일치시키기 위해 실제 유로와는 다르게 상당히 왜곡되어 표현되어 있다.

　도성의 외부는 좁은 지면에 넓은 지역을 간략하게 보여주기 위해 소축척을 사용했다. 따라서 도성 내부보다 사물의 실제 위치나 거리가 왜곡되어 있다. 주요 촌락과 고개, 한강변의 포구가 비교적 상세하게 수록되어 있다. 전체적으로 목판본『수선전도』는 수록된 내용이나 표현 기법이 정교하고 판화로서의 예술적 가치도 높다.

4) 주변국에 대한 인식과 외국 지도

조선은 조선전기부터 이어져 내려온 중화적 세계관에 따라 중국 중심의 직방세계를 표현한 세계지도를 제작했다. 이러한 흐름은 조선후기에도 이어지면서 세계 인식의 주류를 이루었다. 17세기를 거치면서 서양의 지리 지식이 지식인 사회에 영향을 주면서 인식된 세계가 확장되기도 했으나 여전히 주류적인 인식은 중화적 세계관에 토대를 둔 것이었다. 따라서 조선후기에도 사대교린의 외교적 기조가 유지되어 주변국에 대한 지도도 중국, 일본, 유구 등의 것이 대부분을 차지한다. 조선후기에 제작되는 주변국 지도는 대부분 목판본이나 필사본 여지도첩에 수록된 것이 많지만 일부는 상세한 단독 지도로 제작되기도 했다.

　중국지도의 경우 중화적 세계관에 따라 세계지도에 자세히 그려지지만 이 시기에는 중국만을 단독으로 그리는 사례도 나타났다. 이러한 중국지도는 민간에서 제작되는 여지도첩에 수록되는 경우가 많은데 최신 정보가 수록된 상세한 지도가 아니라 중국을 개략적으로 그린 것이다(그림 101). 목판본이나 필사본이 대부분 비슷한 내용을 반영하고 있다. 각 성(省)의 지

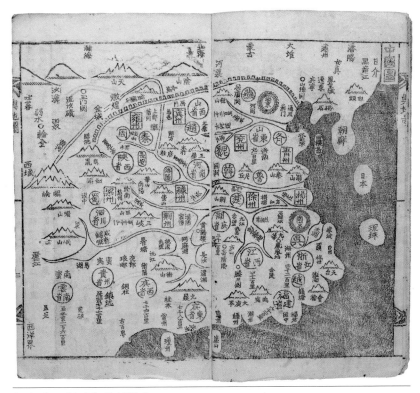

〈그림 101〉 목판본 여지도첩의 중국지도

명과 역대 왕조가 웅거했던 곳에 나라 이름을 표시하여 일종의 역사부도 성
격도 아울러 지니고 있다. 즉, 「우공(禹貢)」의 구주(九州), 전국시대(戰國時代)의
11국(國), 명대(明代)의 13성(省)이 주요 지명으로 표시되어 있고, 황하·양
자강·회수 등 대하천과 주요 산들이 간략하게 그려져 있다. 명나라가 멸
망하고 청나라가 중원을 장악한 이후지만 여전히 명나라의 행정구역을
표시한 과거형으로 그려지는 경우가 많다. 이는 중화의 적통으로 청나라
를 인정하지 않는 조선중화주의적 사고의 반영으로 볼 수 있다. 제왕을 비
롯한 주요 현인, 왕릉을 비롯한 고적 등도 같이 표시했다. 등왕각(滕王閣), 황
학루(黃鶴樓), 봉황대(鳳凰臺) 등의 유명한 누대와 적벽(赤壁), 동정호(洞庭湖)

등의 명승지도 그려 넣었다. 특히 제왕(齊王)의 동생 전횡(田橫)이 제나라가 망하자 산동성 북방의 섬에 살았다는 전설의 섬 전횡도(田橫島)와 연(燕)의 소왕(昭王)이 갈석궁(碣石宮)을 지어 추연(鄒衍)에게 사사(師事)받았던 갈석산(碣石山)이 표시되어 있다. 따라서 이 지도는 당시 중국의 실제 지형을 보여주기 위해 제작되었다기보다는 역사적 사건과 관련된 중요한 지명을 위주로 그려 사대부들이 역사 공부를 할 때 이용했던 지도의 성격이 강하다고 할 수 있다.

조선후기에는 임진왜란 이후 일본과의 관계가 안정되면서 통신사를 통한 교류가 행해지고 이에 따라 일본의 최신 지도가 유입되어 조선에서 다시 제작되었다. 그러나 이 시기 일본에 대한 인식의 지평이 항상 확대되는 방향으로만 진행된 것은 아니었다. 일부 실학자들을 제외한 보통의 지식인들은 조선전기부터 지녀왔던 화이관(華夷觀)에 입각하여 일본을 인식했다. 이러한 경향은 임진왜란으로 인해 더욱 강화되었으며, 17세기 일본과 교류가 재개되는 상황에도 불구하고 일본에 대한 인식은 여전히 화이관에 기초하고 있었다. 이와 같은 흐름은 18세기에도 계속 이어져, 한편으로는 일본에 대해 개방적·현실적인 이해로 나아가면서도 다른 한편으로는 폐쇄적·관념적 이해가 중층적으로 공존하는 모습을 띠었다.[71]

일본에 대한 이러한 인식의 이중성은 조선에서 제작된 일본지도에서도 확인되는데, 대체로 두 가지 흐름으로 나타난다. 첫째는 성리학적 화이관이 강하게 투영된 일본지도의 유형이다. 여기에는 조선전기에서 이어져온 교키도(行基圖) 형태의 일본지도와 강항(姜沆, 1567~1618)의 『간양록(看羊錄)』에서 비롯된 일본지도, 민간에서 활용되었던 다양한 여지도책류(輿地圖冊類)에 수록된 일본지도(그림 102) 등이 포함된다. 이들 일본지도들은 대부분이 왜곡된 형태를 띠고 있으며 수록된 정보도 조선전기『해동제국기』의 수준을 넘어서지 못하고 있다.

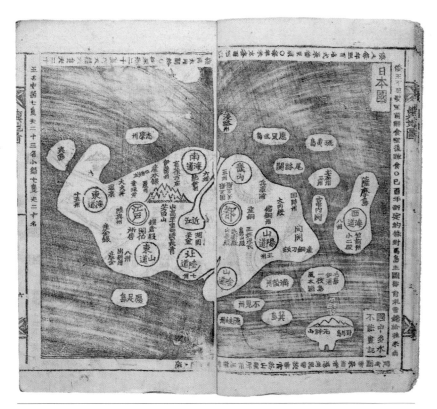

〈그림 102〉 목판본 여지도책에 수록된 일본지도

　둘째는 통신사행을 통해 입수한 최신의 일본지도를 기초로 제작된 지
도들이다. 이러한 지도들은 일부 국가기관에 의해 관리되기도 했고, 일부
는 개인적으로 다시 모사·제작되면서 실학자들에게도 열람되었다. 공재(恭
齋) 윤두서(尹斗緒)가 그린 『일본여도(日本輿圖)』, 성대중(成大中, 1732~1809)
이 통신사행 때 구득(購得)한 일본지도(그림 103), 원중거(元重擧, 1719~1790)
의 『화국지(和國志)』, 이덕무의 『청령국지(蜻蛉國志)』 등에 수록된 일본지도
등이 이에 해당한다. 첫째 유형에 비해 일본의 모습이 훨씬 정확해졌고 수
록된 정보도 최신의 상황을 반영하고 있다. 이러한 성과들은 지속적인 일
본과의 교류를 통해 전통적인 화이관에서 벗어나 일본을 객관적으로 인

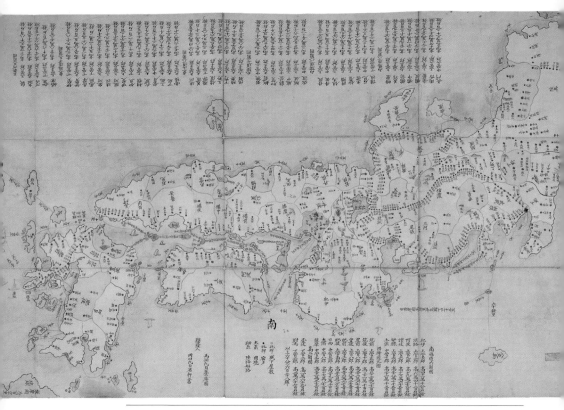

식하려 했던 노력의 결과이다. 이적시되던 일본이 독자적인 문화를 지닌 동등한 국가로서 인식되었던 것이다.

이처럼 일본에 대한 인식이 심화되고 그들을 객관적으로 이해하려는 노력이 이루어지고 있었지만, 한편으로는 여전히 전통적인 화이관에 기초한 일본 인식도 여전히 지속되었다. 특히 통신사를 통한 교류가 단절되는 19세기 전반부터는 일본에 대한 관심이 더욱 퇴조되었다. 이에 따라 조선 초기 『해동제국기』의 일본지도보다 훨씬 퇴화하고 왜곡된 형태의 지도가 일본의 모습으로 인식되었고, 이러한 인식은 1876년 일본에 의한 타율적 문호 개방에 이르기까지 지속되었다.

조선후기에는 중국 및 일본과 더불어 유구의 지도도 계속 제작되었다. 조선과 유구의 사신 왕래는 1524년을 끝으로 단절되었다. 이후 북경에서 사절단끼리 접촉하는 시기(1553~1638년)를 지나 1662년부터는 관계 자체가 완전히 단절되었다.[72] 국가 간의 실제적 교류가 단절되었지만 이전 시기의 인식을 바탕으로 유구국의 지도가 제작되었던 것이다. 이 시기 제작된 유구국지도는 대부분 민간의 여지도첩(책)에 수록된 것으로 조선전기『해동제국기』의「유구국지도」를 따르는 것들이다.

〈그림 104〉의『유구국도』도 조선후기 민간에서 유행했던 여지도첩에 수록된 지도이다. 본섬의 윤곽과 내용, 주변 섬의 배치 등은 조선 전기의 신

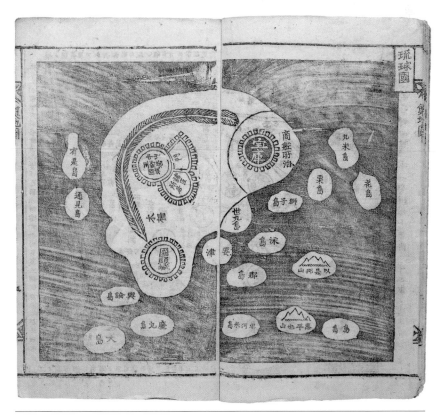

〈그림 104〉『유구국도』(18세기, 영남대학교 박물관 소장)

숙주(申叔舟)가 편찬한 『해동제국기』에 실려 있는 일본지도와 유사하다. 비록 도면의 방향은 다르지만 왕성과 국두성(國頭城)의 위치와 성곽과 산맥을 표현한 기법 등이 거의 유사하여 『해동제국기』의 일본지도에서 계속적으로 전사되어온 지도라 할 수 있다. 지도의 내용은 매우 소략한데 본섬과 주변의 여러 섬들이 그려져 있고 본섬에는 국도(國都)·국두성·보고(寶庫) 등이 그려져 있다. 특히 국도에는 왕이 거주하는 지역과 왕제, 대신들이 거주하는 지역을 명확히 구분하여 표시한 점이 이채롭다. 보고와 그 옆의 국고는 『해동제국기』의 일본지도에서는 바다의 섬으로 표시되었는데 여기서는 육지에 그려 넣었다. 당대인들의 유구에 대한 인식 수준과 방식을 엿볼 수 있는 지도로서, 전기의 『해동제국기』에서 보여주는 인식 수준을 넘어서지는 못하고 있다.

『해동제국기』의 유구국지도와 다른 유형의 지도도 그려졌다. 이것은 명대의 정약증(鄭若曾, 1503~1570)이 그린 『유구국도』 계열의 지도이다. 정약증의 『유구국도』는 명나라와 조공책봉 관계에 있던 유구를 그린 것으로 중국 사신이 지나는 경로를 자세히 표시했다. 지도는 『해동제국기』의 것보다 실제 형태가 다소 왜곡되어 있다. 오키나와 본섬은 왕성인 슈리성(首里城)을 중심으로 그려져 있다. 중국 사신이 머무르던 천사관(天使館)을 비롯하여 문루, 전각, 사찰 등의 건물이 상세하게 그려져 있다. 이 지도는 후에 『삼

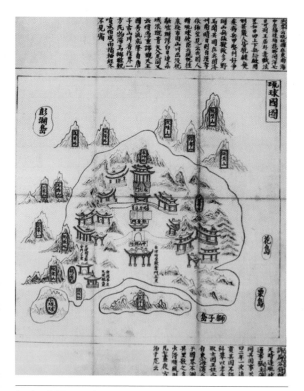

〈그림 105〉 「유구국도」(18세기, 영남대학교 박물관)

재도회』나『도서편』에 실리면서 조선에도 전해졌다. 영남대학교 박물관 소장의『천하지도』에 수록된『유구국도』(그림 105)는 정약증의『유구국도』계열의 지도이다.

　지도의 전체적인 모양새를 보면 본섬을 중앙에 배치하고 주변의 여러 섬들을 외곽에 그려 넣었다. 특히 본섬에는 왕도의 궁궐만을 그렸고 주변의 산들을 해안에 표시한 점이 특징적이다. 궁궐은 문·전각·연못 등이 비교적 상세히 그려져 있고 중국 사신이 머물렀던 천사관도 그려져 있다. 이로 본다면 이 지도는 유구국의 전체 지역상을 파악하기보다는 왕이 거처하는 궁궐의 구조를 보여주는 데 일차적인 목적이 있는 것으로 보인다. 지도의 상단에는 지봉(芝峯) 이수광이 쓴 유구국의 풍토에 관한 기술이 수록되어 있고 하단에는 하곡(荷谷) 허봉(許篈, 1551~1588)이 중국 사신으로 갔을 때 유구통사(琉球通事) 장주부(張主簿)를 만나 그 나라의 상황에 대한 얻어 들은 것을 주기해 놓았다. 유구에 대한 인식 수준은 역사적으로 빈번하게 교류했던 중국에는 미치지 못하고 있음을 엿볼 수 있다.

　조선후기 주변국에 대한 지도의 백미로 서울대 규장각한국학연구원 소장의『해동삼국도(海東三國圖)』를 들 수 있다(그림 106). 지도의 표지에는「일본조선유구전도(日本朝鮮琉球全圖)」라 되어 있고, 한반도를 비롯하여 중국의 만주 지역과 북경, 동부 연해 지역, 대만의 서쪽 해안, 유구, 일본 등이 그려져 있다. 세로 248cm, 가로 264cm의 대형 지도로 일본의 모습이 매우 상세하게 그려져 있다. 조선의 한양에서 사방 각지에 이르

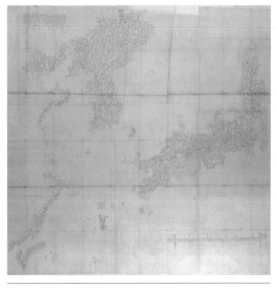

〈그림 106〉『해동삼국도』(18세기, 서울대 규장각한국학연구원 소장)

는 육로와 해로가 자세히 표현되어 있고, 동해에는 백리척도 그려져 있다.

지도의 하단에는 일본에 관한 기록이 수록되어 있는데, 도별 각 주의 명칭과 주에 소속된 각 군의 수가 대부분을 차지한다. 끝 부분에 사쓰마주(薩摩州)에서 절강성(浙江省)까지, 대마도에서 부산포까지의 거리와 항해 일수, 그리고 사쓰마주에서 유구, 대만, 안남(安南), 여송국(呂宋國)에 이르는 거리가 표시되어 있다. 그러나 중국과는 달리 일본의 북극고도는 기록되어 있지 않다.[73]

이 지도의 제작자나 제작 시기가 명기되어 있지 않지만 단편적인 기록이나 지도 등을 고려해볼 때, 정상기의 『동국지도』를 수정·증보했던 정후조가 정조 연간에 제작한 것으로 보인다. 정후조가 제작한 것으로 추정되는 『동국팔로분지도』(성신여대 소장)에는 원래 『사예도(四裔圖)』라는 지도가 수록되어 있었다. 지도첩 뒤에 있는 범례의 기록으로 볼 때, 『사예도』는 『해동삼국도』의 모습과 일치하고 있다. 또한 백리척을 사용하여 지도를 그린 점, 지도 상단에 중국 주요 지역의 북극고도가 기재되어 있는 점 등은 『해동삼국도』가 『사예지(四裔志)』를 저술한 정후조가 그린 지도일 가능성을 더욱 높여주고 있다.

『해동삼국도』의 일본지도는 지금까지 알려진 조선시대의 일본지도로는 가장 상세하고 정교한 지도이다. 해안선의 윤곽이 보다 세밀해졌고, 육로와 해로가 자세하게 그려져 있다. 현존하는 일본의 고지도 중에서 이와 동일한 윤곽을 지닌 지도를 찾아보기 힘들고, 일본의 『화한삼재도회(和漢三才圖會)』의 지도를 토대로 『사예도』를 제작했다는 『동국팔로분지도』의 범례 기록으로 볼 때[74] 조선에서 독자적으로 편집·제작한 지도로 판단된다. 일본지도의 전체적인 윤곽은 『화한삼재도회』의 지도와 다소간의 차이가 있지만 수록된 내용의 상당 부분이 서로 일치하고 있다. 통신사를 통해 들어온 일본지도들이 대부분 모사·제작되었던 사실과 비교해볼 때, 이는 일본지도 제작에서 획기적인 진전을 이룬 것으로 평가된다.

무엇보다 이 지도가 지니는 가장 큰 특징은 정교함과 내용의 풍부함을 넘어서 주변 지역을 고려한 일본의 상대적인 위치가 매우 정확해졌다는 사실이다. 이전 시기의 지도에서는 대부분 일본이 조선의 남쪽 또는 동남쪽에 위치해 있고 조선보다 면적이 작게 그려져 있다. 그러나 『해동삼국도』에서는 이러한 오류가 시정되어 혼슈(本州)의 북단 부분이 거의 함경도의 위도와 같게 그려져 있고, 경도 상에서도 한반도의 중심에서 동쪽으로 이동되어 있다. 또한 국토의 면적에서도 조선보다 훨씬 크게 그려 실제 상황을 반영하고 있다. 이러한 표현은 중국에서 들여온 서학서와 서구식 세계지도, 경위도를 이용한 땅의 측량법(測天法), 『화한삼재도회』와 같은 최신의 일본 서적과 지도 등을 통해 가능했다.

지도에서의 이러한 변화는 일본 인식에서의 중요한 변화를 보여주는 것이다. 일본을 이적시하는 전통적인 화이관에서는 일본을 왜소한 나라로 보기 때문에 대부분 조선보다 작게 표현되었고, 심지어는 유구국보다도 작게 그려지는 경우가 있었다. 그러나 『해동삼국도』에서는 전통적인 화이관에서 벗어나 일본을 조선보다 훨씬 크게 그림으로써 객관적으로 이해하려 했다. 도카이도(東海道)의 북단이 조선의 함경도와 같은 위도에 그려 남북의 길이가 한반도의 두 배 정도로 표현된 사실은 전통적인 화이관으로는 상상하기 힘든 것이었다. 이제 일본은 이적의 나라가 아니라 조선과 동등하면서, 그들만의 독특한 문화를 지닌 나라로 인식하게 되었다. 폐쇄적인 화이관에서 벗어나 개방적인 대외 인식의 계기가 마련된 것으로 볼 수 있다.

『해동삼국도』의 유구국 부분도 이전의 지도와는 다른 형태로 되어 있다. 유구국의 전체적인 모습이 이전의 지도와 달리 남북으로 길쭉하게 실제 지형을 반영하고 있다. 중국에서 유구국으로 연결되는 바닷길이 붉은 선으로 표시되어 있다. 유구국에 대한 간단한 연혁이 기재되어 있고 북극출지(北極出地)는 26도 2분 3리(釐)로 되어 있다. 오키나와 본섬의 지명도 이전 지도에서는 볼 수 없는 지명들이 수록되어 있는데, 최신 정보를 바탕으로 제작된 것으로 보인다.

5) 기타 다양한 유형의 지도

조선후기에 제작된 특수한 지도로 풍수에 기초한 산도, 천문 지식을 반영한 천문도, 휴대용의 수진본 지도 등을 들 수 있다. 풍수는 한국, 중국 등 동아시아 여러 민족의 지형과 기후, 풍토 등 넓은 의미에서의 지리관, 토지관이자 자연에 대한 해석 방법이라 할 수 있다. 음양론과 오행설을 기반으로 주역의 체계를 주요한 논리 구조로 삼는 전통적인 지리과학으로, 복을 추구하고 불행을 피하는 것을 목적으로 삼는 상지기술학(相地技術學)이다. 이것이 후에 효의 관념이나 샤머니즘과 결합되어 이기적인 속신(俗信)으로 진전되기도 했으나 기본적으로는 일종의 토지관의 한 형태로 볼 수 있다.

조선시대에는 초기 한양의 정도(定都)와 같이 도읍을 결정하거나 고을의 읍치 건설에 풍수가 위정자들에 의해 이용되었다. 또한 민간에 널리 퍼지면서 주택의 입지나 좌향(坐向)의 결정, 죽은 자를 위한 묏자리 잡기에 풍수가 중요한 수단으로 활용되었다. 이 과정에서 난해한 풍수 개념을 이해하기 위한 지도가 제작되어 이용되었는데, 이를 명당도(明堂圖) 또는 산도(山圖)라고 불렀다.

이러한 풍수지도는 일반 지도와 다르게 풍수적 개념에 입각하여 그려지는 것이 보통이다. 풍수에서는 산을 용으로 인식하는데, 풍수도에서도 이러한 인식이 반영되어 산이 단독으로 그려지는 것은 드물고 용이 흘러 가는 것처럼 산줄기 형태로 그려진다. 또한 명당을 이루는 주요 요소인 조종산(祖宗山), 주산(主山), 좌청룡, 우백호, 안산(案山), 조산(朝山), 명당수 등이 독특하게 형상화된다.

『광주평장동도(光州平章洞圖)』를 보면 풍수적 관념에 기초하여 좌청룡, 우백호, 남주작, 북현무 등의 사신사가 맥세를 강조하여 독특하게 표현되어 있으며 명당수도 점선의 형태로 그려져 있다. 특히 수구(水口)가 관쇄(關鎖)된 모습이 잘 드러나 있다(그림 107).

현존하는 명당도들은 거주지, 촌락 등의 양택(陽宅)을 대상으로 하는 것보다는 산소와 같은 음택(陰宅)을 대상으로 그린 것들이 많다. 특히 산도는 가문의 족보에 수록되는 경우가 흔한데 왕릉의 경우는 따로 정교하게 그리기도 했다. 산도에서는 일종의 방위에 해당하는 좌향의 표시도 종종 보인다. 이러한 전통적인 방위를 측정하는 데 다양한 패철(나침반)이 사용되었다.

조선후기에는 천문도의 제작도 활발하게 이루어졌다. 예로부터 천문은 제왕의 학문으로 중시되었다. 『주역(周易)』에서도 "우러러 천문을 보고 아래로 지리를 살핀다."는 구절이 있듯이 천문은 지리와 더불어 국가 경영의 중요한 학

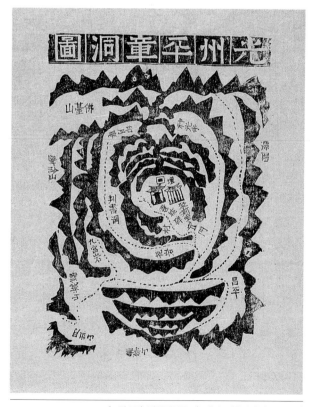

〈그림 107〉 광주평장동도(19세기, 서울역사박물관 소장)

문이었다. 지리가 국토의 지형지세·토지·인구 및 물산을 파악하여 국정의 기초 자료 확보와 관련되어 있다면 천문은 천체의 운행을 관찰하고 예측하여 정확한 역(曆)을 제작하는 것과 관련된다.

특히 하늘을 정치의 근본이념으로 생각했던 전통 시대에서 천체 현상은 천(天)의 의지를 보여주는 것으로 해석되기 때문에 매우 중요하다. 주재자로서 하늘의 의사는 천체 운행을 통해 구체화되는 것으로 이해되고 있었으므로 하늘을 관측의 대상으로 삼아 해마다 관측 결과를 기록하고 아울러 하늘의 모습을 그림으로 표현했던 것이다.

현존하는 최고(最古)의 석각천문도(石刻天文圖)로는 조선의 건국 초기에 제작된 『천상열차분야지도(天象列次分野之圖)』를 들 수 있다. 이 천문도는 고구려 천문도의 전통을 이어 제작된 것으로 당시 천문학적 지식이 총망라된 것이었다. 이러한 조선의 천문도 제작은 조선 왕조의 건국이 천명(天命)에 의한 것임을 보여주려는 상징성을 지니는 것이기도 하다.

조선후기 제작되는 천문도는 실생활에 이용되는 실용적인 측면보다는 이러한 이념적인 성격이 강하여 18세기 이후에도 여전히 태조 때의 천문도가 유행하기도 했다. 〈그림 108〉의 천문도는 조선후기 민간에 널리 유포되었던 필사본 천문도다. 숙종 때 복각한 『천상열차분야지도』를 그대로 모사한 것이다. 당시 중국을 통해 서양의 신법 천문도가 조선에 전래되던 상황이었지만 민간에서는 여전히 전통적인 천문도가 유행하던 현실을 보여준다.

조선후기 지도의 대중화가 진전되면서 다양한 유형의 지도가 제작되어 여러 방면에서 활용되었다. 그중에서도 여행과 같은 실생활에 지도가 중요하게 이용되었다. 관료나 사대부들이 공무상 또는 산천유람과 같은 여행 때 주로 이용했던 것은 크기가 작고 간편한 휴대용 지도였다. 특히 수진본(袖珍本) 지도는 옷소매에 넣을 수 있을 정도의 크기로 많은 인기를 끌었다(그림 109).

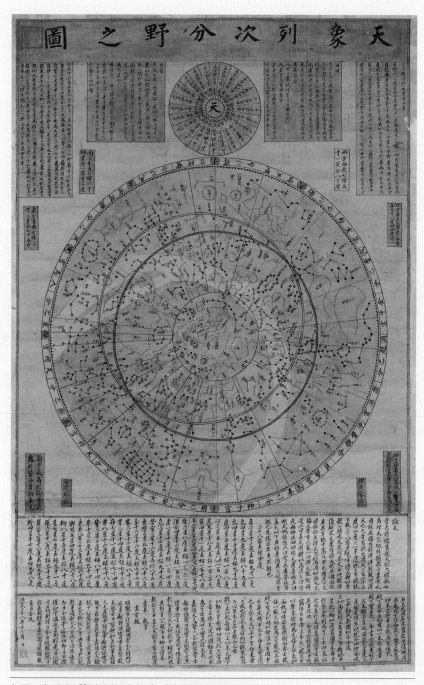

〈그림 108〉 필사본 『천상열차분야지도』(19세기, 국립중앙박물관 소장)

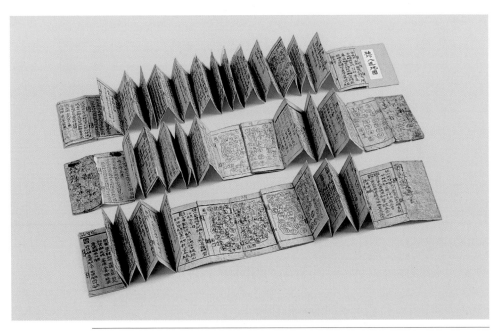

여기에는 지도뿐만 아니라 지지(地誌)적인 내용, 그리고 당시의 생활 상식까지 수록되는 경우가 많았다. 또한 각 고을 간 거리를 정리한 표인 도리표(道里表)가 그려지기도 했는데, 각 고을 간 거리는 여행의 필수적인 정보가되기 때문이다.

이 밖에 목장의 모습을 그린 목장지도, 궁궐의 각종 전각을 그린 궁궐도, 관청의 건물 배치를 그린 관아도, 사찰의 가람 배치를 그린 사찰도, 중요 명산의 형세를 그린 명산도, 강역의 역사적 변천을 그린 역사부도 등실로 다양한 유형의 지도가 제작되어 활용되었다.

4. 조선 지도학의 완성: 김정호의 지도학[75]

1) 지도사적 배경

18세기에는 조선후기 진전된 국토 인식을 바탕으로 정상기의 『동국지도』가 제작되었다. 이후 수정 보완되면서 신경준의 『동국여지도』와 같은 대축적지도의 제작으로 이어졌다. 이러한 전도 제작의 성과는 정교한 군현지도의 제작으로 파급되었다.

조선후기의 군현지도는 중앙정부 차원에서는 물론 각 도 단위나 군현 단위에서 활발하게 제작되었다. 18세기 이전에는 국가, 관청, 특수한 직임을 맡은 관리들이 주로 지도를 제작하고 이용했지만, 이 시기에 이르러는 관청은 물론 민간 학자들도 지도 제작에 참여하였다. 군현지도 제작의 주체가 이전 시기에 비해 훨씬 다양화된 것이다.

18세기 이후 군현지도들은 회화식으로 그려진 것과 경위선표가 그려진 것의 두 종류로 대별된다. 회화식 군현지도들은 군현 자체에서 제작된 읍지도에 기초한 것으로 군현의 독자성이 상대적으로 강하다. 반면 방격이 그려진 경위선표식 군현지도는 대축척의 전도를 기초로 제작된 것으로 각 군현별로 통일된 제도 기준이 적용된 것이다. 이것은 정확한 조선전도 제작 기술의 진전이 있었기 때문에 가능한 것이었다.

18세기 영조, 정조 대를 거치면서 무르익었던 지도 제작의 활발한 분위기는 19세기에 접어들면서 점차 침체되기 시작했다. 정치적으로는 1801년의 천주교 탄압을 계기로 안동김씨를 중심으로 한 세도정치가 시작되었다. 19세기의 세도정치기는 한국사에서 가장 암울한 시기 중의 하나로, 나이가 어리거나 경륜이 부족한 국왕이 등극하면서 궁중의 대왕대비가 권귀화(權貴化)된 국왕의 외척 등과 함께 정권을 농단하던 때였으며 대외 인식에서도 극단적인 폐쇄성을 드러내 보인 시기였다. 특히 이 시기 계속되는 이양선의 출몰은 집권 세력의 위기의식을 가중시켰으며, 이로 인해 고립정책을 더욱 고수하게 만들었다.

그러나 19세기 사회는 변화와 개혁의 열망이 완전히 사라진 폐쇄된 암흑 시기만은 아니었다. 이 와중에서도 이전 시기 실학의 맥을 계승한 학자가 계속 이어졌고 지도 제작도 계속되었다. 비록 18세기처럼 국가 주도하의 활발한 지도 제작이 이뤄지지는 않았지만 여전히 민간 학자들을 중심으로 지도 제작의 명맥을 유지해갔다. 이러한 경향은 이 시기 학문적 성격에서도 반영되고 있었다.

19세기 조선 사회는 집권 관료파의 대청 사대 노선이 종속적 성격을 띠고 재야 유림이 중심이 된 척사파의 대외 인식이 퇴영적 성격을 지닌 반면, 김정희(金正喜), 이규경(李圭景), 최한기와 같은 인물들은 실학파의 개방적이고 자주적인 대외관을 계승 발전시켜나갔다. 그들은 모두 임칙서(林則徐, 1785~1850)의 『사주지(四洲志)』, 위원의 『해국도지』 등을 통해 청의 양무사상을 수용했고, 그 결과 전통적인 화이관에서 벗어나 문화적, 경제적 개방을 통한 적극적인 채서(採西)를 주창하기도 했다. 이 가운데 최한기는 김정호의 지도 제작을 후원했을 뿐만 아니라, 실제 자신이 직접 『지구전후도』를 제작하기도 했다.

이들의 사상적 맥락을 정책적 논의의 대상으로 끌어올린 것은 박지원(朴趾源)의 손자인 박규수였다. 그는 1861년과 1872년의 두 차례에 걸친 중국 사행을 통해 국제 정세를 목격하고 개화의 필요성을 절감하게 되었으며 1874년 자주적으로 개국할 것을 대원군에게 진언하기도 했다. 박규수도 여러 차례에 걸쳐 지도를 제작했고, 지구의까지 제작했다. 또한 박규수와 절친했던 윤종의(尹宗儀)도 지도 제작에 심혈을 기울였던 인물로, 그의 저서 『벽위신편(闢衛新編)』에는 많은 지도가 수록되어 있다.

이처럼 대내외적 위기가 심화되는 19세기에도 18세기 실학의 맥을 이어가는 일련의 학자들은 지도 제작에도 깊은 관심을 지니며 직접 제작하기도 했다. 김정호도 18세기까지 축적된 지도 제작의 성과를 충분히 흡수하면서 19세기 실학의 맥을 이어갔던 대표적인 인물 중 하나라 할 수 있다.

2) 김정호의 지도 제작

조선후기 축적된 지도학적 성과를 토대로 김정호(金正浩)는 여지학(輿地學)에 골몰하여 지도 제작에 심혈을 기울였다. 이러한 노력의 최초 성과가 바로 『청구도(靑邱圖)』이다. 『청구도』에는 최한기가 쓴 제문(題文)이 실려 있는데 갑오년(甲午年)에 쓴 것이다. 갑오년은 순조 때로 1834년에 해당한다. 따라서 『청구도』는 1834년 또는 그 이전에 제작된 것으로 볼 수 있다.

김정호는 지도와 지지가 국가 경영의 근본 자료임을 누누이 강조했다. 이것은 그의 지도 제작 목적이 학문 탐구나 개인적 취향에서 비롯된 것이 아니라 치국(治國)과 관련한 현실적 필요에 있음을 단적으로 보여준다. 지도와 지지로 표현되는 도적(圖籍)이 중국 고대로부터 치국의 근본 수단임을 감안한다면 김정호의 여지학은 지극히 전통적 원칙에 충실하고 있다고 보아야 할 것이다. 이러한 목적의식하에서 그는 많은 자료를 수집하고 기존 지도의 단점을 보완하고자 노력했다. 지도를 제작하기 위해 기울인 그의 노력은 최한기의 『청구도』 제문과 김정호 자신의 『청구도』 범례에서 확인해볼 수 있다. 다음의 인용문은 이와 관련한 내용들이다.

ㄱ) 내 친구 김정호는 어려서부터 지도와 지지에 뜻을 두고 오랫동안 자료를 찾아서 지도 만드는 여러 방법의 장단을 자세히 살폈다. 매양 한가

한 때엔 연구 토론하여 간편한 비람식(比覽式)을 구해 얻어 격자를 그려 넣었으나, 어쩔 수 없이 물을 자르고 산을 끊고 여러 고을을 흩어놓아 진실로 표(表)에 의하여 경계를 알기가 어려웠다. (위 두 구절은 종래 지도의 폐단을 밝힌 것이다. 한 장에 이수(里數)에 따라 종횡으로 정간(井間)을 긋고 그 위에 물줄기와 산줄기를 그리니 물을 자르고 산을 끊게 된다. 334개의 고을을 각각 한 폭에 그리니 작은 고을은 넓어졌고 큰 고을은 도리어 축소되었으니, 표에 따라 경계선의 살핌에 있어서는 촌(寸)으로 척(尺)을 헤아리는 것과 다름이 없으므로 항상 문란함이 많았다).(靑邱圖題)

ㄴ) 이에 전폭을 구역에 따라 재단하여 우(禹) 임금의 정전(井田)을 본받았고, 변두리 선에 글을 쓴 것은 태평성대에 역산을 표로 만든 것을 모방한 것이다. 하나는 위로 하나는 아래로 하여 광륜(廣輪)의 형세는 옛 강역에 접하고 있고, 반은 푸르고 반은 붉은 금수의 강산은 연결되는 색으로 했으며, 동서남북의 험준하고 평탄함은 처음 보는 붓 밖의 형승에서 대략 찾았다.(靑邱圖題)

ㄷ) 정묘조 모든 주군에 명하여 그 지방을 그려 올리게 하니, 이에 경위선표가 있거나 혹은 팔도로 분폭하거나 혹은 주현으로 나누어서 임의로 정하여 만들었는데, 정철조, 황엽, 윤영의 것이 가장 드러났다.(靑邱圖凡例)

ㄹ) 대개 종이의 크기에 한정이 있어서 도본 전폭 안에는 방면(坊面)과 분계선을 다 넣기 어려운즉 그 자세함을 다할 수가 없다. 고을의 지도는 그 지역의 넓고 좁고 길고 짧은 것을 막론하고 반드시 한 판(版) 안에 배포하자니, 경위선에 있어서 자연히 성기고 빽빽한 구분이 생기고 그 경

계를 살핌에 있어서는 표를 찾기 어려운즉 관규의 폐단을 면치 못한다. 그러므로 이에 대폭의 전도를 가지고 층판으로 국정(局定)하여 고기비늘처럼 줄지어 잇달아 책을 만들었으니, 그의 두 가지 결점이 없게 되어 지지에 실린 바와 옛사람들이 만든 도본도 또한 이것을 가지고 상고할 수 있다.(靑邱圖凡例)

최한기가 서술한 (ㄱ)의 청구도제(靑邱圖題)에 의하면 김정호는 어렸을 적부터 지도 제작에 뜻을 두고 많은 지도를 접하면서 제작 방법을 고민한 것으로 보인다. 김정호가 당시 주로 참고했던 지도들은 경위선표가 그려진 방격식 지도였다. (ㄷ)에서처럼 경위선표의 지도를 언급하는 것으로 보아 경위선이 그려진 군현지도를 주로 열람했던 것으로 보인다. 이 시기 경위선이 그려진 군현지도책은 (ㄱ), (ㄹ)에서 지적하고 있는 것처럼 같은 규격의 종이 한 장에 한 개의 군현을 그리다 보니 면적이 작은 군현은 경위선 간격이 넓어지고 면적이 큰 군현은 간격이 좁아져 서로 잇대어 비교할 수 없고 인덱스 지도를 통해 군현을 찾아볼 수 없는 단점을 지니고 있었다. 또한 동일한 간격의 방격을 사용하면 개별 군현지도의 규격이 일치하지 않아 통일된 책자로 만들 수 없게 된다. 따라서 김정호는 이러한 문제를 해결하기 위해 대형 전도를 기초로 다시 경위선표를 그려 이를 찾아보기 쉽게 책자의 형태로 만들었던 것이다.

『청구도』를 완성할 무렵인 1834년 김정호는 최한기와 함께 서구식 세계지도인 『지구전후도』를 제작했다. 최한기는 김정호가 가장 절친하게 지냈던 친구로 학문적으로도 많은 교류가 있었을 것으로 보인다. 『지구전후도』의 제작과 관련해서는 이규경의 『오주연문장전산고』에 다음과 같은 기록이 수록되어 있다.

지구를 그린 것은 매우 많으나 우리나라에는 인쇄본이 없다. 매번 연경(燕京)으로부터 나오기 때문에 감춰진 본도 또한 드물다. 최근(순조 갑오년) 상사(上舍) 최한기(崔漢綺)의 집에서 처음으로 중국 장정부(莊廷敷)의 탁본을 중간하여 세상에 유포했으나 도설은 아직 여기에 새기지 못했다. 내가 다른 사람을 통해 그 설을 얻었는데 유실될까 두려워 그것을 베껴서 분별하였다. 최한기의 집은 서울 남촌의 창동(倉洞)이다. 갑오년에 대추나무 판목으로 진릉(晉陵) 장정부의 지구도(地球圖)를 모각(模刻)하였는데 김정호(金正皞)가 새겼다.[76]

당시 최한기가 간행한 지구도는 양반구도의 형태를 띤 서구식 세계지도로, 원래 중국에서 장정부라는 학자가 간행했던 지도이다. 최한기는 이를 입수하여 목판으로 제작하려는 의도를 지니고 있었다. 그리하여 친우인 김정호에게 판각을 의뢰했던 것이다. 이로 미루어볼 때 김정호 자신도 세계지리에 대한 남다른 식견이 있었던 것으로 볼 수 있다. 최한기는 중국을 통해 들여온 최신의 서학서들을 다량으로 구입하여 소장하고 있었던 인물로 유명하다. 따라서 김정호도 이러한 최신 서학서들을 접할 수 있었을 것으로 판단된다. 이를 통해 조선뿐만 아니라 세계에 대한 지리적 안목을 확장시켰고, 최한기와 더불어 『지구전후도』를 제작할 수 있었다.

이때 제작된 『지구전후도』는 현재 여러 점이 남아 있다. 그런데 현존하는 대부분의 『지구전후도』는 『황도남북항성도(黃道南北恒星圖)』라는 천문도와 함께 수록되어 있다. 이 천문도에도 '도광갑오태연재중간(道光甲午泰然齋重刊)'[77]이라는 기록이 지도에서와 똑같이 실려 있는데, 최한기가 지도와 천문도를 쌍으로 제작했음을 알 수 있다. 여기에 실린 천문도는 쾨글러(Ignatius Kögler, 戴進賢)의 『황도총성도(黃道總星圖)』를 판각하여 인쇄한 것이다.[78] 쾨글러는 청 옹정제(雍正帝) 시절에 흠천감(欽天監) 감정(監正)이 되어 25년간이나 청의 천문치력(天文治曆)에 종사했던 인물이다.

한편 김정호는 일찍이 『청구도』 제작의 경험을 바탕으로 새로운 지도 제작에 몰두했다. 『청구도』에서 드러난 단점들을 극복하고 지도 이용에서 도 효율성을 높인 지도를 제작하려 했던 것이다. 이의 결실이 『동여도(東 輿圖)』였다. 신헌(申櫶)[79]은 「대동방여도서(大東方輿圖序)」에서 신헌과 김정호 의 관계, 『동여도』의 제작과 관련하여 중요한 내용을 다음과 같이 기록하 고 있다.

세상에 지도가 있음은 오래되었다. 풍후가 지도를 받아 비로소 구주가 펼쳐졌고, 주례 대사도 이하 직방, 사서, 사험의 관직은 모두 지도로써 바름을 분별하고 사물을 이름 지었다. 소진과 감무 등은 지도에 의거해 서 천하의 험이를 말했다. 소하는 입관할 때 먼저 도적을 거두었다. 등 우와 마원도 모두 형승을 말했는데 지도가 빠질 수 없었음은 분명하다. 나는 일찍이 우리나라 지도에 뜻을 두고 비변사와 규장각에 소장된 것, 오래된 집안에 좀먹다 남은 것들을 널리 수집하여 증정(證定)하고, 여 러 본들을 서로 참고하고, 여러 책들에 근거하여 합쳐서 편집하였다. 이 리하여 김백원(金百源)에게 물어 그것을 맡겨 만들게 하였다. 가리켜 증 명하고 입으로 전해주기를 수십 년이나 하여 비로소 한 부가 만들어졌 는데 모두 23권이다. 분합이 마땅함을 따르고, 열람하기에도 심히 편리 하다. 맥로와 선로가 명료하여 의혹의 여지가 없다. 명산 산록의 특치· 병치·연치·첩치와 흐르는 하천과 시내의 회류·분류·병류·절류, 군현· 방리의 경계, 도리의 거리, 그리고 우역·진보·성루·창해·사찰·봉수· 관해·영애 등이 갖추어지지 않음이 없다. 분율로는 넓이의 정도를 판단 할 수 있고, 준망으로는 원근의 실체를 바로잡을 수 있고, 도리로는 경 유하는 곳의 수치를 정할 수 있다. 고하, 방사, 우직을 모두 여기서 살필

수 있다. 무릇 재상이 이것으로써 방역을 다스린다면 변방 요새의 이로움과 병폐로움, 군사를 배치하는 마땅함이 여기에 있다. 많은 관부에서 이것으로써 백성과 물산을 파악한다면 재부가 나오는 바와 군국의 자원이 되는 바가 여기에 있다. 방백, 수령, 민사(民社)에서 의지(사용)한다면 강역이 서려 이루어진 것과 산택의 수특(藪慝)이 경상(耕桑), 수천(水泉), 민정, 풍속과 더불어 여기에 있다. 사민의 왕래, 수륙의 험하고 평탄함, 빨리 피할 수 있는 사실이 여기에 있다. 이것은 세상을 다스리는 데 필요한 자산이다. 손자가 말하기를, "산림의 험함과 하천의 형태를 모르면 행군할 수 없고, 향도를 쓰지 않는다면 지리(地利)를 얻을 수 없다."라고 했다. 참으로 그 강령을 판단하고 조관(條貫)을 알지 못하여 임시적인 행군의 향도에 믿음을 둔다면 적에게 우롱당하지 않음이 드물 것이다. 요해처를 분간하고 완급을 살피면 기정(奇正, 기습과 정면공격)이 마음속에서 결정되고, 생사는 손바닥 위에서 변하게 된다. 지리(地利)가 있는 곳에 따라 권형(權衡)이 있다. 황제 순우는 성인이지만 오히려 역시 군사를 썼다. 주역에서 말하기를, "평온하나 위기를 잊지 않으면 어지러움을 다스릴 수 있을 것이다."라고 했다. 나는 세상을 다스리는 무인으로 평생 동안 이것에 고심 근근하였으니 나 역시 무엇에 뜻을 두겠는가?[80]

서문에 의하면 신헌은 김백원(金百源)에게 맡겨 지도를 완성했는데 김백원은 바로 김정호이다. 신헌은 당대 고위 무관으로서 규장각, 비변사 등의 지도를 열람할 수 있었던 위치에 있었다. 이로 말미암아 김정호도 다양한 고지도 자료를 접할 수 있었던 것으로 보인다. 신헌은 수십 년에 걸쳐 23규(糾)로 된 지도 1부를 완성했다. 이로 본다면 신헌이 제작을 주관하여 만든 대동방여도는 목판본이 아닌 필사본이고 전체 23첩으로 이루어진 지도라 할 수 있다. 현존하는 규장각의 『동여도』도 23첩으로 구성되어 있는

데 서문 내용과 일치한다. 또한 지도의 내용이나 형식이 목판본『대동여지도』와 거의 일치한다. 단지『동여도』가『대동여지도』보다 5,548개의 지명을 더 수록하고 있는 정도이다.

그렇다면『동여도』의 제작 시기는 언제일까?『대동여지도』의 경우는 뚜렷한 간기(刊記)가 표기되어 있으나『동여도』에는 없다. 현재까지의 연구에 의하면,『동여도』의 제13규 여백에 표기되어 있는 인릉(仁陵)의 위치가 헌릉우강(獻陵右岡)으로 되어 있는데, 순조의 능인 인릉이 원래 교하현에 봉안되었다가 1857년(철종 7)에 헌릉 우측으로 천봉이 결정되어 그해 10월에 천봉이 완료된 것으로 볼 때 1857년 이후에 제작된 것으로 추정되고 있다. 또한『대동여지도』의 체제·내용과 거의 일치하고 있어서『대동여지도』를 판각하기 위해 제작한 선행 지도로 평가되고 있다.[81] 이러한 추론에 근거한다면『동여도』는 1857년 이후이면서『대동여지도』가 제작된 1861년 이전에 만들어졌다고 볼 수 있다.[82]

김정호의 지도 제작은 1861년 목판본『대동여지도(大東輿地圖)』에 이르러 완결되게 된다.『대동여지도』의 표지에는 '당저십이년신유(當宁十二年辛酉) 고산자교간(古山子校刊)'이라 하여 제작 시기와 제작자를 명기했다. 제작 시기는 고종 12년인 1861년에 해당하고 고산자(古山子)는 김정호의 자호(自號)이다.『대동여지도』에「지도유설(地圖類說)」이란 글이 실려 있어서 지도 제작에 대한 그의 생각을 엿볼 수 있다.

그는 지도의 중요성을 역사적으로 고찰하면서 지도로는 형상을 살피고 지리서로는 수(數)를 밝히는 것이니, 왼편에 지도를 두고 오른편에 서적을 두는 것은 참다운 학자의 일임을 강조했다. 좌도우서(左圖右書)의 원칙은 그의 여지학에서 핵심을 이루는 부분이다. 지도와 지지를 통일적으로 갖출 때 비로소 한 지역을 제대로 이해할 수 있다는 것이다. 또한 중국 고대로부터 도지(圖志)는 위정자가 갖춰야 할 중요한 것이며 이를 기초로 할 때 제대로 국가를 다스릴 수 있다는 사실을 강조했다. 김정호의 지리학은 학문적 욕구보다는 현실에의 적용을 의도했기 때문에 강한 실용성을 띠고 있다. 김정호 지리학의 이러한 성격은 공리공론을 배격하고 실사구시를 실현하고자 한 18세기 실학의 맥을 잇는 것이기도 하다.

지도 제작을 통해 김정호가 의도한 것은 손자(孫子)가 말한 바를 인용하는 데서 잘 드러나 있다. 즉, 세상이 어지러울 때 이를 말미암아 쳐들어오는 적을 막고 광폭한 무리들을 제거하며, 시절이 평화로우면 이로써 나라를 경영하고 백성을 다스리는 중요한 수단으로 지도를 생각했던 것이다. 이러한 사고는 지도에 대한 위정자의 사고와 동일하다. 따라서 김정호의 『대동여지도』는 김정호라는 개인에 의해 제작됨에도 불구하고 관찬 지도와 다름이 없다. 개인의 학문적 필요에 의해 제작된 지도가 아니라 애초부터 치국의 중요한 수단으로 제작된 것이다. 『동여도』의 제작에 신헌과 같은 고위 무관이 참여하고 있던 사실을 고려해볼 때 『대동여지도』의 제작에도 고위 관료의 협조가 있었던 것으로 보인다. 당시 신분적 한계를 지닌 한 개인이 『대동여지도』라는 방대한 지도를 목판으로 간행한다는 것은 거의 불가능하기 때문이다.

1861년에 제작된 『대동여지도』는 이후 1864년에 한 번의 수정을 거치게 된다. 즉, '당저원년갑자(當宁元年甲子)'년에 수정을 거친 지도가 다시 인쇄된 것이다. 목판본 지도의 수정 간행은 그리 흔치 않다. 이는 오류를 시정하고 정확한 지도를 만들려는 김정호의 남다른 열정을 보여주는 것이다. 재간본에서는 목판을 새로이 판각하기보다는 상감(象嵌) 방식으로 오류를 수정했다. 수정한 사항을 보면, 오자를 바로잡고 잘못 그려진 지형을 수정했으며 역명과 같은 지명의 추가, 잘못된 군현 경계의 수정, 고현(古縣)의 위치 이동, 도로망의 수정 등 실로 미세한 부분까지 오류를 발견하여 수정했다.[83]

그렇다면 김정호는 이렇게 탁월한『대동여지도』를 어떻게 해서 만들 수 있었을까? 그리고 그의 실제 생애는 어떠했을까? 이와 관련하여 구체적으로 알려진 것은 거의 없다. 김정호는 미천한 가문 출신이어서 그의 생애에 관한 기록이 거의 없기 때문이다. 김정호의 생애에 대한 상세한 기술은 1934년 조선총독부가 간행한『조선어독본』에서 볼 수 있다(그림 110). 여기에는 김정호가 전국을 세 번 답사하고 백두산을 여덟 번이나 오르면서 국토를 측량하여『대동여지도』를 제작했고, 이후 국가 기밀 누설죄로 흥선대원군에 의해 옥에 갇히고 옥사한 것으로 되어 있다. 이러한 기술은 이전 시기 〈동아일보〉에 실렸던 '고산자를 회함'(동아일보 1925년 10월 8일, 9일자)이라는 기사를 토대로 작성된 것이다. 해방 이후의 초등학교 5학년 국어책에는 이러한 내용과 더불어『대동여지도』 목판이 흥선대원군에 의해 소각된 사실이 추가되었다. 교과서에 기술된 드라마틱한 내용은 김정호를 일대의 영웅으로 인식하기에 충분하다.

최근『대동여지도』에 대한 연구에 따르면, 김정호가 전국을 답사하고 백두산을 오르내리면서 국토를 측량하여 지도를 제작했다는 설은 근거가 희박하다고 보고 있다. 전국 답사설은 전통 시대 지도 제작의 방법과 근대적 지도 제작의 방법을 구분하지 못한 데서 나오는 오해다. 선조들의 전통적인 지도 제작 방식으로 전 국토를 측량하여 우리나라의 전도를 그리는 것은 거의 불가능하다. 더군다나 국가의 전폭적인 지원을 받지도 못한 김정호라는 일개인이 전국을 답사하여『대동여지도』와 같은 정밀

〈그림 110〉『조선어독본』

한 지도를 그린다는 것은 더욱 어려운 일이다. 김정호는 이러한 어려움을 누구보다도 잘 알고 있었다. 그리하여 당시까지 축적된 조선 지도학의 성과들을 흡수하고 이를 종합할 수 있는 새로운 방법을 끊임없이 모색하게 된다.

김정호가『대동여지도』를 제작할 무렵 조선에는 이전 시기에 제작된 많은 지도들이 전해지고 있었다. 한국에서는 예로부터 국가를 다스리는 가장 기초적이면서도 중요한 자료로 지도와 지리지(地理志)를 활발히 제작해 왔다. 앞서 살펴본 1402년의『혼일강리역대국도지도(混一疆理歷代國都之圖)』을 비롯하여 15세기에는 서울에서 각 지방까지의 거리 측정을 기초로 전국지도가 여러 차례 제작되었다. 17세기 이후에도 각종 군사지도, 지방지도 등이 활발하게 제작되었고, 18세기 중엽에는 한반도의 윤곽을 실제 모습에 가깝게 그려낸 정상기의『동국지도』가 탄생되었다. 아울러『신증동국여지승람』을 비롯해 조선후기에 편찬된 각종 지리서 등 수백 년의 전통을 자랑하는 조선의 우수한 인문과학적 지식은『대동여지도』를 탄생시키는 밑거름이 되었다.

김정호는 조선의 조정에 보관되어 있던 많은 지도와 서적들을 신헌이라는 고위 관료의 도움으로 열람할 수 있었다. 또한 서양 학문에 정통한 친구 최한기와의 교류를 통해 서양의 과학을 접할 수 있었다. 이를 바탕으로 그는 지도 제작에 전 생애를 바치게 된다. 먼저『대동여지도』를 제작하기 이전 1834년에『청구도』라는 지도책을 만들었다. 같은 해에 최한기의 부탁을 받고『지구전후도』라는 서구식 세계지도를 판각했다. 아울러 우리의 국토를 체계적으로 이해하기 위해『동여도지(東輿圖志)』『여도비지(輿圖備志)』『대동지지(大東地志)』와 같은 방대한 지리서를 저술하기도 했다. 이렇게 축적된 경험과 지식을 바탕으로 불후의 명작『대동여지도』를 완성할 수 있었던 것이다.

이처럼 『대동여지도』는 당시까지 이어져 내려오던 조선 지도학의 성과들을 집대성하여 새롭게 창조된 것이다. 프랑스의 뛰어난 지도학자인 당빌(d'Anville)이 세계 여러 나라를 실제 답사하지 않고 탁월한 세계지도를 제작했듯이, 김정호도 선조들이 이룩해놓은 업적을 바탕으로 자신의 천재성을 발휘하여 실측지도 이상의 지도를 만들어냈던 것이다.

그렇다면 『조선어독본』이나 국어 교과서에 기술된 옥사설이나 목판 소각설 등은 신빙성이 있을까? 현재 남아 있는 사료들에서 김정호의 옥사나 『대동여지도』 목판의 소각과 관련된 내용은 전혀 볼 수 없다. 아울러 압수되어 소각되었다고 전해지는 『대동여지도』 목판이 국립중앙박물관 등지에 남아 있다. 이러한 사실을 토대로 옥사설이나 목판 소각설 등은 조선총독부가 무능한 조선 정부를 부각시키고 일본의 조선 지배를 합리화하기 위해 조작한 내용이라는 주장이 제기되었다.

그러나 옥사설이나 목판 소각설 등이 일본 제국주의에 의해 조작된 것이라는 주장은 신중을 기할 필요가 있다. 1934년 『조선어독본』에 실려 있는 내용은 최남선(崔南善)이 쓴 것으로 추정되는 1925년의 〈동아일보〉 기사를 바탕으로 한 것이기 때문이다. 더구나 목판 소각설은 『조선어독본』에는 나오지 않고 해방 이후 한국의 국어 교과서에 수록되어 있다. 일제가 의도적으로 조선 왕조의 무능력을 강조하고 조선 지배를 정당화하려는 목적에서 김정호의 생애를 조작했다는 것은 일본에 대한 지나친 열등의식에서 나온 것은 아닐까?

그보다는 최남선과 같은 학자가 일본이 자랑하는 최고의 지도학자 이노 다다타카(伊能忠敬, 1745~1818) 이상으로 김정호를 부각시키기 위해 만들어낸 이야기일 가능성이 크다. 19세기 초반 막부의 전폭적인 지원하에 일본 전역을 측량하여 지형도를 제작한 이노 다다타카와 달리 미천한 신분에다 조선 정부의 지원도 받지 못한 김정호는 훨씬 더 시대의 영웅으로 비쳤을 것이다. 이로 인해 인생의 비장미를 더해주는 옥사설이나 목판 소 각설 등이 가미되었던 것으로 보인다. 그러나 이러한 스토리 이면에는 아 쉽게도 당대까지 면면히 이어져 내려온 조선 지도학에 대한 정당한 평가 가 결여되어 있다. 김정호 개인의 초인적 의지와 열정도 중요하지만 오랜 역사 속에서 축적되어 내려온 전통 지리학이 있었기에 『대동여지도』가 탄 생될 수 있었던 것이다.

3) 『청구도』와 『동여도』의 체제와 내용

김정호의 초기 작품인 『청구도』는 채색 필사본으로 제작되었는데 현재 국 내에 여러 사본이 전하고 있다. 『청구도』는 대개 건곤(乾坤) 두 책으로 이 루어진 것이 보통이나 규장각 소장본처럼 4권으로 이루어진 것도 있다. 지 도는 범례(凡例), 지도식(地圖式), 본조팔도주현도총목(本朝八道州縣圖總目)(그 림 111), 도성전도(都城全圖), 팔도주현도(八道州縣圖), 그리고 부록으로는 신 라구주군현총도(新羅九州郡縣總圖), 고려양계지도(高麗兩界地圖), 본조팔도 성경합도(本朝八道盛京合圖) 등으로 구성되어 있다. 국립중앙도서관 소장본 의 경우는 동방제국도(東方諸國圖), 사군삼한도(四郡三韓圖), 삼국전도(三國全 圖) 등의 지도와 부록으로 「군국총목표(軍國總目標)」가 덧붙여 수록되어 있 다. 동방제국도, 사군삼한도, 삼국전도 등은 원래 수록하려던 지도였으나 역대 지지(地志)로 상고해볼 때 제가(諸家)의 고증이 온당치 못한 것이 많아 서 삭제해버렸던 것이다.[84] 국립중앙도서관 소장본에 있는 이들 역사지도 와 「군국총목표」는 추후에 수록해 넣은 것으로 보인다.

　『청구도』는 전국을 가로 22판, 세로 29층으로 나누어 첩의 형식으로 만들 었고, 1층에서 29층 가운데 홀수 층은 상권에 짝수 층은 하권에 수록했다. 1

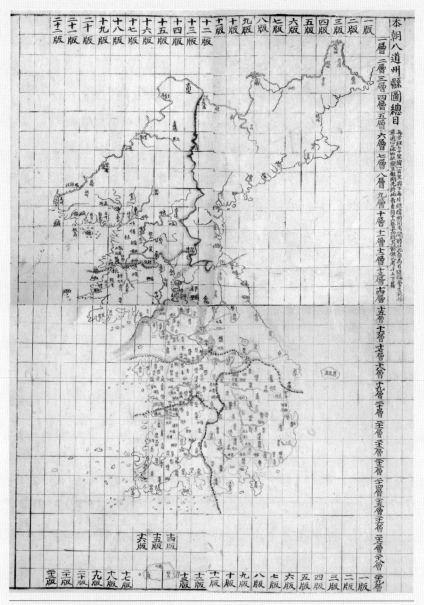

〈그림 111〉『청구도』의 본조팔도주현도총목

판 1단의 길이는 가로 70리, 세로 100리에 해당하는데 이것으로 계산한 우리나라의 폭원(幅員)은 동서 1,540리, 남북 2,900리가 된다. 즉, 동서 1,500여 리, 남북 3,000여 리가 되는 우리나라의 폭원을 동서 22판, 남북 29층의 방격으로 나누어 각각의 층판을 지도의 한 면으로 삼아 그렸다. 그리고 지도의 각 층을 위아래로 이어 볼 수 있도록 홀수 층과 짝수 층을 서로 다른 책으로 분리했다. 가로 70리, 세로 100리로 이루어진 도면에도 지도의 외곽으로 가로 7, 세로 10의 눈금을 그어 넣었다. 단지 지도 상에서는 번잡함을 피하기 위해 방격선을 제거했던 것이다. 이렇게 제거된 방격선까지 합하면 가로 154, 세로 290의 방격선이 우리나라 전체를 덮고 있는 셈이 된다.

방격(方格)을 사용하여 지도를 그리는 방식은 동양에서는 매우 오래된 전통으로 배수(裵秀)의 육체(六體)에서 핵심을 이루는 것이기도 하다. 그러나 중국과는 달리 조선에서 방격을 이용한 지도의 제작은 조선후기에 이르러 본격화되었다. 그리하여 많은 군현지도들이 방격을 사용하여 제작되었다. 『청구도』에 그어진 방격도 조선후기 방격 지도의 발달 과정에서 나올 수 있었다고 판단된다.

방격과 아울러 『청구도』의 양식상 중요한 특징은 책의 형식으로 되어 있다는 점이다. 홀수 층과 짝수 층을 분리하여 2권의 책으로 만든 것인데 상하를 잇대어 볼 수 있게 배려했다. 조선시대 제작된 지도들은 첩(帖)의 형식으로 되어 있는 경우가 많다. 그러나 첩은 수록되는 도면의 수량이 적을 때 가능한 것이고 도면의 수량이 많아지면 첩보다는 책으로 제작하는 것이 일반적이다. 군현지도의 경우 대부분 책으로 제작되어 있다. 그러나 책으로 된 군현지도의 경우도 한 도면에 한 개의 군현이나 몇 개의 군현을 묶어 수록하는 경우가 대부분이기 때문에 군현을 연결시켜 보는 데 한계가 있다. 『청구도』에는 원하는 지도를 찾아보기 쉽도록 인덱스 지도를 맨 앞에 배치하고 각 층별로 지도를 수록했다.

『청구도』도 여느 지도와 마찬가지로 이전 시기 축적된 지도학적 성과에 기초하고 있는 점을 고려할 때, 순수한 의미에서 김정호 개인의 창작물이 아니다. 『청구도』의 계보를 밝히는 것은 조선시대 지도학의 흐름 속에서 김정호의 지도를 평가하는 중요한 측면을 지닌다. 현재까지의 연구에서는 아직 『청구도』의 계보가 명확히 밝혀져 있지 않고 이에 관한 연구도 드문 실정이다.

이상태는 지도의 형식과 내용으로 볼 때 『청구도』의 저본은 국립중앙도서관 소장의 『해동여지도(海東輿地圖)』(보물 제1593)로 추정했다.[85] 『해동여지도』는 1777년에서 1787년 사이에 제작된 지도로 추정되는데 경위선표를 사용하여 그린 군현지도다(그림 112). 함경도를 1로 시작하여 전라도 해남을 118로 삼고, 동서로는 함경도를 1로 시작하여 평안도가 76으로 되어 있다. 즉, 우리나라를 가로 76개의 방안과 세로 118개의 방안 속에 넣어 경위도식으로 표현했다.[86] 이 지도집은 개별 군현을 한 면에 담지 않고 인접한 몇 개의 군현을 묶어 한 면에 실음으로써 지도집의 부피를 줄였다. 뿐만 아니라 각 군현의 경위선 상의 위치가 기재되어 있어서 정조 대 지도집의 특징을 갖추고 있다.[87]

특히 『해동여지도』는 지도의 한 도면에 『청구도』처럼 가로 7개, 세로 10개의 방안이 그려져 있다. 단지 한 도면 상의 방안 형태로 보면 『청구도』와 매우 유사하다. 그러나

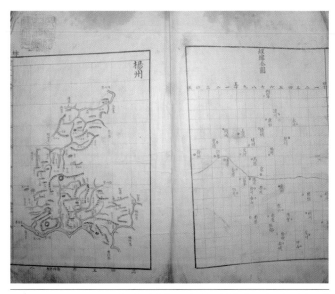

〈그림 112〉 『해동여지도』(18세기 후반, 국립중앙도서관 소장)

결정적으로 다른 점은『청구도』의 방안이 10리임에 비해『해동여지도』의 방안 하나는 20리에 해당한다는 것이다. 따라서『청구도』가『해동여지도』를 기초로 제작했다고 보기는 어렵다. 다만『해동여지도』의 한 도면에 그려진 방안 체계와 전체적인 분책, 분면의 구조는『청구도』제작 시 참고했을 것이다.

『해동여지도』는 오히려 1770년에 제작된 신경준의『동국여지도』계열과 유사하다. 신경준은 1770년 6월 6일부터 8월 14일에 걸쳐『동국여지도』를 제작했는데, 그는 정상기 가문의『동국지도』를 토대로 하고 그 위에 주척 2촌(寸)을 한 줄로 하여 76개의 세로줄과 131개의 가로줄을 그어나갔다. 이때 신경준이 그린 지도는 정상기 가(家)의 원도와 정철조 가의 수정본을 바탕으로 제작했는데 전도는 가로 8척, 세로 16척에 달하는 대형지도였고 이 외에도 열읍도(列邑圖) 8권, 팔도도(八道圖) 1권을 함께 제작했다.[88] 우리나라의 동서와 남북의 길이를 고려할 때 신경준의『동국여지도』에 그려진 방안은 20리 방안으로 볼 수 있다. 따라서 동서로 1,520리, 남북으로 2,620리가 되어 우리나라 전체 판도와 유사한 크기가 된다. 이처럼 신경준이 제작한『동국여지도』의 경우 가로 76, 세로 131개의 경위선이 그려져 있는 데 반해,『해동여지도』의 경우 동서가 76, 남북이 함경도 북쪽에서 전라도 해남까지 118개로 제주까지 합하면 대략 신경준의 131개의 선과 유사할 것이다.

또한『해동여지도』는 몇 개의 군현을 하나의 도면에 수록하고 있는 경위선표식 군현지도책인데『청구도』와 다른 점은 군현의 경계를 벗어난 다른 군현의 지역은 지도에서 공백으로 처리한 것이다.『청구도』에는 여백 없이 도면 전체에 지도가 그려져 있으나『해동여지도』에는 인접 군현이 공백으로 남아 있다. 이러한 사실들로 판단해볼 때『해동여지도』와 같은 경위선표식 군현지도책을 직접적인 저본으로 삼았다고 보기에는 무리가 따른다고 생각된다. 오히려 대축척 전도를 기본 지도로 활용했을 것으로 보인다. 기존에 존재했던 대축척 전도를 좀 더 확대 보완하여 경위선표를 기초로『청구도』를 제작했던 것으로 볼 수 있다.

그렇다면 이때 김정호가 기초 자료로 삼았던 전도는 어떤 지도였을까? 이에 대한 명확한 기록이 없기 때문에 단정하기 힘들지만『청구도』의 전체적인 한반도 윤곽을 토대로 볼 때 다소의 추정이 가능하다. 즉,『청구도』의 맨 앞에 수록된 인덱스 지도인「본조팔도주현도총목」에서 압록강의 유로는 폐사군 지역에서 심하게 꺾여 흐르는 것으로 그려져 있다. 이것은 정상기의『동국지도』의 수정본 계열 지도에서 볼 수 있는 모습이다.

잘 알려진 것처럼 정상기의『동국지도』는 조선후기 지도학사에서 획기적인 지도로 평가받는데, 이 지도는 후에 정철조, 정후조 등에 의해 새롭게 대축척 지도로 수정되었다. 이러한 수정본 계열의 지도는 압록강의 유로가『청구도』의 것과 매우 유사하다. 특히 수정본 계열의 지도는 다른 전도와 달리 군현 경계도 표시되어 있다. 이러한 모든 것으로 볼 때 김정호는『동국지도』의 수정본 지도를 기초로 이를 확대, 보완하여 경위선표를 도입한『청구도』를 새롭게 제작한 것으로 볼 수 있다.

또한『청구도』는 이전에 제작된 어떤 지도보다도 풍부한 내용을 수록하고 있다. 지도에 수록된 내용은 지형·수계·성곽·창고·역도·봉수·진도(津渡)·교량·고개·도서·시장·호구·군병·제언·토산·인물·공납·풍속·사찰·능원·고적 등이 상세히 기재되어 있다.『청구도』에 수록된 지명은 15,485개로 1861년 목판본『대동여지도』가 11,760개의 지명을 수록하고 있는 것과 비교해볼 때 3,725개의 지명을 더 수록하고 있다. 이러한 것은『청구도』가 목판본이 아닌 필사본으로 제작된 데에 기인하기도 하지만, 당시로는 가장 자세한 조선지도를 제작하려 했던 노력의 결과로 볼 수 있다.

그러나 지면이 한정되어 있기 때문에 김정호는 모든 지명을 일일이 다 수록하기보다는 지도의 기능에 가장 충실할 수 있는 지명들을 우선적으로 선택하여 수록했다. 즉, 조그마한 물줄기와 산 이름, 마을 이름들을 모두 수록하기는 곤란하기 때문에 산수의 형세와 군읍(郡邑)의 동서와 도리(道里)의 원근, 고개와 골짜기의 험이(險夷)를 살피는 데 유용한 지명들을 우선적으로 표시했던 것이다.[89]

　　제한된 지면에 다양한 내용을 수록하기 위해 『청구도』에서는 나름의 원칙을 세우고 그에 입각하여 지명들을 표기했다. 『청구도』에서는 『대동여지도』에서처럼 지형지물의 기호가 구비되어 있지 않았기 때문에 이름만으로 그 위치를 파악하게 하는 적절한 방법을 개발했다. 즉 진보(鎭堡), 사원(祠院), 역창(驛倉) 등의 경우 우선 소재 위치에 진(鎭), 보(堡), 사(祠), 원(院), 역(驛), 창(倉)의 글자를 먼저 써서 그 글자가 표기된 곳을 소재 위치로 하고 '모(某)'에 해당하는 이름은 형편에 따라 가로 혹은 세로로 표기하여 그 위치를 알게 하는 방법을 썼던 것이다. 따라서 지도를 다시 전사(轉寫)할 때는 이 점을 특히 유의해야 한다. 이러한 지명 표기 방법은 김정호가 독창적으로 고안한 것으로 보이며 이전 시기 지도에서는 볼 수 없는 방법이다. 이전 시기 지도들이 제한된 지명에 여러 글자로 된 지명을 기입하다 보니 위치의 정확성을 기하기 어려운 폐단을 시정하기 위해 고안한 것으로 볼 수 있다. 방면(坊面) 호칭의 경우 지역마다 다소의 차이가 있는데 당시 가장 널리 불리던 것으로 통일하여 표기했다. 이전 시기 지도에서는 저본이 되는 것을 그대로 따르는 것이 일반적이었으나 철저한 조사를 통해 행정 지명을 수록하려는 노력이 반영된 것으로 볼 수 있다.

　　『청구도』의 내용과 관련하여 중요한 특징으로 지적할 수 있는 것은 순수한 지도이기보다는 지지적 성격을 포함하고 있다는 것이다. 지도에 표시된 각 군현의 중심에는 호구(戶口)·전결(田結)·곡총(穀總)·군정(軍丁)·도리(道里)를 수록했다. 이러한 자료는 해당 고을을 쉽게 이해할 수 있도록 하는 이

점이 있으나 지도가 다소 번잡해지는 단점도 있다. 이들 자료 중에서 도리 자료에 관한 한 김정호는 자신의 지리 자료 외에 『신증동국여지승람』과 『문헌비고』를 주로 참고했다. 두 문헌의 기사 내용이 서로 다른 경우는 문헌을 따르지 않고 옛 지도, 즉 기본도의 표기대로 하고 다음에 상고하는 것을 원칙으로 삼기도 했다. 자료 선택의 기준을 분명히 밝힌 점은 이전 지도와 다른 점으로 볼 수 있다.

『청구도』에서 다양한 내용들을 표현하는 방식은 현존하는 사본마다 다소의 차이가 있으나 범례에서는 이에 대해 명확하게 제시하고 있다. 즉, 자연 지형에서 산지의 경우 물이 분리된 사이로 산줄기가 연결되는 것을 알 수 있기 때문에 산을 모두 연결시켜 그린다면 오히려 번잡스러울까 봐 유명한 산 서너 봉우리만 그려 넣었다. 그러나 현존하는 대부분의 사본들은 봉우리를 이어 연결시킨 형태로 지형을 표현했다. 이러한 사실은 이후 『동

〈그림 113〉 『청구도』(1834년, 서울대 규장각한국학연구원 소장)

여도』, 『대동여지도』의 지형 표현 방법과 관련하여 매우 중요하다.

애초 김정호는 수계를 보면 산계를 파악할 수 있기 때문에 지도 상의 번잡함을 피하기 위해 중요한 산들만 독립적으로 그렸다. 그러나 문제는 지도를 읽는 독자들이었다. 당시 지도를 읽는 독자들은 김정호와 같은 지리적 식견을 지닌 사람들이 아니었다. 따라서 띄엄띄엄 그려진 산들로부터 연결 관계를 온전하게 파악하기란 쉽지 않았을 것이다. 이에 따라 후대의 『청구도』 사본들은 봉우리를 연결시켜 연속된 산줄기의 형태로 산지를 표현했다. 이러한 경험으로 인해 이후 『동여도』나 『대동여지도』에서는 조선 지도학의 특징으로 지적되는 산줄기 중심의 산지 표현법을 좀 더 완결된 형태로 개발했던 것이다.

인공 지물의 표현에서는 『동여도』나 『대동여지도』에서처럼 기호가 고안된 상태가 아니기 때문에 대부분 지명과 함께 건물의 모양이나 인공물의 형상을 같이 그려 넣었다. 도로망의 경우도 『대동여지도』와 달리 직선이 아닌 곡선의 형태로 본래적 모습을 갖추고 있다. 이 외에도 군현의 경계가 뚜렷하게 그려져 있으며 당시까지 남아 있던 월경지의 모습이 소속 군현과 함께 면명(面名)이 표기되어 있기도 하다. 『청구도』에서 볼 수 있는 이와 같은 표현적 특성은 『청구도』의 「지도식」에 잘 나타나 있다.

김정호가 제작한 것으로 추정되는 『동여도』는 『대동여지도』를 판각하기 위한 선행 지도로 알려져 있다. 이의 근거로는 『동여도지』 제2책의 서문에서 김정호가 지지와 지도를 만들고 이를 '동여도지(東輿圖志)'라고 표현했으며, 두 지도가 23규(糾)로 되어 있고 지도의 형태나 내용이 거의 일치한다는 점을 들고 있다. 또한 신헌의 「대동방여도서」에서 김백원에게 위촉하여 동여도를 만들게 했다는 기록이 있다. 이 김백원은 김정호를 말한다. 이와 아울러 『동여도』와 『대동여지도』에 실려 있는 지도표(地圖標)도 매우 유사하다.[90] 무엇보다 두 지도가 지니는 형태적, 내용적 유사성은 『동여도』의 제작자를 김정호로 추정하기에 충분하다.

　『동여도』는 양식적인 면에서『대동여지도』와 거의 유사하다. 전국을 22층으로 나누어 첩으로 만들었고 각각의 첩은 접을 수 있게 한 분첩절첩식(分帖折疊式)의 양식을 띠고 있다. 내용적인 면에서는『청구도』보다 많은 지명을 수록하고 있다. 이는 각종의 사상(事象)을 부호로 표현하는 지도표의 개발로 가능한 것이었다.『동여도』에 수록된 지명은 19,140여 개로『청구도』의 15,485개,『대동여지도』에 수록된 11,760개보다 훨씬 많다.『동여도』

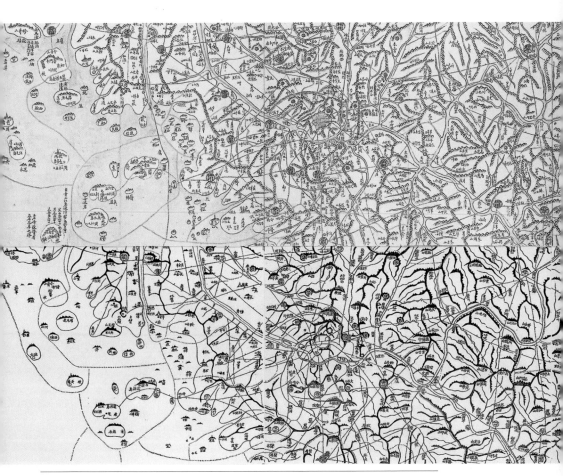

〈그림 114〉『동여도』(상)와『대동여지도』(하)의 비교(서울대 규장각한국학연구원 소장)

에 수록된 지명은 『대동지지』에 비교해볼 때 수용할 수 있는 지명들을 거의 망라했다고 할 수 있다. 특히 진보·읍치·역참·창고·목소·봉수·능침·진도 등의 시설물이 빠짐없이 수록되어 있으며, 『청구도』에 없던 성곽의 유무를 확실하게 기호로 표시했다.

이후 『대동여지도』의 제작에서는 지명을 별도로 다시 편집하지 않고 그대로 판각한 것으로 보이는데, 이 과정에서 전체 지명 중에서 7,370여 개의 지명이 제외되었다. 제외된 지명은 방리명(坊里名) 3,810여 개, 산지 지명 1,180여 개, 하천 지명 700여 개, 교통 관련 160여 개, 군사 관련 90여 개, 기타 1,400여 개이다. 이때 제외된 지명들은 중요도에서 다소 뒤지는 것들이다. 특히 3,800여 개의 방리명이 일괄 제외되었다는 점에서 이러한 지명의 제외는 목각의 어려움에서 기인했다고 볼 수 있다.[91]

『동여도』에는 이처럼 많은 지명을 수록하기 위해 각종의 사상을 부호

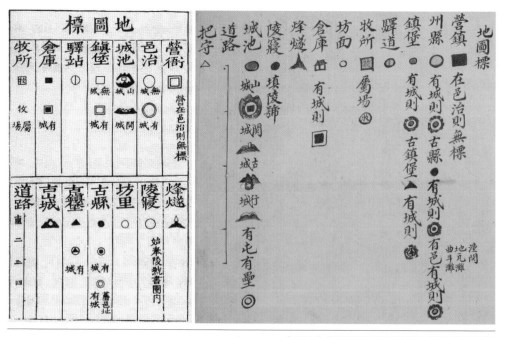

〈그림 115〉 『대동여지도』(좌)와 『동여도』(우)의 지도표 비교

로 표현하는 지도표를 고안했는데『대동여지도』의 것과도 유사하다(그림 115).『동여도』에서는 12개항 26종의 기호가 사용되었는 데 반해『대동여지도』에서는 14개 항목 22종의 기호가 사용되었다.『대동여지도』에서는 판각을 위해 부호를 보다 간략하게 했지만, 형태적인 측면에서는 더욱 정교해졌음을 알 수 있다. 특히 주현, 진보, 역도가 동일한 원 형태의 기호를 사용하여 혼동을 줄 우려가 있기 때문에『대동여지도』의 지도표에서는 진보(鎭堡)를 사각형, 역참(驛站)을 지름이 그려진 원 모양으로 구분했다. 특히 역참의 기호는 종래 중국에서도 찾아보기 힘든 김정호의 독특한 고안으로 평가된다.

　지도에 부호를 도입하여 사상을 표현하는 방식은 좁은 지면을 효율적으로 활용하기 위해 불가피한 것인데 서구에서도 지도학의 발달과 더불어 다양한 부호가 개발되기도 했다. 동양에서는 중국의 경우 1500년대에 제작된『광여도(廣輿圖)』에서 이의 전형을 볼 수 있다. 조선시대에서도 이러한 부호의 사용이 전도와 같은 지도에서 행해졌을 것으로 보인다. 그러나 부·목·군·현이나 진보 등의 구별에 사용된 정도이고 보다 정형화된 형태는 정상기의『동국지도』에서 볼 수 있다.『동국지도』에서는 비록 형식화된 표(標)의 형태로 제시된 것은 아니지만 범례 속에 문장의 형태로 기술되어 있다. 그러나 지도표라는 정형화된 형태는 김정호의 지도에 이르러 가능했다.

　이러한 지도표의 개발 외에도『동여도』의 특징으로 지적할 수 있는 점은 지형의 표현이 이전 시기 지도보다 정교하게 되었다는 것이다. 이전의『청구도』에서 드러난 문제점을 해결하기 위해 산계와 수계를 통일적으로 고려하여 산계의 흐름을 연맥의 형태로 구현한 것이다. 이로 인해 산줄기의 내거(來去)가 확연하게 파악될 수 있게 되었다. 또한 도로에 10리마다 표시를 함으로써 지역 간 거리를 쉽게 파악할 수 있도록 배려했다. 이 외에도『청구도』와 달리 도엽을 새롭게 재구성했으며 제책을 보다 합리적으로 하여 새로운 양식으로 만들었다. 무엇보다『청구도』에 수록된 많은 지지와 관련된 내용은『대동지지』와 같은 지지에 수록하고『동여도』에서는 보다 지도적인 면에 역점을 두었다는 점에서 지도학사적 의의가 있다.

4) 목판본『대동여지도』의 특징[92]

〈그림 116〉『대동여지도』의 전체 모습(서울대 규장각한국학연구원 소장)

『대동여지도』의 형식상 가장 큰 특징은 휴대와 열람에 편리하도록 고안했다는 점이다. 이러한 점은 지도가 제작자의 의도만을 반영하는 데에서 나아가 이용자의 입장에서 지도를 제작하려는 발상의 전환에서 비롯된 것으로 볼 수 있다. 특히 이용자가 한정될 수밖에 없는 필사본 지도와는 달리 목판 인쇄본으로 제작됨으로써 많은 사람들의 수요에 부응할 수 있게 되었다.

『대동여지도』도『동여도』처럼 지도책의 형식에서 벗어나 분첩절첩식의 형태로 만들었다.『대동여지도』는 각 층이 연속되는 일련의 지도로 되어 있고 그 각 층의 지도를 순서대로 맞추어놓으면 조선전도가 되도록 고안되어 있다. 우리나라 전체를 남북으로 22층으로 나누고 각 층을 첩의 형태로 만들었다. 또한 각 첩은 접을 수 있게 하여 휴대하는 데 편리하도록 했다. 지도를 접었을 때의 책 크기는 가로 20cm, 세로 30cm로서 당시 서지류의 크기와 비슷하게 했다. 이것은 지도의 한 면이 가로 17cm, 세로 23cm 정도의 『청구도』보다는 다소 큰 규격이다.

『대동여지도』는 『청구도』처럼 기본적으로 경위선표(經緯線表)를 기초로 제작되었다. 이때의 경위선은 현대의 경위도(經緯度) 개념이 아니고 평면 상에 그어진 방격을 말한다. 한반도를 남북 22층으로 나누고 각 층은 120리가 되도록 했다. 그리고 각 층을 동서 80리로 구분하여 접을 수 있게 했다. 즉, 각 층을 책의 크기로 접은 판의 크기는 동서 80리, 남북 120리가 된다. 남북이 22층이고 각 층의 길이가 120리가 되므로 전체 남북의 길이는 2,640리가 된다. 『청구도』의 2,900리보다 260리가 줄어든 수치다. 이는 남해안과 제주도 사이에 있는 바다 공간을 『대동여지도』에서는 목판을 절약하기 위해 의도적으로 삭제한 데서 기인한다. 경위선표를 사용한 제도의 원리는 지도의 앞부분에 수록된 방괘축척표(方罫縮尺表)에 잘 나타나 있다(그림 117).

『대동여지도』는 전체가 227면으로 구성되어 있고, 여백을 제외한 지도 부분은 213면으로 이루어져 있다. 가로 70리, 세로 100리 방괘를 하나의 면으로 편성하여 총 312면이 되었던 『청구도』와 비교하면 101면이 줄어든 수치다. 이렇게 줄어들게 된 것은 지도의 한 면이 『대동여지도』가 『청구도』보다 가로 10리, 세로 20리를 더 수용하고 도서(島嶼)를 육지에 근접하여 그렸기 때문이다. 한 장의 목판에는 지도 두 면(판)을 앉혀 목판의 매수는 126판이며, 뒷면에도 지도를 판각했기 때문에 일반적으로 목판 1면에는 지도 4면에 해당하는 내용이 들어 있어 목판은 총 60장 정도로 추정된다(그림 118).[93]

이처럼 『대동여지도』는 『청구도』보다 한 면의 지도가 포괄하는 면적이

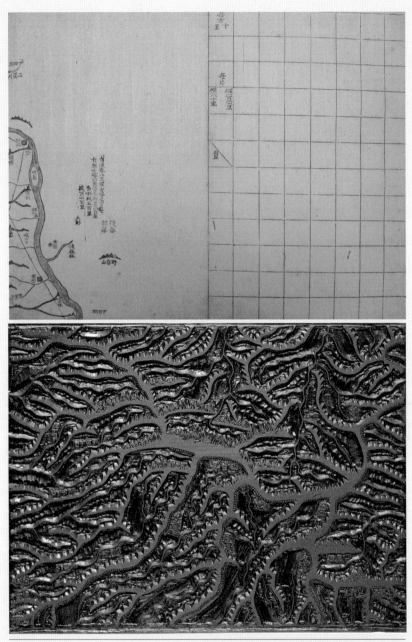

〈그림 117〉『대동여지도』의 방괘표(국립중앙박물관 소장) (상)
〈그림 118〉『대동여지도』의 목판(1861년, 국립중앙박물관 소장) (하)

훨씬 넓어졌고 분첩절첩식으로 구성되어 열람의 효율성을 높여주고 있다. 즉, 『청구도』에서는 통상 건·곤의 두 책으로 구성되는데 건책에는 1, 3, 5의 홀수 층, 곤책에는 2, 4, 6의 짝수 층 면을 동에서 서로 제책하여 두 권을 상하로 펴서 네 개의 도면을 동시에 볼 수 있게 했으나 그 이상의 도면은 같이 볼 수 없는 불편함이 있었다. 그러나 『대동여지도』에서는 이러한 단점을 완전히 극복하여 모든 지역을 잇대어 볼 수 있게 만들었고 필요한 지역만 분리하여 휴대할 수 있게 배려했다.

아울러 『대동여지도』는 목판본으로 제작되었지만 풍부한 내용을 담고 있다. 『대동여지도』에서는 판각의 편리를 고려하여 『동여도』에 수록된 지명 가운데 중요도가 다소 낮은 지명들이 제외되어 있으나 11,760개의 지명이 수록되어 조선시대의 목판본 지도로는 가장 많은 지명을 수록하고 있다. 『대동여지도』는 후대에 만들어졌지만 목판본으로 제작되었기 때문에 필사본인 『청구도』보다 내용이 다소 적다. 하천·누정·진보·포·부곡·교·평주·목장·리(里) 항목 정도가 『청구도』보다 많을 뿐이고, 대부분의 항목이 적게 수록되었다.

산악·하천·방면 등은 『동여도』의 수록 내용이 『대동여지도』의 두 배에 해당한다. 역원·창고·진보 등의 항목은 두 지도가 비슷하다. 수록된 지명으로만 본다면 김정호의 3대 지도 중에서 『동여도』가 가장 많은 내용을 담고 있다. 『대동여지도』는 판각의 어려움으로 인해 『동여도』의 지명을 상당 부분 줄였을 뿐이다.

앞서 살펴본 『대동여지도』의 지도표를 검토해보면 『대동여지도』의 성격과 김정호의 제작 의도를 간접적으로나마 살펴볼 수 있다. 즉, 김정호는 지도에 수록된 중요 항목에 대해서 지도표라는 기호식 표현 방식을 제시하고 있는데, 전체 14항목이다. 14항목은 영아(營衙)·읍치(邑治)·성지(城池)·진보(鎭堡)·역참(驛站)·창고(倉庫)·목소(牧所)·봉수(烽燧)·능침(陵寢)·방리

(坊里)·고현(古縣)·고진보(古鎭堡)·고산성(古山城)·도로(道路) 등이다. 『대동여지도』에는 이 외에도 누정, 사찰, 사원(祠院) 등 문화적 요소들도 많이 포함하고 있지만 지도표에 수록된 것은 위의 항목뿐이다. 이들 항목은 국가의 행정, 군사, 재정과 관련된 것으로 나라를 다스리는 데 긴요한 사항들이다. 특히 성지, 진보, 봉수, 산성과 같은 군사적 항목의 비중이 높은 것은 『대동여지도』가 행정적 용도보다는 국방의 필요에서 제작되었음을 시사하는 것이다. 김정호가 신헌과 같은 고위 무관의 후원을 받은 점과 『대동여지도』의 「지도유설」과 『동여도』의 여백에 쓰인 군사와 관련된 주기(注記)는 이러한 가능성을 뒷받침해주고 있다. 19세기 빈번한 이양선의 출몰, 두 차례에 걸친 중영전쟁은 조선의 조야에 위기의식을 심어주었으며 이로 인한 국방의 정비는 중요한 사안이었던 것이다. 이러한 시기에 제작된 『대동여지도』는 다른 항목보다도 군사적 항목에 중점을 두게 되었던 것으로 보인다.

『동여도』와 『대동여지도』가 수록 내용에서는 거의 일치하고 있지만 표현 기법에서는 『대동여지도』가 보다 더 정교한 느낌을 준다. 『대동여지도』의 산지 표현은 조선의 전통적 산천 인식 체계의 반영으로, 독립된 형태가 아니라 이어진 산줄기의 형태로 되어 있다. 이 점은 『동여도』와 유사하나, 『동여도』와의 가장 큰 차이는 산지의 험준과 산줄기의 폭과 높이 등이 반영되어 있다는 점이다. 『동여도』에서는 산줄기의 험준을 특별히 고려하지 않고 표현하여 동부의 험준한 산지나 서해 연안의 낮은 구릉성 산지가 같은 굵기로 처리되어 있다. 그러나 『대동여지도』에서는 산지의 형세에 따라 표현된 산줄기의 굵기가 다르고 산줄기가 모이고 갈라지는 지점과 높은 산이 있는 곳은 크게 그려 강조했다. 특히 유명산들의 봉우리는 흑색이 아닌 백색으로 표현한 것이 눈길을 끈다. 실제로 그의 「지도유설」에서는 산지에 특치(特峙), 병치(幷峙), 연치(連峙), 첩치(疊峙) 등으로 유형을 분류했는데 실제 지도 상에서도 산지를 일률적으로 표현하지 않고 실제 형세를 반영하려고 했음을 알 수 있다.

『대동여지도』에서 볼 수 있는 산지의 표현 방법은 외국의 고지도에서는 흔히 볼 수 없는 것으로 우리나라 전통 지도학의 특징으로서 지적되어왔다. 산맥 위주의 지형 표현과 백두산을 조종으로 한 산맥 표시, 삼태기 같은 지형과 취락의 주산 표시 등은 풍수 사상의 강한 영향으로 해석되고, 더 나아가 김정호 역시 풍수 사상에 많은 영향을 받았던 학자로 평가되기도 한다.[94] 그러나 『대동여지도』의 지형 표현은 김정호에 이르러 갑자기 도출된 것은 아니고 오랜 역사적 근원을 지닌 것으로 판단된다. 실제 현존하는 일부 목판본 전도에서도 산지를 연맥식으로 그리고 산지의 고저와 험이(險夷)를 함께 표현하기도 했다. 물론 이러한 인식의 형성에는 고래로부터 내려온 풍수적 사고가 많은 영향을 끼쳤음은 부인할 수 없다. 그러나 김정호 자신이 풍수학에 경도되어 있다거나 풍수학으로부터 많은 영향을 받았다는 입론에는 동의하기 힘들다. 김정호의 저술을 포함한 어떤 곳에서도 그가 풍수학에 심취되어 있었다는 것을 입증할 만한 기록이 없을뿐더러 김정호는 당시 풍수학과는 구분되는 여지학의 태두였음을 이해할 필요가 있다. 김정호는 신비적 지리관을 철저히 배격하고 오히려 현실적 필요, 타당성에 근거한 지리학을 추구했던 학자였다. 당시 풍수와 지리를 동일시했던 학자들과는 달리 다산 정약용과 같이 풍수와 지리를 철저하게 구분하면서 치국의 대경(大經)으로서의 여지학을 강조했던 것이다.

하천의 표현에서는 쌍선과 단선을 혼합하여 그렸다. 넓은 하구에서 차츰 좁아져가다가 어느 지점에서는 단선으로 바뀌어 골짜기에 이르게 된다. 이러한 방법은 강폭을 기준으로 삼는 현대 지도의 수계 표현 방식과도 유사하다. 이 또한 『동여도』와는 다른 표현 방식이다. 여기에서 쌍선에서 단선으로 바뀌는 기준은 몇 가지 근거를 통해 볼 때 당시 하구로부터 배가 올라와 운항할 수 있는 가항(可航) 여부에 따른 것으로 볼 수 있다. 즉,

단선으로 그려진 하천에서는 주요 간선도로 상에 나루터의 이름이 발견되지 않고, 국가에서 세운 조창(漕倉), 수참(水站) 등이 없는 점 등을 근거로 쌍선으로 그어진 유역까지가 당시 배나 뗏목의 운항이 가능했던 하천이었던 것으로 볼 수 있다.[95]

『대동여지도』는 기본적으로 방격법을 바탕으로 하고 있다. 10리 방안을 사용했는데 방안의 크기가 2.5cm 정도이다. 따라서 실제의 10리 거리를 지도 상에 2.5cm로 축소시킨 것인데 정확한 축척을 계산하기 위해서는 과거 조선시대의 10리가 현재의 미터법으로 얼마에 해당하는가의 문제가 해결되어야 할 것이다. 그러나 주지하는 바와 같이 조선시대의 도량형이 전 시기를 일관되게 하나로 통일되지 못했기 때문에 정확한 축척의 계산은 애초 한계를 지닐 수밖에 없다. 조선시대의 도량형은 국가적 차원에서 공표하여 시행했더라도 시간이 경과하면서 각 지역별로 차이가 발생했고, 특히 전란 이후 도량형 자체에 문란이 생기면서 통일된 기준과 원칙이 일관되게 적용될 수 없었다. 따라서 『대동여지도』에 대한 축척도 대략적으로 보아서 추정하는 수치일 뿐 정확한 축척을 제시할 수는 없다.

또한 『대동여지도』가 현대 지도와 같이 근대적 측량에 입각한 자료에 의해 투영법을 적용하여 제작된 것이 아니기 때문에 오차가 생길 수밖에 없다. 다시 말해 김정호의 지도 자체가 지역별로 정확도가 달라서 모든 도엽이 균등하게 10리를 현재의 2.5cm로 축소해서 그렸다고 보기도 힘들다. 따라서 실제 도면을 가지고 축척을 산정하는 것도 무리가 따른다. 즉, 현재의 지도와 비교하여 김정호의 지도가 어느 정도 축소되었는가로 축척을 계산하는 것인데 현재와 달리 지역별로 오차와 왜곡을 지닌 김정호의 지도를 일대일로 비교하는 것은 무리가 따른다고 판단된다. 따라서 지도의 축척 계산은 김정호 지도의 제도 원리라 할 수 있는 방괘도(方罫圖)를 기초로 이뤄져야 할 것이다.

학계에서는 김정호 지도의 축척에 대해 많은 논의가 있어왔다. 지금까지 발표된 『대동여지도』의 축척은 계산 근거가 제시되지 않은 경성제국대학의 1:150,000, 홍이섭의 1:160,000과 계산 근거가 제시된 축척으로 방동인의 1:133,333, 이찬의 1:160,000, 성남해의 1:216,000 등인데 이들 축척은 10리를 기준으로 하고 있다. 또한 현대 지도를 축척 계산 근거로 제시한 김상수의 1:166,000~1:168,000, 원경렬의 1:165,000~1:168,000과 한균형의 1:164,000이 있다. 현지 검토로 산출된 축척은 박이경의 1:206,000과 계산 근거는 없으나 계몽사 과목별 백과사전4 지리에는 1:200,000 등으로 실로 매우 다양한 축척이 제시되었다.[96]

이와 같은 다양한 축척의 논의는 크게 2가지 정도로 압축된다. 즉, 10리를 약 4.2km로 보는 견해에 의하면 축척은 약 1:160,000이 되고, 10리를 약 5.4km로 보는 견해를 따르면 축척은 약 1:216,000이 된다. 1:160,000 계열의 축척을 주장하는 견해는 지도의 크기와 실제 지표면의 크기를 대비하여 축척을 계산한 것으로 면적·지점 간의 거리 등으로 계산한 것이다. 1:216,000의 축척은 경위도 1도의 거리 관계에 대한 기록을 바탕으로 계산한 것이다.[97]

축척에 관한 다양한 논의는 이전 시기 『대동여지도』 연구의 주요한 부분을 이루었고, 지리학뿐만 아니라 측지, 측량학 등에서도 『대동여지도』에 대한 관심을 제고시키기도 했다. 축척에 대한 연구는 이러한 긍정적인 측면과 아울러 부정적인 측면도 지니고 있음은 부인할 수 없다. 즉, 김정호 지도에 대한 논의를 축척에 한정시킴으로써 김정호의 지도가 지니는 다양한 면모를 평가하는 데 소홀히 했다는 점을 들 수 있다.

앞서도 언급했지만 전통 시대 지도의 정확한 축척을 계산하는 것은 원래부터 한계를 지니고 있다. 조선시대 전 시기를 관통하는 도량형의 일관된 기준이 정립되어 있고 그것이 정확한 수치로 제시되어 현재의 척도 단위로 환산이 가능하다면 김정호 지도의 축척도 계산이 가능하다. 그러나 시기적으로 도량형 기준이 일정치 않다면 이러한 축척 계산은 한계를 지닐 수밖에 없을 것이다. 도리(道里)의 계산에 사용된 척도 단위와 척도 기준의 변천, 지역적 차이 등에 대한 선행적 검토가 행해져야 축척에 대한 대략적인 접근도 가능할 것이다.

『대동여지도』는 19세기 당시로는 조선 지도학의 최고봉이라 할 수 있지만 정밀한 경위도 측량이나 거리, 방위 측정에 기반한 측량 기술의 미비로 현대 지도와 비교했을 때 다소의 오차가 발생할 수밖에 없다. 〈그림 119〉의 현대 지도와의 비교에서도 드러나고 있듯이 북부 지방, 특히 함경도 지방에서 큰 오차가 있음을 알 수 있다. 이러한 오차의 발생 원인은 중앙과의 거리가 멀리 떨어져 있고 사람들의 왕래가 드문 변방이라는 지역적 특성 때문에 상대적으로 다른 지역에 비해 인식 수준이 낮았던 데서 기인한다고 볼 수 있다.

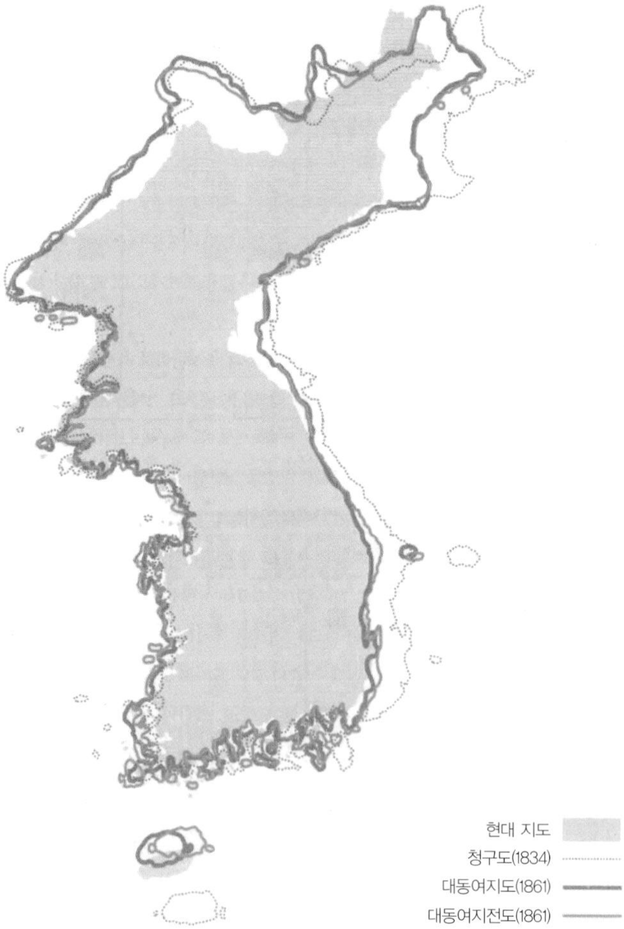

현대 지도와 비교해보면, 서해안과 남해안은 거의 차

현대 지도
청구도(1834) ············
대동여지도(1861) ━━━━
대동여지전도(1861) ━━━━

〈그림 119〉 『대동여지도』와 현대 지도의 해안선 윤곽 비교

이가 없고 동북부 지방과 압록강 상류 지방 그리고 동해안의 울진 부근에서 상당한 차이가 나고 있다. 이러한 차이의 원인은 위도보다는 경도 차이에서 비롯된 것으로, 당시 정확한 천문시계인 크로노미터가 없었고, 우리나라의 교통로가 주로 남북 방향으로 발달되어 있는 지형적 관계로 동서 거리의 측정이 부정확한 데서 기인한다.[98]

그럼에도 불구하고 『대동여지도』는 최첨단 과학기술에 의해 제작된 현대 지도에 비교해보아도 그다지 뒤지지 않는다.[99] 북부 지방의 일부 지역을 제외하면 현대 지도의 한반도 윤곽과 거의 일치하고 있다. 근대적 측량기술이 도입되기 이전 전통적인 방법으로 제작된 지도라 믿기 어려울 정도다. 이로 인해 1910년대 일본이 조선을 식민 통치하기 위해 토지를 조사할 때도 『대동여지도』를 기초 지도로 활용했다고 한다.

조선후기의 지지학

1. 지방의 사찬 지지서 출현

1530년 『신증동국여지승람』의 편찬 이후 국가 주도의 전국지리지는 한동안 편찬되지 못했다. 16세기 이후에는 군현 단위의 읍지가 지리지의 중심을 차지했다. 지방행정구역인 부, 목, 군, 현을 단위로 편찬된 읍지는 대부분 중앙정부가 아닌 지방의 사림이나 수령이 주도하여 편찬한 것이다.[100] 해당 고을의 거주자가 편찬했기 때문에 읍지의 내용은 전국지리지에 비해 훨씬 풍부해졌다. 수록 항목도 자연은 물론 역사와 인물 등 인문 전 분야를 망라했다. 『신증동국여지승람』의 경우, 지리지에 시문을 추가함으로써 지리지의 성격이 약화되었다면, 이때 편찬된 읍지는 시문이라는 문학적 요소가 약화되고 지역의 다양성을 드러내는 항목이 대폭 추가되었다.

이러한 새로운 지리지 양식이 출현하게 된 배경에는 16세기 이후 향촌 사회에 학식을 갖춘 유학자들이 거주하게 된 것과 왜란과 호란의 전란을 거치면서 향촌 사회의 재건이라는 실용적인 목적이 작용했다. 다시 말해서 성리학적 소양을 지닌 유학자들이 지리지 편찬의 주체가 됨으로써 지리지가 내용적으로 훨씬 풍부하고 정확성이나 객관성이 더욱 높아지게 된 것이다. 아울러 피폐한 향촌 사회를 재건하기 위해서는 사회, 경제적 항목과 같은 실용적인 정보들이 더욱 필요하게 되었다.

이 시기의 대표적인 사찬 읍지로는 1507년 이자(李耔, 1480~1533)의 『문소지(聞韶志)』(의성의 읍지, 전하지 않음), 정구(鄭逑, 1543~1620)의 『창산지(昌山志)』(1581년, 전하지 않음), 『함주지(咸州志)』(1587년), 권기(權紀, 1546~1624)의 『영가지(永嘉誌)』(1608년), 이준(李埈, 1560~1635)의 『상산지(商山志)』(1617년), 『일선지(一善誌)』(1630년), 성여신(成汝信, 1546~1632)의 『진양지(晉陽志)』(1631년)가 있고 윤두수(尹斗壽, 1533~1601)의 『연안읍지(延安邑誌)』(1581년), 『평양지(平壤志)』(1590년), 이상의(李尙毅, 1560~1624)의 『성천지(成川志)』(1603년), 이식(李植, 1584~1647)의 『북관지(北關誌)』(1617), 이수광의 『승평지(昇平誌)』(1618년) 등을 들 수 있다.

현존하는 사찬 읍지 가운데 초기의 것으로 정구의 『함주지』가 대표적이다.[101] 정구는 읍지 편찬에 관심을 갖고 부임하는 고을의 읍지를 저술했다고 전해진다. 『함주지』는 1587년(선조 20) 편찬한 경상도 함안(咸安)의 읍지다. 『함주지』는 임란 직전의 사회 분위기 속에서 수령(守令)의 안민선속(安民善俗)의 요체를 제공하려는 목적에서 편찬된 것이다. 백성의 생업을 안정시키고 풍속을 교화시키는 것은 고을 수령의 가장 큰 임무이기도 하다.

『함주지』의 수록 항목을 보면 경사상거(京師相距), 사린강계(四隣疆界), 건치연혁(建置沿革), 군명(郡名), 형승, 풍속, 각리(各里), 호구, 전결, 산천, 토산, 관우(館宇), 성곽, 단묘(壇廟), 학교, 서원, 역원, 군기(軍器), 봉수, 제언(堤堰), 관개, 정사(亭舍), 교량, 불우(佛宇), 고적, 명환(名宦), 임관(任官), 성씨, 인물, 유배(流配), 선행, 규행(閨行), 견행(見行), 문과, 무과, 사마(司馬), 총묘(塚墓), 정표(旌表), 책판(冊板), 제영(題詠), 총담(叢談) 등으로 되어 있다. 이 항목 가운데 호구, 전결, 군기, 제언, 관개, 임관, 유배, 문과, 무과, 사마, 정표, 책판, 총담 등은 『신증동국여지승람(新增東國輿地勝覽)』에는 없는 사회경제 관련 항목들이다. 특히 함안의 최하위 행정단위인 리(里)의 상황이 상세하게 수록되어 있다. 호구와 전결을 비롯하여 토지의 비척(肥瘠), 수한(水旱)의 정도, 거민(居民)의 신분, 풍속 등이 리를 단위로 기재되어 있다.

전국 단위의 지리지인 총지에서 볼 수 없는 다양한 항목이 수록되어 있다는 점에서 『함주지』는 새로운 향토 지리지의 효시라 할 수 있다. 『함주지』 이후 편찬된 『영가지』와 진주(晉州)의 『진양지』는 『함주지』와 거의 동일한 체제와 편목을 갖추고 있다. 『함주지』는 이후 편찬되는 각 군읍지의 기본으로 인식되었다.

『영가지』는 1602년(선조 35) 서애(西厓) 유성룡(柳成龍, 1542~1607)의 명에 따라 문인(門人)인 권기가 엮은 경상도 안동(安東)의 읍지다. 유성룡의 죽음으로 일시 중단되었다가 『함주지』를 편찬한 정구의 도움으로 1608년에 완성했다. 이후 1899년 후손에 의해 간행되었다. 책의 앞부분에는 고을의 지도가 수록되어 지지를 보완해주고 있다. 수록 항목은 연혁, 읍호(邑號), 각 현연혁(各縣沿革), 강역, 진관(鎭管), 계수관소속(界首官所屬), 관원, 형승, 풍속, 각리, 호구, 산천, 토품(土品), 토산, 관우, 누정(樓亭), 성곽, 향교, 단묘, 서원, 서당, 향사당(鄕射堂), 군기, 역원, 봉수, 도로, 제언, 관개, 진도(津渡), 교량, 지당(池塘), 임수(林藪), 장점(匠店), 장시(場市), 고적, 불우, 고탑(古塔), 명환, 성씨, 인물, 유우(流寓), 우거(寓居), 선행, 규행, 견행, 효자, 열부, 총묘, 총담 등이다. 자연환경을 비롯하여 사회경제적 내용, 문화적 내용, 인물에 이르기까지 다양한 항목을 포함하고 있다. 특히 산천 항목에는 산(山), 봉(峯), 현(峴), 벽(壁), 굴(窟), 암(巖)과 강(江), 천(川), 진(津), 연(淵), 탄(灘), 포(浦), 계(溪), 정(井) 등과 같이 고을의 산지와 하천의 다양한 지형을 망라하고 있는 점이 특징적이다. 이러한 지형 분류는 자연지리적 지식의 축적 속에서 가능한 것이다.

성여신의『진양지』는 인조 대에 편찬된 경상도 진주목(晉州牧)의 읍지다. 성여신이 만년에 향로(鄕老)들과 함께 편찬했는데, 편찬 시기는 17세기 전반으로 추정된다.『진양지』의 항목은 1권은 경사상거·사린강계·건치연혁·속현(屬縣)·진관(鎭管)·주명(州名)·형승·풍속·각리·호구·전결·산천·임수·토산·관우·단묘·성곽으로 구성되었으며, 2권은 향교·서원·역원·군기·관방(關防)·봉수·제언·관개·정사(亭榭)·임관목사와 병사(兵使)·명환·성씨·인물·선행·문과·무과·유배·사마·남행(南行)·총담·총묘 등의 항목으로 구성되었다. 이 읍지는『함주지』의 체제와 편목을 거의 따르고 있으며, 면리별로 사회경제적 상황과 풍속 등을 자세히 기록하고 있는 것이 특징적이다.

17세기 초반에 상주의 사림(士林)이 편찬한『상산지』도 경상도 사찬 읍지의 전통을 잇는 지지다.『상산지』는 경상도 상주목(尙州牧) 읍지로 여지(輿地)·공부(貢賦)·학교·질사(秩祀)·관제(官制)·공서(公署)·명환·인물·고적·문한(文翰) 등 열 가지 항목으로 이루어져 있다. 이 읍지에는 항목 중간에 '안(按)'이라는 표현으로 자신이 고증한 사실을 덧붙이고 있는 것이 특징적이다. 이전 시기의 읍지에 비해 사회경제적 항목보다는 유교적 질서를 강조하는 내용들이 많이 수록되어 있어 이 시기 향촌 사림의 관심 영역을 엿볼 수 있다.

『일선지』는 경상도 선산읍지로서 편자·편년 모두 미상이나, 이준(李埈)이 최현(崔晛, 1563~1640)과 함께 편찬한 것으로 추정된다. 내용은 권수(卷首)의 선산지도지(善山地圖誌)·지도(地圖)에 이어 크게 다음의 10과(科)로 분류되었다. 지리에는 연혁(郡名·沿革·屬縣·官職·疆域), 형승, 산천, 성단(城壇), 수택(藪澤), 봉수, 영현(嶺峴), 진교(津橋), 방리(坊里), 장시, 역원, 전야(田野), 성씨, 분묘(墳墓), 풍속 항목이, 공부(貢賦)에는 전결, 호구, 토산, 토공(土貢), 진상물건,

창곡(倉穀), 군총(軍摠), 잡역(雜役) 항목이, 관수(官帥)에는 읍졸(邑倅), 교수(教授) 항목이, 학교에는 향교, 학제(學制), 학령(學令), 학전(學田), 전복(典僕), 서원 항목이, 질사(秩祀)에는 단유(壇壝), 묘제(廟制) 항목이, 공서(公署)에는 객관(客館), 공아(公衙) 항목이, 고적에는 고적, 정관(亭觀), 불우 항목이, 제영(題詠), 인물에는 후비(后妃), 선현(先賢), 제일선인물지후(題一善人物誌後), 훈업(勳業), 문무, 음사(蔭仕), 응천(應薦), 효자, 열녀 항목이 수록되어 있다. 「선산지도지」는 김종직(金宗直, 1431~1492)이 선산부사로 있던 1477년에 쓴 것으로 당시 읍지의 내용과 관련하여 자신의 견해를 제시했는데, 지지에 지도를 덧붙이는 필요성을 다음과 같이 강조했다.

여지(輿地)의 지도가 있는 것은 옛날부터 있어온 것이다. 천하에는 천하의 지도가 있고, 일국(一國)에는 일국의 지도가 있으며, 일읍(一邑)에는 일읍의 지도가 있는 것인데, 읍도(邑圖)가 수령에게는 매우 절실한 것이다. 대체로 그 산천의 동서남북의 길이와 호구의 많고 적음과 간전(墾田)의 남고 모자람과 도리(道里)의 멀고 가까움을 여기에서 상고하여 백성들에게 세금을 징수하는 데 있어 조용조(租庸調)를 균평하게 매겨 받아서 공상(公上)을 받들게 하는 것이니, 어찌 이것을 하찮게 여길 수 있겠는가.[102]

경상도의 읍지가 제일 활발하게 간행되었지만 다른 지방의 읍지도 이 시기 편찬되었는데, 윤두수의 『평양지』를 들 수 있다. 『평양지』는 윤두수가 평안도관찰사로 재직할 때 보고 들은 바를 토대로 1590년 편찬한 지지(地誌)다. 지금 전하는 것은 16권 10책으로 되어 있고 일명 '서경지(西京志)'라고 하는데 원지(原志) 9권과 속지(續志) 5권, 후속지(後續志) 2권으로 되어 있다. 원지는 윤두수가 1590년 간행한 것이고, 그 후 후손 윤유(尹游, 1674~1737)

가 1730년(영조 6)에 속지를 발간하고, 1837년 원지·속지를 합간했다. 1854
년에는 지방인들이 또 후속지를 만들었으나 후인들이 모두 합본하여 16
권 10책으로 만들었다.『평양지』는 원지 발간 이래 무려 260여 년 동안 증
보, 수정해온 셈이다.『평양지』의 항목을 보면 강역·분야(分野)·연혁·성지·
부방(部坊)·군명(郡名)·풍속·형승·산천·누정·사묘(祠墓)·공서(公署)·창저(倉
儲)·학교·고적·직역(職役)·병제(兵制)·역체(驛遞)·교량·토산·토전(土田)·공
부·교방(敎坊)·원정(院亭)·사우(寺宇)·호구·인물·효열(孝烈)·고사(古事)·문
담·신이(神異)·잡지(雜志)·시문 등인데, 자연환경, 사회경제, 문화 등의 내
용을 망라하고 있다.

이상의의『성천지』도 오랜 기간에 걸쳐 수정 보완된 읍지다. 본래 1602
년(선조 35)에 부사(府使) 이상의가 처음으로 저술하여 이후 1656년(효종 7)
부사 이동로(李東老, 1628~1683)가『성천속지(成川續志)』를 편찬했으나 간
행하지 못했다가, 1842년 부사 서재순(徐載淳)이 유사들과 더불어 간행했
다. 2책으로 이루어져 있으며, 제1책은『성천지』, 제2책은『성천속지』다. 제1
책에는 권수에 성천폭원총도(成川幅員總圖), 성천관부도(成川官府圖), 성천강
선루도(成川降仙樓圖) 및 향교에 있는 교재서책목록(校在書冊目錄), 성천지목
록(成川志目錄)이 있으며, 내용은 권1 강역, 연혁, 성지, 부방, 군명, 풍속, 형
승, 산천, 누대정사(樓臺亭榭), 사우(祠宇), 공서, 학교, 직역, 교량, 토산, 음악
(音樂), 원우(院宇), 불우, 호구, 인물, 효열, 연방(蓮榜), 급제문과(及第文科), 고
적, 잡지, 치적(治蹟)과 권2 시문 순이다. 다른 읍지에 비해 고적, 시문의 내
용이 자세한데, 이는 성천이 옛 고구려의 졸본부여(卒本扶餘)인 데서 연유
한다.

전라도 지방의 대표적인 읍지로는 이수광의『승평지』를 들 수 있다.『승
평지』는 1618년 순천부사(順天府使) 이수광이 편찬한 전라도 순천의 읍지
다. 후에 부사 홍중징(洪重徵, 1682~1761)이 증보하여 중간했다. 상권에는

앞에 부사 홍중징의 중간승평지발(重刊昇平志跋)과 범례 지도가 있고 이어 정도(程途)·건치·관원·진관(鎭管)·파영(把營)·읍호·성씨·풍속·형승·산천·토산·성곽·관방·봉수·관사(館舍)·누정·학교·역원·사찰·사묘(祠廟)·고적·속현·부곡(部曲)·호구·유액(儒額)·무반(武班)·군정(軍丁)·전결·조세·진상공물·창고·관전(官田)·제언·목장·잡축(雜畜)·어전(魚箭)·염막(鹽幕)·장시·선척(船隻)·요역(徭役)·공장(工匠)·관속·향임·장면(掌面)·서판(書板)·명환·인물·우거·(新增)효자·열녀 사실이, 하권에는 제영·잡저(雜著, 記·銘 등)의 내역이 실려 있다. 어전, 염막, 장시 등의 항목까지 수록될 정도로 사회경제적 내용이 상세한 것이 특징적이다.

　지방의 읍지 편찬이 다양해지면서 북방 지역이나 제주도와 같은 도서 지역의 읍지도 저술되었다. 이식의 『북관지』는 함경도 10부(府)의 읍지를 개괄한 책이다. 이식이 광해군 연간(1608~1623)에 함경읍북평사(咸鏡邑北評事)로 있으면서 북로(北路)의 사실과 형요(形要)를 모아 '북관지'라 했다. 이식이 완성하지 못한 것을 그의 아들 이단하(李端夏, 1625~1689)가 평사(評事)로 가 있으면서 완성했지만 간행되지는 못했다. 신여철(申汝哲, 1634~1701)이 이를 보고 책이 완성된 지 30년이 지나서 연혁이 바꾸어진 것이 많으므로 이를 증수하고 1693년(숙종 19) 간행했다. 그 후 신여철의 4대손 신대겸(申大謙, ?~1807)이 1784년 중간했다. 이 책은 함경북도 일대의 각 부 사정을 일목 요연하게 살필 수 있는 자료다. 항목은 건치연혁, 군명, 관원, 강계(疆界), 산천, 관방, 해진(海津), 성곽, 봉수, 관우, 학교, 이사(里社), 역원, 사묘, 불우, 고적, 성씨, 인물, 토산, 풍속, 관안(官案), 호액(戶額), 전안(田案), 재곡(財穀), 공안(貢案), 진상, 약재, 병안(兵案), 이안(吏案), 천안(賤案), 제영, 잡기 등으로 나누어 내역이 기재되었다. 이중에서 관방, 해진, 성곽, 봉수 항목 등은 변경 방비책에 관한 것으로 다른 항목보다 상세한 내용을 담고 있다. 이와 유사한 내용을 담고 있는 문헌으로는 『북로기략(北路紀略)』, 『북관기사(北關紀事)』, 『북여

요선(北輿要選)』, 『북정일기(北征日記)』 등이 있다.

조선시대 제주도는 외적을 방어하는 군사적 차원뿐만 아니라 국내 최대의 목마장으로서 중시되던 지역이었다. 이에 따라 지도와 더불어 많은 지지들이 저술되어 활용되었다. 독립된 지지로는 1653년 이원진(李元鎭, 1594~1665)의 『탐라지(眈羅志)』가 최초로 간행되었다.

『탐라지』의 수록 항목을 보면, 강계, 건치연혁, 진관, 관원, 읍명, 성씨, 풍속, 형승, 산천, 교량, 토산, 전결, 성곽, 방호소, 수전소, 봉수, 궁실, 누정, 창고, 학교, 향약, 사묘, 불우, 장관, 군병, 공장, 노비, 과원, 목양, 의약, 공헌, 고적, 명환, 인물, 효자, 열녀, 제영 등의 37개 항목으로 이루어져 있다. 정의현(旌義縣), 대정현(大靜縣)의 내용도 대체로 이와 같은 항목으로 구성되었으나 일부 해당되지 않는 항목은 빠져 있다.

이러한 체제와 내용은 16~17세기에 일반적으로 편찬되는 사찬 읍지들의 것과 유사한 형식으로, 매우 상세한 점이 특징이다. 그런데 다른 읍지들에서 볼 수 없는 방호소(防護所), 수전소(水戰所), 향약(鄉約), 장관(將官), 공장(工匠), 노비(奴婢), 과원(果園), 목양(牧養), 의약(醫藥) 등의 항목은 제주도의 독특한 사정을 반영해주는 것으로써 주목할 만하다. 제주도가 변방임을 감안하여 군사와 방어 분야는 물론 제주도 지방의 특색을 잘 드러내는 항목들을 설정하고 있는 것이다. 『탐라지』는 현재 전해오는 제주도의 가장 오랜 읍지로서 이후 제주도 지지의 저본이 되었다. 내용 면에서는 제주도의 자연환경으로부터 인물, 시문에 이르기까지 제주의 특징을 매우 정확하고 상세하게 기록하여 17세기의 제주 상황을 가장 잘 보여주는 저술로 평가된다.[103]

1702년 이형상(李衡祥, 1653~1733) 목사의 『남환박물(南宦博物)』도 제주도 지역의 대표적인 지지서이다(그림 120). 『남환박물』은 기존의 지지와는 다소 다른 양식으로 제주, 정의, 대정 고을을 분리하지 않고 하나로 합쳐 기술했다. 수록된 내용은 읍호, 바다, 섬, 기후, 지지, 물산 등 37개 항목으로 기술하고 있다. 앞부분은 자연환경과 관련된 것으로 지읍호(誌邑號), 지노정(誌路程), 지해(誌海), 지도(誌島), 지후(誌候), 지지(誌地), 지승(地勝) 등의 항목으로 이루어져 있다. 이어 지적(誌蹟), 지성(誌姓), 지인(誌人), 지속(誌俗), 지문(誌文), 지무(誌武), 지전(誌田), 지산(誌産), 지금(誌禽), 지수(誌獸), 지초(誌草), 지목(誌木), 지과(誌果), 지마우(誌馬牛), 지어(誌魚), 지약(誌藥), 지공(誌貢), 지부역(誌賦役), 지사(誌祠), 지관방(誌關防), 지봉(誌烽), 지창(誌倉), 지해(誌廨), 지병(誌兵), 지공(誌工), 지노비(誌奴婢), 지리(誌吏), 지행(誌行), 지고(誌古), 지명환(誌名宦) 등의 항목으로 구성되어 있다. 책의 마지막에는 제주에 관한 3편의 시가 수록된 황복원대가(荒服願戴歌)가 첨부되어 있다.

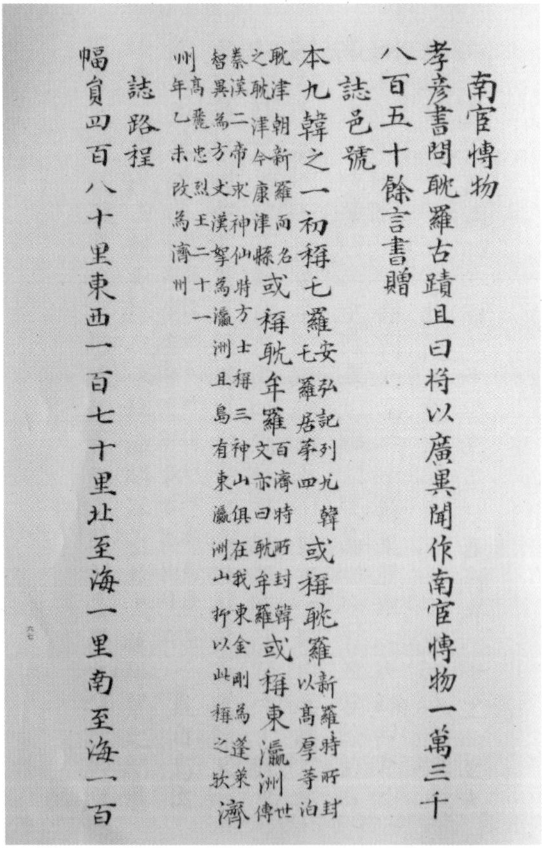
南宦博物
孝彥書問耽羅古蹟且曰將以廣異聞作南宦博物一萬三千
八百五十餘言書贈
誌邑號
本九韓之一初稱乇羅 或稱耽牟羅 或稱東瀛洲
誌路程
幅員四百八十里東西一百七十里北至海一里南至海一百

〈그림 120〉『남환박물』(18세기 전반, 이형상 목사 종가 소장)

『남환박물』은 전통적인 지지에서 볼 수 있듯이 항목에 따른 서술 체제를 지니고 있지만 항목의 구성이 독특하다. 특히 제주도의 다른 지지에서 보기 힘든 항목들이 들어가 있는데, 금수와 초목에 대한 내용과 어류에 대한 내용 등은 실제 조사를 바탕으로 수록한 것들이다. 항목별로 수록된 내용도 이전 문헌에 수록된 내용을 그대로 전재하는 것이 아니라 자신의 경험을 토대로 견해를 제시하고 있다. 예를 들면, 지후 항목에서 "나는 1년을 여기서 지냈는데, 그사이에 대개 광풍은 많았으나 그렇게 사납지 않았으며, 낮에 안개가 끼고 비와 눈이 내리는 것 또한 심하지 않았다. 한 달 중에 구름이 덮여 어두운 날은 4~5일에 불과하고, 마주 앉아서 얼굴을 볼 수 없다는 말은 아주 그럴듯하지 않았는데, 어찌 때가 옛날과 지금으로 나뉘어져 있어서 그러겠는가."[104]라고 하여 자신의 경험을 토대로 옛 기록을 비교, 평가했다. 특히 한라산 정상까지 직접 올라 관찰한 사실을 세밀하게 적어놓기도 했다. 이처럼 『남환박물』은 항목 중심으로 구성된 전통적인 지지의 형식을 띠고 있지만 항목의 서술 내용이 이전 서적에서 인용하는 것에서 탈피하여 자신의 경험에 입각한 독자적인 견해를 제시한 것은 읍지의 진일보한 면을 보여주는 것으로 평가된다.

2. 중앙정부 주도의 지리지 편찬

1) 영조, 정조 시기 관찬 지리지의 편찬

17세기 중엽 이후 사회질서가 서서히 정비되어가고, 지방 사회에 대한 국가의 파악도 진전되어갔다. 중앙의 행정력이 하부 단위까지 강하게 미치게 됨에 따라 지방행정에 필요한 정보와 자료가 더욱 요구되었다. 이러한 현실에 맞춰 중앙정부는 이전 시기 개별적으로 작성되었던 읍지들에 관심을 가지게 되었다. 『신증동국여지승람』이 간행된 지 상당한 시간이 지났기 때문에 새로운 지역 정보를 반영한 전국 단위의 종합적인 지리지가 더욱 필요하게 되었다. 특히 17세기에서 18세기 중엽에 이르는 동안 토지의 개간 및 양전 사업의 시행과 그에 다른 수세지의 확대, 대동법의 시행 및 균역법의 시행 등 사회경제적인 제도의 변동과 함께 군사 제도, 지방 사회의 편제, 상업 유통망 등의 변화와 같이 사회 전반에 걸쳐 나타난 변화를 반영할 지리서가 필요했던 것이다.[105]

이러한 시대적 조건에 따라 18세기 접어들어 몇 차례에 걸친 지리지 편찬 사업이 시도되었으나 결실을 맺지 못하다가 영조 대에 전국 단위의 지리지인 『여지도서(輿地圖書)』의 편찬이 이루어졌다. 『여지도서』는 16세기 후반 이래 대두된 읍지 편찬의 경향을 정리하고 종합한 것으로 18세기 읍지의 종합적 성격을 대표하고 있다(그림 121).

1757년(영조 33) 홍양한(洪良漢, 1719~1763)의 발의에 따라 군현지도가 첨부된 읍지가 수합되기 시작했고 필사본과 인쇄본이 섞인 각 지역의 읍지가 홍문관을 거치면서 '여지도서'라는 제목으로 왕에게 올려졌다. 홍문관

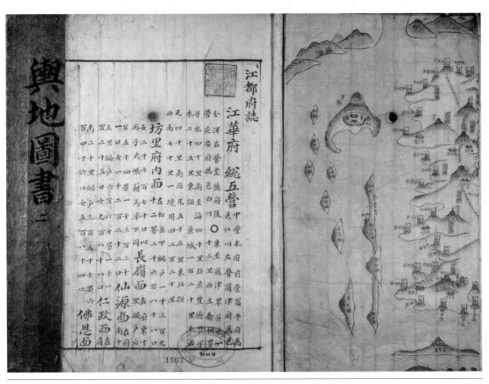

〈그림 121〉 『여지도서』의 강화부(18세기, 한국교회사연구소 소장)

에서는 1760년에 항목과 지침을 수정하여 재차 읍지를 상송하라는 관문을 내려보낸 후 수합된 자료를 바탕으로 어람용을 만들어 1765년 서명응(徐命膺, 1716~1787)이 '여지도서'라는 제목으로 영조에게 올렸다. 현재 교회사 연구소에 전하고 있는 『여지도서』는 여러 군현이 누락되어 있어서 서명응이 영조에게 올린 『여지도서』와 동일본인지는 명확하지 않다. 특히 『여지도서』는 지방의 군현으로부터 올라온 읍지를 그대로 모아놓은 것으로 공식적으로 간행된 것은 아니기 때문에 전국의 군현을 망라한 완질이라고 보기 어렵다.[106]

55책으로 구성된 『여지도서』는 1757년(영조 33)에서 1765년 사이에 각 고을에서 편찬한 읍지를 중앙에서 모아 성책한 것으로, 295개의 읍지와 17개의 영지(營誌: 감영지 6, 병영지 7, 수영지 3, 통영지 1) 및 1개의 진지(鎭誌) 등 총 313개의 지지가 수록되어 있다. 군현읍지는 경기도, 충청도, 경상도, 전라도 등지에서 총 39개의 읍지가 누락되어 있다. 『여지도서』는 중앙에서 일정한 규식을 각 군현으로 내려보내고 그에 따라 각 지방에서 읍지를 작성하여 중앙에 올린 것을 편집하여 만들어진 것이다. 각 군현읍지는 대부분 일정한 편제를 따르고 있는데, 각 도에 관한 개괄적인 내용의 총론과 지도가 책머리에 실려 있고, 이어 각 군현별로 군현지도, 강역, 호구를 포함한 방리, 도로, 건치연혁, 군명, 형승, 성지, 관직, 산천, 성씨, 풍속, 능침, 단묘, 공해(公廨), 제언, 창고, 물산, 교량, 역원, 목장, 관액(關阨), 봉수, 누정, 사찰, 고적, 총묘, 진보, 명환, 인물, 조전, 수전, 진공, 조적, 전세, 대동, 봉름(俸廩), 군병 등의 항목으로 구성되어 있다.[107]

이는 『신증동국여지승람』의 기본 틀 위에 사회, 경제, 행정적인 내용을 강화한 것이다. 특히 주목되는 것은 방리, 도로, 부세에 관한 항목과 각 군현읍지의 첫 부분에 수록된 고을 지도이다. 이 외에도 군사적인 내용이 강화되어 군병 항목을 신설하고 군정 수 및 조직, 배치 등을 군현별로 상세하게 수록했다. 지도에도 진보 등 군사적인 시설들을 상세히 표시했다. 이러한 체계는 16세기 후반 이래 각 읍에서 활발하게 편찬된 읍지의 체계와 내용을 종합한 것으로 18세기 지리지의 종합적인 성격을 보여주고 있다.[108]

『여지도서』에서 군현읍지의 앞부분에 채색 지도를 싣고 있는 것은 전국 지리지 편찬의 중요한 변화이다. 여기에 수록된 군현지도는 해당 군현에서 제작된 것으로 군현별 편차가 크다. 대부분 군현에서 전해오던 지도를 베껴 올리는 경우가 많고 이것이 불가능할 경우 감영에서 보관하던 것을 베껴 그리기도 했다. 따라서 지도 자체는 변화하는 지역 현실을 정확히 반영하기는 어려웠다.

『여지도서』에 수록된 지도는 총 312장이다.[109] 평안도 병영지의 지도가 누락된 것을 제외하면 모든 지지에 지도가 수록되어 있다. 지도는 도의 전체적인 모습을 보여주는 감영지도가 첫 부분에 실려 있고, 이어서 각 도의 병영, 수영지도가 수록되어 있다. 그리고 각각의 군현읍지의 처음에 채색의 군현지도가 실려 있다. 지리지에 지도가 수록된 사례는 조선전기의 『신증동국여지승람』에서 볼 수 있지만 여기의 지도는 전도와 도별도만 수록되어 있고 군현지도는 없다.

군현읍지의 경우 중앙에서 내려보낸 규식에 입각하여 작성되다 보니 군현별로 편차가 크지 않지만 군현지도의 경우는 군현의 사정에 따라 편차가 크다. 표현 방법에서도 산지의 경우 산과 산 사이를 연결하여 산줄기의 형태로 표현하기도 하지만 독립적인 산을 그린 경우도 있다. 읍치 내부의 모습을 생략하고 위치만을 표시한 군현이 있는 반면, 읍치 둘레의 성곽과 관아 건물까지 자세히 그린 것도 있다. 지도의 배치 방향은 북쪽을 지도의 상단으로 하는 경우가 대부분이나 대하천이 흐르는 지역이나 바다와 접해 있는 군현의 경우 동쪽이나, 남쪽이 지도의 상단으로 배치되기도 한다. 이렇듯 군현의 자연적 조건을 비롯하여 인문적 여건에 따라 지도의 표현

과 내용이 다양하게 나타났다.[110]

『여지도서』는 비록 완결된 형태로 간행되지는 못했지만 조선후기 관찬 지리지 제작의 첫 성과로 성리학적 교화와 시문을 중시하던 조선전기의 『신증동국여지승람』의 전통에서 탈피하여 지역의 변화상을 파악하고자 했던 대표적인 사례로 평가된다.

영조 대의 전국지리지 편찬 사업은 1770년 『동국문헌비고』의 「여지고」에서 결실을 보게 된다. 『동국문헌비고』는 조선의 정치, 경제, 문화 등 각종 제도와 문물을 분류, 정리한 책으로 1770년(영조 46) 홍봉한(洪鳳漢, 1713~1778) 등이 왕명을 받아 100권으로 편찬했다. 중국 마단림(馬端臨)의 『문헌비고(文獻備考)』를 본받아 만들었는데, 각종 제도를 상위(象緯), 여지(輿地), 예(禮), 병(兵), 형(刑), 학교(學校) 등 13고(考)로 분류해 연대순으로 정리했다.

『동국문헌비고』의 편찬 목적은 각종 제도의 연혁과 내용을 계통적으로 묶어서 보기 쉽게 함으로써 국가의 통치에 활용하기 위한 것이었다. 그러나 짧은 기간에 만들어져 누락되거나 잘못된 항목이 많아 이를 보충할 필요가 있었다. 이에 따라 1782년부터 이만운(李萬運, 1723~1797) 등이 13고의 잘못된 부분을 바로잡고, 여기에 왕계, 씨족 등 7고를 증보해 146권으로 편성, 1789년 『증보동국문헌비고』라는 이름으로 편찬했다. 그러나 이 책은 간행되지 못하고 필사본으로 남게 되었다. 『증보동국문헌비고』에서는 종전의 착오를 충분하게 바로잡지는 못했으나 책의 내용이 더욱 체계적으로 되었으며 개인이 가지고 있던 여러 가지 다른 책들을 참고함으로써 사료적 가치는 더욱 풍부해졌다. 그러다가 1903년 이 책의 개정에 착수했는데 조선 말기의 자료를 참고해 내용을 첨가하고 시대에 적절하지 않은 것을 삭제했으며, 항목 분류를 정리해 1908년 16고 250권으로 편성해 간행하고 이름을 『증보문헌비고』라고 했다. 『증보문헌비고』에 수록된 「여지고」는 16고 중의 하나로 13권에서 39권까지 27권의 분량이다(그림 122).

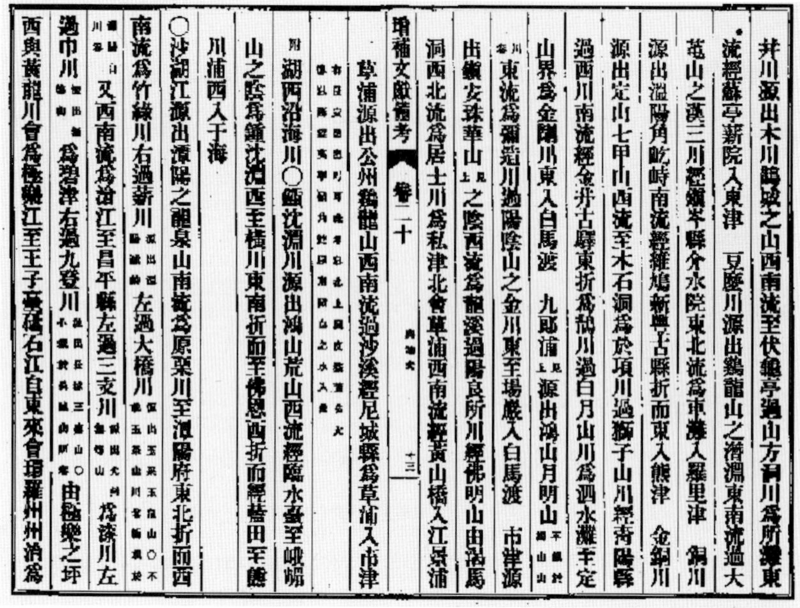

并川源出木川鵲峴之山西南流至伏龜亭過山方洞川爲所灘東
流經蘇亭新院入東津　豆應川源出鷄龍山之潛淵東南流過大
芚山之溪三川經礪峯縣介水院東北流爲車灘入羅里津　銅川
源出溢陽角屹峙南流經雜鳩新興古縣折而東入熊津　金銅川
源出定山七甲山西流至木石洞爲於項川過獅子山川經靑陽縣
過西川南流經金井古驛東折爲熱川過白月山川爲泗水灘至定
山界爲金剛川東入白馬渡　九郞浦源出鴻山月明山
東流爲彌造川過陽陰山之金川東至場巖入白馬渡　市津源
出鎭安珠華山之陰西流爲龍溪過陽良所川經佛明山由鴻馬
洞西北流爲居士川爲私津北會草浦西南流經黃山橋入江景浦
增補文獻備考　卷二十　十三
草浦源出公州鷄龍山西南流過沙溪經尼城縣爲草浦入市津
湖西沿海川○鴻沈淵川源出鴻山荒山西流經臨水臺至峨嵋
山之陰爲鍾沈淵西至樵川東南折而至佛恩西折而經藍田至熊
川浦西入于海
○沙湖江源出潭陽之龍泉山南流爲原栗川至潭陽府東北折而西
南流爲竹綠川右過薪川　左過大橋川
又西南流爲沿江至昌平縣左過三支川　爲漆川左
過市川　爲碧津右過九登川　由極樂之坪
西與黃龍川會爲極樂江至王子臺爲石江自東來會羅州州治爲

〈그림 122〉『증보문헌비고』「여지고」

뒷부분의 북간도, 서간도 강계는 고종 때 추가한 것이다.

영조 대에 편찬된 『동국문헌비고』의 「여지고」는 역대 국계(國界), 군현 연혁, 산천, 도리, 관방(성곽, 海防, 海路) 등의 조목으로 되어 있다. 총 17권으로 양적으로 다른 분야에 비해 비중이 크다. 「여지고」는 영조 대의 대표적인 지리학자인 신경준이 당대의 저작들을 종합하여 편찬한 것이다. 고려, 조선전기의 자료와 연구 성과뿐만 아니라 17세기 이후 역사지리를 연구했던 한백겸(韓百謙, 1552~1615), 유형원(柳馨遠, 1622~1673), 홍만종(洪萬鍾, 1637~1688), 임상덕(林象德, 1683~1719) 등 관련 학자들의 연구 성과를 종합 정리했다. 「여지고」는 역사지리학뿐만 아니라 교통, 시장, 군사, 방어, 산천과 같은 경제지리학, 국방지리학, 자연지리학, 문화지리학 등이 종합된 책으로 신경준의 사상이 결집되어 있다. 개인적인 수준의 학문 연구를 사회적인 차원으로 승화시킨 실천적 지리서라 할 수 있다.[111]

『여지도서』와 『동국문헌비고』 「여지고」로 대표되는 영조 대의 전국지리지 편찬 사업은 정조 대에도 계승되었다. 『동국문헌비고』는 유서(類書)의 형태를 띠고 있어 엄밀한 의미의 지리지는 아니어서 독자적인 전국지리지 편찬이 필요했는데, 그 결과 나온 것이 『해동여지통재(海東輿地通載)』이다.

정조는 1788년 『해동여지통재』의 편찬을 계획하고 이듬해 규장각에 『동국여지승람』의 속성(續成)을 명함으로써 지리지를 제작하기 위한 본격적인 작업에 착수하게 되었다. 정조는 국가적 차원에서 국가의 지방 지배 및 구체적인 통치 자료의 파악을 목적으로 하면서도 기존의 것과 다른 형태의 지리지를 구상했다. 정조는 자신의 의도하에 정국을 이끌고 갈 수 있는 통치 구조를 만들기 위해 노력했으며, 한편으로 사회경제 및 문화적인 변동에 따른 새로운 변화에 적절하게 대응할 수 있는 정보를 국가적 차원에서 확보할 목적으로 새로운 지리지를 구상했던 것이다.[112]

정조는 이 책의 편찬을 주도하여 서문을 직접 작성하고 호구와 방리 등의 내용을 검토하기도 했다. 정조는 『해동여지통재』의 편찬을 규장각에 일임했는데, 규장각 제학 김종수(金鍾秀, 1728~1799), 검교직각 서호수(徐浩修, 1736~1799)에게 편찬 작업을 총괄하게 하고, 전 승지 이가환(李家煥, 1742~1801)과 이서구(李書九, 1754~1825)를 교정 책임자로 삼았다. 규장각 각신(閣臣)들을 대거 참여시키고 특히 여지학과 지도학에 뛰어난 식견을 지니고 있던 정상기의 손자 정원림(鄭元霖)에게 군직을 주고 이 일을 같이 담당하게 했다.[113]

『해동여지통재』 편찬 사업은 계속 진행되어 화성 축성 공사가 완료된 1790년경에는 전체 책의 편찬이 완료된 것은 아니지만 60권 정도의 책이 마무리되었다. 그러나 『해동여지통재』는 1800년(정조 24) 정조의 갑작스런 죽음으로 인해 끝내 완성되지 못했다. 아울러 현재 이 책이 전해지지 않기 때문에 상세한 편목과 내용을 알 수 없고 다만 정조의 문집인 『홍재전서(弘

齋全書)』에 내용 구성에 관한 간략한 글로 대략만을 파악할 수 있다.[114]

정조가 구상했던 『해동여지통재』의 내용 구성을 보면, 먼저 경도(京都)를 수록하고 이어서 화성(華城), 개성(開城), 남한(南漢), 심도(沁都, 강화)에 대해 기술하고자 했다. 이들에 대해서는 각각 강역과 거리 및 궁(宮)과 전(殿)의 제도, 위치에 관한 내용을 기록했다. 이어서 8도에 대해 구체적으로 서술하려 했는데, 경기, 호서, 영남, 호남, 관동, 해서, 관서, 관북의 순으로 팔도 군현들의 지명, 연혁, 산천, 관액(關阨), 인물, 전부(田賦), 명승, 제영 등을 실었다. 이는 중국의 『태평환우기(太平寰宇記)』의 예를 따른 것이라 한다.[115]

현재 『해동여지통재』로 추정되는 읍지들이 서울대 규장각한국학연구원에 남아 있다. 이들 읍지들을 보면, 통치와 관련한 항목은 이전의 내용에 비해 매우 세분되고 자세해진 것이 특징이다. 『해동여지통재』는 이후 읍지를 작성하는 데 큰 영향을 미쳤는데, 순조 대에 작성된 경상도 지역의 읍지에서 확인해볼 수 있다.[116]

2) 19세기의 관찬 지지서[117]

영조, 정조 대를 거치면서 활발하게 진행된 관찬 지지서의 편찬은 19세기에 접어들면서 점차 쇠퇴해갔다. 정조 이후 계속되는 세도정치와 사회적 혼란으로 인해 관찬 지지의 편찬이 위축되었던 것이다. 그러나 19세기 중엽을 지나 고종 대로 접어들어서는 읍지를 중심으로 한 관찬 지지의 편찬이 활발하게 이루어졌다. 이 시기는 서양 세력이 들어오면서 조선 사회의 위기의식이 심화되는 때였다. 고종 대 관찬 읍지의 편찬은 1871년, 1895년, 1899년 등 세 차례에 걸쳐 진행되었다.

1871년 읍지는 군사적 목적으로 제작된 것이다. 이 해에 고을의 지도를 그려 올리라는 명령이 중앙 조정에서 전국에 하달되었는데, 이 시기의 읍지 편찬은 당시의 시대적인 상황과 관련지어 해석해 볼 수 있다. 즉, 1866년의 병인양요, 1871년의 신미양요가 직접적인 계기가 되었던 것으로 보인다. 외세와의 충돌 이후 위정자들은 적극적인 대응책을 강구하게 되었는데, 국방과 치안을 위한 관제 개정부터 착수했다. 군제 개편을 추진하고 군사시설을 확충하며, 경비 태세의 강화, 군기(軍器)·군물(軍物)의 적극적인 정비, 신무기 제조 실험 등을 했다. 따라서 1871년에 행해진 전국적 군현지도 제작과 읍지 편찬은 이러한 맥락에서 이루어진 것으로 볼 수 있다.

1871년 의정부가 각 도 관찰사에, 각 도 관찰사가 다시 각 읍의 수령에게 읍지 상송(上送)을 명했는데, 읍지의 장책(粧冊)은 읍지를 수합한 감영에서 행해졌다. 또한 읍지

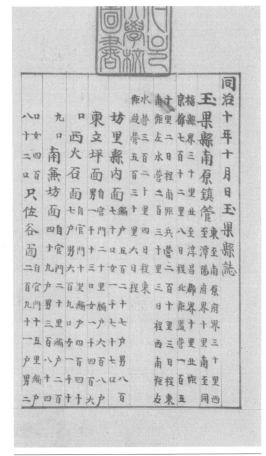

〈그림 123〉 1871년의 읍지(서울대 규장각한국학연구원 소장)

뿐만 아니라 읍의 사례대개(事例大槪)와 영지(營誌), 역지(驛誌), 진지(鎭誌)를 뒷부분에 첨부하여 합책하도록 했다. 이는 읍의 재정 상황과 군사적인 시설을 상세히 파악하려는 의도에서 비롯된 것이다. 특히 군사적 시설물인 영, 진, 역, 목장, 성 등의 지지를 지도와 함께 수록함으로써 군사적인 성격이 더 부각되었다.

이때 편찬된 읍지는 각 고을의 읍지를 도별로 합책한 도지(道誌)의 형태로 남아 있다. 서울대학교 규장각한국학연구원 소장의 『영남읍지』 17책,

『호남읍지』 10책, 『호서읍지』 17책, 『해서읍지』 17책 등이 대표적인데 그 분량이 방대하다. 그러나 이 시기에 작성된 읍지는 전(前) 시대 읍지를 그대로 베낀 것들이 대부분이어서 읍지로서의 정확성과 사실성이 떨어진다. 이 시기 편찬된 읍지들의 가치는 후미에 수록된 진지, 영지, 역지, 목장지 등에서 볼 수 있다.

1871년의 읍지 편찬에 이어 1894년 동학혁명과 갑오경장을 거치면서 제2차로 전국적인 읍치 편찬이 시행되었다. 1894년 7월에서 1895년 5월에 걸쳐 이루어졌는데, 이 시기에 편찬된 읍지도 각 읍에서 작성된 것이 합책되어 도지의 형태로 전하고 있다. 현재 서울대학교 규장각한국학연구원에 소장된 『영남읍지』 34책, 『호남읍지』 18책, 『호서읍지』 7책 등이 대표적이다.

이 시기의 읍지에는 대부분 읍사례(邑事例)가 첨부된 점이 특징적이다. 읍지의 본내용은 이전 시기 읍지의 내용을 간략하게 발췌, 정리하는 데 그친 반면, 읍사례는 이 시기에 새롭게 작성된 것이다. 읍지의 본문은 이전 시기의 내용을 그대로 답습하여 시대 상황에 맞지 않는 경우가 대부분이다. 따라서 지역의 인문적, 자연적 요소를 토대로 지역을 종합적으로 이해하여 기술하려는 지지적 속성이 약화되고 지방재정 자료집의 성격을 강하게 띠고 있다.

읍사례를 추가한 것은 지방행정에 대한 구체적인 파악과 수지(收支) 개선에 일차적

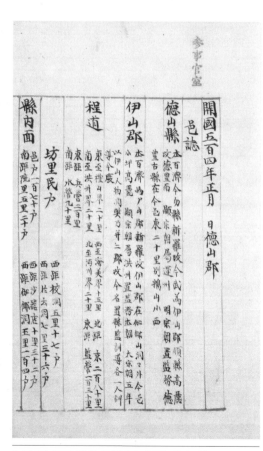

〈그림 124〉 1895년의 읍지(서울대 규장각한국학연구원)

인 목표가 있었던 것으로 보인다. 읍사례를 통하여 수입과 지출에 대한 예산 계획을 작성하여 이를 근거로 지방재정을 집행함으로써 비용 낭비를 덜고 관리들의 부패를 방지할 수 있다고 본 것이다. 이는 당시 이서(吏胥)들과 수령의 가렴주구로 인한 지방재정의 피폐를 막기 위한 방편으로 수행된 것이다.

이 시기 작성된 읍사례에는 이전에 좀처럼 상송되지 않았던 각소사례(各所事例)가 대거 포함되었다. 이러한 각소사례는 상납 위주의 각질사례(各秩事例)와 달리 지방재정의 운영 방식과 재정 내역을 소상하게 담고 있어 재정 개혁과 지방 제도 개혁에 필요한 정보를 제공했다.[118]

읍사례의 작성 원칙은 이전의 사례책(事例冊)을 기준으로 하여 그 당시 실정에 맞게 사목(事目)을 새로이 재조정해서 만들었다. 읍사례에 수록된 내용을 살펴보면 고을마다 사례사목이 다양하여 통일된 체제가 없다. 이는 각 군현의 개별적 특성이 반영되면서 편찬되었기 때문이다. 대체로 6방(房)을 근간으로 하여 고을의 지출과 수입 등 재정에 관한 모든 비용을 기록하고 또 절목(節目)의 형식으로 표현하면서 이 외의 항목을 나열했다. 이를 통해 당시 지방재정의 실태와 상납, 진공의 수량, 가격 등을 파악할 수 있다. 아울러 이 시기에도 영지, 진지, 역지, 목장지 등이 독립적으로 편찬되면서 관찬 지지의 한 부분을 구성했다.

조선 정부의 주도하에 전국적인 읍지 편찬 작업이 마지막으로 행해진 것은 1899년(광무 3)이다.[119] 1895년에서 1896년에 걸쳐 행해진 지방행정 제도의 개편 이후에 관찬의 읍지 편찬 작업이 행해진 것이다. 이 시기의 읍지 편찬은 광무개혁의 일환으로서 지방 실정을 파악하려는 의도에서 수행되었다. 그러나 단기간에 걸친 읍지의 편찬으로 인해 대부분의 읍지는 전 시대의 읍지를 정서(精書)하는 데 그치고 있다. 단지 개편된 지방행정 등급, 새로운 관리 조직, 봉급 등의 항목만이 새롭게 작성되었다.

이 시기에 편찬된 읍지의 공통된 특징은 인물에 관한 항목의 비중이 커졌다는 것이다. 타 항목은 이전 시기 읍지의 내용을 그대로 전재했지만 인물에 관해서는 새롭게 추가하거나 「선생안(先生案)」을 대부분 수록하고 있다. 이는 읍지가 지니는 긍정적 역할의 한계를 반영하는 것으로 평가된다. 읍지의 찬자들이 중앙의 읍지 제작 명령에 수동적으로 응하면서 지방의 인물 관계만을 재정리하는 소극적 태도를 보여주는 것이다.

결국 이러한 19세기 말엽의 읍지들은 위기에 처한 국가의 난국을 타개하기 위한 방편으로 편찬되었으나 지지가 지닌 본래적 기능—지역의 종합적 이해와 기술—에 충실하지 못하고 국방과 관련된 사항과 재정 구조를 파악하는 데 그치고 있다는 한계를 지니고 있다.

3. 실학의 부흥과 지지학의 다변화

1) 역사지리 계열의 지지학

조선후기 실학자들은 자국 문화에 대해 관심을 기울이면서 우리나라의 강역과 국토의 행정구역, 지명 등의 변천에 대해 탐구하기 시작했다. 이러한 일련의 학문적 흐름을 '역사지리학'이라고 부른다. 조선후기 역사지리학은 현대 지리학의 한 분야인 역사지리학과는 다소 차이가 있다. 현대 역사지리학은 과거의 지리를 복원함은 물론 지표상의 인문, 자연현상의 역사적 변천을 다루는 학문으로서 그 포괄하는 범위가 매우 넓다. 그러나 조선후기 역사지리학은 다루는 범위가 강역의 변천이나 행정구역의 변화, 고대 지명의 탐구 등에 한정되어 있다.

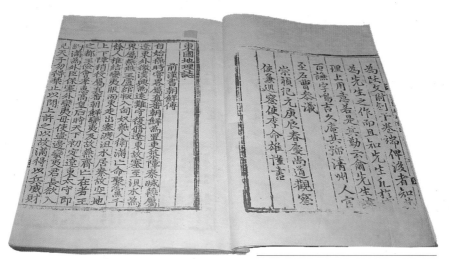

<그림 125> 한백겸의 『동국지리지』

　조선후기 역사지리학 분야의 효시는 1615년에 저술된 한백겸의『동국지리지(東國地理志)』다(그림 125).『동국지리지』는『전한서』,『후한서』등의 중국 문헌에 기록된 우리나라 지리에 관한 기사를 체계적으로 정리한 후에, 이러한 기사에 자신의 의견을 덧붙여 우리나라의 지리지를 기술했다.『동국지리지』의 내용은 중국 사서의 열전에 나오는 우리나라 부족국가에 대한 기록을 인용한 부분과 삼국 및 고려의 세 부분으로 나누어 우리나라의 역대 강역을 서술한 부분으로 구분될 수 있다. 부족국가에 대한 기록은 주로 중국의 사서들을 인용했기 때문에 단군조선에 대한 서술이 없고, 위치·강역·종족·역사 등을 다루었다. 고구려·백제·신라의 순으로 서술된 삼국 및 고려에 대하여는 수도·영토·형세·관방 등을 기록했다.

　하지만『동국지리지』는 엄밀한 사료 비판이나 논증적인 연구가 이루어지지 못하고 지명 고증의 영역을 벗어나지 못했다. 내용도 상호 모순되는 점이 많고 조선전기 관찬의 역사서나 지리서의 반도 중심적인 영역관에서 벗어나지 못했으며 이용된 사료도 다양하지 못한 한계를 지니고 있다.[120] 이러한 한계에도 불구하고 이 책은 우리나라의 역사와 영토를 연계시켜 연구한 최초의 역사지리서로서 조선의 문화와 국토에 대한 관심을 반영하고 있으며, 조선후기 실학적 지리학의 한 맥을 형성하는 데 중요한 기여를 했다.

한진서(韓鎭書, 1777~?)의 『해동역사속(海東繹史續)』(地理考)도 역사지리 계열에 속하는 지지다(그림 126). 조선 순조 때 편찬된 우리나라 역대 지리서로 『해동역사지리고(海東繹史地理考)』라고도 한다. 이 책은 한치윤(韓致奫, 1765~1814)이 저술한 『해동역사(海東繹史)』의 속편으로 그의 사후 조카인 한진서가 15권으로 편찬한 것이다. 즉, 1814년(순조 14) 한치윤이 『해동역사』의 「지리고」 부분만을 완성하지 못하고 죽자 그의 유탁(遺託)으로 초고를 정리하고 자료를 새로 수집하여 1823년(순조 23)에 완성했다.

책의 내용을 보면, 권1은 「고금강역도(古今疆域圖)」, 「고금지분연혁표(古今地分沿革表)」로 구성되었고, 권2는 조선, 예(濊), 맥(貊), 옥저(沃沮), 권3은 삼한(三韓), 권4는 사군(四郡), 권5는 부여, 읍루(挹婁), 권6은 고구려, 권7은 신라, 권8은 백제, 권9는 발해, 권10, 11은 고려, 권12는 조선의 강역과 각 도별 구역을 다루었으며, 권13은 국내의 명산과 도서(島嶼), 권14는 국내의 하천, 권15는 국경 밖에 있는 우리나라 옛날 영토 안의 명산대천에 대한 고증 등으로 되어 있다. 「고금강역도」에서는 11장의 지도를 수록할 정도로 지도를 중시했고, 우리나라 각 지역을 중국 역대 왕조에 대조하여 보기 쉽도록 표를 만든 것도 독특하다.

본문은 주로 중국의 여러 문헌을 인용했는

〈그림 126〉 『해동역사속』

데, 자신의 견해가 있을 경우 '진서(鎭書) 근안(謹按)'이라 하고 설명을 덧붙였다. 다양한 외국의 문헌을 인용했으며, 일본의 『일본서기(日本書紀)』를 인용하여 일본의 신라 침공을 기술하기도 했다. 특히 고구려를 삼국 가운데 맨 처음 다루었고 삼국에 이어 발해를 다룬 점은 삼한정통론에서 탈피한 역사 인식을 보여준다. 전체적으로 볼 때, 우리나라 상고의 국명과 지명을 비정하는 데 중점을 두고 있어서 지리지의 본래적 기능은 미흡하다고 볼 수 있다.[121]

한백겸에서 시작된 역사지리 분야의 저술은 18세기 중엽 『강계고(疆界考)』로 이어진다. 『강계고』는 신경준이 1756년(영조 36)에 지은 것으로 서문 및 권4에서 권7의 4권으로 되어 있다. 당시까지 개인 저술로서 상고 시기 우리나라 역사지리에 관한 가장 종합적이고 체계적인 연구서로 평가된다.

『강계고』의 서술 체제는 대체로 국가적 단위를 중심으로 각국의 국도와 강계를 정리하는 형식으로 되어 있다. 국도와 강계 항목에서는 각 조항마다 관련된 지명이나 산천, 국가들을 덧붙여서 정리했다. 이것은 고려 시기 이래의 유교학자들이 국가의 수도와 영역을 중시했던 학문적 전통을 이은 것이다. 이 점은 김부식(金富軾)의 『삼국사기(三國史記)』 「지리지(地理志)」에도 보이며 조선후기 한백겸 이후의 여러 역사지리 연구자들과 정약용의 『아방강역고(我邦疆域考)』에서도 나타나는 특성이기도 하다.[122]

신경준은 우리나라 역대의 국명과 영역의 변천을 설명하고 역사 지명을 고증하여 강계(疆界)를 분명히 했다. 서술 방식 및 자료 이용과 관련된 특징을 보면, 문헌 실증적인 입장이 관철되고, 내용적으로는 주로 강역에 대한 비정과 지명 고증이 특징이다. 특히 언어학이나 금석학 지식을 역사 연구에 적극 응용했으며, 역사지리 고증에 방언을 활용하거나 음사(音似), 이찰(吏札) 등의 자료를 적극 활용한 점도 발전적인 면모이다. 또한 많은 다양한 자료, 기존의 문헌 자료 외에도 금석문이나 사찰 자료 등을 이용하여 자신의 논리를 입증했다. 문헌 자료에서도 사료의 인용 범위를 넓혀 야사 자료, 그리고 만주 일대를 조선과 삼한의 지역으로 비정했던 『요사(遼史)』, 『성경지(盛京志)』와 같은 자료도 요동과 요서 지역에서의 열국들의 변화 과정을 추적하는 데 적극적으로 활용하여 인용했다. 『강계고』에 나타난 강역 인식은 주로 기자조선 및 한사군, 고구려 등 국가들의 초기 중심지를 요동 일원으로 비정함으로써 확대된 영역관을 보여주고 있다. 비록 동시대의 이익이나 이종휘의 영역관보다는 상대적으로 좁으나 조선전기의 영역관에 비해서는 구체적이고 확대된 모습을 보이고 있다.[123]

특히 여러 학설이 자신의 의견과 다를 경우 '一辨'이라 하여 자신의 견해를 피력했다. 이 책 가운데 이러한 변설이 20편이 있는데, 중세 이전의 우리나라 역사지리를 연구하는 데 좋은 자료가 된다.[124] 강계고 권4의 말미에는 울릉도, 해랑도(海浪島), 야인(野人), 일본의 지세와 8도, 왜관, 대만도, 유구국, 탐라국, 아란타국의 표류선 등도 기술했다.

안정복도 『동사강목(東史綱目)』의 지리고에서 고대국가의 영토와 산천의 위치를 고증했다. 특히 우리 민족이 넓은 만주 땅을 상실한 데 대한 아쉬움에서 고조선과 삼국시대의 요동 지방의 소유와 상실의 배경, 통일신라와 고려 초에 실지(失地) 회복에 실패한 이유 등을 분석했다.

18세기 자국의 역사와 지리에 대한 관심이 증대되면서 잊혀져버린 우리의 역사와 강역에 대한 연구가 행해졌다. 이의 대표적인 것은 유득공(柳得恭, 1748~1807)의 『발해고(渤海考)』와 『사군지(四郡志)』다. 『발해고』의 서문에서 저자는 "왕씨 고려는 고구려의 옛 땅을 회복할 능력도 없고 그렇게 하려고도 하지 않았을 뿐만 아니라 옛날 우리 땅이던 낙랑의 폐허에 관해서도 무지하고 무관심했다."고 한탄했다. 아울러 다른 서문에서는 "신라와 발해는 우리나라의 남북조(南北朝)이다. 마땅히 남북조 국사가 있어야 할 터인데 고려가 이러한 역사를 찬수(撰修)하지 않았다는 것은 잘못이다."고하여 발해를 우리의 역사로 기술해야 함을 강조했다.

『발해고』의 목차는 군고(君考), 신고(臣考), 지리고(地理考), 직관고(職官考), 의장고(儀章考), 물산고(物産考), 국어고(國語考), 국서고(國書考), 속국고(屬國考) 등 아홉 개의 고(考)로 이루어져 있다. 주로 발해의 역사와 지리, 문화에 관한 간략한 내용을 담고 있다. 지리고에서는 5경 15부 62주의 연혁을 설명했는데, 『신당서』와 『청일통지(淸一統志)』에 소개된 내용을 전재했다. 지명마다 저자의 고증은 붙이지 않고 끝에 5경의 위치와 발해와 신라의 접경지역을 중심으로 간단한 비평과 고증을 했다. 물산고에서는 지명과 물산을 열거했고 일본과의 교섭 등도 수록했다. 발해의 역사지리에 대한 최초의 단독 저작으로, 발해의 강역을 우리나라의 역사 강역으로 인식할 필요성을 강조했다.

『사군지』는 한사군(漢四郡)의 역사지리서로 크게 도(圖), 표(表), 지(志)의 세 부분으로 구성되어 있다.[125] 도에는 「사군도(四郡圖)」와 「이군도(二郡圖)」로 나누어 각각 2장씩의 지도가 수록되어 있다. 표는 사군의 역대 연혁을 표로 정리한 것이다. 지에서는 건치연혁, 산천, 사실(事實), 명환, 인물, 적사(謫徙), 봉작(封爵), 방언, 토산, 고적, 제영 등 11개의 항목으로 되어 있다. 이 가운데 '적사' 항목은 본문에서는 인물의 하위 항목에 있어서 독립된 항목으로 보기는 어렵다. 『사군지』에서는 중국의 사서를 비롯한 다양한 문헌을 인용하고 있다. 특히 자신의 의견을 개진할 때는 '안설(按說)'의 형식을 채택하고 있다. 『사군지』는 단순히 한사군의 역사지리에 관한 것이 아니라 한민족의 역사지리적 기원과 그 변천을 밝히고자 했던 대표적인 지리서로 평가할 수 있다.

우리나라 고대 강역의 변천을 가장 체계적으로 다룬 지리서는 다산 정약용이 1811년 강진 유배지에서 저술한 『아방강역고(我邦疆域考)』이다. 다산은 1811년 이후에 증보 작업을 계속하여 1833년에 북로연혁속(北路沿革

續), 서북로연혁속(西北路沿革續)을, 1830년대에는 발해속고(渤海續考)를 증보했다. 수록 내용은 조선고(朝鮮考)·사군총고(四郡總考)·낙랑고(樂浪考)·현도고(玄菟考)·임둔고(臨屯考)·진번고(眞蕃考)·삼한총고(三韓總考)·마한고(馬韓考)·진한고(辰韓考)·변진고(弁辰考)·옥저고(沃沮考)·예맥고(濊貊考)·말갈고(靺鞨考)·발해고(渤海考)·졸본고(卒本考)·국내고(國內考)·환도고(丸都考)·위례고(慰禮考)·한성고(漢城考)·패수변(浿水辨)·백산보(白山譜) 등으로 역사지리의 중요한 문제들을 논술한 것이다. 고조선·한사군·삼한 등 고대국가, 국내성·환도성·안시성·위례성 등 주요 도시, 패수 등 주요 하천, 백두산정계비 등에 관한 고증 내용이 수록되어 있다.

이 책은 기자조선에서 발해에 이르기까지 우리나라 강역의 역사를 중국 및 우리나라의 문헌에서 직접 기록을 뽑아 고증하고, 저자의 의견을 '안설'로 첨부하여 그 내력을 자세히 밝히고 있다. 또한 지리 고증에만 그친 것이 아니라 고조선 이래의 역대 강역과 수도·하천 등의 위치를 새롭게 밝혀 잘못 기록된 지리서에 수정을 가한 것이 특징이다.

정약용의 『아방강역고』의 뒤를 이어 역사지리의 연구를 계승한 대표적인 저작은 1859년에 편찬된 윤정기(尹廷琦, 1814~1879)의 『동환록(東寰錄)』[126]을 들 수 있다. 윤정기는 정약용의 외손자로 학문에서도 그의 영향을 받았는데, 이 책은 정약용의 『아방강역고』를 간략하게 정리하고 소략한 부분을 보완할 목적으로 작성된 것으로 보인다. 『동환록』은 필자의 서문과 지도 4매가 앞부분에 수록되어 있고, 이어 권1에는 방역총목(方域總目), 역대, 권2에는 역대, 제국(諸國), 권3에는 강역, 팔도주현, 권4에는 팔도주현, 방언, 악부(樂府), 압수외지(鴨水外地) 등으로 이루어져 있다. 『아방강역고』에 없는 군현의 지지가 수록되어 있다.

『동환록』은 전통적인 역사 서술 형식의 역사지리서에 지리지 형식을 가미한 점이 정약용의 『아방강역고』와 다른 특징이다. 하지만 정약용의 역사지리에 관한 견해를 대부분 계승하고 있다. 한국사의 강역을 한반도 중심으로 파악하고 만주의 여진족과 구별되는 한반도만의 고유한 민족적 정체성을 추구한 점이나 국내성, 환도성의 위치 비정, 말갈·발해·예·맥 등의 설명도 정약용의 견해를 따르고 있다.[127] 『동환록』에는 역사지도의 중요성을 인식하고 상세한 지도를 첨부했는데, 이는 역사지리서로서 진전된 면모를 보여주는 것이다.

정약용의 『아방강역고』는 윤정기의 『동환록』으로 이어지고 최종적으로 장지연(張志淵, 1864~1921)의 『대한강역고(大韓疆域考)』에서 증보되었다. 장지연은 대한제국 말기 외세의 침탈이 날로 급박해지는 정세 속에서 민족자주와 계몽운동의 일환으로 우리나라 영토 의식을 강조할 필요를 느끼고 『아방강역고』를 1903년에 새로 증보·발간했다. 정약용의 『아방강역고』 10권을 증보한 것으로, 원본에 '안설'을 붙이고 임나고(任那考)와 황초령(黃草嶺) 비문, 백두산정계비고(白頭山定界碑考), 그리고 삼한·사군·신라·백제·북간도의 지도 5매를 새로 첨가하여 9권 2책으로 간행했다.[128]

내용을 보면, 1권에는 조선고(朝鮮考)·사군총고(四郡總考)·낙랑(樂浪)·현도(玄菟)·임둔(臨屯)·진번(眞蕃)·낙랑별고(樂浪別考)·대방고(帶方考), 2권에는 삼한총고(三韓總考)·마한(馬韓)·진한(辰韓)·변한별고(弁韓別考)·임나고(任那考), 3권에는 졸본고(卒本考)·국내고(國內考)·환도(丸都)·안시(安市)·위례(慰禮)·한성고(漢城考), 4권에는 옥저고(沃沮考)·예맥고(濊貊考)·예맥별고(濊貊別考)·말갈고(靺鞨考), 5권에는 발해고(渤海考)·발해속고(渤海續考), 6권에는 도로연혁고(道路沿革考), 7권에는 서북로연혁고(西北路沿革考)와 부록으로 구연성고(九連城考), 8권에는 패수변(浿水辨)·백산보(白山譜), 9권에는 백두산정계비고(白頭山定界碑考) 등이 실려 있다.

이 책도 조선후기 역사지리 계열의 지리서로서 대부분 정약용의 『아방강역고』를 계승하고 있지만 최신의 내용과 자신의 견해를 덧붙이고 있다.

특히 '백두산정계비고'에서 1892년부터 청나라의 외교 문제로 다시 대두된 백두산을 둘러싼 국경 문제 및 북간도 지방의 문제를 상세하게 기록하고, 북간도 지도를 첨부하여 당시의 시급한 영토 문제를 환기시키고 있다.

2) 주제 중심의 지지학

조선후기 자국에 대한 관심이 증대되고 실학이 활발하게 전개되면서 지지학의 영역에서도 새로운 흐름들이 나타났다. 조선전기 관찬 지리지 일변도에서 탈피하여 민간에서의 지리지 편찬이 더욱 활기를 띠게 되는데, 다양한 주제의 지리지가 저술되었다. 이는 지지에 대한 사회적 요구도 사회적 변화를 반영하여 점차 다양해졌음을 의미한다. 특히 양대 전란의 혼란이 수습되고 사회가 안정되면서 지역 간 교류와 상업 유통이 활발하게 전개되는데, 이러한 변화를 반영하는 대표적인 저작은 신경준의 『도로고(道路考)』이다(그림 127).[129]

〈그림 127〉 신경준의 『도로고』

『도로고』는 1770년(영조 46) 신경준이 조선후기 전국 교통 및 시장 등의 상황을 조사하여 정리한 것으로 도로를 주제로 한 지리서이다. 현재 서울대 규장각한국학연구원, 국립중앙도서관, 한국학중앙연구원 장서각 등지에 사본이 전해지고 있다. 영조 대에 저술되었지만 정조 대에도 국가기관에서 필사하여 이용했던 것으로 보인다.[130] 어로(御

路)와 서울부터 전국에 이르는 6대로(大路), 팔도 각 읍에서 4계(界)에 이르
는 거리, 그리고 사연로(四沿路), 대·중·소의 역로(驛路), 파발로(擺撥路), 보
발로(步撥路), 봉로(烽路), 해로, 외국과의 해로, 조석(潮汐), 전국 장시의 개시
일 등 각종 도로와 시장이 망라된 글이다.

책의 내용은 보면, 권1에는 능원묘(陵園墓), 온천, 행궁(行宮) 등의 노정
이 밝혀져 있다. 이어 8도의 6대로와 그것에 소속된 제읍(諸邑)을 경성에서
의 원근의 차례대로 서술했다. 6대로는 의주제1로(義州第一路), 경흥제2로(慶
興第二路), 평해제3로(平海第三路), 동래제4로(東萊第四路), 제주제5로(濟州第五
路), 강화제6로(江華第六路)이다. 권2에는 8도 각 읍의 사방 경계와 경성까지
거리가 기록되었다. 권3에는 백두산로(白頭山路), 압록강연로(鴨綠江沿路), 두
만강연로(豆滿江沿路)가 기술되었고, 팔도해연로(八道海沿路), 역로, 파발로, 봉
로 등과 연안 해로(海路)의 노정이 기재되었다. 이어서 중국사행육해로(中國
使行陸海路), 만력신유이후조공해로(萬曆辛酉以后朝貢海路), 기사이후개해로(己
巳以后改海路), 일본국통신사해육로(日本國通信使海陸路), 유구국해로(琉球國海
路) 등 외국과의 사대교린로(事大交隣路)가 상술되어 있다. 그리고 부록으로
조석일월내성쇠지일(潮汐一月內盛衰之日), 아국조석일월내진퇴지시(我國潮汐一
月內進退之時), 중국절강조신(中國浙江潮信) 등을 적고, 태양의 출몰로써 조신(潮
信)을 파악하기 위해 당시의 뱃길에서 불리던 태양가(太陽歌), 인시가(寅時
歌) 등 2편의 노래가 첨부되었다. 풍우조(風雨條)에서 구름 모양, 해의 빛깔
등을 보고 비바람을 예지(豫知)하는 지식도 기술되어 있다. 그밖에 바다에
서 청수(淸水)를 구하는 법, 중국인의 중국유구책사해중풍후기(中國琉球冊
使海中風候記), 축월기폭풍일(逐月起暴風日) 등이 수록되었다. 끝으로 전국의
각 정기 시장이 서는 날이 기재되어 있다.

신경준은 도로의 공익적 성격을 뚜렷이 부각시켰으며, 도로의 중요성을
인식하고, 도로를 최초로 본격적으로 그리고 체계적으로 인식하여 『도로

고』를 저술했다. 사회와 경제가 발전함에 따라 그 중요성이 가장 먼저 점증되는 분야가 도로임을 간취했으며, 환경 지각의 개념을 알고 있었다. 중국 고제(古制)를 바탕으로 현실 문제를 개혁하고자 했고, 실천성을 강조했다. 정밀한 이론의 추구를 기했으며, 도로 이정(里程)에서도 정확한 측정을 추구하여 치정(治政)의 기본으로 치도(治道)를 내세웠다.[131]

『도로고』는 유통경제, 시장경제, 화폐경제가 활성화되고, 육로와 수로 등 도로의 중요성이 증대되고 있던 당시의 사회상을 가장 잘 정리하고 반영한 책이다. 특히 사회경제적인 변화와 공간적 변화의 상호작용을 잘 파악했다는 점에서 높이 평가된다. 18세기 후반 이후『도로표(道路表)』,『정리표(程里表)』,『도리표(道里表)』 등의 책자들이 제작되고, 도리표가 수록된 지도들이 제작되는 것은『도로고』의 영향이라 볼 수 있다.[132]

『도로고』의 의의는 첫째, 이전의 전통적인 지리지의 서술 방식과 한백겸이후 고대 시기의 강역 변화에 관심을 기울였던 역사지리에서 벗어난 최초의 인문지리적 전문 저술로 평가된다. 둘째,『도로고』의 6대로를 중심으로 한 도로 파악은 이후 편람식의 간략한 도리표를 작성하는 데 중요한 자료가 되었다. 셋째, 서울을 기점으로 하는 각종 도로망과 역로, 파발로, 보발로, 연해로, 해로 등 특정 단위별로 국토의 종합적인 교통망 체계를 정리했다. 넷째, 정확한 거리 조사를 강조하는 등 현실에서의 유용성을 추구하고 있다.[133]

신경준의『도로고』에서 전국의 도로망이 체계적으로 정리된 후 이를 도표의 형식으로 체계화된 것이『도리표』이다(그림 128). 책의 표제는 대부분 '도리표'라 되어 있고, 내제(內題)는 통상 '거경정리표(距京程里表)'라 표기되어 있다. 산줄기를 도표로 체계화시킨『산경표(山經表)』와 마찬가지로 저술 시기와 저자는 미상이다.『산경표』와 한 쌍으로 편집되는 경우가 많은데, 이는 산줄기로 대표되는 국토의 자연지리관과 도로로 대표되는 국토

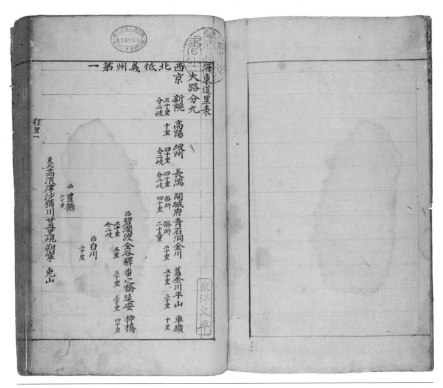

〈그림 128〉「도리표」(일본 동양문고 소장)

의 인문지리관을 결합한 한국인의 국토지리관을 반영한 체계라 할 수 있다. 대부분 사본으로 전해져 내려오다가 1912년 조선광문회에서 활자본으로 간행했다.

『도리표』는 내용으로 볼 때, 『동국문헌비고』「여지고」의 도리 항목을 바탕으로 만들어졌다. 『동국문헌비고』의 「여지고」 편찬은 신경준이 담당했기 때문에 「여지고」의 도리 항목 내용은 신경준이 저술한 『도로고』를 기본 자료로 삼았다. 그러나 신경준이 직접 『도리표』를 저술했다고 보기는 어렵다. 김정호의 『대동지지』 서목(書目)에 『정리표』는 이곤수(李崑秀, 1762~1788)가 편찬한 것으로 기록되어 있다. 이곤수는 정조 연간에 규장각 대교(待敎)를 지냈던 인물이다. 현존하는 사본들은 대부분 19세기 이후의 것들이어서 이곤수가 최초로 『도리표』을 편찬했다 하더라도 이후에 수정 보완이 되어 후대에 전해졌다고 볼 수 있다.[134]

『도리표』는 서울로부터 연결되는 도로망을 정리한 것으로서 서북쪽으로 의주, 동북쪽으로 경흥 서수라(西水羅), 동쪽으로 평해, 동남쪽으로 부산, 태백산, 남쪽으로 통영별로(統營別路), 제주, 서남쪽으로 충청수영(忠淸水營), 서쪽으로 강화 등 9개의 대로로 구분했고, 각 대로는 다시 여러 단계의 지선으로 나누었다. 각 도로는 주요 지점을 수록하고 여기에 거리와 분기(分岐)의 수를 병기했으며, 분기되는 도로는 첫머리에 방향을 명기했다. 말미에는 「도리총목(道里總目)」이라 하여 각 대로의 총 이수(里數)를 정리했다. 『도리표』는 지역 간 교류가 활발해지는 사회적 배경 속에서 서울에서 각 지역에 이르는 도로를 체계적으로 정리한 계통적 성격의 지리서라 할 수 있다.

신경준의 『사연고(四沿考)』는 압록강, 두만강과 팔도해연로, 그리고 중국과 일본으로의 해로, 조석 간만 등 바다를 낀 연안 지역을 정리한 책이다. 국토의 삼면이 바다와 접하고 북쪽으로는 압록강, 두만강으로 이루어져 있기 때문에 '사연(四沿)'이라 했다. 이 책은 자원이나 도로의 측면에서 바다와 해안, 도서가 지니는 경제적인 효용성, 연해 지역에 대한 국가·민간의 관심 증대, 바다가 지니는 국방상의 중요성 등을 깊이 인식한 데서 출발한 글이라는 점에서 신경준의 사회와 지역에 대한 통찰력을 보여주는 저술로 평가된다.[135]

『사연고』는 압록강, 두만강에 이어 팔도연해, 중국상통해로(中國相通海路), 일본상통해로(日本相通海路), 수종(水宗), 해도(海島), 조석, 북극출지상도수, 남극노인성기, 지형방위 등으로 구성되어 있다. 하천 수로와 연안항로 및 주요 포구, 중국과 일본으로 통하는 해로 등과 더불어 항해와 관련된 여러 정보들이 수록되어 있다. 특히 강희 연간(1662~1722)에 서양인이 측정한 우리나라의 북극고도가 38도라는 사실과 신경준 자신이 제주에 있을 때 직접 남극노인성을 나침반을 사용하여 측정했던 사례를 수록했다.

『사연고』 편찬의 지지학사적 의의는 첫째, 우리나라 연해 지역에 대한 최초의 전문 저술이라는 점이다. 둘째로는 해방(海防)의 중요성을 강조했다. 셋째는 바다와 해안이 지니는 경제성에 대한 자각을 보여주고 있다. 이처럼 군사, 경제를 포함한 우리나라 연안 지역에 대한 종합적인 보고서의 성격을 지닌다고 할 수 있다.[136]

조선후기 국토의 산천에 대한 관심이 높아지면서 산과 하천에 대한 지지가 편찬되었다. 신경준의 『산수고(山水考)』는 이의 대표적인 사례다. 특히 18세기 정상기의 『동국지도』를 비롯한 대축척 지도의 제작은 조선의 산천 인식을 높여주는 계기가 되었다. 이러한 과정에서 산이나 하천만을 다룬 전문적인 지리서가 편찬되었는데, 산을 대상으로 한 『산경표』와 강을 대상으로 한 『대동수경(大東水經)』이 대표적이다.

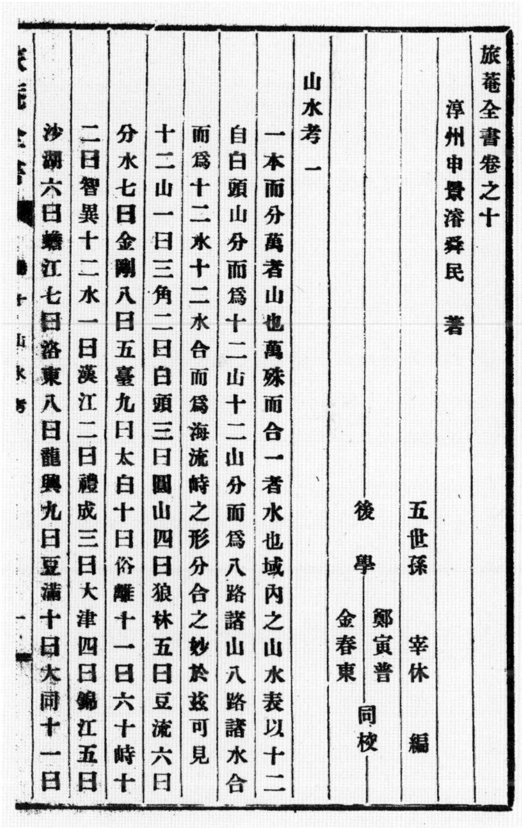
旅菴全書卷之十
淳州申景濬舜民 著
五世孫 宰休 編
後學 鄭寅普 金春東 同校
山水考 一
一本而分萬者山也萬殊而合一者水也域內之山水表以十二自白頭山分而爲十二山十二山分而爲八路諸山八路諸水合而爲十二水十二水合而爲海流峙之形分合之妙於玆可見
十二山一曰三角二曰白頭三曰圓山四曰狼林五曰豆流六曰分水七曰金剛八曰五臺九曰太白十曰俗離十一曰六十峙十二曰智異十二水一曰漢江二曰禮成三曰大津四曰錦江五曰沙潞六曰蟾江七曰洛東八曰龍興九曰豆滿十曰大同十一曰

〈그림 129〉 신경준의 『산수고』

신경준의 『산수고』는 우리나라의 12산과 12강을 주축으로 각 산맥의 지맥과 강의 수맥을 정리하여 산과 강의 흐름을 한눈에 볼 수 있게 한 것이다(그림 129). 즉, 국토의 뼈대와 핏줄에 해당하는 산과 강을 체계적으로 정리한 최초의 지리서라 할 수 있다.

그는 서문에서 "하나의 근본에서 만

갈래로 나누어지는 것은 산이요, 만 가지 다른 것이 모여서 하나로 합하는 것은 물이다. 산수는 12로 나타낼 수 있으니, 산은 백두산으로부터 12산으로 나누어지며, 12산은 나누어 8로가 된다. 8로의 여러 물은 합하여 12수가 되고 12수는 합하여 바다가 된다. 흐름과 솟음의 형세와 나누어지고 합함의 묘함을 여기에서 가히 볼 수 있다."고 하여 『산수고』의 저술 동기와 산수분합(山水分合)의 원리를 밝히고 있다.

그는 산수를 12개의 체계로 파악했는데, 이는 당시 사람들이 지니고 있던 자연관과 우주관을 반영한 것이라 할 수 있다. 자연의 운행을 보면 1년은 12달로 이루어지며, 우주 만물에는 음과 양이 있다. 우리나라의 산천도 일반 자연법칙과 동일한 구조로 되어 있어 12개의 산줄기와 물줄기가 있으며, 산수의 흩어짐과 합함, 우뚝 솟아 있음과 아래로 흘러내림이 절묘하게 조화를 이루고 있었던 것으로 생각한 것이다. 이러한 사고는 자신이 살고 있는 국토를 소우주로 이해하여 완결적인 존재로 파악하던 당시 사람들의 전통적인 자연관을 대표하고 있는 것이라 할 수 있다.[137]

『산수고』는 권1 산경(山經), 권2 산위(山緯), 권3 산위, 권4 수경(水經), 권5 수위(水緯), 권6 수위의 총 6권으로 구성되어 있다. 산과 하천을 산경, 산위, 수경, 수위의 체계로 구분했는데, 산줄기와 강줄기의 전체적인 구조는 경(經)으로, 각 지역별 산천의 상세하고 개별적인 내용은 위(緯)로 엮어 우리 국토의 지형적인 환경과 그에 의해 형성된 단위 지역을 정리한 것이다. 이와 같은 산천 인식의 체계는 전통적 지형학 또는 자연지리학의 체계화로 평가할 수 있다.[138]

18세기 후반에 제작된 것으로 추정되는 『산경표』는 우리나라의 산줄기 체계를 족보 형식처럼 표로 작성한 것이다(그림 130).[139] 각 산줄기의 연결 관계를 쉽게 파악할 수 있는 독특한 체계를 지닌 지리서이다. 원래 필사본으로 전해 내려오던 것을 1913년 2월 조선광문회에서 활자본으로 간행했

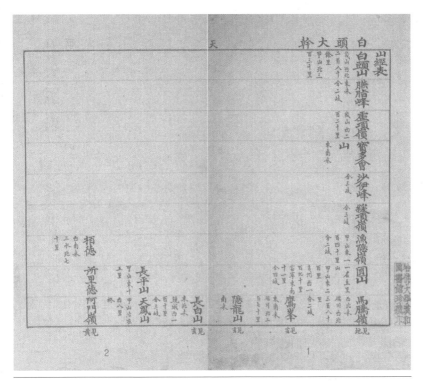

〈그림 130〉『산경표』

다.[140] 『산경표』에서는 조선의 산줄기를 1대간, 1정간, 13정맥으로 분류하고 있다.[141] 산줄기의 체계는 백두대간(白頭大幹), 장백정간(長白正幹), 청북정맥(淸北正脈), 청남정맥(淸南正脈), 해서정맥(海西正脈), 임진북예성남정맥(臨津北禮成南正脈), 한북정맥(漢北正脈), 낙동정맥(洛東正脈), 한남금북정맥(漢南錦北正脈), 한남정맥(漢南正脈), 금북정맥(錦北正脈), 금남호남정맥(錦南湖南正脈), 금남정맥(錦南正脈), 호남정맥(湖南正脈), 낙남정맥(洛南正脈) 등으로 구성되어 있다. 산줄기 이름은 하천을 기준으로 붙여져 있다. 산줄기만을 따로 떼어 인식하지 않고 산수를 통일적으로 인식하려 했던 사실을 보여준다.

『산경표』의 체제를 보면, 먼저 맨 윗간에 산줄기 이름이 표시되고 도표의 상단 외곽에는 산줄기가 소속된 도와 군현이 표기되었다. 표에는 산줄기의 흐름에 따라 산(山)·봉(峰)·영(嶺) 등을 표기하고 고을로부터의 거리, 내거(來去)의 방향, 분기 현황, 이칭(異稱) 등을 수록했다. 특히 어떤 지명은 다른 문헌과의 비교를 통해 고증하기도 했다.

『산경표』는 조선의 전통적인 산천 인식 체계인 산수분합의 원리를 잘 구현하고 있다. 『산경표』는 조선의 산줄기 체계를 위계적으로 이해할 수 있을 뿐만 아니라 문화권을 구분해주는 유용한 틀을 제공해주고 있다.[142] 그러나 하나의 산줄기를 인위적으로 둘로 나누어 명명하는 문제와, 정맥을 대하천의 하구를 향해 가다가 바다 앞에서 끝맺어야 함에도 일부 산줄기가 중간에서 끝나버리는 오류도 나타나고 있다.

1814년 다산 정약용이 편찬한 『대동수경』은 하천을 대상으로 한 지지다. 이 책은 녹수(淥水, 압록강), 만수(滿水, 두만강), 살수(薩水, 청천강), 패수(浿水, 대동강), 저수(瀦水, 예성강), 대수(帶水, 임진강) 등 북부 6대 강에 대한 지리지로서 하천의 상세한 유로와 더불어 하천 유역의 연혁, 특징, 역사적 사건과 같은 인문지리적 내용도 풍부하다. 하천이라는 주제를 중심으로 편찬된 계통적 지리서로서 주요 하천의 유로를 경(經)으로 설명하고 지류나 하천과 관련된 역사적 사실 등은 주(注)로 설명하는 방식을 취하고 있다.

『대동수경』은 하천을 중심으로 서술된 조선시대의 유일한 지리서라는 점에서 의의가 있는데, 하천이 시작되는 산과 고개, 하천이 흐르면서 거치는 지역, 중간에서 합치는 물의 발원지, 경유지, 사적 등에 대해 세밀하게 서술했다. 아울러 조선 하천의 독자적인 체계를 확립하고자 하여, 하(河)와 강(江)의 체계로 이루어진 중국과 달리 조선의 물줄기를 수(水)의 명칭으로 통일했다. 하천을 설명하면서도 하천 유역에서 일어났던 역사적 사건들을 기술하여 역사지리적 성격도 지니고 있다. 특히 정상기의 『동국지도』와 같은 최신 지도를 풍부하게 활용하여 자신의 논지를 입증했다. 무엇보다 이 책은 당시 하천을 중심으로 주민들의 생활이 영위되던 상황을 통해 국토 공간에서 차지하는 하천의 중요성을 인식하여 이를 논리적으로 체계화시킨 것이라 할 수 있다.[143]

조선후기에는 산천 유람이나 명승지 여행이 양반 사회를 중심으로 이루어졌는데, 금강산 유람은 하나의 사회적 유행이 되기도 했다.『동국명산기(東國名山記)』는 성해응(成海應, 1760~1839)이 전국의 명승지에 대해 설명한 책으로 편년은 미상이다(그림 131).[144] 현재 서울대 규장각한국학연구원에 소장되어 있으며 1909년 도쿄 외국어학교 한국교우회에서 신식활자본으로도 간행되었다. 이 책은 명산 유람이 활발하게 이루어지는 시대적 상황에서 명승지만을 대상으로 기술한 지리서라 할 수 있다. 내용을 보면 전국을 경도(京都), 기로(畿路), 해서(海西), 관서(關西), 호중(湖中), 호남(湖南), 영남(嶺南), 관동(關東), 관북(關北)으로 나누어 각지의 유명한 산·수·계곡·대(臺)·담(潭)·정(亭) 등에 대해 위치, 형세, 형승, 고사, 명인(名人)의 소거(所居) 사실 등을 설명하고 있다.

수록된 명승지는, 경도의 인왕산(仁王山)·삼각산(三角山), 기로(畿路)의 도봉(道峯)·수락산(水落山)·백운산(白雲山)·백로주(白鷺洲)·석천곡(石泉谷)·삼부연(三釜淵)·금수정(金水亭)·창옥병(蒼玉屏)·미지산(彌智山)·소요산(逍遙山)·만취대(晚翠臺)·보개산(寶盖山)·성거산(聖居山)·천마산(天磨山)·천성산(天聖山)·화담(花潭)·임진적벽청심루(臨津赤壁淸心樓)·앙덕촌(仰德村)·석호정(石湖亭), 해서의 총수산(蔥秀山)·석담(石潭)·

〈그림 131〉『동국명산기』

구월산(九月山)·백사정(白沙汀), 관서의 가수굴(佳殊窟)·묘향산(妙香山)·금수산(錦繡山), 호중의 계룡산(雞龍山)·선담(銑潭)·용담(龍潭)·병천(屛川)·속리산(俗離山)·천정대(天政臺)·반월성(半月城)·자온대(自溫臺)·사비수(泗沘水)·간월도(看月島)·안흥진(安興鎭)·안면도(安眠島)·영보정(永保亭)·황강(黃江)·단양읍촌(丹陽邑村)·하선암(下仙巖)·중선암(中仙巖)·수일암(守一菴)·유선대(遊仙臺)·사인암(舍人巖)·운암(雲巖)·장회촌(長淮村)·구담(龜潭)·도담(島潭)·풍수혈(風水穴)·한벽루(寒碧樓)·도화동(桃花洞)·수옥정(漱玉亭)·고산정(孤山亭)·선유동탄금대(仙遊洞彈琴臺)·달천가흥(達川可興)·손곡(蓀谷)·법천(法泉)·흥원창(興元倉)·월악(月嶽), 호남의 금골산(金骨山)·덕유산(德裕山)·서석산(瑞石山)·금쇄동(金鎖洞)·월출산(月出山)·천관산(天冠山)·달마산(達摩山)·한라산(漢拏山)·지리산(智異山)·변산(邊山), 영남의 가야산(伽倻山)·도산(陶山)·소백산(小白山)·사불산(四佛山)·옥산(玉山)·빙산(氷山)·태백산(太白山)·금산(錦山)·내연산(內延山), 관동의 금강산(金剛山)·성류굴(聖留窟)·오대산(五臺山)·한계(寒溪)·설악(雪嶽)·화음산(華陰山)·청평산(淸平山), 관북의 백두산(白頭山)·칠보산(七寶山)·학포(鶴浦)·국도(國島) 등이다. 팔도의 지역별로 대표적인 명승지를 골라 소개하고 있다. 명승지는 경도 2곳, 기내(畿內) 21곳, 해서 4곳, 관서 3곳, 호중 39곳, 호남 10곳, 영남 10곳, 관동 7곳, 관북 4곳 등의 총 100곳을 수록했다. 경기, 충청도가 60곳에 달할 정도로 많이 수록되어 있고 북부 지방은 적게 수록되어 특정 지역에 치우쳐 있다. 이 책은 문학작품으로도 뛰어나 사대부 문인들에게 많이 읽혀져 대중적인 인기를 끌기도 했는데, 오늘날 여행 안내서의 역할도 했던 지리지라 할 수 있다.

산성과 같은 군사적 시설에 대한 지리서도 작성되었는데 『북한지(北漢誌)』가 대표적이다. 1711년(숙종 37)에 팔도도총섭(八道都摠攝)이었던 승려 성능(聖能)이 북한산에 산성을 쌓고 이 산성을 지키다가 도총섭의 직책을 서윤(瑞胤)에게 인계할 때 산성에 관한 일 14조를 초록하여 『북한지』라는 제명을 붙여 1745년(영조 21)에 간행한 책이다. 책머리에는 북한도(北漢圖) 一, 二, 三 3장이 있고 책 끝에는 편자 성능의 발문이 있다.

책의 내용은 도리, 연혁, 산계(山谿), 성지(城池), 사실(事實), 관원, 장교(附吏卒), 궁전, 사찰, 누관(樓觀), 교량, 창름(倉廩), 정계(定界), 고적 등 14조(條)로 이루어졌다. 북한산성에 대한 종합적인 지지라고 할 수 있는데, 산성의 자연지리뿐만 아니라 산성의 각종 시설과 배치된 인원, 교량과 창고, 고적 등 다양한 인문지리적 내용을 싣고 있다.

4. 국토 정보의 체계화와 전국지리지

1) 유형원의 『동국여지지』

조선전기의 전국지리지는 대부분 국가에서 편찬한 것이지만 조선후기에 접어들면서 민간에서도 전국지리지가 저술되기 시작했다. 『동국여지지(東國輿地志)』는 조선후기의 남인 실학자 유형원이 1656년(효종 2)에 편찬한 전국지리지다(그림 132).[145] 조선후기 사찬 전국지리지의 효시로 평가된다. 권1에 경도·한성부·개성부, 권2 경기, 권3 충청도, 권4 경상도, 권5 전라도, 권6 황해도, 권7 강원도, 권8 함경도, 권9 평안도가 수록되어 있다. 이 중 권4의 상에 해당하는 경상도 35개 군현의 읍지가 누락되어 있다.

책의 첫머리에는 「동국여지지사요총목(東國輿地志事要總目)」·「수정동국여지지범례(修正東國輿地志凡例)」·「찬집제서(纂輯諸書)」·「동국여지목록후(東國輿地目錄後)」·「동국여지지총서(東國輿地志總敍)」·「동국여지지목록(東國輿地志目錄)」 등을 수록하여 책의 체제와 내용, 항목, 참고문헌, 목차 등을 밝혀놓았

〈그림 132〉 유형원의 『동국여지지』

다. 「동국여지지사요총목」에는 수록된 항목이 제시되어 있는데, 각읍·건치연혁·군명·형승·풍속·산천·토산·성곽·공서·학교·궁실·창고·봉수·우역(郵驛)·관량(關梁)·사묘·능묘·사찰·고적·명환·유우(流寓)·인물·열녀 등의 항목이 수록되어 있다. 「수정동국여지지범례」는 이 책의 편찬 원칙을 밝힌 부분으로 책의 전체적인 구성 원칙과 각각의 항목에 대한 작성 원칙과 범위, 『여지승람』과 『대명일통지』와의 차이점 등을 설명했다.

책의 형식 면에서는 『대명일통지』, 『신증동국여지승람』 등 이전의 지리지 체제를 빌렸지만 내용 면에서는 저자의 입장과 시각에 따라 항목의 비중이 기존의 지리지와는 차이를 보이는 점이 많다. 비록 구체적인 내용은 기록하지 못했지만 군현별 지지의 첫 부분에 각 군현의 토지를 한전(旱田)과 수전(水田)으로 나누고 있는 것에서 토지제도에 깊은 관심을 가지고 개혁책을 추진하던 저자의 입장을 볼 수 있으며, 『신증동국여지승람』에서 강조되던 성씨와 제영 항목을 삭제한 것은 광범한 사회 개혁이 요구되던 당시에 중요하지 않는 사항이라고 저자가 인식했기 때문인 것으로 풀이된다. 이 책은 개인이 쓴 최초의 전국지리지라는 점과 유형원의 역사지리에 대한 해박함과 함께 그의 실용적, 실증적 학풍이 고스란히 반영되어 있다는 점에서 큰 의의가 있다. 이 책의 지지학사적 의의를 다음과 같이 정리할 수 있다.

첫째, 17세기 이래 실학파 지리학의 주요한 흐름이 된 강역·위치·지명 등 역사지리적인 측면을 중시하고 그 결과를 지리지에 결합시키려 했다. 이렇게 강역을 중시한 결과 북부 지방과 만주 지역에 대한 적극적인 고찰이 이루어졌다. 둘째, 최대한의 현지답사를 통하여 지역의 실상을 파악한 바탕 위에서 지지를 편찬한 점이다. 기존의 지리지가 전대에 편찬된 지리지의 내용을 단순히 증보하여 편집한 데 비해 이 책은 철저한 경험 속에서 나온 것이다. 이러한 실용적, 실증적인 지리지의 편찬은 조선후기 실학의 발달과도 그 궤도를 같이하며, 신경준, 이익 등 후대의 실학파 학자들에게도 영향을 준 것으로 평가된다.[146]

2) 이중환의 『택리지』

조선후기 민간에서 작성된 전국지리지 가운데 가장 널리 알려진 것은 이중환의 『택리지(擇里志)』이다(그림 133). 『택리지』는 독특한 체제와 내용 구성, 서술 방식, 그리고 당시 필자의 경험과 관찰에 토대를 둔 풍부한 내용 등으로 인해 조선시대 지리지 가운데 백미로 꼽히는 저술이다. 명칭도 택리지 외에 팔역지(八域志)·가거지(可居志)·팔역가거지(八域可居志)·산수록(山水錄)·동국산수록(東國山水錄)·진유승람(震維勝覽)·총화(總貨)·동국총화록(東國總貨錄)·팔역가거처(八域可居處)·사대부가거처(士大夫可居處)·길지총론(吉地總論)·동악소관(東嶽小管)·팔력기문(八力紀聞)·박종지(博綜誌)·형가요람(形家要覽)·청화산인팔역지초(靑華山人八域志抄) 등으로 다양하게 나타날 만큼 많은 지식인들에 읽히고 필사되어 현재에도 수십 종의 필사본이 전하고 있다.[147]

필사본으로만 전해지던 『택리지』는 1912년 조선광문회에서 최초로 활자본으로 간행했다. 조선의 문헌 도서 가운데 중대하고 긴요한 자료를 수집, 편찬할 목적으로 설립된 조선광문회가 가장 먼저 간행할 책으로 선택했던 것이 바로 『택리지』였다. 이보다 앞서 택리지는 1881년 일본에서 『조선팔역지(朝鮮八域地)』라는 제목으로 번역 출판되었고, 1885년 일역본을 바탕으로 청나라에서 강경계(江景桂)가 한문으로 중역하여 『조선지리소지(朝鮮地理小志)』라는 이름으로 출판했다.[148] 일본에서는 1983년에 '한국문화선서' 시리즈로 다시 번역, 간행되었다. 이전 1881년에 번역된 『조선팔역지』는 '팔도총론'을 중심으로 번역되어 누락된 부분이 많았는데, 이를 보완해서 완역한 것이다.[149] 『택리지』는 1998년 영문으로도 번역, 간행되었다. 대산문화재단의 해외한국문학 연구지원사업의 일환으로 뉴질랜드 오클랜드 대학의 한국학과 최인실 교수에 의해 번역되었다. 『택리지』가 영문으로 번역됨으로써 서구 사회에 널리 알려지고 새롭게 평가되는 계기가 되었다.[150]

저자 이중환(李重煥, 1690~1756)의 자는 휘조(輝祖), 호는 청담(淸潭)·청화산인(淸華山人), 본관은 여주(驪州), 참판 진휴(震休)의 아들로 1690년(숙종 16)에 태어났다. 그는 성호 이익의 삼종손(三從孫)으로 성호보다 9년 늦게 출생하여 10여 년 빨리 세상을 떠났다. 24세 되던 해(1713년)에 증광시(增廣試)의 병과(丙科)에 급제해서 관직이 병조정랑(兵曹正郎)에까지 이르렀다. 그러나 출세가도를 달리던 이중환은 37세인 1726년(영조 2)에 목호룡 상변사건(睦虎龍上變事件)에 관련된 혐의를 입어 절도(絶島)에 유배되었다가 1727년에 풀려났다. 이후 정치에 염증을 느껴 전라·평안 양도를 제외한 전국을 유람, 답사하면서 관찰한 것을 토대로 1751년에 저술을 완료한 것이 바로 『택리지』이다.

저술 당초의 책 이름이 무엇인지는 분명하지 않다. 뒤에 이긍익(李肯翊, 1736~1806)이 팔역복거지(八域卜居志)라 한 것을 약(略)하여 팔역지(八域志)란 이름이 생겼고, 택리지란 이름 및 기타 다른 이름도 후인들이 필사 과정에서

붙여진 것이라 할 수 있다. 현존하는 사본들은 내용 구성이나 필사된 내용에 일부 차이가 있으나 전체적인 체제와 구성은 대동소이하다.

『택리지』의 구성은 사민총론(四民總論), 팔도총론(八道總論: 평안도, 함경도, 황해도, 강원도, 경상도, 전라도, 충청도, 경기도), 복거총론(卜居總論: 지리, 생리, 인심, 산수), 총론(總論)으로 구성되어 있다. 서론에 해당하는 「사민총론」에서는 옛날의 사대부 개념과 당시의 개념이 달라졌음을 논하면서 사대부가 살기 좋은 곳을 찾기 위하여 쓴다는 저작 의도를 밝히고 있다. 「팔도총론」에서는 평안·함경·황해·강원·경상·전라·충청·경기 등 8도로 나누어 각 도의 위치·연혁·지리·지세·기후·풍속·특산물·인물·취락 등을 서술하

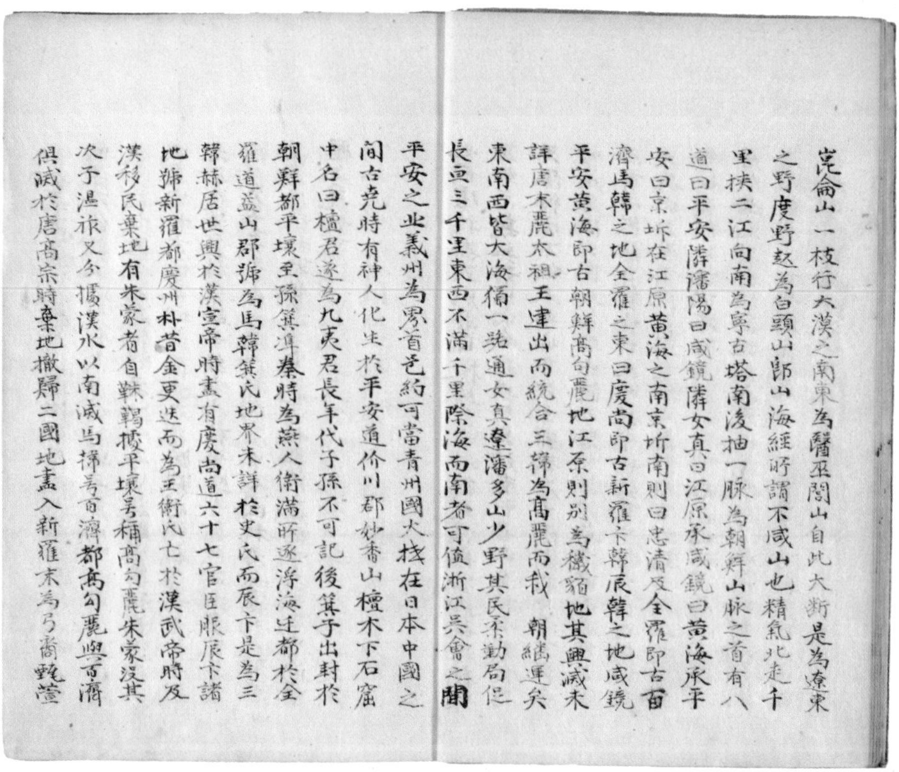

〈그림 133〉 필사본 『택리지』

고 살 만한 곳과 그렇지 못한 곳을 이유를 들어 설명하고 있다. 수록 순서가 관찬 지리지에서는 흔히 도성인 한양을 중심으로 팔도를 경기, 충청, 경상, 전라, 강원, 황해, 평안, 함경의 순으로 배치하는데 역순으로 배치한 것이 특징적이다. 중앙에서 주변이 아닌 주변에서 중앙의 순으로 서술한 파격을 보이고 있다. 자연적 요소와 인문적 요소를 종합적으로 고려하여 기술한 점은 지금의 지역지리적 성격과 유사하다.

복거총론은 가거지의 입지 요인으로 지리·생리(生利)·인심·산수를 제시하여 이를 토대로 마을의 입지론을 전개했다. 현대의 지리학적 관점에서는 계통지리학적인 접근에 해당하며 촌락 입지론적인 성격을 지닌다고 볼 수 있다. 입지 요인 가운데 지리를 가장 먼저 제시했는데, 이는 당시의 양택 풍수에 해당한다. 지리를 관찰할 때는 수구(水口)·야세(野勢)·산형(山形)·토색(土色)·수리(水理)·조산(朝山)·조수(朝水)의 여섯 가지를 보아야 한다고 했는데, 풍수적 터 잡기에서 비롯된 것이다. 풍수적 명당의 여부가 입지 선정에 가장 큰 요인으로 제시되고 있는 것은 조선후기 풍수적 영향을 반영하고 있는 것이다.

생리는 생업과 관련된 경제적 요인을 강조한 것이다. 인간 생활에 필요한 경제적 재화를 얻기 위해 토옥(土沃)과 무천(貿遷)을 중시하고 교역이 잘 이루어져 생업이 적당한 곳인가에 관심을 두고 있다. 여기에서는 각지의 수전 1두락(斗落)당 소출, 목면(木綿) 재배지, 특산물 생산, 무역·교역의 방도, 주요 교역지, 수도(水道)와 선리(船利)의 대략을 예로 들고 있다. 농촌 경제의 안정을 추구함과 동시에 상업, 유통의 중요성을 강조했다. 이는 그가 직접 국토를 답사하면서 관찰한 것에 근거한 것으로 유학자들의 공리, 공담에서 탈피하여 실용적 지식을 추구하려 했던 그의 성향을 잘 보여주는 것이다.

인심 부분에서는 살 만한 곳으로서의 인심에 대해서 논하고 있다. 아울러 사대부 사이의 당파에 대한 기원과 전개 과정 그리고 폐단을 서술하고 있다. 이중환 자신이 당쟁의 희생자였기 때문에 인심을 특히 강조하고 있다. 산수 부분에서는 주로 자연적 조건과 관련하여 가거지를 논했다. 산수와 관련한 가거지를 사대부가 숨어 살 만한 피세지(避世地), 난을 피할 수 있는 피병지(避兵地), 평시나 전란 시에 다 같이 살 만한 곳을 복지(福地), 길지(吉地) 또는 덕지(德地)로 구분하여 제시했다. 아울러 가거지 가운데 가장 좋은 곳을 계거(溪居)라 보았으며 그 다음을 강거(江居)라 하고 가장 살기에 안 좋은 곳은 바닷가에 사는 해거(海居)라 평가했다. 특히 가장 살기 좋은 곳은 옥토광지(沃土廣地)로서 10리 밖에 명산가수(名山佳水)가 있어 때때로 가서 소일(消日)할 수 있는 곳이라 했다. 마지막의 총론은 사대부의 형성·변모, 현재 상태를 설명한 사대부론이다.

이중환의 『택리지』는 조선시대 최고의 인문지리서로 평가받아왔다. 전통적인 지리지의 백과사전식 항목 나열에서 탈피하여 체계적인 입지론으로 격찬을 받았다. 이중환 본인이 실제 답사를 통한 관찰로부터 지역의 특성을 묘사, 기술한 것은 근대 지리학의 토대를 구축한 훔볼트(Alexander von Humboldt, 1769~1859), 리터(Karl Ritter, 1779~1859)의 지지학과 비교해도 결코 뒤지지 않는다. 『택리지』가 지닌 지지학사적 의의를 다음과 같이 몇 가지로 정리해볼 수 있다.

첫째, 『택리지』는 지역별, 주제별 설명 형식을 취함으로써 전통적인 지지의 틀을 탈피한 새로운 지리서라 할 수 있다. 조선시대 편찬된 대부분의 지리지들은 백과사전식으로 항목을 나열하여 간단한 설명을 덧붙이는 형식을 취하고 있는 데 반해, 『택리지』에서는 팔도총론, 복거총론처럼 지역별, 주제별로 체제를 구성하여 기술했다. 서술 내용에서도 사실의 나열에 그치지 않고, 한 단계 나아가 저자의 안목에 포착된 특징적인 지역의 모습을 설명하고 해석하는 새로운 지지의 형식을 확립시켰다.[151]

둘째, 『택리지』는 문화생태학적 국토 인식에 토대를 두고 있다. 이중환은 각 지방이 지닌 개성과 질을 중시했으므로 모든 지방을 획일적인 틀에 맞추려 하지 않았다. 팔도총론에서 도별 행정구역을 따르고 있으나 풍속이 같을 경우 여러 개의 군현을 합쳐서 서술하는 등 기존의 행정구역 중심의 사고에서 탈피하여 생활권 중심의 등질 지역 개념을 제시하고 있다. 특히 경관 변화의 관찰과 해석을 통해 문화생태학적 사고를 엿볼 수 있다. 환경 파괴로 인한 지형 변화의 관찰을 통해 자연재해의 원인을 분석한 것은 대표적인 사례라 할 수 있다.[152]

셋째, 『택리지』에는 최적 생활공간을 추구하는 기본 사상이 반영되어 있다. 이중환은 자연적, 경제적, 사회적, 안보적 제요인과 관련시켜 이상적인 생활공간을 찾고자 했으며, 최적 거주지의 구조는 거주 및 생산 활동 공간과 휴양 공간의 효율적 결합이라 보았다. 이중환은 일정 장소의 내적 특질과 타 장소와의 관련성이라는 입지 개념에 의해 이상적인 취락 입지를 분석했다고 볼 수 있다.

넷째, 『택리지』에는 인간-환경 관계론이 반영되어 있다. 『택리지』에서는 자연에 대한 인간의 영향과 적응의 문제를 다루고 있는데, 인구 증가와 토지 이용과의 관계를 논하면서 환경적 평형의 문제를 인식하고 환경 파괴로 인한 생태계의 변화에 대해 우려하면서 자연과의 조화를 강조하고 있다. 특히 지지의 기술에서도 지형적 요소에 의해 지역을 구분하여 지역적 상이성을 밝히고 인간-환경 관계에 의해 지역성을 고찰했다.[153]

이중환의 『택리지』처럼 백과사전식의 지리지 형식에서 벗어나 실제 관찰을 근거로 지역의 특성을 기술한 사례로 우하영(禹夏永, 1741년~1812)의 『천일록(千日錄)』을 들 수 있다. 우하영은 수원 출신으로 여러 차례 과거에 응시했으나 낙방하고, 이후 과거와 관직에의 뜻을 버린 채 시골의 유생으로 빈한한 가운데 평생을 보냈다. 그는 전국을 돌아다니며 견문을 넓히고 사회 실정을 조사, 수집하는 한편 스스로 농업경영을 하기도 하면서 자신의 경험과 조사 자료, 옛 문헌과 당대 제가의 글들을 참고하여 국가 및 사회 개혁의 방안을 강구한 조선후기의 대표적인 농촌 지식인이었다. 『천일록』은 그가 향촌에 거주하며 집필한 저작들을 모은 것으로 대부분 1800년을 전후한 시기에 집필되었을 것으로 보고 있다.

현존하는 『천일록』은[154] 11권으로 구성되어 있고(권11은 결본), 별책으로 「수원유생우하영경륜(水原儒生禹夏永經綸)」, 「관수만록(觀水漫錄)」 하(下)가 있다. 권1은 건도(建都) 부(附) 산천풍토관액(山川風土關扼), 치관(置官)이다. 건도의 부록으로 「산천풍토관액」이 수록되어 있다. 권2는 전제(田制)와 병제(兵制), 권3은 관방(關防)으로 산천이 부록으로 수록되어 있다. 권4는 「관수만록(觀水漫錄)」 상·하편으로 1793년 수원의 유수부 승격과 장용외영(壯勇外營) 설치를 계기로 이 지역의 통치 방책을 서술한 것이다. 권5~권7은 사회 전반의 문제를 논한 것으로 과제(科制)·용인(用人) 등 40개의 소항목으로 구성되어 있다. 권8은 농가총람(農家總覽), 권9는 잡록(雜錄), 권10은 상소문 등으로 이루어져 있다.

이 가운데 전국지리지의 성격을 지닌 것은 권1의 「건도 부 산천풍토관액」이다. 먼저 서울을 다루고 전국을 경기, 함경도, 평안도, 황해도, 강원도, 충청도, 경상도, 전라도, 탐라 순으로 나누어 기술하고 그 아래에 산천, 풍토, 관액을 통합적으로 서술하고 총론을 덧붙였다. 당시 전라도에 속한 제주가 독자적인 지역으로 기술되었다. 『택리지』와 달리 경도와 경기를 맨 처음에 다루어 중앙 중심적 관점을 보여주고 있다. 또한 각 지방을 지역적 특성에 따라 세분하여 그 지역의 토성(土性), 교통, 민속, 농업, 전답, 토비(土肥), 생리 등의 조목을 중심으로 농법, 농사 기술, 수리, 토비 문제 등을 중점적으로 다루고 있다.[155] 『택리지』에서는 사대부의 가거지 선택에 중요한 요인으로 지리, 생리, 인심, 산수를 중시했지만 『천일록』에서는 이들 요인의 의미가 다르다. 즉, 지리는 국방과 관련되어 설정되어 있고, 산업과 생리는 공납 수취를 위한 정보로 활용되며, 인심은 그 지역 수령이 자기 고을을 통치하기 위한 정보를 제공하기 위한 것이었다. 이는 『천일록』의 지리지적 성격이 『택리지』처럼 사대부를 위한 것이 아니라 왕의 통치를 위한 것이라는 데서 기인한다.[156] 이처럼 우하영의 『천일록』은 당시 사회문제를 인식하고 자신의 경험적 관찰을 토대로 백성을 구제하기 위한 방책을 마련하기 위해 저술된 독특한 전국지리서라 할 수 있다.

3) 김정호의 전국지리지: 『동여도지』, 『여도비지』, 『대동지지』

조선후기에 전개된 민간의 전국지리지 편찬은 고산자 김정호에서 절정에 이르게 된다. 김정호는 『대동여지도』를 제작한 지도학자로 알려져 있지만 방대한 전국지리지를 저술한 지지 저술가이기도 하다. 김정호는 평소 '좌도우서(左圖右書)'라 하여 지도와 지지를 분리하지 않고 통합적으로 인식했다. 따라서 그는 지도 제작뿐만 아니라 지지 저술에도 심혈을 기울였다.

김정호가 저술한 지지는 『동여도지』, 『여도비지』, 『대동지지』로, 이를 김정호의 3대 지지라고 한다. 김정호는 1834년 전국지도인 『청구도』를 제작한 후 『동여도지』를 편찬했고, 이 『동여도지』를 저본으로 하여 1861년에 『대동여지도』를 판각했다. 『대동여지도』를 제작한 후 『동여도지』를 기초로 새로운 지지를 편찬한 것이 『대동지지』다. 『여도비지』는 『동여도지』를 저본으로 편찬된 지지이지만 최성환(崔惺煥)과 공동으로 작업한, 성격이 다른 지지라 할 수 있다.[157]

22책으로 이루어진 『동여도지』는 김정호가 최초로 편찬한 지지이면서 평생에 걸쳐 보완했던 지지이다. 현재 『동여도지』는 영남대 소장본과 서울대

동여도지		여도비지		대동지지	
권수	내용	권수	내용	권수	내용
	서		총목		총목
					문목
					인용서목
1	역대주현		경도, 동반부서		경도, 한성부
2, 3, 4	경도	2(결)	서반부서, 한성부	2	경기도, 사도
5, 6	경기좌도	3	경기좌도	3, 4	경기도
7	경기좌도	4	경기우도	5, 6	충청도
8, 9, 10	경기우도	5(결)	충청좌도	7, 8, 9, 10	경상도
11, 12, 13, 14	충청도	6	충청우도	11, 12, 13, 14	전라도
15, 16	결	7, 8	경상좌도	15, 16	강원도
17, 18, 19, 20	영남지	9(결), 10	경상우도	17, 18	황해도
21, 22, 23, 24	호남지	11	전라좌도	19, 20	함경도
25, 26	전라	12	전라우도	21, 22, 23, 24	평안도
27, 28	결	13	황해좌도	25	산수고(결)
29, 30, 31, 32	강원	14	황해우도	26	변방고(결)
33, 34	황해	15	강원동도	27, 28	정리고
35	결	16(결)	강원서도	29, 30, 31, 32	방여총지(역대지)
36, 37	함경	17	함경남도		
*규장각본		18(결)	함경북도		
5	역대강역	19	평안남도		
6	역대풍속	20	평안북도		
7	역대관제				

〈표 3〉 『동여도지』 『여도비지』 『대동지지』의 수록 지역 및 내용
(출처: 양보경, "古山子 地志의 現代的 評價," 『지리학』 26–2 (1991), 167쪽)

소장본, 고려대 소장본이 알려져 있다. 영남대 소장본은 총 20책으로 되어 있고, 제8, 14, 18책 등 3책은 결본이어서 총 17책만 남아 있다. 권차(卷次)가 권1에서 권37까지 매겨져 있는데, 함경도까지만 되어 있고 평안도편은 결 본이다. 서울대 소장본은 1책(3권)이 존재한다. 제5권은 역대강역, 제6권은 역대풍속, 제7권은 역대관제로 이루어져 있다. 고려대학교 소장본은 총 15책이다. 그 체제는 영남대학교 소장본과 같으며, 그 가운데 평안도편은 서체가 다르다. 현존하는 평안도편 일부도 김정호의 친필이 아니라서 김정호가 평안도편은 작성하지 않았으리라 추측하고 있다.

『동여도지』가 일차 완성된 시기는 대략 1834년경으로 추정되지만 전라

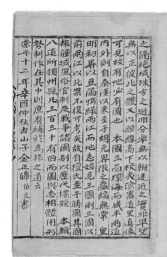

〈그림 134〉 『동여도지』

도 남원부의 연혁 항목에 1844년~1855년 강등되었다가 복구된 사실이 기록되지 않은 것으로 보아 1834년 이후 1844년 이전에 편찬되었고 '동여도지서(東輿圖志序)'가 1861년에 작성된 사실로 볼 때 1861년까지 수정 보완 작업이 이루어졌다고 볼 수 있다.

『동여도지』의 총목은 각 도별로 나뉘어 있으며, 편목은 각 도의 첫머리에서 도세를 한눈에 알 수 있도록 각 도의 연혁을 비롯한 42개 항목을 수록하고 있다. 각 주현의 편목도 각 도의 도세 편목과 비슷하게 연혁을 비롯한 30여 개 항목으로 이루어져 있다. 산천으로 대표되는 자연적 요소와 행정적 항목, 사회경제적 항목, 문화적 항목 등으로 구성되어 있다. 주현의 편목은 『청구도』 범례 38개 항목과 거의 비슷하다. 또한 각 편목의 항목은 『동여도지』를 편찬할 당시에 가장 최신 자료에 입각하여 인용했고, 이러한 편목은 일부 오류가 발견되나 『신증동국여지승람』의 체제와 흡사하다.[158] 서문에서 밝힌 것처럼 『동국여지승람』의 예에 따라 문목을 산익하여 『동국여지승람』과 일치하는 항목이 많지만 『동국여지승람』에서 큰 비중을 차지하는 인물, 제영 등의 항목은 수록되어 있지 않다. 『동여도지』가 『동국여지승람』처럼 문화적 성격보다는 실용적 성격이 더 강하다는 것을 알 수 있다.

『여도비지』는 조선 후기에 김정호와 최성환이 함께 편찬한 지지서이다. 최성환이 휘집(彙集)하고 김정호가 도편(圖編)한 것인데, 총 20책으로 구성되어 있다. 현재 5책이 결본으로 총 15책만 국립중앙도서관에 소장되어 있다. 『여도비지』는 1851년(철종 2)에서 1856년(철종 7) 사이의 기간에 편찬된 것으로 추정된다.[159]

『여도비지』는 권1 경도와 동반(東班) 부서, 권2 서반 부서와 한성부, 권3 경기좌도, 권4 경기우도, 권5 충청좌도, 권6 충청우도, 권7과 권8 경상좌도, 권9와 권10 경상우도, 권11 전라좌도, 권12 전라우도, 권13 황해좌도, 권14 황해우도, 권15 강원동도, 권16 강원서도, 권17 함경남도, 권18 함경북도, 권19 평안남도, 권20 평안북도의 구성으로 목차에 제시되어 있지만, 현재 전하는 것은 총 15권으로, 권2, 권5, 권9, 권16, 권18은 전하지 않는다.

『여도비지』의 체재는 김정호의 다른 지리지인 『동여도지』나 『대동지지』와 매우 다르다. 이는 김정호가 지도를 그리고 자료를 제공했지만 최성환이 휘집했기 때문으로 보인다. 즉 편집은 최성환의 주관하에 이루어졌기 때문에 김정호의 다른 두 지리지와 다른 것이다. 편목은 『동여도지』와 마찬가지로 먼저 각 도의 첫머리에 도세를 일목요연하게 도표를 첨부하여 소개하고 있다. 각 도의 건치연혁, 순영, 진관, 병영, 방영, 호구, 전부, 강역표, 극고표, 방위표, 군전적표, 도리표 등을 수록했다. 무엇보다 표의 형식으로 그려진 강역표(疆域表), 극고표(極高表), 방위표(方位表), 군전적표(軍田籍表), 도리표(道里表) 등은 다른 지리지에서는 보기 힘든 독특한 것이다.[160]

이 중에서도 팔도 군현의 위도와 각 감영의 편도를 표로 작성한 극고표는 다른 지리지에서는 볼 수 없고 『여도비지』에서만 볼 수 있는 매우 중요한 자료다. 북극고도의 측정은 조선조 세종 때에 처음 측

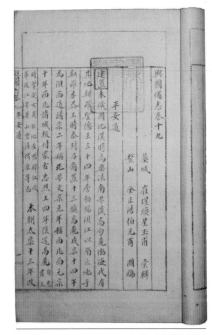

〈그림 135〉 『여도비지』

정했는데 측정치가 전해지지 않았다. 이를 다시 측정한 것은 숙종 때였다. 1713년(숙종 39) 한양을 방문한 청나라 사신 하국주(何國柱) 일행은 상한대의(象限大儀)를 사용하여 한성부 종가(鐘街)의 극고를 실측하여 북위 37도 39분 15초, 북경 순천부를 기준으로 한양이 편동 10도 30분이라는 실측치를 얻었다. 이를 근거로 정조가 1791년(정조 15)에 감신(監臣) 김영(金泳)에게 명하여 한양의 북극고도와 『여지도』의 경위선을 준거하여 8도 관찰사영의 극고 및 편동서도를 양정하여 극고표를 만들었다. 『여도비지』에 실려 있는 경위도 자료는 이때 측정한 관찰사영의 극고를 기준으로 하여 지도상에서 팔도 소속 군현의 극고와 편도를 측정하여 표로 만든 것으로 보인다. 누락된 충청도를 제외하고 함경도 25지점, 평안도 42지점, 황해도 23지점, 강원도 26지점, 경기도 38지점, 전라도 53지점, 경상도 71지점, 도합 278개 지점의 경위도가 수록되었다.

『여도비지』에 수록된 각 군현의 항목 체재는 『동여도지』나 『대동지지』와 다르게 대항목을 설정하고 그 아래에 하위 항목을 두고 있다. 건치, 산수, 식화, 무비, 도리, 사전 등 크게 6개의 대항목을 두고 그 밑에 세부 항목을 두고 있다. 건치 항목에는 읍호, 관원, 궁실, 방면, 고읍 등의 세부 항목이, 산수 항목에는 형승, 풍속 등의 세부 항목이, 식화(食貨) 항목에는 토산, 수리, 재용, 창고, 장시 등의 세부 항목이, 무비(武備) 항목에는 성지, 전략 등의 세부 항목이, 도리 항목에는 역도, 영로, 교량, 진도, 원점 등의 세부 항목이, 마지막에 사전(祀典) 항목으로 구성된 것이다. 인물·풍속 항목 등 지도 제작에 불필요한 항목은 생략했다. 이것은 『동여도지』와 맥을 같이하는 것으로 실용성을 중시하던 김정호의 사고가 반영된 것이라 할 수 있다.

『대동지지』는 김정호가 가장 나중에 펴낸 전국지리지로서 30권 15책으로 이루어져 있다. 현재 고려대학교 도서관과 국립중앙도서관에 1질씩 보관되어 있는데, 평안도편 일부와 산수고(권25) 및 변방고(邊防考, 권26) 등은 결본이다. 고려대 소장본은 김정호의 친필본으로 추정되고 있다. 『대동지지』는 1861년(철종 12) 『대동여지도』 완성 후 편찬에 착수하여 1866년 (고종 3)까지 추보하다가 미완으로 끝났다고 추정되고 있다.

『대동지지』는 『대동여지도』 완성 이후 『동여도지』를 기초로 새롭게 편찬한 전국지리지다. 책의 분량은 『동여도지』가 22책, 『여도비지』가 20책인데, 『대동지지』는 15책으로 책 수는 적어졌지만 수록하고 있는 내용은 방대하다. 문목을 비교하면 『대동지지』는 『동여도지』의 42개 문목보다 20개 적은 22개 문목인데, 이는 『대동지지』의 문목이 『여도비지』의 문목처럼 포괄적이기 때문에 『동여도지』의 모든 문목이 20개 문목에 포함되어 있고, 지도 작성에 필요하지 않은 몇몇 문목이 생략되어 있을 뿐이다.

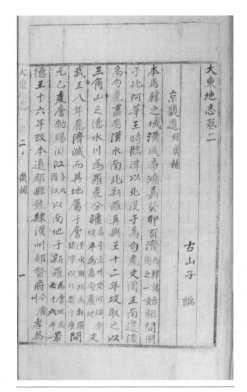

〈그림 136〉 『대동지지』

『대동지지』는 김정호가 편찬한 다른 지지와는 달리 인용한 사료명인 인용 서목을 밝히고 있다. 인용 서목에 따르면 중국 사서 22종, 한국 사서 43종, 도합 65종의 사료를 참조했고, 중국과 한국의 사서를 가리지 않고 정사류는 빠지지 않고 인용했다. 인용 순서는 정사, 관찬 사료, 사찬 사료 순으로 배열했다. 일부 인용된 서적이 누락되어 있는데, 「정리(程里)」, 「극고(極高)」에서 인용된 『대청회전(大淸會典)』이나 『역상고성(曆象考成)』 등이 빠져 있다. 인용 서목에 나온 사료 가운데 민간에서 구할 수 있는 사료는 최한기의 후원으로, 관찬 사서나 자료는 최성환과 신헌의 도움으로 구할 수 있었다고 여겨진다.

동여도지	여도비지	대동지지
1. 建置	1. 建置	1. 沿革
− 邑號	− 邑號	− 邑號
− 官員	− 官員	− 官員
2. 古邑	− 宮室	2. 古邑
3. 坊面	− 坊面	3. 坊面
− 革廢	− 古邑	4. 山水
4. 山總	2. 山水	− 嶺路
5. 嶺路	− 形勝	5. 形勝
6. 水總	− 風俗	6. 城池
7. 疆域	3. 食貨	7. 倉庫
8. 形勝	− 土産	8. 驛站
9. 戶口	− 水利	9. 津渡
10. 田賦	− 材用	10. 橋梁
11. 城池	− 倉庫	11. 土産
12. 軍兵	− 場市	12. 樓亭
13. 驛道	4. 武備	13. 壇遺
14. 津渡	− 城池	14. 廟殿
15. 橋梁	− 戰略	15. 祠院
16. 倉庫	5. 道里	16. 典故
17. 穀簿	− 驛道	
18. 土産	− 嶺路	
19. 場市	− 橋梁	
20. 院店	− 津渡	
21. 樓亭	− 院店	
22. 壇遺	6. 祀典	
23. 廟殿		
24. 祠院		
25. 典故		

〈표 4〉 『동여도지』 『여도비지』 『대동지지』의 편목(전라도 남원부 항목)
(출처: 양보경, 앞의 논문, 168쪽)

『대동지지』는 김정호의 생애 마지막 저작으로 김정호의 독특한 지지학적 사고가 담겨 있는데 다음과 같이 정리해볼 수 있다.

첫째, 『대동지지』는 내용이 상세할 뿐만 아니라 자신의 독자적인 견해가 담겨 있다. 『동여도지』의 '형승(形勝)' 항목은 이전의 지리지에서 전재하는 경우가 많으나 『대동지지』에서는 자신이 파악한 지역의 특성으로 대치해놓고 자신의 견해가 불확실한 지역에 대해서는 기록을 없애버렸다. 둘째, 종합적 시각으로 지역의 특성을 기술하고자 했다. 『대동지지』에 수록된 항목 수는 『동여도지』보다 감소되었는데, 이는 여러 항목을 통합하여 종합적으로 파악하려 했기 때문이다. 셋째, 『대동지지』는 과학적 사고와 철저한 사실성에 기초하고 있으며, 특히 역사지리적인 위치 비정, 지명 변천, 산천의 맥세 파악에 많은 노력을 기울였다. 특히 서두에 제시된 「방언해 (方言解)」는 다른 지리지에서 볼 수 없는 언어지리학적 내용이 담겨 있다.[161] 『대동지지』는 백과사전식 체제라는 전통적인 지리지 양식에서 탈피하지는 못했다. 그러나 각 지역 단위로 지역의 성격을 기술하는 지역별 지지와 강역, 도로, 국방, 산천과 같은 주제별 지리학을 결합했는데, 이는 지역지리학의 연구 방법과 계통지리학적인 연구 방법을 동시에 적용시킨 독특한 방법으로 평가할 수 있다.

5. 세계에 대한 관심과 세계지리지[162]

1) 세계지리지의 선구: 이수광의 『지봉유설』[163]

18세기 이전 세계지리지의 단초를 제공한 것은 이수광의 『지봉유설』이다. 1614년에 탈고한 것으로 알려진 『지봉유설』에는 지리 지식이 수록되어 있는데, 2권의 지리부(地理部)와 제국부(諸國部)에서 볼 수 있다. 특히 세계지리와 관련된 내용은 제국부의 '외국(外國)'조에 상세하게 실려 있다. '외국'조에는 독립 항목으로 '국(國)'으로 지칭한 것이 43개국으로, 나라의 개요, 위치, 지형, 역사, 기후, 풍속, 주민, 산물, 종교 등에 관하여 자세히 기술하고 있다. 이와 더불어 독립 항목 속에서 해당 나라에 대한 설명을 위해 거명된 나라들로 '국'으로 명기된 것과 그렇지 않은 것을 합하여 모두 24개 나라가 수록되어 있다. 마지막으로 독립 항목 또는 독립 항목 속에 수록된 중요한 지명으로 20여 개가 있다.

이와 같은 외국 지명은 이수광이 북경 사행을 통해 얻은 정보와 외국에 관한 내용이 수록된 중국의 여러 문헌에서, 그리고 마테오 리치의『곤여만국전도』와 같은 서구식 세계지도 등에서 취사선택했던 것으로 보인다.[164] 실제로 이수광은 1590년 성절사(聖節使)의 서장관으로 명나라에 다녀왔다. 성균관 대사성이 된 1597년에는 진위사(陳慰使)로 다시 명나라에 다녀왔는데 그곳에서 안남의 사신과 교유했다. 그리고 1611년 왕세자의 관복(冠服)을 청하는 사절의 일원으로 세 번째로 명나라에 다녀왔다. 이때에도 유구와 섬라(暹羅)의 사신을 만나 그들의 풍속을 기록했는데, 이러한 경험이 '외국'조의 작성에 큰 도움이 되었다고 볼 수 있다.

이수광이 '외국'조에서 참고한 서적은 24종으로 이 중에서 21종이 중국 서적이다. 이들은 관찬의 정사와 민간 사서인 야사로 대별된다. 정사로는 『사기(史記)』, 『한서』, 『진서(晉書)』, 『오대사(五代史)』, 『송사(宋史)』 등의 정사 속 외국열전(外國列傳)이나 서역전(西域傳)이 있고, 야사로는『산해경』과 같은 전대의 서적과 함께 명대에 유행된 양종(楊淙)의『사문옥설(事文玉屑)』, 왕기(王圻)의『삼재도회』, 정효(鄭曉)의『오학편(吾學編)』 등을 들 수 있다. 이러한 서적들은 조선의 학자들에게도 널리 알려진 것으로 직방세계를 구성하는 나라들이 수록되어 있다.

『지봉유설』의 '외국'에서 주목되는 것은 당시 중국 서적에서 보기 힘든 유럽 쪽 나라들이 수록되어 있는 점이다. '외국'조의 마지막 부분에는 '불랑기국(佛浪機國, 포루투갈)', '남번국(南番國, 네덜란드)', '영결리국(永結利國, 영국)', '구라파국(歐羅巴國)' 등 네 개의 나라가 소개되어 있다. 이 중에서 구라파국은 이수광이 대륙의 명칭인 것을 알지 못하고 나라의 명칭으로 오인해서 수록하게 된 것이다. 이러한 정보는 기존의 연구에서는 마테오 리치의『곤여만국전도』로 대표되는 서학이 도입되면서 수록될 수 있었다고 보고 있다.[165] 실제로 이수광이 홍문관 부제학 자리에 있을 때인 1603년 고명주청사(誥命奏請使)로 북경에 갔던 이광정과 부사(副使) 권희가 북경에서 구입한 구라파국여지도(歐羅巴國輿地圖) 6폭을 홍문관으로 보내왔다. 이에 이수광은 이를 자세히 열람하고는 그 내용의 정교함에 감탄하기까지 했다.[166] 이 구라파국여지도가 6폭으로 이루어진 것으로 보아 이는 바로 전년 1602년 북경에서 제작된『곤여만국전도』로 보인다. 그러나 마테오 리치의『곤여만국전도』에는 '불랑기국'이 '파이두갈이(波尔杜葛尔)'로, '남번국'이 '쾌란지(喎嚪地)', '영결리국'은 '암액리아(諳厄利亞)' 등으로 표기되어 있고, '歐羅巴'도 '歐邏巴'로 되어 있다. 특히『곤여만국전도』에는 오대주에 대한 설명이 수록되어 있는데 이를 읽었다면 구라파를 국명으로 오인하지는 않았을 것이다. 이러한 것을 종합해보면 유럽 나라에 대한 내용은『곤여만국전도』와 같은 지도보다는 사행 시 얻은 정보나 이후 문헌에서 획득한 지식으로 볼 수 있다. 다음은 서양의 나라로 수록된 불랑기국과 영결리국의 서술 사례다.

불랑기국(佛浪機國)은 섬라(暹羅)의 서남쪽 바다 가운데 있으니, 서양의 큰 나라이다. 그 나라의 화기(火器)를 불랑기(佛浪機)라고 부르니, 지금 병가(兵家)에서 쓰고 있다. 또 서양포(西洋布)라는 베는 지극히 가볍고 가늘기가 매미의 날개 같다.[167]

영결리국(永結利國)은 극서 외양에 있다. 낮이 매우 길고 밤은 겨우 2경(更)이라서, 빨리 하늘이 밝아온다. 그들의 풍속은 오직 보리 가루를 먹고 가죽으로 만든 옷을 입으며 배로써 집을 삼는다. 4중으로 배를 만드는데, 내외를 골고루 철편으로 싸고, 선상에는 수십의 돛대를 세우며, 선미에는 바람이 나오는 기계를 놓고 닻줄용 철쇄 수백 개를 쓰므로, 설사 바람과 큰 물결을 만나더라도 무너지지 않는다. 전투용 대포가 출몰하여 해양의 여러 나라를 약탈하는데, 감히 저항할 수 없다. 근년에 일본으로부터 표류하다 흥양(興陽)에 이르렀는데, 그 배가 극히 높고 커서, 층루·대옥과 같았다. 아군이 박전(搏戰)했으나 공파(攻破)하지 못하고 퇴각하였다. 후에 왜사에게 물으니, 그들이 영결리인이라고 알려주었다.[168]

불랑기국은 지금의 포르투갈에 해당하는데, 『지봉유설』에서는 그 나라의 위치와 특징을 간략하게 기술했다. 그러나 위치에 대해서는 지금의 태국에 해당하는 섬라국의 서남쪽 바다에 있다고 하여 잘못된 정보를 제시하고 있다. 이는 포르투갈이 동남아로 진출하던 상황에서 와전된 것으로 보인다. 불랑기는 포르투갈의 화포인데 16세기 전반에 중국에 전래되었고 임진왜란을 전후하여 조선에도 전래되어 이후 조선에서도 제작하여 사용했다. 이수광은 이러한 사실을 정확하게 인지하여 불랑기국에 대해 기술한 것으로 볼 수 있다.

지금의 영국에 해당하는 영결리국[169]에 대해서는 훨씬 상세하게 기술되어 있다. 영국의 위치, 기후와 풍속 등을 기술하고 무엇보다 선박 제도에 관해 세밀하게 묘사하고 있다. 특히 조선에 출몰하여 군사 접전의 상황까지 벌어졌다는 기록은 당시 최신의 정보를 획득하여 기술하고 있음을 보여주는 것이다. 이전 시기에 저술된 문헌에만 의존하지 않고 새로운 정보를 수록하려는 저자의 의지를 보여주는 것으로, 이는 『지봉유설』에 수록된 세계지리지의 중요한 특성이라 평가할 수 있다.

2) 위백규의 『환영지』

호남의 대표적인 실학자인 위백규는 1770년 천문, 지리뿐만 아니라 각종 문물, 제도를 그림의 형식으로 엮은 『환영지(寰瀛誌)』를 저술했다. 『환영지』

는 현재 여러 본이 전해지고 있는데 1822년 후손이 간행한 목판본 외에 필사본도 몇 종 전한다. 저자는 서문에서 "임거(林居)에 한가하여 우연히 구구주도(九九州圖)를 열람하고 드디어 이 책을 모방하여 중국의 13성과 우리나라의 팔도지도, 천지 고금의 사이에 갈래가 복잡하고 알기 어려운 것을 분류·도찬(圖纂)해서 그 밑에 붙이고 합해서 '환영지'라고 명명했다. 그리고 또 아래에 붙인 여러 도(圖)는 비록 지도의 유(類)는 아니라도 만약 이것이 없다면 우주도 허투(虛套)가 되고 지도도 또한 소용이 없을 것이다."라고 하여 지리와 천문을 포괄할 목적으로 이 책을 저술했다고 지적하고 있다. 여기서 언급한 구구주도는 마테오 리치의 『곤여만국전도』를 가리킨다. 필사본에는 「이마두천하도(利瑪竇天下圖)」라는 지도가 그려져 있는데 이는 서구식 세계지도가 아니라 원형 천하도이다.[170] 이는 위백규가 마테오 리치의 세계지도를 직접 접하지 못해서 생긴 오류로 원형의 천하도를 리치의 지도로 착각했던 것이다. 그 이후 『직방외기』에 수록된 서구식 세계지도를 접하고는 이 오류를 수정했고, 「서양제국도(西洋諸國圖)」(그림 137)라는 서구식 세계지도의 간략한 모식도를 수록했다.

『환영지』는 천문, 지리, 인사의 요체들을 수록한 유서(類書)의 성격을 지니면서도 세계의 지리 지식을 수록하고 있어서 세계지리지의 성격도 아울러 지니고 있다. 『환영지』에서 세계지리와 관련된 내용은 크게 두 부분에 실려 있다. 먼저 천문도 다음에 오악(五嶽)을 제시하면서 부록

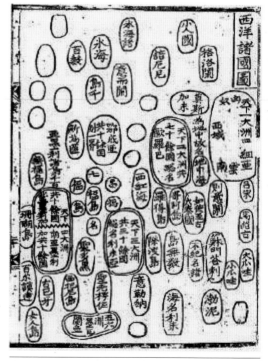

<그림 137〉 『환영지』의 「서양제국도」

으로 '외국'편을 두고 외국의 여러 나라와 『산해경』에 나오는 나라들을 수록했다. '외국'편의 전반부는 주로 당시 실재하는 나라들로 이루어져 있고, 후반부에는 『산해경』에 나오는 나라들로 구성되어 있다. 수록 내용은 나라의 위치, 자연환경과 관련된 풍토, 풍습, 토산 등으로 간략하게 기술되어 있다. 여기에는 전통적인 직방세계에 해당하는 나라들과 더불어 서양의 국가들도 일부 소개되어 있다.

영국에 대해서는 "영결리(永結利): 곧 양갑국(羊胛國)이다. 중국과 2만5천리 떨어져 있다. 당의 골리간(骨利幹)으로 낮이 길고 밤이 짧아서 양의 어깨뼈가 삶아서 익을 때면 해가 뜬다."고 기술되어 있다. 영결리를 골리간에 비정한 것은 이수광의 『지봉유설』에서도 볼 수 있는데, 『환영지』에서는 『당사』의 내용만 인용하여 간략하게 기술했다. 『지봉유설』에 비해 상세함이나 고증의 풍부함은 떨어진다고 평가할 수 있다. 이 밖에 포르투갈에 해당하는 나라인 '불랑기'에 대해서도 "서양의 대국으로 화기가 아주 기묘하여 지금의 군문(軍門)도 불랑기이다."라고 묘사하고 있다.

1822년의 목판본에는 필사본에 없는 「서양제국도」가 실려 있고 뒤를 이어 오대주에 소속된 나라들과 명나라 때 조공했던 나라들이 수록되어 있다. 즉, 천하 1대주로 아세아(亞細亞), 2대주 구라파, 3대주 이미아(利未亞), 4대주 남북아묵리가(南北亞墨利加), 5대주 묵와란아(墨瓦蘭亞) 등으로 구분하고 각 대륙에 속해 있는 나라들에 대한 간단한 설명을 수록했다. 여기에 수록된 내용은 대부분 알레니의 『직방외기』에 수록된 것들이다. 위백규가 『직방외기』의 내용을 초록했음을 알 수 있다. 이어서 중국에 조공하던 나라들을 조선부터 팔백식부(八百息婦)까지 수록했다.

『환영지』의 세계지리 내용은 전통적인 세계 인식과 새로운 서양의 세계 인식이 혼재되어 있다. 이수광의 『지봉유설』이나 서명응의 「위사」에 실린 세계지리 내용보다 수록 내용의 정확성이나 방대함이 떨어지지만 다양한 지도를 같이 수록함으로써 세계에 대한 이해를 제고시켰다는 점에서 의의가 있다고 평가할 수 있다.

3) 서명응의 「위사」

서명응이 1783년에 완성한 『보만재총서(保晚齋叢書)』에 수록된 「위사(緯史)」는 독특한 체제를 지닌 지지서이다. 12권 7책의 방대한 분량으로 이루어진 「위사」는 서명응이 제시한 범례를 따라 그의 손자인 서유구(徐有榘, 1764~1845)가 편찬한 세계지리지다. 「위사」는 선천역(先天易)과 『주비경(周髀經)』을 결합하고 「우공(禹貢)」의 지역 배치를 토대로 만들어졌다. 서명응은 복희(伏羲)의 선천도(先天圖)와 주비의 수법(數法)이 천지를 측정하고 인사를 헤아리는 방법으로 사용되었지만, 진(秦)·한(漢) 이후로 선천은 선가(仙家)로만 전해지고 주비는 서양으로 갔다고 보았다. 이후 선천은 송대에 다시 나타났고 주비는 명나라 말기 서양에서 돌아왔지만 합쳐지지 못하고 있었는데, 자신이 「위사」에서 이를 합침으로써 옛 성인의 도를 회복시켰다고 자부했다.[171]

서명응은 「우공」의 지역 구획인 구주(九州)와 오복(五服)에 기초하여 세계 지역을 구분했는데, 구획의 기준은 위도인 북극고도이다. 서명응은 먼저 「우공」의 구주에 일정한 북극고도의 값을 부여하되 그 상(象)을 역리(易理)로 해설했다. 기주(冀州)는 제왕의 도시로 보았는데, 천체에서 북극이 있는 곳에 4상(四象)이 향하듯이 천하의 공부(貢賦)와 조근(朝覲)이 몰려드는 중심지이자 「우공」의 강(綱)으로 파악했다. 따라서 기주의 상(象)을 바로 역(易)의 태극에 배치했다. 청주(靑州), 옹주(雍州)를 기주 하단에 좌우 대칭으로 배치하면서 역의 양의(兩儀)에 해당하는 것으로 보았고, 기주 바로 아래에 위치한 서주(徐州), 연주(兗州), 예주(豫州), 양주(梁州)는 역의 4상, 서주, 연주, 예주, 양주 아래에 있는 양주(楊州), 형주(荊州) 역시 역의 4상에 해당하는 것으로 보았다. 또한 「우공」의 오복은 동서와 남북의 크기가 모두 500리이며, 내복(內服)인 전복(甸服), 후복(侯服), 수복(綏服)과 만이(蠻夷)인 요복(要服), 황복(荒服)으로 구분되는 것으로 보았다.[172]

서명응은 지구의 남북을 5개 지역으로 구분하고, 이를 다시 10개 지역으로 세분했다. 또한 지구의 동서를 각 위도에 해당하는 역상의 숫자에 대응시켜 2개(동, 서), 4개(外東, 內東, 內西, 外西), 8개(偏東1~4, 偏西1~4) 지역으로 세분했다(표 5 참조). 이처럼 경위선 체계로 지역을 구획한 다음 해당 구획에 국명과 읍명을 배치했다. 이를 바탕으로 해당 지역의 연혁과 극위(極緯), 황적경(黃赤經: 晝夜節氣, 日景), 풍속, 산천, 토산 등을 수록했다. 불랑기국(포르투갈)의 기술 사례를 보면 다음과 같다.

> 본래 서양 제국의 불랑찰(佛郞察)이다. 직방외기에서 말하기를 아라비아 사람들이 불랑기라 칭한다. 그 총 또한 이 명칭을 쓴다. 명나라 정덕(正德) 연간(1506~1521)에 만랄가(滿剌加, 말래카)로 들어가 왕을 몰아내고 사신을 보내 봉(封)할 것을 청하니 중국에 처음으로 이름이 알려지게 되었다. 명나라 가정(嘉靖) 연간(1522~1566)에 초만(草灣)에 들어갔으나 관군에 패하여 돌아왔다. 우도어사(右都御使) 왕횡(汪鋐)이 상소문을 써서 불랑기포(佛郞機礮)를 올려 성보(城堡)를 축조하여 방어하도록 청했다. 중국에 불랑기포가 있게 된 것은 여기에서 비롯된 것이다. 그 후에 광동순무(廣東巡撫) 임부(林富)가 향산(香山) 오호경(澳壕鏡)에 시장 여는 것을 청하니 이로 인해 불랑기는 집을 짓고 성을 축조하여 여러 만상(蠻商)을 모으니 한 나라와 같았다.[173]

지역		위도	간격	방도순괘 (方圖純卦)		기후대	구분
북축양의(北軸兩儀)	양의(陽儀)	90–67	24	48	건(乾)	한대	동·서(초, 중, 종)
	음의(陰儀)	66–43	24		태(兌)	한대·난대	
주복사상(州服四象)	북주(北州)	42–37	6	18	리(離)		外東·內東 內西·外西
	중주(中州)	36–31	6			난대	
	남주(南州)	30–25	6				
중형팔괘(中衡八卦)	북축(北軸)	24–19	6	48	진(震)	난대·열대	偏東(4–1) 偏西(1–4)
	북반(北半)	18–1	18			열대	
	남반	1–18	18				偏西(4–1) 偏東(1–4)
	남축	19–24	6		손(巽)	열대·난대	
주지사상(洲坻四象)	삼재효위 (三才爻位)	25–42	18	18	감(坎)	난대	偏西(2–1) 偏東(1–2)
남축양의(南軸兩儀)	음의	43–66	24	48	간(艮)	난대·열대	偏西·偏東
	양의	67–90	24		곤(坤)	한대	西·東(終·中·初)

〈표 5〉「위사」의 지역 구분

(출처: 김문식, "18세기 徐命膺의 세계지리 인식", 『한국실학연구』 11, 2006, 91쪽)

포루투갈에 대한 기술은 『지봉유설』처럼 불랑기포를 중심으로 하고 있는데, 중국에서 불랑기포가 들어오게 된 상세한 내력을 적고 있다. 이러한 기록은 『명사(明史)』에 수록된 내용을 축약한 것으로,[174] 국가별 기술에서 중국의 문헌을 많이 참고하고 있음을 알 수 있다.

실제로 「위사」의 저술에 참고한 자료로는 『일통지(一統志)』, 『명사(明史)·지리지』, 『직방외기』, 『곤여통도(坤輿通圖)』 등을 들 수 있다. 여기서 『곤여통도』는 마테오 리치의 『곤여만국전도』나 페르비스트의 『곤여전도』와 같은 서구식 세계지도를 지칭하는 것이라 할 수 있다. 이 외에도 다양한 최신 자료를 활용하여 「위사」를 저술했던 것으로 보인다. 서명응은 정조 때 구입한 『고금도서집성(古今圖書集成)』을 가장 먼저 열람했던 학자 가운데 하나였고, 북경 사행에서도 최신 서적을 구입했던 점을 고려한다면 「위사」의

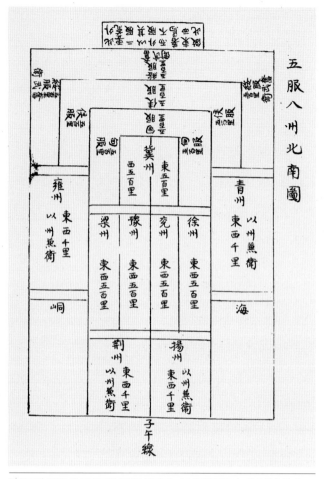

五服八州北南圖

〈그림 138〉「위사」의 지역 구획 방식을 보여주는 오복팔주북남도(五服八州北南圖)

저술에서도 최신 자료들을 충분히 활용했다고 보인다.

「위사」의 세계 지역 구획 방식은 이전 시기 지리지에서는 볼 수 없는 독창적인 것이라 할 수 있다. 무엇보다 지구설을 바탕으로 세계 지역의 구획이 이루어졌다는 점이 가장 큰 특징이다. 선천역과 주비경 등의 전통적인 사고와 서양에서 전래된 지구설을 결합하여 독특한 지역 구획을 만들어냈다. 지구를 북극고도인 위도에 의해 나누고 이를 기후대에 배치함과 동시에 동서로도 구획하여 전 지구 상의 영역을 포괄하도록 했다. 이러한 세계 지역의 구획은 대륙별로 국가를 배치하여 기술한 알레니의 『직방외기』나 페르비스트의 『곤여도설』보다 진일보한 체제라 할 수 있다. 서양의 근대 지리학이 태동한 이후에도 세계지지의 기술 체제가 대부분 대륙별로 이루어졌던 점을 감안한다면 세계 지지학사에서도 유래를 찾아보기 힘든 세계지리지의 사례로 평가할 수 있다.

4) 최한기의 『지구전요』[175]

최한기는 1857년에 일종의 종합적 세계지리서라 할 수 있는 『지구전요』를 저술했다.[176] 이 책의 저술 목적은 지리 지식에 대한 이해의 확대를 통해 '기화(氣化)'를 깨닫고 그를 기반으로 '인도(人道)'를 터득하는 데 있었다.[177] 중국에서 아편전쟁 후에 간행된 양무서(洋務書)인 위원의 『해국도지』와 서계여의 『영환지략』 등을[178] 기초로 편집했다. 세계 각국의 지리 지식뿐만 아니라 지구과학에 해당하는 자연과학적 지식도 수록되어 있다.

『지구전요』는 도합 13권 7책의 필사본으로 이루어져 있는데 12권까지는 세계지지로 구성되어 있다. 제13권에는 천문도와 지도만을 따로 모았는데 역상도(歷象圖) 23매, 제국도(諸國圖) 41매를 수록했다. 이처럼 『지구전요』는 지지와 지도의 두 체제로 구성되어 있는데, 지도를 앞에 수록하고 지지를 뒤에 수록하고 있는 『영환지략』과는 다른 양식이다. 『영환지략』이 지도에 중점을 두었다면,[179] 『지구전요』는 지지에 중점을 두었다고 할 수 있다. 따라서 『지구전요』에서의 지도는 지지의 부도(附圖)적 성격이 강하다. 『지구전요』의 지도가 지니는 이러한 성격은 지지학에 대한 그의 서술에서도 드러난다. 그는 지지라는 것은 풍토와 물산, 고금의 사실을 수록한 것이고 지도는 군국(郡國)의 경계와 면적을 본떠 그린 것이라 하여, 지도는 지지를 보충해주는 부도적 의미로 생각했던 것으로 보인다.[180]

『지구전요』의 내용을 구체적으로 보면, 제1권의 처음 12항목에서는 지구에 관한 내용을 기존의 한역 지리서에서 발췌하여 기록했다. 천체의 구조, 항성과 유성, 사계절과 기상의 변화, 일식·월식과 조석의 원인 등 지구과학적 내용들로 서양의 르네상스시대에 밝혀진 천문, 우주, 지구과학설을 수용하고 있다. 이는 브노아(Michel Benoit, 蔣友仁, 1715~1774)의 『지구도설(地球圖說)』에서 「지구운화(地球運化)」에 해당하는 부분을 발췌하여 『지구전요』

의 맨 앞부분에 기록한 것으로, 『지구도설』을 통해 지구의 운화를 이해했다고 할 수 있다. 그리고 이를 도해한 것이 제13권 앞부분에 수록된 역상도 23매이다. 역상도는 프톨레마이오스(Ptolemaeos)의 우주관, 티코 브라헤(Tycho Brahe)의 우주관, 메르쎈느(Merscene)의 우주관, 코페르니쿠스의 태양중심설 우주관, 태양, 오성(五星), 일월식(日月蝕)을 도해한 천문도이다.[181]

대륙별 총설과 각국 지지에서는 아시아, 유럽, 아프리카 및 남북아메리카에 대해 총설을 수록하고 그 밑에 각 대륙에 소속된 지방과 국가에 대한 내용을 강역·풍기(風氣)·물산·생활·궁실·도시·문자·상공업·기용(器用)·재정·정치·관직 제도·교육·예절·형벌·병제·풍속 등의 항목으로 상술하고 있다. 해론(海論)에서는 해양의 선박, 진주와 산호 등의 산물과 조석 관계, 해수의 염분 등에 대하여 적고 있다. 이러한 지지 부분에서는 기존의 지지 항목 체계와 다른 독특한 분류 방식을 취하고 있는데, 최한기 학문의 핵심적 개념인 기화(氣化)를 기준으로 기화생성문(氣化生成門, 강역·산수·풍기·인민·물산), 순기화지제구문(順氣化之諸具門, 의식·궁성·문자·歷·농·상·공·기용), 도기화지통법문(導氣化之通法門, 政·敎·학·예·刑禁·俗尙·使聘), 기화경력문(氣化經歷門, 各部·연혁) 등으로 분류했다.[182]

제13권에는 「지구전후도」, 「황청전도(皇淸全圖)」를 비롯해 각 대륙별 여러 나라의 지도들이 수록되었다. 이들 지도들은 『영환지략』에 수록된 지도들을 저본으로 사용하여 그대로 모사한 것인데, 『영환지략』에 없는 「일본도」가 추가된 점이 다를 뿐이다.[183] 『해국도지』에도 지도가 수록되어 있지만 『영환지략』의 것과 비교해볼 때 정교함이 다소 떨어진다. 그러나 후대의 판본은 지도의 내용이 수정되어 상당히 정교해지기도 했다.

세계지리 부분은 대륙별로 소속 국가를 수록하는 형식을 취하고 있다. 먼저 아세아(亞細亞) 대륙 소속의 나라를 다루고 있는데, 중국과 동양 이국(일본, 유구), 남양빈해각국(南洋濱海各國), 남양각도(南洋各島), 동남대양각도(東

南大洋各島), 오인도(五印度), 인도이서회부사국(印度以西回部四國), 서역각회부
(西域各回部) 등으로 이루어져 있다. 구라파(歐羅巴) 대륙은 아라사(莪羅斯)가
맨 처음 기술되고 이어서 서국(瑞國), 연국(嗹國), 오지리아(墺地利亞), 보노
사(普魯士), 일이만열국(日耳曼列國), 서사(瑞士), 토이기(土耳其), 희랍(希臘), 의
대리아열국(意大里亞列國), 하란(荷蘭), 비리시(比利時), 불랑서(佛郞西), 서반아
(西班牙), 포도아(葡萄牙), 영길리(英吉利) 순으로 되어 있다. 아비리가(阿非利加)
대륙은 아비리가북토(阿非利加北土), 아비리가중토(阿非利加中土), 아비리가동토
(阿非利加東土), 아비리가서토(阿非利加西土), 아비리가남토(阿非利加南土), 아비
리가군도(阿非利加群島)로 구성되어 있는데, 다른 대륙과 달리 나라별로 기
술하지 않고 동서남북의 방향에 따라 대륙을 구분하여 기술했다. 마지막
으로 아묵리가(亞墨利加) 대륙을 수록했는데, 북아묵리가빙강(北亞墨利加冰
疆), 북아묵리가영길리속부(北亞墨利加英吉利屬部), 북아묵리가미리견합중국
(北亞墨利加未利堅合衆國), 북아묵리가남경각국(北亞墨利加南境各國), 남아묵리
가각국(南亞墨利加各國) 등의 항목으로 구성되었다.

전체적으로 볼 때, 수록된 나라의 수는 서명응의 「위사」에 비해 적으나
국가별 내용은 더 풍부하다. 수록된 국가마다 내용의 편차가 있는데, 당시
구라파의 강대국인 영국의 경우 가장 많은 분량으로 상세하게 기술하고
있다. 이는 당시 국제 사정을 반영하는 것으로 편저자인 최한기가 그 자
신의 시각으로 취사 편집한 데서 기인한다. 백과사전식 항목에 의한 기술
이라는 전통적인 지리지의 형식에서 탈피하지는 못했으나 최한기 자신의
독특한 학문 체계인 기학(氣學)을 바탕으로 항목을 설정하여 기술한 점은
『지구전요』의 가장 큰 특징으로 지적할 수 있다.

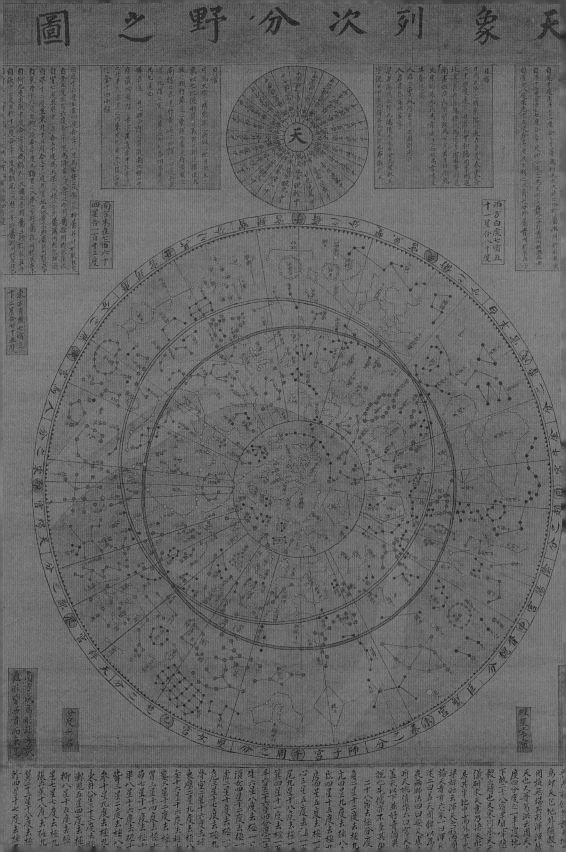

5장

근대적
지리학의
도입과
한계

측량 기술의 도입과
근대적 지도 제작

1. 일본의 측량 침략 과정

일본은 조선이 문호 개방에 미온적인 태도를 보이자 통상조약을 체결하기 위해 1875년 군함 운요호(雲揚號)를 항로 측량이라는 구실로 조선 근해에 파견했다. 운요호는 서해안으로부터 항로를 측량하면서 강화도 부근에 이르러 강화도 수비대와 전투를 벌였는데, 이것이 유명한 운요호사건이다. 이 사건으로 강화도조약이 체결되었다. 이 조약은 조선이 외국과 체결한 최초의 근대적 조약으로 이로 인해 우리나라는 급작스럽게 세계 통상권 내에 뛰어들게 되었다.[1]

1876년 2월 26일 조선 측 대표인 대조선국 대관 판중추부사 신헌과 도총부부총관 윤자승(尹滋承, 1815~?), 일본 측 대표인 특명전권 관리대신 이노우에 가오루(井上馨)가 강화도조약을 체결했다. 이때 체결한 조약의 제7조는 "일본은 조선의 연해·도서·암초 등을 자유로이 측량하고 해도를 작성한다."고 되어 있다. 즉, 조선국의 연해에는 도서, 암초들이 많아 이들을 자세히 측량하고 이를 지도로 제작하여 안전한 항해가 가능하도록 하겠다는 것인데, 일본은 이를 빌미로 조선에 대한 세밀한 측량을 진행하고 지도를 작성하여 이를 조선의 식민지 경략의 수단으로 삼으려고 했다. 이러한 겉으로 드러난 의도를 넘어서 제7조가 노리는 것은 연안 측량을 구실로 삼으면 일본 선박이 조선 영해에 조선 정부의 허락 없이도 마음대로 항행이 가능하다는 점이었다. 7조는 조선의 영토주권을 부정한 규정인 것이다. 그러므로 조선 연안에 대한 일본의 측량이 본격화되면서 이에 대한 저항도 격렬해져, 일본 정부의 비호하에 측량하던 일본인이 조선인들에 의해 피살되기도 했다.

이러한 저항에도 불구하고 일본은 조선 연안에 대한 측량을 거의 완료했고, 일본 해군성은 근대적 측량 자료를 바탕으로 『해안해도(海岸海圖)』를 제

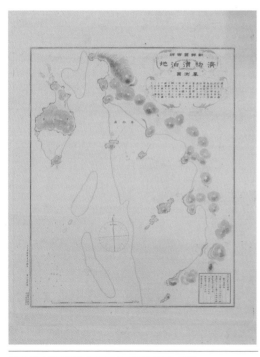

작했다. 이 지도는 함장 해군소좌 가사마 히로타테(笠間廣盾)의 명에 의해 측량사 해군 소위 모리카와 다네토(森川植等)가 제작했다. 현재 국립중앙박물관이 소장하고 있는 이 지도에서 산지는 우모식(羽毛式)으로 표현되어 있는데, 등고선을 사용하기 전의 과도기적인 지도인 셈이다. 연안 측량만을 토대로 제작된 지도이기 때문에 해안에는 방위 표시와 함께 수심도 표기되어 있는 반면, 내륙의 지명은 거의 기재되지 않았다. 이 지도는 근대적인 간척과 매립에 의해 해안선이 바뀌기 이전의 모습을 엿볼 수 있는 지도이다.

〈그림 139〉 『해안해도』(1876년, 국립중앙박물관 소장)

2. 양지아문의 설치와 측량

아관파천 이후 고종은 1897년 연호를 광무로 정하고 10월에 황제 즉위식을 거행한 뒤 국호를 대한제국으로 선포했다. 대한제국은 자주독립 국가임을 밝히고 국방력을 강화시키면서 제반의 개혁 정책을 추진했다. 대한제국기 토지문제를 둘러싼 대립은 갑오개혁 이전보다 심화되었다. 이 시기에는 종래 관행적으로 이루어지고 있던 매매문기 교환이 아니라, 토지 파악의 객관성을 확보하고 보다 합리적으로 소유권을 이전하는 방안이 제기되고 있었다. 또 토지소유의 제권리를 어떻게 근대적인 토지제도로 확립시키는가 하는 문제가 초점이 되고 있었다. 이에 따라 대한제국 정부는 1898년 6월 '토지측량에 관한 청의서'를 마련했다. 이 청의서에는 양전의 목표를 농지와 가옥을 조사할 뿐만 아니라 전국의 모든 토지를 대상으로 삼았다. 즉 조사 범위는 지질, 산림과 천택, 수풀과 해변, 도로에 이르기까지 광범위했다. 고종황제는 전격적으로 전국적인 양전을 시행하라고 지시함으로써 범정부적인 유관 기구를 포괄하면서 양전을 전담할 독립 관청으로서 양지아문을 1898년 7월 발족시켰다.

1898년 7월 6일 칙령 제25호로 「양지아문직원급처무규정(量地衙門職員及處務規程)」이 공포되었고, 이로써 근대적 측량 사무가 본격적으로 시작되었다. 이때 공포된 규정에는 양지아문 직원의 권한과 업무에 대한 내용이 수록되었는데, 이를 요약하면 다음과 같다.

양지아문은 내부와 농상공부에서 요청한 측량을 시행하고, 총재관(3명)에게는 대신의 봉급을, 부총재관(1명)에게는 협판(協辦)과 같은 봉급을 준다. 수기사(首技師) 1명은 외국인으로 초빙하고 기수보(技手補) 10명 이내를 고용하여 20명을 견습시킨다. 양지아문 총재관은 각부 대신

과 동등하니 경무사, 한성판윤, 각 관찰사 이하 관리를 지휘 감독하여
양지 사무에 종사케 하되 잘못하면 소관 부서에 이첩 처벌한다. 측량은
서울에서부터 시작하여 지방으로 시행하고 양지아문 기사가 지방 출장
시는 순경이 보호한다.

당시 측량 부서의 기관장에게 막강한 권한을 부여하여 대우한 사실은 국
가에서 측량 사업을 시급하고 중요한 사안으로 인식하고 있었다는 것을
방증한다.

　양지아문의 설치에 따라 실제 측량이 이루어졌다. 근대적인 측량은
1899년 4월 1일 서울의 남대문에서 시작되었다. 미국에서 측량기사인 크
럼(R. Krumm)을 초빙하여 5개월간의 이론교육을 거쳐 처음으로 측량하게
된 것이다. 그러나 측량 사업에 대한 부정적인 평가가 제기되었는데, 중추
원은 정부에 양지아문이 설치되어 해가 지나도록 하는 일이 없고 국고만
허비하니 혁파하자고 제안했다. 여러 가지 보완책을 쓰면서 양지아문을
유지했으나 1901년 끝내 양지아문은 출범한 지 3년 만에 폐지되었다.

3. 개항기 근대적 지도의 맹아

근대적 지도 제작술의 영향을 받아 개화기에 제작된 지도들은 크게 한국
전도와 기타 측량지도로 구분해볼 수 있다. 한국전도에는 개화기 지리 교
과서에 수록된 것이 대부분을 차지하고 그 외에도 독립적으로 제작된 것
도 있다.

　전통적 지도와 근대적 지도의 과도기적 형태의 지도로 꼽을 수 있는 것

이 『대조선국전도(大朝鮮國全圖)』이다(그림 140). 이 지도는 19세기 말에 제작된 동판본 지도책 중에 수록된 조선전도이다. 동일한 지도책이 『접역지도(鰈域地圖)』,『동여전도(東輿全圖)』 등의 이름으로 국립중앙도서관, 서울대학교 규장각 등에 소장되어 있다. 이 지도책은 조선후기에 널리 보급된 목판본 지도책을 동판으로 간행한 것이다. 그러나 조선후기의 지도책에 일반적으로 포함되어 있던 천하도·중국·일본·유구국지도를 제외하고, 대신에 「한양경성도(漢陽京城圖)」와 「경성부근지도(京城附近之圖)」를 첨가하고 있다. 지도의 내용도 조선후기의 목판본 지도책과 달리 도별 분

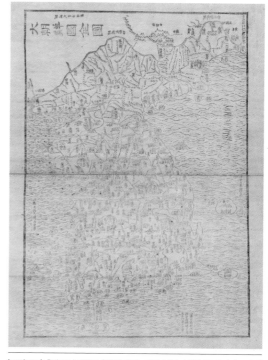

〈그림 140〉 『대조선국전도』(19세기 말, 미국 버클리대학 동아시아도서관)

도에서 정상기(鄭尙驥)의 『동국지도(東國地圖)』의 성과를 반영하고 있다. 「한양경성도」와 「경성부근지도」의 내용으로 볼 때 19세기 말경에 제작된 것으로 추정된다. 인쇄본 지도로서 목판본 지도책이 동판으로 새롭게 바뀌는 단계의 지도이다. 전통적인 표현 양식을 계승하면서도 조선후기 지도학적 성과를 반영하고 있는 대표적인 지도라 할 수 있다.

이 지도책의 제작 시기는 전도 명칭이 '대조선국전도'로 된 것으로 보아 1897년 광무개혁 이전이고 1896년 건립한 독립문이 표시된 것으로 보아 대략 이 시기를 전후해서 제작된 것으로 추정된다. 여기서는 18세기 전반에 제작된 목판본 전도인 『해좌전도(海左全圖)』를 바탕으로 하여 전도와 도별 지도를 그렸고 여기에다 김정호(金正浩)의 『대동여지도(大東輿地圖)』에 수록되어 있는 도성도와 경조오부도(京兆五部圖)를 바탕으로 그린 「한양경

성도」,「경성부근지도」를 추가함으로써 조선후기의 지도학적 성과를 수렴하여 제작한 지도이다. 동판본으로 제작되었지만 목판본 지도의 특성을 여전히 지니고 있다.

「대한전도(大韓全圖)」는 1899년(광무 3)에 학부 편집국에서 간행한 조선전도로 현채(玄采, 1886~1925)가 편집한 『대한지지(大韓地誌)』에 실려 있는 지도다(그림 141). 1896년에 지방 제도가 13도로 개편됨에 따라 개편된 13도의 도별 지도와 전도로 이루어져 있다. 우리나라의 전통적 지도 제작의 기법과 서양의 근대적 기법이 혼재된 과도기적 성격을 지닌 지도이다.

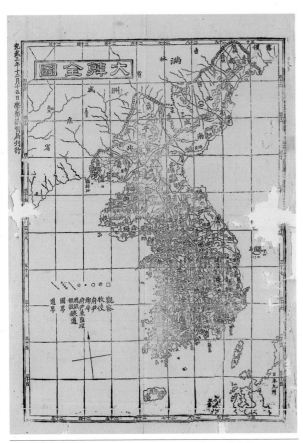

〈그림 141〉 『대한지지』의 「대한전도」(1899년 서울역사박물관 소장)

이 지도에는 경위선이 그려져 있는데 경선은 중국 북경을 기준으로 한 편동도수(偏東度數)를 기초로 했다. 그러나 도별도에는 경위선이 없는데 전통적인 지도 제작의 방식이 계승되고 있음을 알 수 있다.

이 지도는 대중적 보급을 목적으로 한 소책자의 형식을 갖추고 있기 때문에 축척이 작다. 그러나 지도상에 수록된 내용은 당시 행정 구역인 부·군 등과 혁파된 감영·수병영·찰방·진보 등의 지명과 주요 산천, 도서 등으로 비교적 상세하다. 그리고 기법상으로는 산지를 표현하는 데 우모식 방법을 도입했고, 범례를 지도 여백에 "기호"로 표시했으며, 방위 표시를 글자가 아닌 기호로 표시했다. 특히 행정단위의 기호에서는 도형을 사용하여 위계를 나타내고 있다. 전도에서는 조선시대의 전통적인 지도에서는 보이지 않던 일본의 일부가 동남쪽 모서리에 그려져 있고 대마도의 윤곽도 이전과 달리 사실에 가깝게 그려져 있는 점이 특이하다. 이 시기에 이르러 중국을 비롯한 일본, 러시아 등의 주변 국가에 대한 지리적 인식이 고조되어 있었음을 알 수 있다. 또한 각 도별 지도 중 해안 지역에는 크고 작은 많은 섬들이 매우 상세하게 그려져 있고 당시의 해로도 잘 나타나 있어서 해안 지역이 중요하게 인식되고 있었음을 엿볼 수 있다. 서구 열강과 중국·일본·러시아 등의 주변 세력이 밀려오던 상황에서, 우리 강역에 대한 인식을 고취시키려는 목적에서 제작된 교육용 지도로 전통적 지도 제작이 서양의 지식을 수용하면서 변용되어가는 모습을 볼 수 있는 지도다.

1907년(광무 11) 6월 장지연(張志淵, 1864~1921)이 애국심을 고양하기 위해 저술한 『대한신지지(大韓新地志)』에 수록된 지도들도 근대적 성격의 지도라 할 수 있다. 여기에는 「대한전도」(그림 142)와 1896년 이후 13도로 행정구역이 바뀐 상황을 반영하는 각 도별도가 수록되어 있다.

「대한전도」는 축척 250만 분의 1 지도로서 근대적 경위선망이 사용

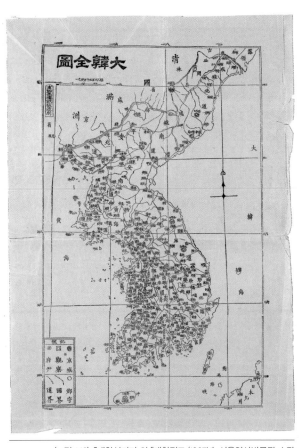

〈그림 142〉 『대한신지지』의 「대한전도」,(1907년, 서울역사박물관 소장)

되었고 방위, 범례 등이 기호로 표현되었다. 특히 경선은 19세기 후반에 제작된 지도에서 자주 보이는 중국 북경을 기준으로 하는 선이 아니고 영국을 기준선으로 사용했다. 전통적 기법보다는 서양식 근대적 기법에 의해 만든 지도로 볼 수 있다. 지도의 좌측 상단에 '현성운철판조각(玄聖運鐵板造刻)'이라 기록해놓아 철판 인쇄본 지도임을 알 수 있다. 채색은 후에 더한 것으로 보인다. 지도에 표현된 내용은 각 도 행정구역의 명칭과 주요 산천명, 도로망, 도별 경계선이 주를 이루고 있다. 을사조약을 거치면서 대한제국이 위기적 상황으로 치달을 즈음 애국심을 고취시키기 위해 제작된 계몽적 성격이 강한 지도다. 따라서 이 지도에서는 두만강 이북 토문강 이남의 북간도를 우리의 영토로 표시했고, 동해를 대한해(大韓海)로 표기하여 독립국가로서의 자부심을 강조하고 있다.

『대한신지지』에 수록된 도별 지도는 축척이 100만 분의 1로 되어 있다. 각 부군의 명칭과 주요 산천·역원·창고·진보 등이 수록되어 있으며 산지는 우모식 기법으로 표현되었다. 도역(道域)을 넘어 주변에 있는 도의 산계와 수계 그리고 주요 지명을 표시함으로써 이해의 편리를 제공하고 있다. 전반적으로 이 당시 부설된 철도를 비롯한 도로망이 상세하고 해로도 표시되었다. 서구식 경위선망의 도입, 기호화된 형태의 범례 사용, 제척(梯尺) 형태의 축척 표시, 방위 표시의 기호화, 우모식의 산지 표현 등으로 미루어 볼 때 서양에서 도입된 근대적 지도 제작 기법을 도입한 대표적인 지도라 할 수 있다.

교과서에 실려 있는 교육용으로 제작된 지도 외에도 지도만을 단독으로 제작한 사례도 있는데, 『대한여지도(大韓輿地圖)』가 대표적이다(그림 143). 『대한여지도』는 대한제국의 학부 편집국에서 학교 교육용으로 제작한 것으로 추정되는 한국지도다. 지도의 윤곽은 규장각 소장의 『조선팔도지도』와 동일하여 이를 기초로 제작했음을 알 수 있다. 『대한여지도』는 조

선의 전통적인 지도 제작 방식에
일본을 통해 도입된 서양 지도학의
기법을 가미했다. 지형 표시를 우
모식으로 한 것과 대마도의 윤곽
을 일본지도에서 옮긴 것 등 외래
적 요소가 반영되어 있다.

대마도 부분을 보면 상대마와
하대마의 두 섬으로 분리되어 있
으나 아소만(阿蘇灣)이 다소 과장
되어 있고 주변의 부속 섬들도 크
게 그려져 있다. 경상도 지역의 영
역을 분홍색으로 채색했으나 대마
도는 일본의 본섬과 동일하게 채
색을 하지 않았다. 이는 대마도를
일본의 영토로 인식하던 현실을
반영하는 것으로 풀이된다. 이전의
지도에서 흔히 볼 수 있었던 부산
과 대마도를 연결하는 해로도 그
려져 있지 않은데, 이 시기 일본의
일개 지방행정단위로 전락된 대마
도의 위상을 반영하는 듯하다. 지

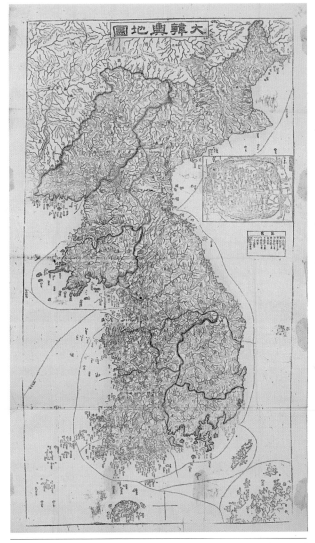

〈그림 143〉 『대한여지도』(1900년경, 서울역사박물관 소장)

명으로는 대마도 북단의 와니우라(鰐浦)와 대마도의 중심지인 이즈하라(嚴
原)가 표기되어 있는 정도다.

「대한전도」, 『대한여지도』보다 훨씬 더 현실적 인식에 바탕을 둔 지도로
『대한제국지도(大韓帝國地圖)』를 들 수 있다(그림 144). 이 지도는 1908년 현

〈그림 144〉『대한제국지도』(1908년, 개인 소장)

공렴(玄公廉)이 제작한 지도로 1899년 학부 편집국에서 작성된 「대한전도」보다 개선된 지도다. 색판 인쇄를 했고, 지형에 음영을 이용했다. 아울러 각 도시의 위치와 해안선이 정확해졌다. 그러나 이 지도는 1905년 조선의 외교권이 박탈된 을사조약이 체결된 이후 일본의 영향하에서 만들어졌다. 일본이 노일전쟁의 승리로 만주의 이권을 획득한 이후여서 남만주 지방을 상세히 다루고 있고, 노일전쟁으로 조차(租借)한 요동반도가 삽도로 수록되어 있다.[2] 일본의 영향을 받았지만 동해는 일본해가 아닌 대한해로 표기되어 있다.

산지의 표현은 우모식을 사용하여 음영을 표시하면서도 전통적인 산줄기 체계를 표현하려 했다. 한반도의 북부와 동부에 위치한 산지들을 산줄기 형태로 표현하여 여전히 전통적인 산줄기 인식 체계가 반영되어 있음을 알 수 있다.

지도에는 대마도의 모습이 정교하게 그려져 있는데, 당시 일본에서 근대적 측량에 의해 제작된 대마도지도를 이용하여 제작된 것으로 보인다. 대마도는 일본 본섬과 동일한 색상으로 채색하여 일본의 영토임을 나타내고 있다. 대마도의 해안선이 더욱 정교해졌으며 주요 포구의 지명도 기재되어 있다. 대마도의 위치도 경위선을 고려하여 해당 위치에 배치시켰다. 해협의 명칭도 표기되어 있는데, 대마도와 우리나라 남해안 사이를 대한

해협, 대마도와 일본 본섬 사이를 대마해협으로 표기했다. 앞서의 『대한여
지도』나 「대한전도」보다도 훨씬 더 현실적인 인식을 반영하고 있는 지도로
평가된다.

우리나라의 전도가 아니지만 근대적 지도학의 맹아를 볼 수 있는 지도
들이 남아 있다. 영남대학교 박물관 소장의 『아경지도(俄境地圖)』는 국경
주변을 그린 독특한 지도로 근대적 지도학의 기법들을 적용하고 있다(그
림 145). 1860년 북경조약의 결과 러시아와 청나라 사이에 새로이 국경이
확정되는데, 이 지도는 북경조약 이후 러시아 연해주 남부 및 조선, 청국의
국경을 중심으로 그린 채색 필사본 지도이다. 전체적인 제작 기법이나 내
용으로 보아 19세기 후반 러일전쟁 이전에 제작된 것으로 보인다. 두만강
을 도문강(圖們江)으로 표기하고, 조선인, 청인 등의 명칭과 이 지역의 각

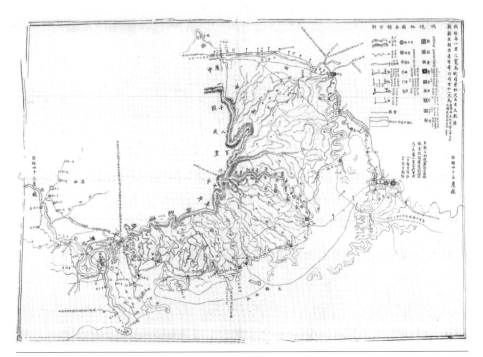

〈그림 145〉 『아경지도』(19세기 후반, 영남대학교 박물관 소장)

종 군사시설들이 자세히 표시되어 있다. 특히 각종 군사시설의 상황과 도로, 전선, 취락 등의 파악이 상세한데, 일본에서 제작한 지도나 자료를 활용한 것으로 보인다.

지도의 제작 기법적인 면에서 보면 해안선이 다소 정밀한 것으로 보아 이미 해안 측량의 성과가 반영된 것으로 보인다. 배가 통할 수 있는 해안과 강 연안의 군사·행정 중심지와 연결 도로가 자세히 그려져 있다. 전체적인 표현 방식은 주로 전통적인 수법에 의해 그려져 있지만 다양한 범례의 사용, 우모식 기법에 의한 산지의 표현 등에서 볼 수 있듯이 서양식 지도 제작 기법도 다소 도입되고 있음을 볼 수 있다. 특히 행정구역·군사시설·도로 등을 위계에 따라 구분하여 자세히 표시하고 있다. 러시아 연해주 지역을 그린 지도이기 때문에 이 지역의 접경인 청국과 조선 지역은 공백 상태로 남겨두었다.

이 지도에서 특히 주목되는 것은 두만강 하류 지역의 녹둔도(鹿屯島)이다. 녹둔도는 조선시대 두만강 지역의 육진 개척 이후 우리나라의 영토로 편입되어 관할하고 있었는데 19세기에 접어들면서 두만강 하구의 토사 퇴적으로 인해 점차 연륙화(連陸化)가 진행되어 대안(對岸)으로 연결되었다. 1860년 북경조약의 결과 두만강 북동부 일대가 러시아의 영토로 편입되는데 이에 따라 녹둔도도 그들의 관할 지역이 되는 결과를 초래했다. 이 지도에서는 녹둔도의 연륙된 모습과 더불어 이 당시 조선인들의 실질적인 거주 지역으로 기능하고 있음을 잘 보여주고 있다.

실제 측량의 결과가 반영된 지도들도 제작되었는데, 국립중앙박물관 소장의 『산림약도(山林略圖)』를 들 수 있다(그림 146). 1910년 5월에 경북 영천군 칠백면 신천동에 있는 김방구(金方九) 소유의 산을 측량한 문서다. 면적은 '일정육반육무십팔보(一町六反六畝十八步)'로 기재되어 있다. 축척을 사용한 측량지도이며, 도로·분묘·전·답 등의 기호를 사용하고 있다. 방위를

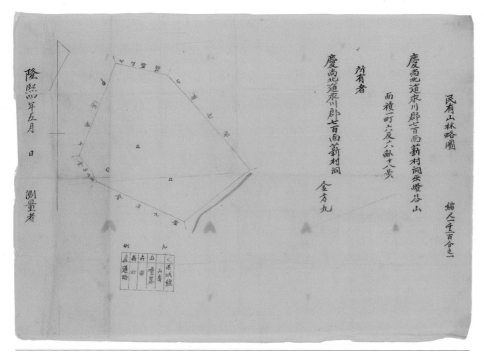

〈그림 146〉 『산림약도』(1910년, 국립중앙박물관 소장)

표시하는 기호도 사용하고 있으며, 소유자 산림과 접하고 있는 이웃의 토
지 소유자를 기재해 넣었다. 토지의 소유관계를 밝힌 일종의 지적도로서
수록된 내용은 소략하다.

  이처럼 일본을 통한 근대적 지도 기법이 도입되고 실제 측량에 기초한
측량지도들이 제작되기도 했으나 1910년 8월 29일 일본에 병합됨으로써
한국의 독자적인 근대적 지도학은 단절되고 말았다.

  반면에 일본은 조선에 대한 식민지 지배를 목적으로 지도 제작을 수행
하게 된다. 일본은 1:2,000,000의 한국지도를 만들어 청일전쟁에 사용했
고, 일본군 참모본부에서 1895년에서 1899년 사이에 비밀리에 첩보측량
반을 침투시켜 평판 측량으로 수집한 자료를 바탕으로 1:50,000의 군용지
도 445매를 제작했다. 그리고 1900년까지 1:200,000 축척 지도와 다양한

대축척 지도를 일차적으로 완성했다. 조선을 병합한 일본은 1910년에서 1915년까지 토지조사 사업의 일환으로 실시된 측지 사업을 완료하고 1918년까지 1:50,000의 근대적 측량지도를 전국 722개 도엽으로 완성했다.[3]

근대적 지지학의 맹아

1. 개항기의 지리서

1) 유길준의 「서유견문」

1876년의 개항으로 조선은 세계 자본주의 시장 체제에 타율적으로 편입되었고 이후 급격한 변화를 경험하게 되었다. 지금까지 고립적 일국적 발전을 계속해왔던 조선은 더 이상 세계사의 조류에서 벗어나 존재할 수 없게 되었다. 그러나 문제는 그러한 국제사회로의 편입이 강제로 이루어진 것이고 조선에 부여된 국제사회에서의 지위도 예속적, 종속적이었다는 것이다. 불평등조약으로 상징되는 이러한 위치는 조선의 국권을 침해하고, 세계 무대에서의 정당한 시민권의 행사를 부정하는 것이었다. 이러한 상황은 제국주의 국가들의 침략에 맞서 국가의 자주권을 회복하고 근대화를 이룩하는 과제를 민족 구성원들에게 부여했다. 이러한 과제를 해결하기 위해 개항기에는 서구의 근대적 문물제도가 대거 수용되었고, 이러한 흐름

속에서 서구의 근대적 지리학도 도입, 수용되었다.

개항기의 지리서는 대부분 교과서 형식으로 이루어져 있고, 일반 계몽과 학교교육을 위한 세계지리와 한국지리의 저술 또는 번역이 대다수를 형성한다. 개화사상을 담고 있는 『서유견문(西遊見聞)』의 지리적 내용과 우후죽순 격으로 출간된 많은 교과서 중 그 원형이라고 부를 수 있는 『여재촬요(輿載撮要)』, 『ᄉᆞ민필지(士民必知)』 등의 교과서가 초기의 저작에 해당한다.

유길준(俞吉濬, 1856~1914)의 『서유견문』은 기행문의 성격을 띠면서도 서양 문물을 소개한 개화 교본이라 할 수 있다(그림 147). 유길준은 1883년(고종 20) 사절단으로 미국에 건너가 모스(E. S. Morse) 박사의 주선으로 매사추세츠주의 더머 학원에서 공부하다가 1885년 미국을 출발해 유럽 각국을 거쳐 귀국했다. 『서유견문』은 이때 듣고 본 것을 기록한 것으로 1895년 일본 도쿄에서 출판되었다. 『서유견문』은 개화사상을 집대성한 저술로서

〈그림 147〉 유길준의 『서유견문』

총 20편 중 지리적 지식과 직접 관련된 부분은 제1, 2, 16, 19, 20편이다. 제1편에서는 지구세계(地球世界)의 개론, 육대주의 구역, 방국(邦國)의 구별, 세계의 산, 제2편에서는 세계의 해(海), 강하(江河), 호(湖), 인종, 물산, 제16편에서는 의복 음식과 궁실의 제도, 농작과 목축의 경황(景況), 유락(遊樂)하는 경상(景像), 19와 20편에서는 세계의 대도회(大都會)에 관한 내용을 담고 있다.

유길준은 서양의 학문을 소개하면서 지리학도 함께 소개하고 있는데, 그는 당시의 지리학을 현재의 지구과학이나 자연지리학에 해당하는 분야로 파악하고 있었다. 다음은 이에 관한 대목이다.

> "地理學: 此學은地毬의現成き妙理를學ㅎ는工夫니其條目이亦繁ㅎ되風水의虛說로人家의吉凶을占ㅎ는道と아니라地體의大흠과重흠을測定ㅎ고其必圓혼理由를立證ㅎ며又太陽을附行ㅎ야四序晝夜의迭代成功ㅎ는道와太陰이附從ㅎ야望朔의虧盈ㅎ는理며遊星의關係와比量혼大小遠近及輕重을論議ㅎ고熱地와寒地의氣候며火山溫泉地震及潮汐의緣由와風雲雨露霜雪及雷電의起因이며海水의蓄泄ㅎ는源委도精細히及ㅎ고又土壤의間級과岩石의層度로地毬의變成한歷代를酌定ㅎ며地中石에附化혼草木禽獸及蟲魚의形像과石炭의種類를因ㅎ야其變成한代數를論ㅎ니此學이亦學者의一代門戶를立ㅎ는者라."[4]

그는 지리학은 길흉을 점치는 풍수와 구별되는 지구에 관한 학문이라 하면서 지구과학적인 입장을 견지하고 있다. 즉, "지리학은 지구가 현재 이루어진 이치를 배우는 공부다."라고 하여 지구과학적 성격을 강조하고 있다. 책의 1편과 2편에서도 지구과학적 내용과 자연지리와 관련된 내용이 주를 이루고 인문지리적 내용으로는 인종과 물산을 다루고 있다. 3편에서 18편까지는 서양의 문물제도를 다루고 있어서 순수 지리적 성격이 약하다. 19,

20편에서는 필자가 직접 유람하면서 관찰한 것을 바탕으로 미국과 유럽의 도시를 기술했다. 도시에 대한 개략과 직접 살펴본 도시 경관을 자세히 묘사하고 이를 바탕으로 도시의 특성을 제시했다. 이 책은 견문기의 성격을 지닌 것이지만, 전통적인 지지 형식에서 탈피한 근대적 지지의 효시로 평가된다.

2) 오횡묵의 『여재촬요』

『여재촬요』[5]는 1894년(고종 31)에 오횡묵(吳宖默, 1834~?)이 지은 지리지로 세계지리와 한국지리가 결합된 지리지에 해당한다. 『여재촬요』는 1894년 10권 10책의 필사본으로 편찬되었고, 이어 5책, 2책 등으로 축약본이 저술되었다가 1896년 학부에서 1권으로 축약하여 목판본으로 간행했다. 10권으로 구성된 필사본 가운데 제1권은 세계지리와 관련된 내용이고, 제2권에서 10권까지는 한국지리와 관련된 것으로 팔도의 군현읍지를 수록한 것이다.

오횡묵은 서문에서 "환일도(圜日圖)나 지구도(地球圖) 같은 것은 새롭게 듣거나 처음 보는 것들로서 놀랄 만하나 필요한 것이고, 또한 지구 상의 사물로서 각국의 정표를 아우르지 않으면 안 되어 별도로 설명을 붙여 1권으로 만들었다."고 밝히고 있다. 『여재촬요』가 『동국여지승람(東國輿地勝覽)』과 같은 전통적인 지리지의 전통을 따르면서도 당시의 세계사적인 흐름을 파악하고자 했던 시대적 분위기를 반영하고 있다.[6] 오횡묵은 『여재촬요』의 범례에서 조선과 중국의 문헌, 1886년 영국에서 출판된 『정치연감(政治年鑑)』 등을 주된 자료로 삼아 초역(鈔譯)했다고 밝히고 있다. 그러나 오횡묵이 직접 『정치연감』을 참고했다기보다는 1886년에 『정치연감』을 김윤식(金允植)·정헌시(鄭憲時) 등의 주선으로 박문국(博文局)에서 번역·편집, 간행된 4책의 『만국정표(萬國政表)』를 참고했던 것으로 보인다.[7] 이에 따라 저술의 분량도 유럽 지역의 비중이 크다.

세계지리지에 해당하는 제1권은 3장으로 구성되어 있다. 제1장은 천문도지구도범례(天文圖地球圖凡例), 경선위선도(經線緯線圖), 지구오대도(地球五帶圖), 지환일월환지도(地圜日月圜地圖), 지구분지도(地球分至圖), 지구환일도(地球圜日圖), 지구환일도해(地球圜日圖解), 지구환일성세서도(地球圜日成歲序圖), 지구환일성세서도설(地球圜日成歲序圖說), 지구사계도(地球四季圖), 지구주야도(地球晝夜圖), 월륜영결도(月輪盈缺圖), 지구조석도(地球潮汐圖), 일식월식총도(日蝕月蝕總圖), 환식도(圜蝕圖), 일식도(日蝕圖), 월식지도(月蝕之圖), 지영폐월도(地影蔽月圖), 평원지구전도(平圓地球全圖), 지구도해(地球圖解), 지구론(地球論), 논주양(論洲洋), 만국여도(萬國輿圖), 인망선행도(人望船行圖), 등고견원도(登

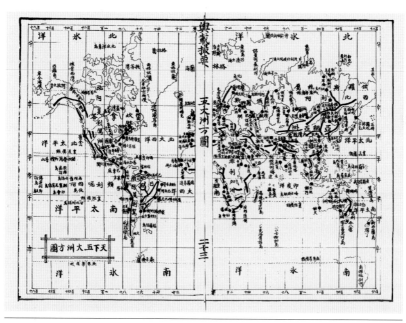

〈그림 148〉 『여재촬요』에 수록된 세계지도

高見遠圖), 천하대하비교장단도(天下大河比較長短圖), 천하대산비교장단도(天下大山比較長短圖), 천하오대주방도(天下五大州方圖)[8] 등으로 구성되어 있다. 제2장은 각국정교약설(各國政敎略說), 총론(總論), 제3장은 각 대륙별 지지로 구성되어 있는데, 순서는 아세아주오국(亞細亞洲五國), 구라파주십구국(歐羅巴洲十九國), 아비리가주칠국(亞非利加洲七國), 북아미리가주구국(北亞米利加洲九國), 남아미리가주십국(南亞米利加洲十國), 대양주일국(大洋洲一國)등으로 이루어져 있다.

제1장은 천문 현상과 관련한 지구과학적 지식, 지구설을 토대로 하는 자연지리적 지식으로 구성되어 있다. 기후에 대한 내용을 먼저 다루고 이어 지형에 대해 다루었다. 주제와 관련된 다양한 그림과 지도를 활용하고 있는 점이 특징적이다.

2장은 각국의 정교(政敎)를 중심으로 하는 인문지리적 내용으로 구성되어 있다. 각국의 정치, 법, 외교에 대한 것을 기본으로 하여 입법, 사법, 행정의 삼권분립, 각국의 정부 형태와 입법·사법·행정부의 역할, 종교, 지방행정, 조세, 군사 제도, 교육, 통화제도, 통상 및 무역 등을 서술하면서 이해를 돕기 위해 동서양을 비교하거나 주요 나라를 사례로 들어 논하고 있다.

3장은 세계지리의 각론에 해당하는 것으로 6대주에 속하는 나라들에 대한 기술로 구성되어 있다. 아시아 5개국, 유럽 19개국, 아프리카 7개국, 북아메리카 9개국, 남아메리카 10개국, 오세아니아 1개국 등 총 51개 국가의 지지가 쓰여 있다. 각 국가별로 명칭·위치 등을 개괄한 후, 왕실, 역사, 정치, 종교, 교육, 재정, 화폐, 군제, 면적, 인구, 통상, 공업 등 항목별로 세계에 관한 당시의 상세한 정보를 담고 있다. 각 대륙별로 수록된 국가는 다음의 표와 같다.

대륙	수록 국가
아세아주오국	중국, 조선, 일본, 섬라(暹羅, 태국), 파사(波斯, 페르시아), 프랑스·영국·네덜란드 ·포르투갈·스페인의 보호지와 속지
구라파주십구국	아라사(俄羅斯, 러시아), 오지리(墺地利, 오스트리아), 일이만(日耳蔓, 독일), 정말(丁抹, 덴마크), 서전나위(瑞典那威, 스웨덴), 영길리(英吉利, 영국), 하란(荷蘭, 네덜란드), 비리시(比利時, 벨기에), 서서(瑞西, 스위스), 법란서(法蘭西, 프랑스), 서반아(西班牙, 스페인), 포포아(葡萄牙, 포르투갈), 이태리(伊太利, 이탈리아), 희랍(希腦, 그리스), 몽저니(蒙底尼, 몬테니그로알바니아), 색이유(塞爾維, 세르비아), 라마니(羅馬尼, 루마니아), 백포리(伯布里, 불가리아), 토이고(土耳古, 터키), 영국·덴마크·네덜란드의 속지
아비리가주칠국	애급(埃及, 이집트), 삼급파이(三給波爾, 잔티파), 남아비리가공화국(南亞非利加共和國, 남아프리카공화국), 아련주자유방(痾聯珠自由邦, 오렌지자유국), 공액(公額, 콩고), 이비리아(利比里亞, 리베리아), 마락가(摩洛哥, 모로코), 프랑스·영국·포르투갈 ·스페인·터키의 속지
북아미리가주구국	해지(海地, 아이티), 삼토민각(三土民各, 산토밍고), 미리견(美利堅, 미국), 묵사가(墨士哥, 멕시코), 홍도랍사(関都拉斯, 온두라스), 과타마랍(瓜他馬拉, 과테말라), 삼살와다(三薩瓦多, 산살바도르), 니가랍가(尼加拉加, 니카라과), 고수도리가(古修都理加, 코스타리카), 덴마크·영국·프랑스·스페인의 속지
남아미리가주십국	고륜비(古倫比, 콜롬비아), 위내서랍(委内瑞拉, 베네수엘라), 파서(巴西, 브라질), 파랍괴(玻拉乖, 파라과이), 오랍괴(烏拉乖, 우루과이), 아연정합중국(亞然丁合衆國, 아르헨티나), 지리(智利, 칠레), 파리비(玻理非, 볼리비아), 비로(秘魯, 페루), 액과다(厄瓜多, 에콰도르), 영국·프랑스·네덜란드의 속지
대양주일국	포왜(布哇, 하와이), 영국·프랑스 등의 속지

〈표 6〉 『여재촬요』의 대륙별 수록 국가(출처: 임은진, 서태열, "여재촬요의 세계지리영역에 대한 고찰", 『사회교육』 51-4, 2012, 191쪽에서 재구성)

　국가별 기술에서는 국명 밑에 나라의 위치와 속지(屬地), 인종, 언어 등을 먼저 제시하고 각 항목별로 기술하는 백과사전식 형식을 취하고 있다. 수록된 항목은 역사, 정치와 종교, 경제, 군사, 통상과 산업 등과 같이 인문지리적 내용이 주를 이루고 자연지리적 내용은 거의 수록되어 있지 않다. 이는 『여재촬요』가 영국의 『정치연감』을 번역한 『만국정표』를 기본 자료로 활용한 데에 기인한다. 『정치연감』은 종합적 성격의 지리지라기보다는 세계 각국의 정치, 경제의 개설서 성격을 지니고 있기 때문에 자연지리와 관련된 내용이 거의 없고 대부분 인문지리적 내용으로 구성되어 있다.

　하란(네덜란드)의 기술 사례를 보면, 첫 부분에 "하란(荷蘭)은 동쪽으로 프랑스, 남쪽으로 벨기에, 서북쪽으로는 북해라는 바다와 접하고 있다. 이 나라는 일찍이 항해의 업을 열어 동인도, 서인도 등에 속지가 산재해 있다. 인종은 백색이고 언어 또한 자국어를 사용하는데 난어(蘭語)라 한다."

고 국가의 위치와 인종, 언어를 소개하고 있다.[9] 이어 왕실 항목에서 당시 왕 이름을 적시하고 왕조의 역사를 상술하고 있다. 정치 항목에서는 정치체제, 입법기관 등을 소개하고 있는데, 다른 항목에 비해 비교적 자세히 다루고 있다. 종교는 당시 대다수 국민들이 믿는 종교를 수록했고, 교육 항목에서는 수도뿐만 아니라 지방의 교육기관에 대해서도 소개하고 있다. 재정 사항도 소상하게 기재했으며, 화폐의 명칭, 재질 등도 소개하고 있다. 군제 항목에서는 당시의 군대의 편제, 군사 수, 복무 기간 등을 자세하게 기술하고 있다. 면적·인구 항목에서는 전국의 인구를 먼저 제시하고 토지 면적을 방영리(方英里) 단위를 사용하여 나타냈으며, 속지의 통계도 수록했다. 통상 항목에서는 당시 교역하던 품목들이 수록되어 있고, 공업 항목에서는 지금의 공업에 해당하는 내용이 아니라 농업, 어업, 임업, 광업 등의 1차 산업과 교통, 통신과 관련된 내용으로 이루어져 있다.

전체적으로 볼 때 『여재촬요』는 전통적인 지리지의 형식에서 탈피하지는 못했다. 여전히 백과사전식 항목 나열의 형식을 지니고 있고, 한국지리 부분은 이전 시기의 읍지 전통을 고수하고 있다. 그러나 세계지리 부분을 첫 부분에 추가함으로써 시대적 변화를 반영하려는 의지를 엿볼 수 있다. 실사구시와 이용후생을 강조하고 있으며, 자연에 대한 과학적인 접근 방법과 세계 각국에 대한 정확한 정보를 제시함으로써 급변하는 세계를 온전하게 인식하려 했던 대표적 사례로 평가할 수 있다.[10]

3) 헐버트의 『〵민필지』

『〵민필지』는 미국인 선교사 헐버트(H.B. Hulbert, 1863~1949)가 지은 세계지리서다. 헐버트는 1886년(고종 23)에 우리나라의 초청으로 육영공원(育英

公院)의 교사로 취임하여, 1891년 세계의 지리 지식과 문화를 소개하기 위해 한글본으로 『스민필지』를 저술했다. 서문에는 그가 『스민필지』를 편찬한 의도가 잘 드러나 있다.

> 텬하형셰가녜와지금이크게ス지아니ᄒ야전에는각국이각각본디방을직희고본국풍쇽만ᄶ르더니지금은그러치아니ᄒ여텬하만국이언약을서로밋고사름과믈건과풍쇽이서로통ᄒ기를맛치흔집안과ス흐니이는지금텬하형셰의곳치지못홀일이라이곳치지못홀일이잇슨즉각국이전과ス치본국글ᄉᄌ와ᄉ적만공부흠으로는텬하각국풍긔를엇지말며아지못ᄒ면서로교졉ᄒᄂᄉ이에맛당치못흠과인졍을통흠에거리씸이잇슬거시오거리씸이잇스면졍의가서로도탑지못홀지니그런즉불가불이전에공부ᄒ던학업외에쏘각국일홈과디방과폭원과산쳔과소산과국졍과국셰와국ᄌ와군ᄉ와풍쇽과학업과도학의엇더흠을알아야홀거시니이런고로태셔각국은남녀를무론ᄒ고칠팔셰되면몬져텬하각국디도와풍쇽을ᄀᄅ친후에다른공부를시작ᄒ니텬하의산쳔슈륙과각국풍쇽졍치를모ᄅᄂ사름이별로업ᄂ지라죠션도불가불이와ス치흔연후에야외국교졉에거리씸이업슬거시오.[11]

이처럼 서문에서 『스민필지』의 저술 의도를 밝히고 있는데, 지금의 세계 정세가 예전과 달라 국가 간 교류가 한 집안과 같이 이루어지고 있으므로 각국이 이전과 같은 본국 글자와 사적만으로는 국제 교류에서 마땅하지 못하기 때문에 불가불 이전에 공부하던 국어와 역사 외에 세계지리의 공부가 필요하다고 강조하고 있다. 다시 말해서 학생들에게 세계에 대한 지리 지식과 더불어 종교, 경제, 군사 등에 대한 지식을 제공하고 학생들에게 세계를 보는 시각을 길러주기 위해 이 책을 집필한 것이다.

『스민필지』의 초간본에는 간행 연기가 없는데, 책의 내용을 토대로 볼

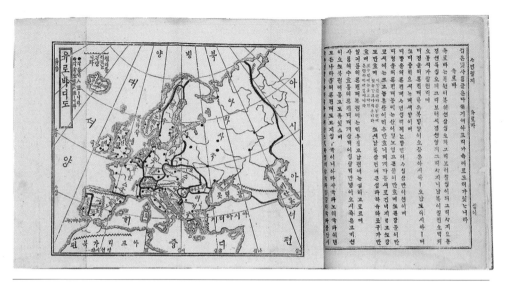

〈그림 149〉 『ᄉ민필지』(1889년, 서울대 규장각한국학연구원 소장)

때 대략 1891년에 집필된 것으로 추정된다. 이후 여러 차례의 개정 간행
이 이루어졌다. 1895년에는 학부에서 백남규(白南奎)와 이명상(李明翔)이
공동으로 번역하고 의정부편사국(議政府編史局) 주사(主事) 김택영(金澤榮,
1850~1927)이 찬하고 서문을 쓴 한문본 『사민필지(士民必知)』가 간행되었다.[12]
한글본 『ᄉ민필지』는 1906년 감리교 출판사(Methodist Publishing House)에
서 수정본이 출판되었는데, 영문 제목은 "GEOGRAPHICAL GAZET-
TEER OF THE WORLD"로 되어 있다.[13] 제3판은 1909년 재판본 그대로
헐버트에 의해 간행되었다.[14]

　헐버트가 언어학, 역사학 등의 분야에서 전문적 식견을 지니고 있었지
만 대학에서 지리학을 전공하지 않은 것으로 보아 단독으로 『ᄉ민필지』를
저술한 것은 아니고 주변의 한국인으로부터 도움을 받은 것으로 보인다.
헐버트의 회고록에서 『ᄉ민필지』는 미국 휘태커(Whittaker) 연감, 혹은 정치
가(Statesman) 연감의 축소판이라고 하는 것으로 보아 당시 어느 세계지리
교과서를 모범으로 삼아 세계 각국의 통계를 첨가하여 편찬한 것으로 추

정된다.[15]

　초판본의 수록 내용은 서문에 이어 지구과학적 내용을 수록한 「쓰덩이」, 이어서 각 대륙별로 국가를 소개하고 있다. 수록 대륙의 순서는 유럽, 아시아, 아메리카, 아프리카, 오스트레일리아 순으로 되어 있다. 유럽이 아시아보다 먼저 기술된 것이 특징적이다. 이는 근대 서구 문명의 발상지인 유럽을 강조하려는 의도에서 비롯된 것으로 보인다. 『스민필지』에는 지리지를 보완하는 8장의 지도가 실려 있다. 태양계를 중심으로 한 천체도, 지구동서반구도, 유로바디도(유럽지도), 아시아디도(아시아지도), 북아메리까디도(북아메리카지도), 남아메리까디도(남아메리카지도), 아프리가디도(아프리카지도), 오스드렐랴태평양디도(오스트레일리아지도) 등의 순서로 되어 있다.

　세계지도의 경우 경선과 위선이 등간격의 곡선으로 그려진 정거방위도법을 사용했다. 대륙별 지도에는 지도의 제목이 표기되어 있고, 동서남북의 방위 표시, 삼천 리에 해당하는 축척 등이 그려져 있다. 지도의 내용은 대륙에 속해 있는 주요 국가와 수도, 주요 도시가 표시된 정도로 비교적 소략하다. 산맥은 산봉우리를 서로 연결하여 그린 전통적인 방식을 따르고 있다. 연안 해역은 가로선을 조밀하게 그려 표현했다.

　『스민필지』의 내용을 보면, 총론에서는 태양계와 그 현상, 지구와 그 현상, 인력, 일·월식, 기상 현상, 지진, 조석, 유성, 화산 등 지구과학 전반에 관한 내용을 다루고 있다. 이어 각 대륙별로 내용이 구성되어 있는데, 해당 대륙의 총론을 앞에 수록하고 뒤에 각국의 지지를 기술했다. 대륙별 총론에서는 폭원(위치와 크기), 디경(사방 경계), 디방(면적), 디형(지형), 일긔(기후), 사람의 수효(인구), 시족(인종) 등의 항목으로 구성되어 있다. 국가별로 서술된 항목에는 나라별로 약간의 차이는 있지만, 폭원, 디경, 디방, 지형, 일긔, 소산(산물), 국톄(국체), 사람의 수효, 시족, 도셩(수도) 및 도회, 백성의 사업(생업), 사람의 품수(계급), 외국통상(무역), 장스스무(상업), 국재(재정),

군스(육군), 군함, 학업(학교), 종교, 나라 소무(국가의 역할), 도로 및 철도, 엇은짜(식민지), 특이사항 등으로 구성되어 있다.

내용 기술의 특징으로는 당시 조선을 기준으로 각국을 비교하여 서술한 점을 들 수 있다. 프랑스의 기후를 설명하면서, "일긔는 고르나 대한보다 좀 더우며"라고 하고, 일본의 기후를 기술하는 부분에서도, "일긔를 의론컨대 죠선보다 좀 더웁고 습기가 만흐며"라고 하여 우리나라와 비교하여 서술하고 있다. 각국의 기술은 각 항목별로 서술하는 형태를 취하고 있어서, 전통적인 백과사전식 기술에서 탈피하지는 못하고 있다. 그러나 일부 항목에서는 자신의 독특한 시각이 반영되어 있기도 한데, 맨 마지막 항목인 '이나라헤이샹흠'에서 독특한 풍습이나 민족성, 기이한 동물, 자연적 특색 등을 자신의 시각으로 기술하고 있다.

『ᄉ민필지』의 내용 가운데 이전의 지리서와 다른 내용을 볼 수 있는데, 이는 스페인에 대한 내용이다. 스페인은 유로바의 '이스바니아국'이란 명칭으로 소개되었는데, 다른 이름으로 '려송국'이라 하고 있다. 려송국은 지금의 필리핀 루손 섬을 가리키는 곳으로 중국의 문헌에는 '여송(呂宋)'으로 표기되어 있다. 『명사』에서도 "중국의 남해 가운데 있어서 장주(漳州)와 매우 가깝다."라고 하여 위치상으로 지금의 루손 섬에 해당한다고 볼 수 있다. 그러나 불랑기가 이곳을 점령해서 그 이름을 그대로 따랐기 때문에 실제는 불랑기라고 했다.[16] 알레니의 『직방외기(職方外紀)』에서도 "중국 광저우의 동남쪽에 여송이 있다."고 기술했다.[17] 지금의 필리핀 루손 섬에 해당하는 지역을 여송으로 인식하고 있었음을 알 수 있다.

이처럼 루손 섬을 여송으로 부르던 것이 스페인을 부르는 다른 명칭으로 사용된 것에 대해서는 『영환지략(瀛環志略)』에서 소상하게 밝히고 있다. 즉, 스페인이 마닐라가 있는 루손 섬을 식민지로 삼으면서 본국인 서반아(스페인)를 대여송(大呂宋)이라 하고 루손 섬을 소여송(小呂宋)이라 했던 것이다.

그러나 주석에서는 "보통 객이 주인의 이름을 계승하는데[客襲主名] 도리어 주인이 객의 이름을 차용한[主借客名] 연유는 모르겠다."고 기술하고 있다.[18] 처음에 식민지의 나라 이름으로 부르던 것을 점차 본국의 이름으로 불렀던 데서 기인하는 것으로 볼 수 있다. 위원의 『해국도지(海國圖志)』에서는 항목을 아예 '대여송국'으로 제시하고 별칭으로 사편국(斯扁國), 서반아(西班亞), 시반아(是班亞), 이서파니아(以西把尼亞) 등을 나열했다.[19] 이를 통해 볼 때 『스민필지』에는 당시 국명 표기에서도 호칭의 변화 양상을 반영하고 있다고 볼 수 있다.

세계지리지로서 『스민필지』의 성격을 다음과 같이 정리할 수 있다. 첫째로 당시의 시대적 요청에 부응한 개화 정신과 애국 계몽적 성격이 강조되어 있다. 둘째로 일부 내용의 기술에서 기독교적 관점이 반영되어 있다. 셋째로 유럽적인 시각, 특히 영미 중심의 시각으로 기술되어 있다. 당시 식민지 확보 경쟁을 하던 열강들의 시각이 책 속에 반영되어 있다. 마지막으로 이후에 발간되는 지리 교과서의 체계와 내용에 많은 영향을 주었다는 점에 역사적 의의가 있다고 평가할 수 있다.[20]

대륙명	국가 또는 지역
유로바(유럽)	아라사국, 노웨쉬덴국, 덴막국, 덕국, 네데란스국, 벨지암국, 옝길리국, 블란시국, 이스바나아국, 포츄칼국, 쉿스란드국, 이다리아국, 오스드로헝게리국, 터키국, 루마니아국, 셔비아국, 만트뉘그로국, 쓰리스국,
아시아	아시아아라사, 청국, 죠션국, 일본국, 안남국, 사—암국, 범아국, 인도싸, 별루기스단국, 압간니스단국, 아라비아, 베시아국, 아시아터키
아메리가	가나다, 합중국, 알나스가, 그린란드, 멕스고국, 센드랄아메리가, 남북아메리가수이에여러섬, 골롬비아국, 베네쉬일나국, 기아나, 브레실국, 엑궤도국, 베루국, 칠니국, 쓸니비아국, 아젠딘합중국, 유루궤국, 바라궤국
아프리가	이즙드국, 싸브리, 아프리가셔편, 아프가남편, 아프리가동편, 마다가스가국
오스드렐랴	태평양모든섬, 슈마드라셤, 본이오셤, 셀늬비스셤, 누권늬셤, 누실란드셤, 여러적은셤

〈표 7〉 『스민필지』에 수록된 대륙별 소속 국가

2. 대한제국 시기의 지지학

1) 『초학디지』

광무(光武) 융희(隆熙) 연간에도 많은 지리 교과서가 편찬되었다. 1894년 갑오경장에 따라 관제의 개혁이 있어 교육은 8아문의 하나인 학무아문(學務衙門)에서 맡게 되었다. 이듬해 학무아문에서는 우선 의무교육의 급함을 느껴 한성사범학교와 외국어학교 관제를 정하고 이어 소학교령을 공포했다. 각급 학교는 교칙에 따라 여러 과목을 이수케 했는데, 그중에 한국지리 또는 외국지리도 포함되어 있었다. 이에 따라 교과용 지리서가 요구되었고, 이것은 1908년(융희 2) 교과서 검정 규정이 공포되기 전까지 학부 편집국에서 발간된 것, 개인이 저술한 것, 번역한 것, 출판사에서 발행한 것 등의 형태로 속출했다. 이것들은 『조선지지(朝鮮地誌) 전(全)』(1895년 학부 편집국 발간), 『대한지지(大韓地誌) 일·이(一·二)』(1899년 玄采 譯輯), 『초등대한지지(初等大韓地誌) 전(全)』(1907년 安鐘和 述), 『대한신지지(大韓新地誌) 건곤(乾坤)』(1907년 張志淵 著), 『신편대한지리(新編大韓地理)』(1907년 金建中 譯述), 『신정중등만국신지지상하(新訂中等萬國新地誌上下)』(1907년 金鴻卿 編纂, 1910년에 내부 출판국 인가) 등 약 30종에 달한다.

이들 교과서는 당시 시행규칙으로 발표한 다음과 같은 교수요목(教授要目)에 준거하여 만들어졌다. 즉 "내 나라의 지세, 기후, 구획, 도회, 물산, 교통 등과 아울러 지구의 현상, 운동 등의 대요를 가르치고, 겸하여 이웃나라의 지리의 대요와 세계의 지세, 기후, 인종 등의 개략을 알려야 한다(보통학교)."와 "본국 지리와 우리나라와 중요한 관계를 가진 모든 외국 지리의 대요를 가르치고, 지문(地文)[21]의 일반을 가르쳐야 한다(고등학교)."는 교수요목에 의거하여 만들어졌다. 따라서 이들 교과서는 체제나 서술 방식에서 다소의 차이를 나타낼 뿐 내용은 거의 비슷하다.

『초학디지』(初學地誌, An Introduction to World Geography, 대한예수교서회)는 미국 북장로교 선교사인 에드워드 밀러(Edward H. Miller)가 1906년에 부인과 함께 출간한 지리 교과서다(그림 150). 한국뿐만 아니라 중국, 일본, 그리고 세계 각 대륙의 나라에 대한 지도와 설명으로 구성되어 있다. 서문에 따르면 한국에는 세계에 대한 지식을 전해주는 책이 없어서 이 책을 간행했다고 한다.

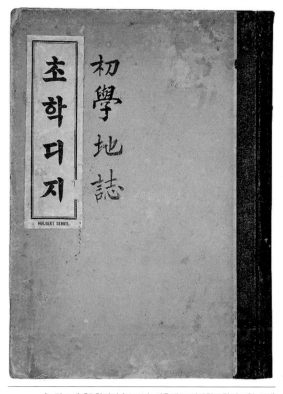

〈그림 150〉 『초학디지』(1906년, 서울대 규장각한국학연구원 소장)

책은 총론, 대한, 일본국, 청국, 지구의 난홈, 아시아, 유러바, 아프리카, 북아메리카, 남아메리카, 오숏텔리아와 태평양광도(太平洋廣島), 경선과 위선 등 총 10장으로 이루어져 있다. 세계 각 지역의 특징, 지리에 대한 질문이 정리되어 있고, 지구전후도와 유럽, 아시아, 아프리카지도 등 세계지도와 대한지두(전두)가 실려 있으며, 8면에는 천연색 편찬도가 수록돼 있다. 그리고 대한지도에는 경부선, 경의선 철도가 안내되어 있다.

『초학디지』는 세계지리 전반에 걸쳐 기초적인 지식을 가르치는 교과서라 할 수 있다. 다음은 아라비아에 대한 기술이다.

"이 땅은 아시아 서편에 있는 큰 반도이니 홍해가 흐르는 터어키국에게 잡힌 바 되고, 그 나머지는 각각 몇도에는 호와 수령이 있고, 사는 사람은 집이 없고, 장막을 치고, 이리 저리 옮겨살며 양을 치다니, 이 땅은 거의 다 모래밭이요 강도 별로 없고, 비오는 것도 적으니까 또 이 땅에서 나는 말들은 세상에서 제일 됴흔거시니 매우 빨리 행하며 매우 됴흔 갑비차도 잇나니라."

이처럼 나라의 위치, 자연환경, 물산, 생활, 풍습 등을 중심으로 기술했다. 『ㅅ민필지』처럼 순 한글로 이루어진 세계지리 교과서로서 학생들에게 세계에 대한 기초적인 지식을 제공했다는 점에서 의의가 있다.

2) 『디구략론』

『디구략론』은 지구와 우리나라 및 세계지리를 청소년에게 교육하기 위해 광무 연간(1897~1906)에 학부에서 간행한 지리 교과서다. 편찬자와 간행 연도는 명시되지 않았으나, 학부 편집국에서 1896년에 간행한 『신정심상소학(新訂尋常小學)』 각 권 끝에 '학부편집국개간서적정가표(學部編輯局開刊書籍定價表)'라는 제목 아래 열거된 교과서 목록에 『지구약론』이 포함되어 있는 것으로 보아 1896년 이전에 처음 간행된 것으로 추정할 수 있다.

권두 서명에는 "地璆略論"이라는 한자와 함께 '디구략론'이라고 씌어져 있으며 주로 한글로 되어 있으나 중요 단어 옆에는 한자를 병기했다. 형식적인 구분은 없으며 문답의 형식으로 총 196개 항목이 구성되어 있으며, 내용상으로는 지구, 조선지지, 세계지지의 3부로 이루어져 있다.

지구에서는 모양·운동·크기, 육지와 해양의 비율, 대륙과 해양의 위치와 크기 등을 다루고 조선지지에서는 위치·행정구역·백두산과 대지(大池, 天池)·감영(監營)·감사(監司)·영문(營門)에 대하여 기술한 뒤 팔도의 지지를

도별로 다루고 있다. 각 도의 지지는 산·강·
포구·감영·병영·읍·산물·명소·영(嶺) 등
을 다루었다. 세계지지에서는 대륙별로 주요
국가를 다루고 있는데 위치·수도·행정구역·
산·강·포구 등을 설명했고, 국가마다의 특색
을 고려하여 인도에서는 백성의 품수(品數),
강물에 아이를 던지는 풍습, 유다국(이스라
엘)에서는 기독교에 관한 사항 등의 풍속 등
도 추가했다. 마지막 부분에는 세계에서 가
장 더운 곳과 추운 곳, 여러 인종의 피부색
과 특징, 대륙별 분포 등을 다루고 있다.[22]

본문은 문답 형식으로 되어 있는데, 예를
들면 '디구가 무슴 모양이뇨' 하고 묻고 '둥
근 모양이니라' 하고 답하는 형식이다. 질문
의 앞에는 난상에 '문(問)'이라 쓰고, 답의
앞에는 동그라미를 한 다음 '답(答)'이라고
써서 구분했으며 총 196개 항목으로 되어 있다.

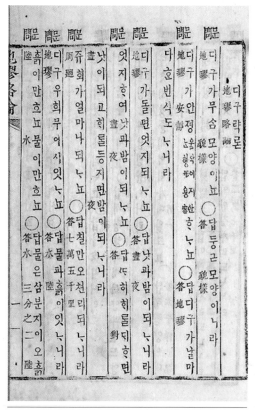

〈그림 151〉 『디구략론』(19세기 말, 서울대규장각한국학연구원 소장)

3) 현채의 『대한지지』

『대한지지』는 1899년 현채가 편찬한 초등학교용 한국지리 교과서다(그림
152). 14편 2책으로 구성되어 있으며 국한문혼용체로 기술되어 있다. 1906
년 광문사(廣文社)에서 재판 발행했고 1909년 통감부의 교과용 도서 검
정 규정에 따라 교과서로 금지 처분을 받았다. 책머리에 당시 학부 편집국

〈그림 152〉 『대한지지』(1899년, 국립중앙도서관 소장)

장이었던 이규환(李圭桓)의 서문이, 책 끝에는 현채의 발문이 있다. 현채는 역관 출신으로 1896년부터 학부에서 번역 및 저술 업무를 시작했는데 많은 역사 교과서를 편찬했고, 일본의 침탈에 대응하는 자강론적 입장에서 남달리 애국심을 고취시키는 도서들을 그의 아들과 함께 편찬한 것으로 유명하다.[23] 현채는 발문에서 밝혔듯이 일본인이 쓴 기록들을 바탕으로 하면서 여러 전통적인 지리서를 참조하여 번역 편집했다.[24] 초판은 발행 당시 학부 편집국장의 서문이 붙은 학부 추천도서로 사용되었다.

서문에는 "도읍(都邑)의 대소(大小), 관애(關隘)의 험이(險易), 호구(戶口)의 다소(多少), 재부(財賦)의 완급(緩急), 산출(産出)의 품질(品質), 요속(謠俗)의 순부(淳簿)는 정치(政治)와 관계가 깊은데 이런 것을 몰라서는 안 된다. 그런데 시가(詩歌)와 문장가(文章家)들은 부초(浮草)를 숭국(崇局)하고 실사(實事)를 버리고 정력(精力)과 청명(聽明)을 헛되게 쓰고 있어 성상(聖上)께서도 이런 병폐(病弊)를 통감하시고 학제(學制)를 경정(更正)하여 어려서부터 이런 교육(教育)을 시키게 했다. 원컨대 학교(學校) 여러분은 이러한 뜻을 이해(理解)하시어, 본책(本冊)을 잘 읽은 후에 한걸음 더 나가 세계(世界)의 전국(全局)을 궁극(窮極)하라."고 하여 19세기 말까지 이어오던 실학사상을 계승하는 실사구시적 태도를 견지하고 있다. 이에 따라 책의 편제도 한문보다는 읽기 쉬운 국한문으로 기술했고 각 편의 첫머리에 지도를 삽입하여 국토에 대한 이해를 돕고 있다.

내용은 1편의 범례·총설과 13편의 도별 지지로 구성되어 있다. 1896년 을미개혁으로 전통적인 8도제가 13도제로 바뀌는데, 이러한 변화를 반영하고 있다. 범례에서는 사막·고원·산지·해안 등의 지형에 대한 용어 정의를 제시하고, 총론에서는 한국의 위치·크기·지세·물산·풍속 등을 개괄했다. 책머리에는 1899년 학부 편집국에서 간행한 '대한전도'가 수록되어 있는데, 이 지도는 현대적인 경위도선이 들어 있는 한국 최초의 한국전도로 추정되고 있으며, 지형 표시도 서양의 우모식 지형 표시법을 사용한 석판본(石版本) 지도이다. 각 도 지지 앞에는 도별 지도가 첨부되어 있다. 도별 지지는 자연지리와 인문지리적 내용을 몇 개의 주제로 구분하여 과(課)를 만들어 기술하고 있다. 즉, 제1과는 위치경계·지세, 제2과는 산맥·하류(河流), 제3과는 해만(海灣)·도서, 제4과는 도회·승지(勝地), 제5과는 부군 위치(府郡位置)·고호(古號)·방면(坊面)·호(戶)·결(結)·토산(土産) 등을 요약했다.

전체적으로 볼 때 전통적인 백과사전식 지리지 체계에서 탈피하여 주제 중심의 근대적 지지로 전환하는 과도기적 특성을 보이고 있으며 인문지리보다는 자연지리적 내용의 비중이 크다. 그러나 초등학생용 교과서로 작성되었기 때문에 수록된 내용은 비교적 소략한 편이다.

4) 장지연의 『대한신지지』

『대한신지지』는 1907년(광무 11) 6월에 장지연이 애국심을 고취시키기 위해 만든 지지다(그림 153).[25] 한국 지지서 가운데 비교적 과학적인 내용으로 짜인 우수한 지리 교과서였기에 찾는 이가 많아 이듬해인 1908년 12월 15일에 두 번째 판을 펴냈다. 2책 3편으로 구성되어 있다. 이 책은 1907년

〈그림 153〉 장지연의 『대한신지지』(1907, 국립중앙도서관 소장)

9월 21일 지리과 교과서로 학부 검정을 받았으나, 일본의 영향력 아래에 있던 학부는 내용이 불순하다며 1909년 1월 30일 검정을 무효화했다.

장지연은 서문에서, "오늘날 우리들의 가장 긴급한 문제는 지리의 부재이다. 서양 학자들의 말에 '지리학이 일어나지 않으면 애국심이 나오지 않는다. 프랑스가 보노서(普魯西, 프러시아)에게 패하여 알사스, 로렌의 땅을 잃어 지도상의 색채가 달라졌음을 국중(國中) 학자들에게 가르쳐 그 부끄러움을 고취시키어 보복을 계획하자, 보노서(普魯西)의 군신(君臣)들이 두려워했다.'고 하는데 이것이 그 증거다."라고 하여 지리학을 통해 애국심을 고양시킬 목적을 분명히 하고 있다.

『대한신지지』는 이전의 지지들과는 다른 진일보한 체제를 지니고 있다. 제1편은 지문지리(地文地理), 제2편은 인문지리, 제3편은 각도(各道) 등으로 계통지리와 지역지리를 결합한 체제로 되어 있다. 지문지리는 주로 자연지리와 관련된 내용으로 이루어졌다. 제1장에서 제12장까지 명의(名義)·위치·경계·광무(廣袤)·연혁·해안선·지세·산경(山經)·수지(水誌)·조류·기후·생산물 등이다. 오늘날 인문지리에 해당하는 연혁을 지문지리에 수록했고, 우리나라의 역대 왕조와 강역에 대한 내용을 상술했다. 이전에 『대한강역고』를 저술하여 역사지리를 강조했기 때문에 여기에도 다른 항목에 비해 비중 있게 다루었다.

제2편 인문지리는 제1장에서 제15장까지 인종·족제(族制)·언어·문자·

풍속·성질·가옥·의복급음식·종교·호구·황실급정체·재정·병제·교육·화폐·산업(농업·공업·상업·수산업·목축업·산림업·광업)·교통(철도·항로·우편·전신·전화) 등이다. 정치, 경제, 사회, 문화에 걸친 다양한 내용을 수록하고 있는데, 특히 새롭게 가설되는 철도, 전신 등의 교통 항목은 최신의 정보를 수록하고 있다.

제3편 각도는 제1장에서 제13장까지 13도를 서술했다. 그 내용은 위치·경계·지세·산령(山嶺)·하류(河流)·해만(海灣)과 도서·도회승지(都會勝地) 등으로 이루어져 있다. 현채의 『대한지지』의 도별 지지에 수록된 체제와 유사하다. 대부분의 내용은 전통적인 지지를 참고하여 서술한 것으로 새롭게 구성한 내용은 많지 않다. 부록으로는 제1장에 각 군의 연혁표, 제2장에 도리표(道里表)가 수록되어 있다.

『대한신지지』에도 전도와 각 도별 지도가 수록되어 있다. 지도의 형태와 내용은 현채의 『대한지지』에 수록된 지도와 유사하나 더 정교해졌다. 특히 북간도를 조선의 영토로 명확하게 표현한 점이 특징적이다. 아울러 『대한지지』의 지도에는 없는 '대한해'의 표기가 동해에 있다. 전체적으로 볼 때 『대한신지지』는 계통지리와 지역지리를 결합한 보다 진일보한 지지의 형식을 갖추고 있다. 계통지리의 내용은 최신의 정보를 바탕으로 기술하고 있으나 각 도별 지지인 지역지리는 과거 전통적인 지지의 내용을 답습하는 한계도 지니고 있다.

5) 김홍경의 『중등만국신지지』

『중등만국신지지(中等萬國新地志)』는 1907년 김홍경(金鴻卿)이 편찬한 중등교육용 세계지리 교과서다(그림 154). 상하 2권의 국한문혼용체로 이루어져 있다. 장지연이 교열을 보고 광학서포(廣學書舖)에서 발행하고 휘문관(徽文館)에서 인쇄했다. 범례에 의하면, 이 책은 영국의 백과전서(Encyclopedia of Britannica)와 일본 사람 야마다 만지로(山田萬次郎)의 『신찬대지지(新撰大地誌)』, 1906년의 세계연감 및 기타 대가들의 지리서 등을 참고하여 편찬된 것이다. 상권의 체재는 서(序)·범례·목차·본문 등이며 하권의 체재는 본문·부록·발(跋)·정오표(正誤表) 등으로 구성되어 있다.

저자는 서문에서, "중등교육의 지리과는 지리학상 보통 지식을 가르쳐서 사상의 범위를 넓혀 처세상 실익을 얻게 하는 것을 목적으로 삼는다."고 하여 지리학의 실용성을 강조했다. 아울러 외국 지리를 가르침에 있어서는 아국(我國)과 밀접한 관계가 있는 제국을 상세히 하고 기타는 간략히 하는 현실적인 입장을 견지하고 있다. 특히 "국권을 만회하고 국가를 융성하게 하려 할 때는 우리 청년이 동양 지리를 필선(必先) 통효(通曉)하게 한 뒤에 관계의 소멸을 따라 제 타국에 이르게 한다."고 하여 조선을 둘러싼 주변 국가에 대한 인식을 강조하고 있다.

본문의 내용 구성은 제1장 세계지리 총론(천문지리·지문지리·인문지리), 제2장 아세아주(총론, 제국가), 제3장 구라파주(총론, 제국가), 제4장 아프리카주(총론, 북아프리카·서아프리카·남아프리카·동아프리카·중앙아프리카, 속도), 제5장 아메리카주(총론, 남북아메리카주), 제6장 대양주 등으로 되어 있다. 각국의 지지는 범론(汎論)·지세·기후·산

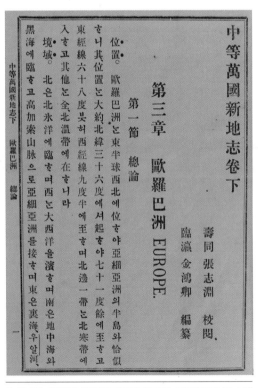

〈그림 154〉 김홍경의 『중등만국신지지』(1907년, 국립중앙도서관 소장)

물·인민·무역·정치·도부(都府)·교통·연혁 등으로 나누어 기술하고 있다. 세계지리의 총론이 먼저, 이후 각론으로 되어 있는 대륙별 지지의 구성 체제는 지금의 현대적 지지와 별반 차이가 없어서 전통적인 지지 형식을 탈피하고 있다.

세계지리 총론을 천문지리, 지문지리, 인문지리로 나누어 분류한 것은 필자의 독특한 체계로 평가된다. 장지연의 『대한신지지』에서는 지문지리와 인문지리로 분류했는데, 여기서는 천지인(天地人) 삼재(三才)를 고려하여 천문지리를 추가한 것이다. 천문지리의 내용으로는 천문의 형상(形狀), 운할(運轄), 구획 등의 항목으로 구성되어 있고, 지문지리에는 수계(구획), 기후(온도, 우량, 풍) 등이, 인문지리에는 인종, 생업, 국가, 정체(正體), 언어, 종교, 산업, 무역, 교통(항로·철도·우편·전신) 등이 수록되어 있다. 각론인 각 대륙의 지지에서도 앞부분에 총론을 두어 위치, 경역(境域), 구획, 연해, 반도, 도서, 지세, 하호(河湖), 기후, 산물, 인종, 종교, 교통 등의 내용을 수록했다.

이처럼 『중등만국신지지』는 세계지리 교과서 가운데 체재와 서술 내용이 가장 정돈되어 있으며, 장지연의 『대한신지지』와 쌍벽을 이룬 우수한 지리 교과용 도서로 평가받고 있다. 지지 서술에서도 처음에 천문지리를 다루고 이어 지문, 인문지리를 상관적으로 다룬 것은 현대 지리학의 지인상관론(地人相關論)적 사고를 보여주는 것이기도 하다. 아울러 최신의 자료를 사용하여 실용성을 높이고 지역지리와 계통지리를 통일적으로 결합하여 지지를 저술한 점은 근대적 지지의 성격을 강하게 지닌다고 평가할 수 있다.

6) 원영의의 『조선산수도경』

이 책은 일본에 의한 조선병합 직후에 저술된 독특한 지지서로 산맥과 하천에 관한 내용으로 이루어져 있다. 1911년 원영의(元泳義)가 간행한 것으로 산계와 수계를 지도와 함께 표현한 것이다. 산계와 수계를 나누어 그렸는데, 산계를 위계에 따라 산계의 주축을 대간(大幹), 주축의 분간(分幹)을 정간(正幹), 간(幹)의 분선을 지(支), 지의 분선을 기(歧), 기의 분선을 녹(麓)이라 하여 산줄기의 위계를 더욱 세분화했다. 과거『산경표』의 산줄기 체계를 더욱 발전시킨 것이다.

산줄기 체계는 북부고지백두대간(北部高地白頭大幹), 동부고지백두대간(東部高地白頭大幹), 남부고지백두대간(南部高地白頭大幹), 관북고지장백간지(關北高地長白幹支), 낙동고지태백간지(洛東高地太白幹支), 낙남고지봉황간지(洛南高地鳳凰幹支), 호남고지장안간지(湖南高地長安幹支), 금남고지마이간지(錦南高地馬耳幹支), 금북고지속리간지(錦北高地俗離幹支), 한남고지칠현간지(漢南高地七賢幹支), 한북고지분수간지(漢北高地分水幹支), 임북고지개련간지(臨北高地開蓮幹支), 예서고지개련간지(禮西高地開蓮幹支), 청남고지낭림간지(淸南高地狼林幹支), 청북고지낭림간지(淸北高地狼林支) 등의 15개로 구분했다. 주요 산줄기 체계를 새롭게 분류했으나 주요 산줄기에서 발원하는 대하천을 고려하여 명명한 것으로 전통적인 산수분합의 원리가 반영되고 있음을 알 수 있다(그림 155).

물줄기 체계는 동해사면두만원류(東海斜面豆滿源流), 동해사면용-흥원류(東海斜面龍興源流), 남해사면낙동원류(南海斜面洛東源流), 남해사면섬진원류(南海斜面蟾津源流), 서해사면

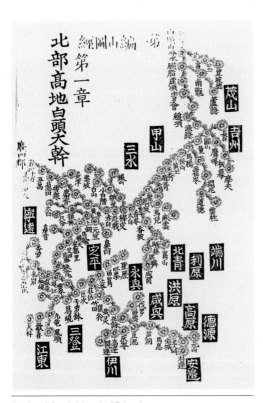

〈그림 155〉『조선산수도경』의「산도경」

사호원류(西海斜面沙湖源流), 서해사면대진원류(西海斜面大津源流), 서해사면한강원류(西海斜面漢江源流), 서해사면예성원류(西海斜面禮成源流), 서해사면대동원류(西海斜面大同源流), 서해사면청천원류(西海斜面淸川源流), 서해사면압록원류(西海斜面鴨綠源流) 등의 12개로 분류했다. 물줄기 체계는 산줄기를 중심으로 동, 서, 남쪽의 사면으로 분류한 것이 특징이다.

『조선산수도경』은 산줄기와 물줄기를 분리하여 인식하지 않고 통일적으로 인식했던 전통적인 사고가 반영된 독특한 지지서로 평가된다.

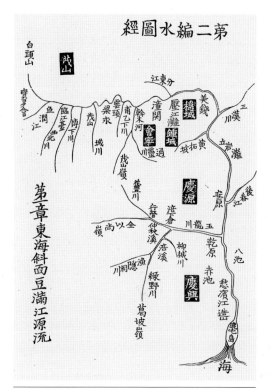

〈그림 156〉『조선산수도경』의 「수도경」

서양으로부터 근대 지리학이 도입되기 이전 한국의 전통 지리학은 크게 지도학과 지지학의 두 부분으로 구성되었다. 지도학과 지지학은 국가 경영의 필수적인 학문으로 고대로부터 국가기관에 의해 주도되었다. 한국의 전통적인 지도학과 지지학은 중국의 영향을 받아왔지만 다른 문화 요소와 마찬가지로 한국적 풍토에 녹아들면서 독특한 모습을 갖추어갔다.

한국에서 지도 제작의 역사는 삼국시대 이전으로 거슬러 올라간다. 고구려 고분벽화의 요동성 지도나 『삼국사기』의 기록들은 고대부터 국가적 차원에서 지도 제작이 행해졌음을 보여준다. 전통 시대 지도는 국가 통치의 기본적인 자료가 되기 때문에 국가기관에서는 지도 제작을 통해 국토의 상황을 파악하고자 했다. 특히 전쟁과 같은 유사시에 지도는 군사작전의 필수적인 수단이기도 했다. 이러한 지도 제작의 전통은 고려 왕조를 거쳐 조선 왕조로 이어졌는데, 조선 초기부터 지도 제작이 활발하게 이루어졌다.

조선의 건국 초기 1402년에는 『혼일강리역대국도지도』라는 세계지도가 국가적 사업으로 제작되었다. 이 지도는 당시 제작된 세계지도로는 동서양을 막론하고 가장 뛰어난 지도 가운데 하나로 인정되고 있다. 이슬람 세계의 지리 지식이 반영되어 있어서 동서 문화 교섭을 보여주는 대표적인 지도이다. 특히 동서양을 통틀어 아프리카의 모습을 가장 온전하게 표현한 최초의 세계지도라는 점에서 새롭게 평가되고 있다.

15세기에는 세계지도의 제작과 함께 국토의 측량을 기초로 한 전도의 제작이 활발하게 진행되었다. 특히 세종 때에는 각 군현 간의 거리 측정이 이루어지고 백두산·마니산·한라산의 위도 측정 등을 통해 보다 과학적인 지도 제작의 기틀이 확보되었다. 정척은 1451년에 함경도와 평안도에 해당하는 양계 지방의 지도를 제작했고, 1463년(세조 9)에는 양성지와 같이 『동국지도』를 완성했다. 현재 국사편찬위원회에 소장되어 있는 『조선방역지도』는 『동국지도』 계열에 해당하는 지도이다.

아울러 이 시기에는 국가적 사업으로 지리지가 편찬되었는데 중국의 『대명일통지』의 체제를 모방한 『신증동국여지승람』이 대표적이다. 이 책에는 『동람도(東覽圖)』라고 하는 부도(附圖)가 수록되어 있는데 내용은 비교적 소략하지만 이후 필사되면서 민간에 지도가 널리 유포되는 계기가 되기도 했다.

양대 전란을 겪은 후 조선에서는 군사적 목적의 지도가 활발하게 제작되었다. 특히 청나라의 침입에 대비한 국방 대책이 강구되었는데, 이이명의 주도하에 제작된 『요계관방지도(遼薊關防地圖)』는 요동, 만주 일대의 최신 정보를 수록한 군사지도였다. 또한 압록강, 두만강 유역의 접경 지역을 상세하게 그린 『서북피아양계만리일람지도(西北彼我兩界萬里一覽之圖)』류의 지도들도 계속 제작되었다. 아울러 해안 방어에 필요한 연안해로도와 해안 방어 기지인 진보(鎭堡)를 상세하게 그린 지도를 만들어 활용했다. 이러한 지도 제작의 경험은 한반도 북부 지역의 인식을 제고시켰고, 이후 조선 전도에도 반영되게 되었다.

17세기 이후로는 중국을 통해 서구식 세계지도가 도입되어 실학자에게 많은 영향을 끼쳤다. 마테오 리치가 제작한 『곤여만국전도』는 1708년 최석정의 주도하에 조선에서 다시 제작되었다. 페르비스트의 『곤여전도』도 일찍 도입되어 여러 학자들에게 열람되었는데, 1860년에는 다시 목판본으로 간행되기도 했다. 이러한 세계지도는 천원지방과 중화적 세계관에 머물러 있던 학자들에 충격을 주었고, 일부 선구적인 학자는 지구설을 수용하기도 했다.

18세기 중엽에는 조선후기 지도사에서 분수령이 되는 정상기의 『동국지도』가 제작되었다. 정상기는 당대까지 이어진 지도 제작의 성과를 기초로 국토의 모습을 정교하게 그려냈다. 이전 시기 지도에 왜곡되게 그려졌던 북부 지방을 수정하여 실제에 가깝게 묘사했고, 백리척이라는 독창적인 축척을 사용하여 거리와 방향이 정확한 지도를 만들었다. 백리척의 사용은 중국이나 일본 등지에서는 볼 수 없는 독특한 지도학적 방법이라는 점에서 의의가 있다. 이후 『동국지도』는 정상기의 후손과 정후조와 같은 뛰어난 지도학자에 의해 수정, 보완되면서 대축척 조선지도의 효시를 이루었다.

영조와 정조 대를 거치면서는 지방의 파악이 체계적으로 이루어졌고 이와 관련하여 다양한 군현지도가 제작되었다. 고을의 모습을 회화적 형식을 가미하여 그린 지도뿐만 아니라 방격을 사용하여 인근 고을과 동일한 축척으로 그린 군현지도도 있었다. 또한 왕권을 상징하는 도성을 정교하게 그린 『도성도』도 활발하게 제작되었다. 이러한 도성도는 진경산수화풍으로 지형을 묘사하면서 왕궁과 같은 권위적 건조물을 부각시키는 것이 일반적이다. 작은 규모의 영역을 그린 도성도나 군현지도에서는 축척을 적용하는 방식이 소축척이 적용되는 세계지도나 조선전도와는 다르다. 강조하고자 하는 공간은 대축척으로 처리하고 그 외의 지역은 소축척으로 그리는 이중적 축척 체계를 지니고 있는 점이 특징적이다.

전통 지도학의 흐름은 고산자 김정호에 이르러 완결된다. 김정호는 1834년 전국지도책인 필사본 『청구도』를 제작하고 이어 1861년에는 조선지도의 금자탑이라 할 수 있는『대동여지도』를 목판에 새겨 간행했다.『대동여지도』는 이전 시기 지도학의 성과를 기초로 다양한 지도학적 기법을 사용하여 제작한 실용적 지도이면서도 판화적인 예술미까지 지니고 있다.

1876년 개항된 이후는 일본을 통해 근대적 지도 제작술이 유입되어 국가적 차원에서의 지도 제작이 행해졌다. 서울을 중심으로 실제 삼각측량이 행해졌고 이를 기초로 실측지도가 제작되었다. 그러나 1910년 일본에 병합되면서 조선의 독자적인 근대적 지도 제작의 흐름은 완전히 단절되었다.

이상에서 살펴본 것처럼 한국의 전통 지도학은 오랜 역사적 기원을 지니고 있으나 현존하는 대부분의 지도는 조선시대 이후에 제작된 것들이다. 이에 따라 전통 지도학에 대한 평가도 현존하는 지도를 중심으로 이뤄질 수밖에 없다. 남아 있는 지도들도 조선전기의 것은 매우 드물고 대부분 조선후기의 것들이다. 현존하는 지도의 수량이 중국이나 일본에 비해 상대적으로 적은 것은 과거 한반도에서 발발했던 빈번한 전쟁의 여파 때문이다.

한국의 전통 지도학도 한국의 다른 문화 요소처럼 중국의 영향을 받았다. 고대부터 중국에서 지도를 도입하려 노력했고 이러한 노력을 바탕으로 조선에서 새로운 방식으로 지도를 편집, 제작하면서 1402년의『혼일강리역대국도지도』와 같은 대작을 완성할 수 있었다. 한국의 전통 지도학은 중국의 영향을 받았지만 중국과는 다른 독자적인 특성을 강하게 띠고 있다. 중국 전통 지도학의 대표적인 이론인 배수(裵秀)의 육체(六體)가 한국에 전해졌으나 현존하는 지도에서 확인되는 것은 조선후기의 지도들이다. 배수의 육체 이론으로부터 나온 가장 핵심적인 것은 방격법(方格法)이라 할 수 있는데, 중국에서는 고대로부터 방격법이 사용되었다. 서양에서는 둥근 지구에 기초한 투영법을 이용하여 경위선이 지도에 그려지지만 중국과 한국의 고지도에서는 천원지방의 천지관에 따라 평평한 땅에 기초한 방격법이 중요한 지도학의 기법으로 사용되었다.

한국에서 방격법이 본격적으로 사용되는 것은 조선후기의 지도에서부터다. 중국의 경우 전도에서 방격을 많이 사용했지만, 조선에서는 군현지도에서 방격을 주로 사용했다. 전도에서 방격을 사용하면 지도를 읽는 데 방해가 되었기 때문이다. 그러므로 김정호의 『청구도』나 『대동여지도』에서는 방격법을 이용하여 지도를 구성했지만, 실제 지도에서는 가독성을 높이기 위해 방격을 그리지 않았다. 이처럼 중국의 영향력 속에서 방격법을 사용하고 있었지만, 조선에서의 방격법 사용은 중국과는 다른 특징을 지니고 있었다.

산지의 표현도 중국과 달랐다. 중국에서는 산을 독립된 형태로 표현하는 것이 일반적이다. 그러나 조선에서는 산지를 맥을 강조하여 산줄기의 형태로 표현했다. 이러한 산줄기의 표현은 산지가 많은 국토의 특성과 산을 용으로 보아 맥세를 중시하는 풍수적 사고가 반영된 것인데, 『대동여지도』에서는 산줄기 표현 방법이 가장 정교하게 나타난다.

한국과 중국의 전통 지도학 사이에는 이러한 분명한 차이들이 있지만 또한 유사성들도 많이 볼 수 있다. 이는 기본적으로 한국의 지도학이 중국의 영향을 받은 것에 기인하는 바도 있지만 두 국가의 정치체제나 사상적인 유사성에 기인하는 바도 크다. 주지하다시피 중국과 한국은 중앙집권적 관료 국가로서 지도 제작이나 지지 편찬과 같은 것은 국가가 통제하는 경우가 많다. 따라서 일본처럼 민간에서 상업적 목적으로 지도를 제작하는 사례는 그리 많지 않다. 이는 르네상스 이후 지도학이 부흥하면서 민간의 지도 제작자를 중심으로 상업적 목적의 지도 제작이 활발하게 진행되었던 유럽의 사례와 대비된다.

아울러 사상적으로 유교적 영향력이 강했기 때문에 유교적 국가 통치의 이념에 따라 지도 제작이 주로 행해졌다. 중국이나 한국 모두 천원지방이라는 전통적 천지관과 중화적 세계관이 19세기까지 강하게 지속된 것은 하늘과 땅을 음양론적 관점에서 형이상학적으로 이해하는 유교적 전통이 남아 있었기 때문이다. 이에 따라 지구설의 수용을 반영하는 지구의의 제작이 활발하지 못했고 남아 있는 지구의도 매우 적다. 반면에 일본은 16세기 이후 나가사키를 통해 네덜란드의 지도학이 전해지고 지구설도 일찍 수용되어 다양한 지구의가 제작되었다. 이러한 지구의는 이후 일본의 전통적 세계관을 변화시키는 커다란 역할을 했음은 물론이다.

한국의 전통적 지도학이 서구 중심적 시각에서 보면 여전히 낙후된 것으로 비칠 수도 있다. 서양처럼 경위선의 좌표 체계 속에서 세계와 국토를 그리지 못했기 때문에 여전히 중세의 한계 속에 머물러 있다고 평가할 수도 있다. 그러나 조선은 1402년 세계에서 가장 먼저 아프리카를 온전하게 그려낸 세계지도를 제작한 지도 제작의 프런티어였다. 중세의 서양, 이슬람, 중국에서 사라진 지도를 조선에서는 간직하고 있었던 것이다. 조선의 독특한 문화, 역사적 조건하에서 그들에게 가장 적합하고 이용에 편리한 지도를 계속 만들어왔다. 경위선의 좌표 체계, 등고선, 다양한 기호가 없어도 그들이 가장 이해하기 쉬운 방식으로 지도를 그려냈다. 바로 이것이 한국의 전통적 지도학의 가장 큰 의의라 할 수 있을 것이다.

지도와 더불어 지지도 고대부터 국가에서 편찬했음을 현존하는 단편적인 기록으로 확인해볼 수 있다. 삼국시대 고구려, 백제, 신라 등의 국가는 강역의 비정 등 행정상의 필요로 인해 지지를 편찬하거나 중국으로부터 다양한 지리지를 수입하여 이용했음을 현존하는 『삼국유사』나 『삼국사기』의 기록을 통해 알 수 있다. 727년 혜초가 쓴 『왕오천축국전(往五天竺國傳)』은 현존하는 한국인 최초의 여행기로 8세기경 인도와 중앙아시아의 상황을 말해주는 세계 유일의 기록으로서 가치가 있다.

고려시대에도 다양한 지지가 편찬되어 이용되었던 것으로 보이지만 현존하는 것은 1145년에 편찬된 『삼국사기』의 지리지가 유일하다. 『삼국사기』에 수록된 지리지는 역사서의 부록인 지(志)의 형태로 존재하는데, 지명을 나열하여 간단한 설명을 덧붙이는 형식으로 지역을 종합적으로 이해하려는 지지의 본래적 기능은 약한 편이다.

조선시대에 접어들어 지지학은 독자적인 모습을 갖추어갔다. 역사서의 부록에서 탈피하여 독자성을 확보했다는 점은 지지학의 발전에서 일대 전기를 마련한 것으로 평가된다. 물론 1451년 편찬된 『고려사』의 지리지처럼 이전 시기의 역사서 부록으로 수록되어 군현의 연혁과 관련된 간단한 내용을 수록하는 경우가 없지 않았으나 대부분의 경우 점차 지리지로서의 독자성을 지니게 되었다.

1454년에 편찬된 『세종실록』 「지리지」는 비록 『조선왕조실록』에 수록되어 있으나 지리지의 체제나 내용은 독자적인 지리지와 같다. 이전 시기 편찬된 『신찬팔도지리지』를 그대로 수록하고 뒤편에 양계(兩界)에 신설된 주진(州鎭)에 대한 사항을 추가했는데, 지리·역사의 연혁과 정치·사회·경제·산업·군사·교통 등에 관한 다양한 내용들이 수록되어 있다. 대부분의 항목들이 국가행정에 필요한 실용적인 것들로 이루어져 있다.

1478년에 편찬된 양성지의 『팔도지리지』는 『세종실록』 「지리지」의 미흡한 부분을 보완하기 위한 것이었다. 그러나 현존하지 않아 구체적인 내용을 알 수 없지만, 그 규식을 『경상도속찬지리지』를 통해 파악이 가능하다. 특히 지리지에 지도를 수록한 것이 이전 시기의 지리지와 차이가 나는데, 전체적으로 볼 때 15세기 지리지의 결산으로 평가된다.

조선전기를 대표하는 지리지로는 『신증동국여지승람』을 들 수 있다. 이 지리지는 1481년 1차 완성되었다. 『대명일통지』의 자극하에 만들어졌지만 그 체제는 송나라 축목(祝穆)의 『방여승람(方輿勝覽)』을 모방해서 편찬했다. 양성지의 『팔도지리지』를 기본으로 하여 서거정의 『동문선』을 삽입했는데, 1530년에 증보하여 『신증동국여지승람』을 완성했다. 양성지의 『팔도지리지』를 바탕으로 작성되었으나 『대명일통지』보다 시문이 많이 수록되었고, 성리학적 교화에 치중한 내용이 많이 반영되어 순수한 지지로서의 성격은 이전 15세기의 지리지보다 약하다.

조선전기에는 대부분의 지지가 관찬으로 제작되었는데, 1471년 신숙주의 『해동제국기』는 비록 왕명에 의한 것이기는 하지만 개인이 편찬했던 대표적인 지지이다. 특히 이 지지서는 외국에 대한 조선시대 최초의 기록이라는 점에서 의의가 있다. 일본의 지세, 국정, 교빙 왕래의 역사, 사신 접대 예절 등의 절목을 기록한 외교서이면서 지지의 역할을 했던 것이다. 이 책에는 「해동제국총도」, 「일본본국도」 「대마도도」 등 6매의 지도가 첨부되어 지도로서 지지를 보완해주는 형식을 띠고 있다.

조선후기에는 지지학이 전기에 비해 다양해지고 편찬의 주체도 정부가 아닌 민간에서 활발하게 이루어졌다. 양대 전란이 끝나고 사회가 점차 안정되면서 지방 사족을 중심으로 읍지 편찬이 진행되었는데, 영남 지방을 필두로 하여 전국으로 확대되었다. 정구의 『함주지』, 권기의 『영가지』, 이준의 『상산지』, 『일선지』, 성여신의 『진양지』가 있고 윤두수의 『연안읍지』, 『평양지』, 이상의의 『성천지』, 이식의 『북관지』, 이수광의 『승평지』 등이 대표적인 읍지다.

조선전기의 관찬 지지학의 전통을 잇는 지지들도 계속 편찬되었다. 18세기 중엽에는 전국의 군현읍지와 지도가 결합된 『여지도서』가 편찬되었고, 1770년에는 유서(類書)에 해당하는 『동국문헌비고』가 편찬되는데, 여기의 수록된 「여지고」는 이 시기 대표적인 관찬 지지에 해당한다. 이 시기 관찬 지지서는 이전 시기의 전통에서 탈피하지 못하고 백과사전식으로 항목을 나열하여 설명을 덧붙이는 방식을 취하고 있다.

실학의 학풍이 만개하면서 지지학도 다양한 모습을 띠게 되었다. 특히 자국의 역사와 지리에 대한 관심이 고조되면서 역사지리 계열의 지지서가 편찬되었다. 한백겸의 『동국지리지』, 신경준의 『강계고』, 안정복의 『동사강목』, 유득공의 『발해고』, 정약용의 『아방강역고』, 윤정기의 『동환록』, 장지연의 『대한강역고』 등이 대표적인 역사지리 계열의 지지서이다.

지지학에서의 학문적 분화가 진전되면서 주제 중심의 지지서들이 편찬되기도 했는데, 신경준의 『도로고』, 『사연고』 등은 교통과 관련된 지지서라 할 수 있고, 산줄기와 강줄기를 다룬 『산수고』도 이전 시기에는 볼 수 없는 특정 분야의 지지서라 할 수 있다. 정약용의 『대동수경』은 우리나라의 하천을 대상으로 작성된 하천의 지지서이다.

민간에서 편찬되는 다양한 지지서 가운데는 이전 시기의 전통적인 지지서의 양식을 넘어 새로운 형식으로 이루어진 것이 있었는데, 이중환의 『택리지』가 대표적이다. 『택리지』는 사대부의 가거지(可居地)를 찾는 것을 목적으로 하여 작성된 책이다. 풍수지리적 요인과 더불어 각 도의 자연지리적 특징을 파악하고 그러한 자연조건하에서 인간 생활이 이루어지는 양상을 지역별로 세밀하게 고찰했다. 특히 사민총론(四民總論), 팔도총론(八道總論), 복거총론(卜居總論, 지리, 생리, 인심, 산수), 총론 등의 독특한 체제로 구성하여 인간과 자연의 상호 관계를 논하고 지역성의 파악에 중점을 두었다. 18세기의 지지로는 세계의 지지학사에서도 유래를 찾아보기 힘든 조선시대 지지서의 백미라 할 수 있다.

조선후기에는 국토뿐만 아니라 세계에 대한 지지가 편찬되었다. 세계지지서의 초기 저작은 이수광의 『지봉유설』 「제국」편에서 볼 수 있다. 1857년 최한기는 독특한 서술 체계를 지닌 『지구전요』라는 세계지지서를 편찬했고, 1894년 오횡묵은 『여재촬요』를 편찬했다. 『여재촬요』는 세계지리와 한국지리가 결합된 것으로 세계지리는 1886년 영국에서 발간된 정치연감의 내용을 기초로 하고 있다. 개화기의 대표적인 교과서인 헐버트의 『스민 필지』는 국문으로 쓰인 최초의 교과서로 내용은 세계지리로 구성되어 있다. 이러한 세계지지는 세계 인식을 확대하는 데 영향을 주었다.

『대동여지도』를 제작한 김정호는 지지학에도 탁월한 능력을 발휘하여 『동여도지』, 『여도비지』, 『대동지지』라는 지지를 저술했다. 김정호는 1834년 『청구도』를 제작한 후 『동여도지』를 편찬하고, 『동여도지』를 저본으로 『대동여지도』를 판각했다. 『대동여지도』 완성 후에는 『동여도지』를 기초로 『대동지지』를 저술했다. 『대동지지』는 독특한 구성 방식을 지니고 있다. 각 지역 단위로 지역의 성격을 기술하는 지역별 지지와 강역, 도로, 국방, 산천과 같은 주제별 지리학을 결합했는데, 이는 지역지리학의 연구 방법과 계통지리학적인 연구 방법을 같이 활용한 것으로 평가된다.

개항기에는 애국심을 고취시킬 목적으로 한국지지가 편찬되었는데, 현채의 『대한지지』, 장지연의 『대한신지지』 등이 대표적인 사례다. 이 시기는 일본을 통해 근대적 지지학이 도입되지만 조선에 학문적 뿌리를 내리지 못했다. 여전히 전통적인 백과사전식 서술 방식이 유지되고 있었던 것이다. 그러나 장지연의 『대한신지지』나 김홍경의 『중등만국신지지』의 경우는 근대적 지지학의 특성이 많이 반영된 진일보한 성격을 지니고 있다.

이처럼 전통 지지학은 백과사전식 서술 방식이 근간을 이루고 있다. 백과사전식으로 항목을 나열하여 간단한 설명을 붙이는 방식이다. 이러한 방식은 지역을 주제에 따라 분류하고 서술하여 종합적으로 이해하는 데에는 한계가 있다. 그렇다고 하더라도 백과사전식 방식의 전통적인 지지를 저급한 지지의 양식이라고 폄하할 수만은 없다. 전통 시대처럼 다양한 분과 학문이 발달해서 이들을 종합화할 수 있는 학문적 여건이 마련되지 못한 시대에는 오히려 백과사전식 방식이 지역을 이해하는 데 더 효율적일 수 있다는 것이다.

이중환의 『택리지』와 같은 사례는 매우 예외적이다. 『택리지』는 말 그대로 사대부들이 살 만한 곳을 찾기 위한 지침서의 역할을 하는 책이다. 특정 목적의 주제에 맞게 저술된 지지서인 셈이다. 그러나 조선시대에 작성된 대부분의 지지서는 『택리지』처럼 특정한 목적과 주제에 맞춰 작성되는 경우가 많지 않다. 특히 전국을 대상으로 하는 총지나 도지, 군현읍지의 경우는 특정의 목적에 따라 작성되기보다는 전국, 도, 군현을 종합적으로 이해하기 위해 작성되는 경우가 대부분이다. 따라서 자연과 인문을 아우르는 다양한 항목을 배치하여 이에 대해 기술하는 형식을 띠게 된 것이다.

이렇게 기술되는 내용은 시기에 따라 편차가 나타난다. 조선전기 문물제도가 정비되는 세종 시기, 조선후기의 문예부흥기라 할 수 있는 영·정조 시기의 지지들은 당시 사회적 분위기에 따라 최신의 정보들이 수록되지만 사회적 혼란기의 지지들은 대부분 앞선 시기의 지지를 그대로 답습하는 양상을 보여준다. 오랜 세월이 경과했지만 새로운 정보를 수록하려 하지 않고 이전 지지의 내용을 그대로 베끼는 경우가 많다. 물론 이러한 것들조차도 당대 지지학의 수준을 보여준다는 점에서는 그 자체로서 의미가 있다.

개항기 이후 일본과 서양에서 들어오는 근대적 지지학은 조선에서 크게 꽃피지는 못했다. 개항기 국가 주도의 근대적 지지 편찬 사업이 거의 이루어지지 못하고 대부분 학교의 교과서 중심으로 지지 저술이 행해졌다. 이에 따라 근대적 지지의 구성 형식이나 체계 및 내용에 대한 논의가 거의 없었던 것이다. 일부 교육 부분에서의 선각자가 저술한 지지서들이 새로운 형식을 보여주기는 했으나 1910년 강제적인 한일병합으로 인해 근대적 지지학으로 나아갈 수 없었다.

이상에서 살펴본 것처럼 땅을 체계적으로 표현하려 했던 전통 시대 지도학과 땅을 체계적으로 기술하려 했던 전통 시대 지지학은 한국 전통 지리학의 양대 축으로 1910년 한일강제병합 직전까지 이어져 내려왔다. 이러한 지도학과 지지학은 서로 분리되어 존재하는 것이 아니라 상호 보완적 형태를 지니고 있다. 지도를 통해 특정 지역을 이해하려 할 때 지지를 보완적인 자료로 이용할 수 있을 뿐만 아니라 실제 지도 제작에서도 지지가 중요한 자료로 활용될 수 있다. 아울러 특정 지역의 지지를 작성하거나 독해할 때도 지도가 긴요하게 이용되었다.

조선전기의 대표적 지지서인 『신증동국여지승람』에서는 팔도총도와 도별도를 수록하여 지지와 지도를 결합하려 했다. 이러한 형식은 외국 지지서인 신숙주의 『해동제국기』에서도 볼 수 있다. 조선후기의 『여지도서』는 이러한 형식의 전형을 보여준다. 모든 군현의 지지에 지도를 수록하여 지지와 지도의 완전한 결합을 보여주고 있다. 이 전통은 조선 말기까지 이어지는데 19세기 관찬의 군현읍지에서도 대부분 지도가 같이 수록되어 있다.

지지학과 지도학의 결합은 지지뿐만 아니라 지도에서도 볼 수 있다. 세계지도나 전도에서도 지도 여백에 다양한 내용의 지지를 수록하고 있음을 볼 수 있다. 『혼일강리역대국도지도』에는 중국 역대 제왕의 국도(國都)가 수록되어 있다. 조선전도에서도 지지가 수록된 것을 볼 수 있는데, 국토의 면적, 사방 경계와 거리, 연혁 등의 내용이 수록되는 경우가 많다. 조선후기에 유행했던 지도첩이나 지도책에는 천하도, 중국, 일본, 유구, 팔도총도, 도별 지도 등으로 구성되어 있는데, 여기에도 다양한 내용의 지지가 수록되어 있다.

지도와 지지의 결합은 동아시아 문화권에서 조선에서만 유일하게 볼 수 있는 특징은 아니다. 중국에서 제작된 지도나 여러 지지서에서 이와 같은 모습을 쉽게 볼 수 있다. 중국 송대의 세계지도인 『화이도』에는 지도의 여백에 지도에 수록된 나라에 관한 지지가 담겨 있다. 아울러『대명일통지』와 같은 지지서에서도 지도가 수록되어 지지를 보완해주고 있다. 일본의 지도나 지지서에서도 지도와 지지가 결합된 양식을 확인해볼 수 있다. 에도시대에 제작되는 일본전도에서는 에도에서 각 지역에 이르는 거리 자료와 같은 지지가 수록되어 있다. 다양한 유형의 일본 지지서에서도 지도가 보조 자료로 수록되어 있는 것을 확인해볼 수 있다.

이처럼 한국의 전통 지리학에서 보이는 지도와 지지의 결합은 한국, 중국, 일본 등의 동양 3국에서 볼 수 있다. 따라서 이러한 특징은 한국적 특수성에서 기인한다고 볼 수 없고 지리학의 학문적 분화와 관련되는 것이라고 보아야 할 것이다. 서양의 경우, 학문적 암흑기인 중세를 거쳐 르네상스시대에 이르러 지리상의 탐험이 활발하게 이루어지면서 고대 그리스, 로마시대의 지도학이 부활했다. 지구설을 바탕으로 하는 지도학적 논의가 이루어지고 측량 기술, 인쇄술의 발달과 맞물려 지도학이 학문적 체계를 갖추게 된다. 이에 따라 서양에서 제작되는 근대적 지도에서는 다양한 기호가 사용되었고 지도 여백에 수록되던 텍스트는 사라지고 순수한 지도의 형태를 띠게 되었다. 이는 지도학의 학문적 전문화와 맞물려 나타나는 현상으로 해석해볼 수 있다.

지도학의 학문적 전문화와 관련된 이러한 현상이 한국에서 전혀 없었던 것은 아니다. 전통적인 지도학이 최고조로 성숙되는 김정호의 지도학에 이르러 이러한 모습을 볼 수 있다. 김정호의 초기 전국지도책인『청구도』에서는 지도와 지지가 결합된 전통적인 양식을 띠고 있었으나 후기의『대동여지도』단계에 이르러서는 지도 내의 텍스트를 제거하여 순수 지도의 형식을 추구했다. 물론『대동여지도』가 목판본으로 간행되어 많은 텍스트를 수록하기 어려운 측면도 있지만 다양한 기호를 사용하여 텍스트를 줄이고 순수한 지도의 양식을 추구한 점은 이전 시기와 분명 다른 점으로 평가할 수 있다. 그가 말년에 편찬한 지지서인 『대동지지』가 도별도나 군현지도가 전혀 수록되지 않은 순수 지지서의 형식을 띠고 있는 것도 그가 지리학 내에서 지도학과 지지학의 학문적 분화를 염두에 두고 있었음을 시사하는 것이다. 전통 지리학의 두 축으로 지도학과 지지학을 강조했지만 두 학문 범주를 결합시키는 형식이 아니라 분리하여 보다 전문화시키는 방법을 택했던 것이다.

중국의 경우 지도학의 학문적 분화에 기인한 지도 제작은 강희제 때 이루어진 『황여전람도(皇輿全覽圖)』를 들 수 있다. 실제 측량에 기초한 『황여전람도』는 이후 전개된 측량지도의 선구가 되었다. 이 지도에서는 이전의 전통적 지도에서 보이는 텍스트가 사라지고 순수 지도의 형식을 띠게 되었다. 일본의 경우도 실제 측량에 기반한 지도 제작이 이루어지면서 지도학의 학문적 분화가 이루어지고 지지와의 결합이 아닌 순수 지도의 성격을 띠게 되었다. 19세기 초반 유럽으로부터 들어온 삼각측량의 기술을 이용하여 전국을 측량해서 제작한 이노 다다타카(伊能忠敬)의 1:5만 지형도는 이의 선구적 지도로 평가된다.

중국과 일본에서 볼 수 있는 지도학의 학문적 분화는 서양의 측량 기술과 지도 제작 기법에 기반하고 있으나 김정호의 지도학에서 볼 수 있는 지도학의 학문적 분화는 서양 학문의 영향 없이 전통적인 방법으로 구현된 것이다. 서양 지도학에서 볼 수 있는 투영법의 논의를 김정호의 지도학에서는 볼 수 없다. 비록 전통적인 천원지방의 세계관에 입각하여 지구를 평평한 땅으로 보고 지도를 그렸으나 지도에 담겨져 있는 내용과 표현의 기법 등은 서양의 근대적 지도학이라는 이름으로 평가 절하할 수는 없다. 당대의 사회적 조건과 지식 체계 내에서 가장 과학적인 지도가 아니어도 가장 효율적인 지도가 될 수 있었기 때문이다. 이러한 평가는 지도학을 넘어 전통 지리학 전체에 적용될 수 있는데, 결국 한국의 전통적 지리학의 전개 과정은 땅의 모습을 가장 효율적으로 표현하고 기술하려 했던 역사였다고 정리할 수 있다.

〈주석〉

서론

1. Needham, Joseph, *Science and Civilisation in China Vol.3, Mathematics and the Science of the Heavens and the Earth* (Cambridge University Press, 1959), p.508.

2. 王庸, 『中國地理學史』, 商務印書館, 1938.

3. 王成組, 『中國地理學史』, 商務印書館, 1988.

4. 藤田元春, 『日本地理學史』, 刀江書院, 1932.

5. 海野一隆, 『東洋地理學史: 日本篇』, 淸文堂出版株式會社, 2005.

6. 여지학이라는 용어는 劉在建이 저술한 『里鄕見聞錄』의 김정호 항목에 나오는데 김정호가 어려서부터 여지의 학문에 심취했다는 표현이 있다.(癖於輿地之學, 博巧廣蒐.)

7. 오홍석, 『현대 한국지리학사』, 도서출판 줌·북메이트, 2004.

8. 洪以燮, 『朝鮮科學史』, 正音社, 1946.

9. 李燦, "한국지리학사", 『한국문화사대계』 제3권(과학기술사), 고대민족문화연구소, 1970.

10. 노도양, "한국의 지지 편찬사", 『한국지지: 총론』, 건설부 국립지리원, 1979.

11. 이찬, "한국지도 발달사", 『한국지지: 총론』, 건설부 국립지리원, 1979.

12. Yang, Bo-kyung, "Traditional Geography", *Korean Geography and Geographers* (Seoul: Hanul Academy, 2000), pp.19-81.

13. 李燦, 『韓國古地圖』, 韓國圖書館學研究會, 1971.

14. 李燦, 『韓國의 古地圖』, 범우사, 1991.

15. 방동인, 『한국의 지도』, 세종대왕기념사업회, 1976.

16. 방동인, 『한국지도의 역사』, 신구문화사, 2001.

17. 이상태, 『한국 고지도 발달사』, 혜안, 1999.

18. 국토지리정보원, 『한국 지도학 발달사』, 2008.

19. Ledyard, Gari., "Cartography in Korea," in *The History of Carrography* Vol.2, Book.2, eds. J. B. Harley and David Woodward (University of Chicago Press, 1994).

20. Short, J. R., *Korea: A Cartographic History* (University Of Chicago Press, 2012).

21. 양보경, "조선시대 읍지의 성격과 지리적 인식에 관한 연구", 『지리학논총』 별호3, 1987.

22. 徐仁源, 『朝鮮初期 地理志 研究—『東國輿地勝覽』을 중심으로—』, 혜안, 2002.

23. 윤경진, 『高麗史 地理志의 分析과 補正』, 여유당출판사, 2012.

24. 朴仁鎬, 『朝鮮後期 歷史地理學 研究』, 이회, 1996.

1장 전통 지리학의 내용과 성격

1. 全相運, 『韓國科學技術史』 제2판, 정음사, 1975, 53쪽.

2. J. ニ─ダム, 『中國の科學と文明』 第6卷(地の科學), 思索社, 1976, 6-7쪽.

3. 職方이란 『周禮』에 나오는 職方氏라는 관직명에서 비롯된 용어인데, 직방씨는 천하의 지도와 사방에서의 조공을 관장하는 직책이었다. 후대의 明, 淸代에도 職方司라는 관청을 두어 천하의 지도와 지리서를 맡아보고 邊疆 地方의 지도 제작을 관장했다(李元淳, "崔漢綺의 世界地理認識의 歷史性: 惠岡學의 地理學的 側面", 『문화역사지리』 4호, 1992, 18쪽).

4. 최창조, 『한국의 풍수사상』, 민음사, 1984, 32쪽.

5. 이익, 『성호사설』 제1권 천지문, 동국지도.

6. 풍수적 사고와 고지도의 재현 문제에 대한 최근의 논의는 다음을 참조. 권선정, "한국의 전통지리 풍수의 재현물로서 고지도", 『문화역사지리』 23-3, 2011, 36-49쪽; 장지연, "풍수의 역사성과 고지도 재현의 상관성에 대한 검토", 『한국고지도연구』 3-2, 2011, 73-86쪽.

7. 한국에서 언제부터 지도를 제작했는지는 명확하지 않다. 왕조 국가가 성립된 삼국시대에 많은 전쟁을 경험했기 때문에 이 시기 이미 국가적 차원에서 지도 제작이 행해졌던 것으로 보인다. 그러나 현존하는 지도들은 대부분 조선시대 이후의 것이다. 이로 인해 조선시대 이전의 지도학적 특성을 논하는 것은 거의 불가능하다. 따라서 이 장에서는 조선시대 지도 제작을 중심으로 전통 지도학의 특성을 살펴보았다. 이 장의

내용은 필자의 논문인 "조선시대 지도제작의 문화적 특성"(국사관논총 107권, 2005)을 바탕으로 재구성했음을 밝혀둔다.

8. 『세조실록』권1, 세조 1년 7월5일.

9. 『태종실록』권9, 태종 5년 3월1일.

10. 전통 시대 지도 제작이 지니는 이러한 특성으로 인해 풍수지리와 같은 당대의 지리관(지형학), 算學과 같은 과학기술, 회화로 대표되는 예술 등에 대한 이해가 선행되어야 조선시대의 지도들을 제대로 해석할 수 있다.

11. 金錫恒, 『損窩遺稿』권12, 嶺南輿地圖序, 在嶺伯時.

12. 김수홍은 1666년 2월 복제 문제로 仕版에서 삭제되었다가 1675년 다시 官界로 복귀하는데, 천하도의 경우는 관직에 있을 때 제작한 것이고 조선전도는 관직이 없는 민간인 신분일 때 제작한 것이다. 그리고 지도에 표기된 이름 앞에는 관직명이 없는데 이를 통해 볼 때 관료 자격으로 지도 제작을 주도한 것이 아니고 私人의 신분으로 지도를 제작했다고 볼 수 있다.

13. 丁若鏞, 『與猶堂全書』, 제1책, 詩文集, 書, 「上仲氏」.

14. 『영조실록』권90, 영조 33년 8월9일.

15. 金正浩, 『青邱圖』凡例.
   正廟朝分命諸州郡 圖形該地方以上 於是有經緯線表 或以八道分幅 或以州縣分俵 任意裁作 鄭喆祚黃曄尹鍈之本最著焉.

16. 『星湖僿說』, 天地門, 東國地圖.

17. 『堅城誌』, 塚墓條.

18. 韓章錫, 『眉山集』권7, 東輿圖序.

19. 『세종실록』권3, 세종 1년 3월27일.

20. 『세종실록』권100, 세종 25년 4월7일.

21. 『세조실록』권2, 세조 1년 11월1일.

22. 『세조실록』권10, 세조 3년 11월29일.

23. 『태종실록』권19, 태종 10년 4월23일.

24. 『세종실록』권90, 세종 22년 8월10일.

25. 『佔畢齋集』제2권, 誌, 慶尙道地圖誌.

26. 『세조실록』권21, 세조 6년 9월11일.

27. 『선조실록』권26, 선조 25년 5월25일.

28. 『선조실록』권35, 선조 26년 2월26일.

29. 金得臣, 『柏谷集』 제5책, 我國地圖記.

30. 李瀷, 『星湖先生文集』, 권8, 答鄭汝逸.

31. 安鼎福, 『東史綱目』 附錄 分野考, 經緯線分野圖.

32. 『현종개수실록』 권7, 현종 3년 5월28일.

33. 黃胤錫, 『頤齋全書』 資知錄, 東國地圖.

34. 許筠, 『惺所覆瓿藁』 권6, 文部3, 記, 化鶴樓重修記.

35. 安鼎福, 『順菴集』 권10, 東史問答.

36. 李瀷, 『星湖僿說』, 天地門, 東國地圖.

37. 『고려사』 세가 권17 의종 2년 10월 정묘.

38. 徐居正, 『筆苑雜記』 권2, 大東野乘.

39. 『성종실록』 권138, 성종 13년 2월13일.

40. 安鼎福, 『順庵集』 권5, 與洪判書書(庚寅).

41. 『중종실록』 권81, 중종 31년 5월10일.

42. 『중종실록』 권95, 중종 36년 6월17일.

43. 李睟光, 『芝峰類說』 諸國部, 外國.

44. 『중종실록』 권84, 중종 32년 3월15일.

45. 『중종실록』 권89, 중종 33년 11월25일.

46. 『단종실록』 권7, 단종 1년 7월4일.

47. 오상학, "조선시대 일본지도와 일본인식", 대한지리학회지 38-1, 2003, 36쪽.

48. 『숙종실록』 권6, 숙종 3년 5월7일.

59. 『숙종실록』 권41, 숙종 31년 4월10일.

50. 『중종실록』 권6, 중종 3년, 7월18일.

51. 『선조실록』 권38, 선조 26년 5월14일.

52. 『인조실록』 권46, 인조 23년 4월4일.

53. 『숙종실록』 권8, 숙종 5년 12월12일.

54. 『숙종실록』 권54, 숙종 39년 5월27일.

55. 『숙종실록』 권54, 숙종 39년 6월2일.

56. 李頤命 『疎齋集』 권10, 關東地圖.

57. 鄭尙驥, 『東國地圖』序文.

58. 일본의 경우 16세기 이후 나가사키를 통해 네덜란드의 지도 제작술이 도입되었고 17
세기 전반 인쇄술의 발달에 힘입어 각종 지도가 민간에서 대량으로 제작되었는데, 이러한 지도는 상인, 해운업자들을 대상으로 판매되었다(織田武雄, 『地圖の歷史』, 講談社, 1974, 86-96쪽).

59. 중국 사신들이 조선의 지도를 구매한 경우가 있는데, 이 같은 매매는 특수한 경우로 주변국의 중요한 지리 정보를 입수하기 위해서는 금전적인 대가가 요구되었기 때문이다. 이와는 달리 국내에서 자국민들끼리의 지도유통인 경우 반드시 금전적인 거래가 필요했다고 보이지는 않는다.

60. 黃胤錫, 『頤齋亂藁』, 권9, 丁亥年(1767) 十二月十七日.

61. 張顯光, 『旅軒先生續集』 권1, 謝徐淸安思遠東國地圖.

62. 李石亨, 『樗軒集』 卷上.

63. 『星湖先生文集』, 권47, 農圃子鄭公墓誌銘.

64. 李瀷, 『星湖僿說』 제14권, 인사문, 倭寇始末.

65. 丁若鏞, 『茶山詩文集』, 제14권, 跋.

66. 金正喜, 『阮堂全集』 제3권 書牘.

67. 朴珪壽, 『瓛齋集』, 권4.

68. 『문종실록』 권4, 문종 원년 10월23일.

69. 『세조실록』 권41, 세조 13년 3월15일.

70. 『성종실록』 권77, 성종 8년 2월18일.

71. 『세조실록』 권41, 세조 13년 3월18일.

72. 『선조실록』 권15, 선조 14년 2월26일.

73. 『國朝曆象考』 권2, 東西偏度.

74. 『晉書』 권35, 列傳 第5 裴秀.

75. 서울대학교 규장각 소장의 비변사 인이 찍힌 군현지도와 『팔도군현지도』 등이 대표적이다.

76. 『연려실기술』 별집 권16.

77. 방격법에서는 기본적으로 도면상의 전 지역에 동일한 축척이 적용되기 때문에 회화적 특성이 강한 도성도나 군현지도에서는 채용되지 않았다. 즉, 회화적 특성이 강한 지도에서는 도성 내부나 읍치 공간과 같은 중요 지역을 주변 지역보다 대축척으로 확대하여 그리므로, 이러한 차별적 축척 적용으로 인해 방격법을 쓸 수 없었던 것이다.

78. 『성호사설』 제1권, 천지문, 지도묘사.

79. 『탐라지도』에 대한 학계의 최초 보고는 이찬에 의해 행해졌는데, 다음을 참조. 李燦, "十八世紀 耽羅地圖考", 『地理學과 地理敎育』9-1, 1979, 1-12쪽.

80. 김정호, 『청구도』 범례.

81. 정약용, 『다산시문집』 제20권, 書, 上仲氏 辛未冬.

凡作地圖之法 一遵地志之道里 不知地圓之正理 則雖踔步不爽 畢竟有罔知所措之患 作經緯線如坤輿圖則大善 不然每寫千里 執其四角 先檢地志 正其四抵之道里 若作縱橫五千里地圖 南北五層 東西五架 先於其層架所界之線 正其四抵之道里 則其一區千里之內 郡縣山川 分排伸縮 可無大段罔措之患 不然雖一遵地志 畢竟無以成圖 不知地圓之正理者 每到罔措之時 必詆地志爲不可信 初頭亦犯此戒 覺得地圖之正理 然後其圖乃成矣.

82. 안휘준, "옛지도와 회화", 『우리 옛지도와 그 아름다움』, 효형출판, 1999, 203쪽.

83. 지도와 회화를 구분하는 정해진 기준은 없어 보이는데, 지명의 표기 유무가 흔히 구분 지표로 사용되기도 한다. 그러나 이보다는 제작 의도를 기준으로 예술적 감흥을 목적으로 제작된 것이라면 회화, 지리적 정보를 전달하는 목적이라면 지도의 범주로 구분하는 것이 좋을 듯하다.

84. 『단종실록』 권11, 단종 2년 4월 17일.

85. 『정조실록』 권12, 정조 5년 9월 4일.

86. 李德懋, 『靑莊館全書』 55권, 盎葉記 2, 虎紋島.

87. 『薝園鄭寅普全集』 5, 薝園文錄 3, 鄭石癡歌.

88. 陳準鉉, 「檀園 金弘道 硏究」, 서울대학교 박사학위논문, 1998, 부록, 연보.

89. 중국을 통해 들어온 서양의 원근법은 기하학적인 추상적 공간 개념을 전제하는 것인데, 이러한 개념에 익숙지 않은 조선 지식인들에게는 상당히 낯설게 느껴질 수밖에 없었다(李瀷, 『星湖僿說』 제4권, 萬物門, 畵像坳突).

90. 동양의 회화에서 시점에 대한 이론적 논의는 郭熙의 저작에서 볼 수 있다. 그는 시점을 高遠, 深遠, 平遠으로 구분했는데, 고원은 산 아래에서 산 위를 올려다보는 것이고, 심원은 산 위에서 산 아래를 굽이굽이 둘러 내려다보는 것이고, 평원은 가까운 산에서 먼 산을 수평적 시각으로 바라보는 것을 말한다(郭熙, 『林泉高致』, 「山水訓」 三遠論).

91. 이찬, 『한국고지도』, 한국도서관학연구회, 1977, 210쪽.

92. 서울대학교 규장각, 『조선시대 지방지도』, 1995, 10쪽.

93. 주척 한 자를 대략 20cm, 10리를 5.4km로 한다면 축적은 대략 1:27,000 정도가 된다.

94. 丁若鏞, 『牧民心書』 권6, 「戶典六條」, 戶籍.

95. 양보경, "조선시대 읍지의 성격과 지리적 인식에 관한 연구", 『지리학논총』 별호 3,

1987, 15쪽.

96. 野間三郎·松田信·海野一隆, 『地理學の歷史と方法』, 大明堂, 1959, 230쪽.

97. 李燦, "한국지리학사", 『한국문화사대계』 제3권(과학기술사), 고대민족문화연구소, 1968, 700-702쪽.

98. 洪以燮, 『朝鮮科學史』, 正音社, 1946, 182쪽.

99. 양보경, 앞의 논문, 14쪽.

100. 정약용, 『茶山詩文集』 8卷, 對策, 地理策.

101. 정약용, 『茶山詩文集』 8卷, 對策, 地理策.
    纂成一書 疆域彼此之分 旌其絲髮 沿革古今之制 詳其事實 於山則紀其脈絡 於水則
    別其源派 於古事則凡戰伐攻守之跡 最宜該載 而孝烈人物 非卓絶純正爲一世所共知
    者 槪從刪略 至於題咏之詩 去百存一 以嚴規例.

102. 출처: 양보경, 앞의 논문, 20쪽.

103. 고려대학교 해외한국학자료센터 홈페이지 "기인한상량 해제".

104. 『杞人閒商量』.

105. 李圭景, 『五洲衍文長箋散稿』, 地志辨證說.

106. 양보경, 앞의 논문, 15-17쪽.

107. 양보경, 앞의 논문, 21-22쪽.

108. Needham, Joseph, *Science and Civilisation in China Vol.3, Mathematics and the Science of the Heavens and the Earth* (Cambridge University Press, 1959), p.508.

109. 양보경, 앞의 논문, 24-25쪽.

110. 山田正浩, "일본 江戶 시대의 지방지 편찬에 대하여—尾張藩의 사례를 중심으로—", 『문화역사지리』 16-1, 2004, 335-342쪽.

111. 양보경, 앞의 논문, 28-30쪽.

2장 조선시대 이전의 지리학

1. 홍시환, 『지도의 역사』, 전파과학사, 1976, 10쪽.

2. 한국역사민속학회, 『한국의 암각화』, 한길사, 1996, 35-36쪽.

3. 『三國史記』 권20, 高句麗本紀8, 榮留王 11年, 秋9월조. 遣使入唐 賀太宗擒突厥頡利

可汗 兼上封域圖.(『구당서』 東夷傳, 高麗조에도 보임.)

4. 『三國遺事』卷2 紀異2 南扶餘, 前百濟조.

又昔者, 河南置林州刺史, 其時圖籍之內, 有餘州二字, 林州, 今佳林郡也, 餘州, 今之扶
餘郡也.

5. Needham, Joseph, *Science and Civilisation in China Vol.3, Mathematics and the Science of the Heavens and the Earth* (Cambridge University Press, 1959), p.581.

6. 『삼국사기』 신라본기 권7, 문무왕 11년 7월.

至七月, 入朝使金欽純等至, 將畫界地, 案圖披撿百濟舊地, 摠令割還.

7. 光陽玉龍寺先覺國師證聖慧燈塔碑文.

始師之未卜玉龍也 於智異山甌嶺 置庵止息 有異人來謁座下啓師云 弟子幽棲物外 近
數百歲矣 緣有小枝 可奉尊師 不以賤術見鄙 他日於南海江邊 當有所授 此亦大菩薩
救世度人之法也 因忽不見 師奇之 尋往所期之處 果遇其人 聚沙爲山川順逆之勢示
之 顧視則其人已無矣 其地在今求禮縣界 土人稱爲沙圖村云.

8. 20여 년 뒤에 작성된 『道詵碑陰記』에는 도선이 "모래를 모아 삼국도를 그렸다[聚沙劃
三國圖]."고 하여 차이를 보이고 있다. 비문의 것이 원래의 사실에 충실한 것으로 보인
다.

9. 도선이 그린 삼국도는 양균송의 『十二杖法』에 수록된 산도와 유사할 것이라는 추정
을 하는 경우도 있다(이형윤, 「조선시대 산도를 통해서 본 지리인식」, 대구가톨릭대학
교 박사학위논문, 2010, 34-36쪽).

10. 『芝峯類說』, 外道部, 禪門.

11. 『三國遺事』卷2, 紀異2, 南扶餘.

百濟地理志曰 後漢書曰 三韓凡七十八國, 百濟是其一國焉.

12. 『三國遺事』卷2, 紀異2 南扶餘/前百濟.

按量田帳籍曰 所夫里郡田丁柱貼 今言扶餘郡者 復上古之名也 百濟王姓扶氏 故稱之.

13. 『日本書紀』 권22, 推古天皇 10년 冬 10월.

百濟僧觀勒來之 仍貢曆本及天文地理書 幷遁甲方術之書也 是時 選書生三四人 以俾
學習於觀勒矣.

14. 『삼국사기』 卷37, 志6 地理4.

右高句麗州郡縣 共一百六十四 其新羅改名及今名 見新羅志.

15. 이 책은 1909년 중국 학자였던 뤄전위(羅振玉)가 『敦煌石室遺書』 1집에 수록해 학
계에 알려지게 되었고, 1915년 일본의 다카쿠스(高楠順次郎)는 혜초가 신라의 승려

라는 것을 밝혀냈다. 현재 파리국립도서관에 소장되어 있다.

16. 한국정신문화연구원, 『한국민족문화대백과사전』, 1991, 왕오천축국전 항목.

17. 即從中天國南行三箇餘月 至南天竺國王所住 王有八百頭象 境土極寬 南至南海 東
至東海 西至西海 北至中天 西天東天等國接界 衣著飮食人風 與中天相似 唯言音稍
別 土地熱於中天 土地所出 氎布象水牛黃牛 亦少有羊 無駝騾驢等 有稻田 無黍粟等
至於綿絹之屬 五天總無 王及領首百姓等 極敬三寶足寺足僧 大小乘俱行.

18. 『성종실록』권138, 성종 13년 2월 임자.

19. 『요사』권11, 열전45 외기 고려전.

20. 『고려사』세가 권17, 의종 2년 10월 정묘.

21. 『필원잡기』권2, 「대동야승」.

22. 朝鮮總督府 編 『朝鮮金石總覽』 上卷, 1919, 尹誧墓地銘.
"……又據唐玄奘法師西域記 撰進五天竺國圖 上覽之賜燕糸七束……."

23. 室賀信夫・海野一隆, "日本に傳われた佛敎系世界地圖について", 『地理學史硏究』1,
柳原書店, 1957, 78쪽.

24. 이규보, 『동국이상국집』권17.
萬國森羅數幅牋 三韓隈若一微塊 觀者莫小之 我眼謂差大 今古才賢袞袞生 較之中
夏毋多愧 有人曰國無則非 胡戎雖大猶如芥 君不見華人謂我小中華 此語眞堪採.

25. 『고려사』열전 권27, 「나흥유전」.
撰中原及本國地圖 叙開闢以來帝王興廢疆理離合之迹.

26. 권근의 『양촌집』에는 『혼일강리역대국도지도』의 지도 제목이 '歷代帝王混一疆理圖'
으로 되어 있는 것을 주목할 필요가 있다.

27. 『고려사』권58, 지 권12 지리3 동계.

28. 『동문선』권92, 序, 三國圖後序.
本朝郡縣 載於圖籍者 略而不詳 無以考驗也 統合以後 始有高麗圖 未知出於誰手也
觀其山自白頭迤邐 至鐵嶺突起而爲楓岳 重複而爲大小伯 爲竹嶺 爲雞立 爲三河嶺
趨陽山而中臺 亘雲峯而地理 地軸至此 更不過海而南 淸淑之氣 於焉蘊蓄 故山極高
峻 他山莫能兩大也 其脊以西之水 則曰薩水 曰浿江 曰碧瀾 曰臨津 曰漢江 曰熊津
皆達于西海 脊以東 獨伽耶津南流耳 元氣融結 山川限帶 其風氣之區域 郡縣之疆場
披圖可見已.

29. 『동문선』권92, 序, 三國圖後序.
歲丙子 寓居新都 讀三國史 苦其繁多 猥以管見 妄加刪述 約之爲三卷 且按本朝地圖

釐而爲三 各冠篇首 凡郡縣皆以舊名載之 注以今名 惟朔庭以北 平壤以西 地志所不
載者 則直以今名載之耳 夫地圖之離合 抑有說矣.

30. 李詹,『雙梅堂篋藏集』卷二十二 雜著「題高句麗地圖後」.

31. 李詹,『雙梅堂篋藏集』卷二十二 雜著「題百濟地圖後」.

謹按 始祖溫祚王 自卒本夫餘至漢山 都于慰禮城 其後移都于漢山于熊津于泗泌城
仍以舊號施於新邑 曰南夫餘 其始弃其宗國 乞地居於馬韓 遂併其地而有之 故國都
漸遷而南 侵伐之所則常在北方也 記疆場者 以爲東極走壤 西窮大海 北至沮河 南限
熊川 至其浸廣 則南以海爲志也.

32. 李詹,『雙梅堂篋藏集』卷二十二, 跋類,「題嶺南圖後」.

右嶺南圖一本 東自寧海 西至咸陽 相距六百六十里 其南北則嶺海爲之限隔 其間里
數 五百七十里有奇 而大丘縣爲腹心也 初隴西公之鎭合浦也 方有邊警 公欲周知土地
廣輪 以決籌策 乃命老校撰圖以獻 公揭圖口壁幅員千里納之方口勝口口口定矣 偉歟
公口口口蕭相國入秦 先受其圖書始具知天下阨塞 戶口多少 以開漢祚 人行本朝將興
余以此圖卜之.

33. 『역대지리지장도』의 「고금화이구역총요도」에 대한 상세한 연구로는 다음을 참조. 임
상선, "『삼국유사』 말갈발해조의 『指掌圖』",『동북아역사논총』18호, 2007, 217-244
쪽.

34. 『역대지리지장도』의 작자에 대해서는 稅安禮설, 蘇軾설, 작자 미상설 등이 있다(曹
婉如, "『歷代地理指掌圖』 연구," 曹婉如 外編,『中國古代地圖集』(全國一元), 文物出
版社, 1999, 31-34쪽).

35. 오지 도시아키,『세계지도의 탄생』, 알마, 2010, 172쪽.

36. 『三國遺事』卷3, 塔像4, 洛山二大聖 觀音 正趣 調信.

37. 『순암선생문집』제18권 序 廣州府志序 정축년.

38. 『三國史記』, 進三國史記表.

39. 『三國史記』권34, 志3, 地理1.

40. 『三國史記』권35, 志4, 地理2.

三陟郡本悉直國, 婆娑王世來降. 智證王六年, 梁天監四年爲州, 以異斯夫爲軍主, 景
德王改名, 今因之. 領縣四 竹嶺縣本高句麗竹峴縣, 景德王改名, 今未詳 滿卿[一作鄉]
縣, 本高句麗滿若縣, 景德王改名, 今未詳 羽谿縣本高句麗羽谷縣, 景德王改名, 今因
之 海利縣本高句麗波利縣, 景德王改名 今未詳.

41. 노도양, "한국의 지지 편찬사",『한국지지: 총론』, 건설부 국립지리원, 1979, 80쪽.

42. 『三國遺事』卷3, 塔像4, 遼東城育王塔.

43. 『三國遺事』卷1, 紀異1, 靺鞨 渤海.

　　賈耽郡國志云 渤海國之鴨淥 南海扶餘柵城四府 並是高麗舊地也.

44. 『三國史記』卷17, 高句麗本紀5, 東川王 20年.

45. 『고려사』권10, 세가10, 宣宗 8년 12월.

46. 민족문화추진회, 『국역고려도경』해제, 1977.

3장 조선전기의 지리학

1. 이 절의 내용은 필자의 『조선시대 세계지도와 세계인식』(창비, 2011)의 91-100쪽을
   토대로 작성되었다.

2. 발문은 권근의 『陽村集』에도 수록되어 있는데 제목이 '歷代帝王混一疆理圖'로 표기
   되어 있다. 權近, 『陽村集』, 권22, 跋語類.

3. 天下至廣也 內自中國 外薄四海 不知幾千萬里也 約而圖之於數尺之幅 其致詳難矣 故
   爲圖者率皆疏略 惟吳門李澤民聲敎廣被圖 頗爲詳備 而歷代帝王國都沿革 卽天台僧
   淸濬混一疆理圖備載焉 建文四年夏 左政丞上洛金公士衡 右政丞丹陽李公茂 燮理之
   暇參究是圖 命檢詳李薈更加詳校合爲一圖 其遼水以東及本國疆域澤民之圖亦多闕
   略 方特增廣本國地圖 而附以日本勒成新圖 井然可觀 誠可以不出戶而知天下也 觀圖
   籍而知地域之遐邇 亦爲治之一助也 二公所以拳拳於此圖者 其規謨局量之大可知矣
   近以不才 承乏參贊 以從二公之後 樂觀此圖之成而深幸之 旣償吾平日講求方冊而欲
   觀之志 又喜吾他日退處還堵之中 而得遂其臥遊之志也 故書此于圖之下云 是年秋八
   月日誌.

4. 지도 제작의 배경과 제작 목적에 관한 최근의 논의는 다음 논문을 참조. 최창모, "《혼
   일강리역대국도지도(混一疆理歷代國都之圖)》(1402년)의 제작 목적 및 정치사회적
   배경에 관한 연구", 『한국이슬람학회논총』 23-1, 2013, 111-144쪽; 임종태, "議政府의
   세계지도, 「混一疆理歷代國都之圖」", 『문화역사지리』 27-1, 2015, 1-14쪽.

5. 중국 원대에 축적된 지리 지식이 『혼일강리역대국도지도』에 반영되는 구체적인 과정
   은 다음의 저서를 참조. 宮紀子, 『モンゴル帝國が生んだ世界圖』, 日本經濟新聞出版
   社, 2007(미야 노리코, 김유영 역, 『조선이 그린 세계지도』, 소와당, 2010).

6. W. Fuchs, 織田武雄 譯, "北京の明代世界圖について", 『地理學史研究』 2, 1962, 3-4쪽. 니담의 경우도 『대명혼일도』 제작 시기를 Fuchs가 주장한 것처럼 16세기 후반인 1580년으로 보았기 때문에 『대명혼일도』에 인도가 뚜렷하게 반도로 그려지게 된 것은 7차에 걸친 鄭和의 남해 원정(1405~1433)의 결과로 보았다.

7. 汪前進·胡啓松·劉若芳, "絹本彩繪大明混一圖研究," 中國古代地圖集: 明代, 文物出版社, 1995, 51쪽.

8. 劉迎勝 主編, 『『大明混一圖』与『混一疆理圖』研究』, 風鳳出版社, 2010, 100쪽; 劉鋼 저, 이재훈 역, 『고지도의 비밀』, 글항아리, 2011, 40쪽.

9. 미야 노리코 저, 김유영 역, 『조선이 그린 세계지도』, 소와당, 2010, 363쪽. 이 외에도 중국 서쪽 해안에 그려진 인도반도를 말레이반도로 보고, 이는 마테오 리치 세계지도의 영향이라고 하는 등 논리적 일관성이 결여된 면도 보인다.

10. 『History of Cartography』의 2권 동아시아 편의 중국 부분에서 『대명혼일도』가 전혀 소개되지 않고 있다. 1389년에 제작된 아프리카가 묘사된 세계지도라면 중요 지도로 소개될 것인데 누락되어 있다.

11. 『혼일강리역대국도지도』에 그려진 아프리카 대륙의 표현 내용에 대한 상세한 분석은 다음을 참고. 조지형, "『混一疆理歷代國都之圖』의 아프리카: 비교사적 검토", 『이화사학연구』 제45집, 2012, 75-106쪽.

12. 제러미 블랙 저, 김요한 역, 『세계지도의 역사』, 지식의숲, 2006, 25쪽.

13. 스켈톤 저·안재학 역, 『탐험지도의 역사』, 새날, 1995, 62-63쪽.

14. 안재학, 앞의 책, 65-66쪽.

15. 『성종실록』 권138, 성종 13년, 2월13일(임자).

16. 오상학, "조선시대의 일본지도와 일본 인식", 『대한지리학회지』 38-1, 2003, 34쪽.

17. 応地利明, 『繪地圖の世界像』, 岩波新書, 1996, 85-86쪽.

18. 李燦, "『海東諸國紀』의 日本 및 琉球國地圖", 문화역사지리 제4호, 1-8, 1992, 2쪽.

19. 李燦, 앞의 논문, 4-5쪽.

20. 오상학, "조선시대 지도에 표현된 대마도 인식의 변천", 『국토지리학회지』, 2009, 210쪽.

21. 河宇鳳, 『朝鮮後期實學者의 日本觀研究』, 一志社, 1989, 17쪽.

22. 배우성, 『조선과 중화』, 돌베개, 2014, 342쪽.

23. 최근 오키나와에서는 『해동제국기』의 「유구국지도」와 유사한 필사본 지도가 발견되어 주목되고 있다(上里隆史·深瀬公一郎·渡辺美季, "沖繩縣立博物館所藏『琉球國

圖」,『古文書研究』60號, 2005).

24. 이 절의 내용은 필자의『조선시대 세계지도와 세계인식』(창비, 2011)의 134-150쪽을
토대로 작성되었다.

25. 李燦,"朝鮮前期의 世界地圖",『학술원논문집(人文社會科學篇)』제31집, 1992, 161-
162쪽.

26. 河宇鳳,"實學派의 對外認識",『國史館論叢』76, 국사편찬위원회, 1997, 255-256쪽.

27. 한국정신문화연구원,『한국민족문화대백과사전』, 1991, 조선팔도고금총람도.

28.『세종실록』권26, 세종 6년 11월15일(병술).

29.『慶尙道地理志』慶尙道地理志序.

30. 徐仁源,『朝鮮初期 地理志 研究—『東國輿地勝覽』을 중심으로—』, 혜안, 2002,
44-45쪽.

31.『慶尙道地理志』, 慶尙道地理志序.
其規式略曰 諸道諸邑 歷代名號之沿革 府州郡縣 鄉所部曲之離合 山川界域 險阻關
防 山城邑城 周回廣狹 溫泉水穴風穴鹽盆鹽井 牧場鐵場良馬所産處 土地肥脊 水泉
深淺 風氣寒溫 民俗所尙 戶口人物 土産雜物之數 租稅 水陸轉運之程途 營鎮梁浦建
設之地 軍丁戰艦之額 海中諸島 水陸之遠近 入島農業人物之有無 煙臺烽火所在之
處 本朝先王先后陵寢 前朝太祖古昔名賢之墓 土姓從仕德藝功業出衆之人 古昔相傳
靈異之跡 推覈移文.

32.『세종실록』권148, 地理志, 序文.
東國地志略在三國史 他無可稽 我世宗大王命尹淮申檣等 考州郡沿革 乃撰是書 歲
壬子書成 厥後離合不一 特擧兩界新設州鎮 續附于其道之末云.

33.『세종실록』권151, 地理志, 全羅道, 濟州牧.

34.『세종실록』「지리지」의 평가는 다음을 기초로 정리했다. 노도양,"한국의지지 편찬
사",『한국지지: 총론』, 건설부 국립지리원, 1979, 81쪽.

35.『세종실록』권151, 地理志, 全羅 濟州牧.
厥土風氣暖, 俗癡儉.

36.『세종실록』권148, 地理志, 경기 철원도호부 장단현.
厥土肥塉相半, 風氣早寒.

37.『세종실록』권149, 地理志, 충청도 충주목.
厥土肥塉相半, 民俗儉嗇.

38.『세종실록』권152, 지리지, 황해도 해주목 옹진현.

厥土墳, 風氣寒, 居民以魚鹽爲生.

39. 『세종실록』 권153, 지리지, 강원도 삼척도호부 평해군.

厥土肥墳相半, 風氣暖, 俗業海錯, 崇習武藝.

40. 『세종실록』 권153, 지리지, 평안도 안주목 양덕현.

厥土墳, 風氣多寒早霜.

41. 『세종실록』 권153, 지리지, 함길도 회령도호부.

厥土肥多墳少, 風氣苦寒, 俗尙儉素强勇.

42. 『고려사』 권56, 지제10, 지리1.

43. 『고려사』 권56, 지제10, 지리1, 楊廣道 淸風縣.

44. 노도양, 앞의 논문, 85쪽.

45. 『세조실록』 권2, 세조 1년 8월12일(을묘).

46. 『신증동국여지승람』 서문

47. 『세종실록』 「지리지」의 속편에 해당하기 때문에 '속찬'이라는 표현을 썼다. 『경상도속찬지리지』는 현재 서울대학교 규장각한국학연구원에 소장되어 있다. 『경상도속찬지리지』는 1938년 조선총독부 중추원에서 『경상도지리지』와 함께 활자본으로 출간했으며 1976년 弗咸文化社에서 다시 영인본을 간행했다. 이후 1981년 아세아문화사에서 『전국지리지총서』 제1권으로, 『삼국사기』 지리지·『경상도지리지』·『경상도속찬지리지』·『세종실록』 지리지를 한 권으로 묶어 원본을 영인, 간행했다.

48. 『慶尙道續撰地理誌』 地理誌續撰事目.

49. 서인원, 앞의 책, 106쪽.

50. 『해동제국기』 서문.

夫交隣聘問撫接殊俗 必知其情然後可以盡其禮 盡其禮然後可以盡其心矣 我主上殿下命臣叔舟 撰海東諸國朝聘往來之舊 館穀禮接之例 以來臣受命祇栗謹稽 舊籍參之見聞圖其地勢 略敍世系源委風土所尙 以至我應接節目裒輯爲書以進臣.

51. 『海東諸國紀』 日本國紀, 對馬島.

52. 『신증동국여지승람』 서문.

53. 『신증동국여지승람』 서문.

54. 『신증동국여지승람』 권38, 정의현, 열녀.

1. 이 절의 내용은 필자의 『조선시대 세계지도와 세계인식』 (창비, 2011)의 153-382쪽 내용을 바탕으로 작성되었다. 과학사적 관점에서 중국과 조선의 서구 지리학 이해에 관해서는 다음을 참조. 임종태, 『17, 18세기 중국과 조선의 서구 지리학 이해』, 창비, 2012.

2. 李睟光, 『芝峰類說』 諸國部, 外國.

3. 柳夢寅, 『於于野談』, 西敎.

4. 『양의현람도』는 숭실대에 남아 있는 것이 세계 유일본으로 알려졌으나 이후 중국에서도 1점이 발견되었다. 그러나 전체적인 보존 상태는 숭실대본보다 떨어진다. 曹婉如 外(編), 『中國古代地圖集: 明代』, 文物出版社, 1995, 도판57, 58 참조.

5. 이전의 연구에서는 1722년(경종 2) 兪拓基가 북경에서 페르비스트의 『坤輿圖說』을 가지고 왔던 사실을 토대로 『곤여전도』의 도입도 이 시기를 전후하여 이뤄졌을 것으로 보고 있다(金良善, "韓國古地圖硏究抄", 『崇實大學』 제10호, 1965, 74쪽).

6. 서울대학교 중앙도서관 구간서고에는 1674년판 『곤여전도』(貴軸4709-88C), 1856년 광동판 『곤여전도』(大4709-88A), 1860년의 海東重刊本 『곤여전도』(軸4709-88) 등 『坤輿全圖』의 모든 판본이 소장되어 있으며, 또한 해동중간본을 1911년에 찍은 後刷本(軸4709-88B)도 남아 있다.

7. 崔錫鼎, 『明谷集』 권8, 序引, 「西洋乾象坤輿圖二屛總序」.
   "……其說宏闊矯誕 涉於無稽不經 然其學術傳授有自 有不可率爾卜破者 故當存之以廣異聞……"

8. 田保橋潔, "朝鮮測地學史上の一業績", 『역사지리』 60-6, 1932, 26쪽.

9. 배우성, "서구식 세계지도의 조선적 해석, 〈천하도〉", 『한국과학사학회지』 제22권 제1호, 2000, 58쪽.

10. 『지구전요』에 대한 지리학적 연구는 다음을 참조. 노혜정, 「최한기의 지리사상 연구: 『地球典要』를 중심으로」, 서울대학교 박사학위논문, 2003; 노혜정, 『『지구전요』에 나타난 최한기의 지리사상』, 한국학술정보, 2005.

11. 李元淳, "崔漢綺의 世界地理認識의 歷史性: 惠岡學의 地理學的 側面", 『문화역사지리』 4호, 1992, 20쪽.

12. 徐繼畬, 『瀛環志略』, 凡例.

13. 崔漢綺, 『推測錄』 卷6, 推物測事, 地志學.

地志者 載錄風土物産 古今事實者也 地圖者 倣象郡國界境 參錯廣輪者也.

14. 『지구전요』의 일본 부분은 『해국도지』나 『영환지략』에 수록된 내용이 소략하여 『해유록(海遊錄)』에 수록된 내용을 주로 이용했는데(崔漢綺 『地球典要』凡例), 「일본도(日本圖)」도 여기에 실린 것을 모사한 것으로 보인다.

15. 徐繼畬, 『瀛環志略』, 序.
   道光癸卯 因公駐厦門 晤米利堅人雅裨理 西國多聞之士也 能作閩語 携有地圖冊子 繪刻極細 苦不識其字 因鈞摹十餘幅 就雅裨理詢譯之 粗知各國之名 然悤卒不能詳也 明年再至厦門 郡司馬霍君蓉生 求得地圖二冊 一大二尺餘一尺許 較雅裨理冊子 尤爲詳密幷覓得.

16. 오상학, 『옛 삶터의 모습 고지도』, 통천문화사, 2005, 36쪽. 『지구전요』의 세계지도는 『영환지략』의 지도를 저본으로 삼았기 때문에 『지구도』는 『영환지략』의 지도를 바탕으로 제작되었을 수도 있다.

17. 李燦, 『韓國의 古地圖』, 범우사, 1991, 도판 26.

18. 이러한 사례 중의 하나로 황윤석은 전라도 茂長의 冬音峙面 松雲洞의 李業休 家에 마테오 리치의 五大洲地圖가 있다는 사실을 지적하기도 했다.(『頤齋亂藁』 권2, 丁丑(1757), 2월 20일.) 이업휴가 누구인지 구체적으로 확인할 수는 없지만 당시 유명한 고위 관료나 학자가 아닌 것은 분명하다. 이를 통해 본다면 서구식 세계지도의 私藏과 이의 열람이 생각보다 광범하게 이뤄졌을 가능성이 높다. 현존하는 지도만을 토대로 서구식 세계지도의 영향을 평가하는 것은 다소 한계가 있다.

19. 18세기 후반에 이르러서는 서학의 영향이 더욱 커지는데, 박지원의 아들 朴宗采는 서양 耶蘇의 학문이 나라 안에 크게 유행하여 집집마다 물들어서 실로 깊은 근심거리라 할 정도였다(박종채 저, 김윤조 역주, 『역주 과정록』, 태학사, 1997, 154쪽).

20. 마테오 리치 자신도 평면 상에 그려진 지도를 통해서 땅이 둥근 이치를 깨닫기가 어려운 점을 고려하여 적도 이북과 이남의 두 반구도를 첨가하여 지구설을 쉽게 이해할 수 있도록 배려하기도 했다. 『坤輿萬國全圖』의 利瑪竇 序文 참조.

21. 李瀷, 『星湖僿說』 권2, 天地門, 地球.

22. 李瀷, 『星湖僿說』 2권, 天地門, 分野.

23. 그는 서양 과학의 여러 문제들을 전통적인 해석으로 일관했는데, 우주의 구조에 대해서는 전통적인 渾蓋說을 이용했고, 서양의 九重天說에 대해서는 屈原의 九重天說로 이해하기도 했던 한계를 분명하게 보여주었다(朴星來, "이익의 서양과학 수용," 『東園 金興培博士 古稀紀念 論文集』, 1984, 380-381쪽).

24. 마테오 리치가 저술한 천주교의 漢譯教理書로 1608년에 북경서 간행되었다. 중국 역대 현인 10명을 리치가 10가지 항목으로 문답한 문체로 된 斥佛護西教書이다.

25. 李種徽, 『修山集』 권4, 記, 利瑪竇南北極圖記.

26. 河宇鳳, "實學派의 對外認識", 『국사관논총』 76집, 1997, 270쪽.

27. 배우성, 『조선후기 국토관과 천하관의 변화』, 일지사, 1998, 365쪽

28. 洪大容, 『湛軒書』 内集 3권, 補遺, 醫山問答.

29. 오상학, "목판본 輿地全圖의 특징과 地理思想史的 意義", 『韓國地圖學會誌』, 제1권 제1호, 사단법인 한국지도학회, 2001, 2쪽.

30. 『莊子』 内篇 「齊物論」, 六合之外 聖人存而不論 六合之内 聖人論而不議.

31. 船越昭生, "マテオリッチ作成世界地圖の中國に對する影響について", 『地圖』 第9卷, 1971, p.7.

32. 野間三郎·松田信·海野一隆, 『地理學の歷史と方法』, 大明堂, 1959, p.62.

33. 崔錫鼎, 『明谷集』 권6, 論泰西坤輿.

34. 南克寬, 『夢囈集』 乾, 「金參判曆法辨辨」.

35. 李晩采, 『闢衛編』 권1, 慎遯窩西學辨-職方外紀.

36. 盧禎埴, 「韓國의 古世界地圖研究」, 효성여자대학교 박사학위논문, 1992, 35쪽.

37. McCune, Shannon, "The Chonha Do-A Korean World Map", *Journal of Modern Korean Studies* 4, 1990, p.1.

38. 海野一隆, "李朝朝鮮における地図と道教", 東方宗教 57, 1981, pp.29-30.

39. 배우성, "서구식 세계지도의 조선적 해석, 〈천하도〉", 한국과학사학회지 제22권 제1호, 2000, 55-56쪽.

40. Yi, Ik Seup, "A Map of the World," *Korean Repository* 1, 1892, pp.336-352.

41. Bagrow, Leo(Ed. R.A. Skelton), *History of Cartography*, 1966, pp.204-205.

42. 小川琢治, "近世西洋交通以前の支那地圖に就て", 『地學雜誌』 258-160號, 1910, pp.512-518.

43. 鄭在書 譯註, 『山海經』, 民音社, 1985, 25쪽.

44. 李奎報, 『東國李相國集』, 卷之一百七, 雜著, 山海經疑詰.
在醇儒當以尙書爲正 而以山海經爲荒怪之說矣.

45. 李德懋, 『青莊館全書』, 권62, 山海經補 東荒.
山海經或曰 伯益著荒唐不根 已不列六經 今補者 疑亦齊東之人也.

46. 李瀷, 『星湖僿說』 권28, 時文門, 啓棘賓商.

47. 趙龜命,『東谿集』卷之七, 雜著, 讀山海經.

    是書固多舛謬 而海內東經尤甚.

48. 裵祐晟, "古地圖를 통해 본 조선시대의 세계인식",『震檀學報』83호, 震檀學會, 1997, 72쪽.

49. 오상학,『천하도, 조선의 코스모그래피』, 문학동네, 2015, 86-87쪽.

50.『星湖僿說』, 天地門, 東國地圖.

51. 金正浩, 靑邱圖凡例.

    正廟朝分命諸州郡 圖形該地方以上 於是有經緯線表 或以八道分幅 或以州縣分俵任意裁作 鄭喆祚黃曄尹鍈之本最著焉.

52. 이 절의 내용은 필자의 다음 논문을 토대로 작성되었다. 오상학,「정상기의『동국지도』에 관한 연구—제작과정과 사본들의 계보를 중심으로—」, 서울대학교 석사학위논문, 1994; 이우형·오상학, "국립중앙박물관 소장『조선지도』의 지도사적 의의",『문화역사지리』제16권 제1호, 2004, 165-181쪽.

53.『東國地圖』跋文.

    我國地圖行於世者 不知其數而無論其模本印本 皆從紙面闊狹方圓而爲之 故山川道里盡爲相左 十餘里之近者或遠於數百里 數百里之遠者或近於十餘里 以至東西南北或易其位 若按其圖而欲往遊於四方卽無一可據 與冥行者無異矣 予以是病焉遂作此圖.

54. 若其施采卟色 卽京畿純黃湖西紅白湖南純紅嶺南卽靑紅嶺東純靑 海西純白關西黑白關北純黑 山以綠水以靑 紅線畵水陸大路 黃線別左右分界 墩形而點紅以記烽燧粉堞而留白以表山城 營邑有城外施白線 驛堡成圈乍分靑黃 此皆作圖之凡例 覽者詳之.

55. 黃胤錫,『八道地圖(古4709-48)』, 跋文.

56.『동국팔로분지도』는 뒤에 수록된 범례의 내용과 완전히 일치하고 있지는 않다. 범례에서는 각 도별도에 도의 연혁과 조선시대 새로이 창설되고 혁파된 고을을 기재했다고 하고 있으나『동국팔로분지도』에는 이러한 내용이 없다. 이로 본다면『동국팔로분지도』는 원본인『동국여지도』의 팔도분도만을 모사한 사본으로 볼 수도 있다.

57. 申景濬,『旅菴遺稿』, 卷五, 跋, 東國輿地圖跋.

58. 이 지도는 최근 규장각에서 영인 간행되었다. 서울대학교 규장각한국학연구원,『조선후기 대축척 조선분도—정상기의『동국지도』수정본 계통—』, 2007 참조.

59. 이기봉, "정상기의『동국지도』수정본 계열의 제작 과정에 대한 연구",『문화역사지

리』제20권 제1호, 2008, 56-88쪽.

60. 이 지도는 최근 국립중앙박물관에서 영인, 제작되었다. 국립중앙박물관,『오사카 부립도서관 소장의 조선도』, 2007.

61. 양보경, "일본 대판부립도서관 소장 朝鮮圖의 고찰,"『서지학연구』17집, 1999, 421쪽.

62. 장상훈, "조선후기 분첩식 대축척 전국지도의 제작과 조선도,"『문화역사지리』20-2, 2008, 79쪽.

63. 오상학,『옛 삶터의 모습, 고지도』, 국립중앙박물관, 2005, 46쪽.

64. 장상훈, "조선후기 대축척 조선전도의 발달과 동여,"『문화역사지리』19-1, 2007, 37-57쪽.

65. 장진숙,「국립중앙도서관 소장 필사본『대동여지도』연구」, 부산대학교 교육대학원 석사학위논문, 2008, 78-80쪽.

66. 경위선표식 군현지도의 계보에 대한 연구는 다음을 참조. 김기혁, "조선후기 방안식 군현지도의 발달 연구 ―'東國地圖 三'을 중심으로―,"『문화역사지리』19-1, 2007, 19-36쪽.

67. 이상태,『한국고지도발달사』, 혜안, 1999, 215-216쪽.

68. 楊普景, "朝鮮時代의 地方地圖―高宗代 郡縣地圖를 중심으로―,"『朝鮮時代 地方地圖』, 서울대 규장각 전시회 도록, 1995, 69쪽.

69. 金貞培, "首善全圖考,"『史叢』제8집, 1963, 119-121쪽.

70. 이찬·양보경,『서울의 옛 지도』, 서울학연구소, 1995, 145쪽.

71. 오상학, "조선시대 일본지도와 일본인식",『대한지리학회지』38-1, 2003, 45-46쪽.

72. 손승철, "조유 교린체제의 구조와 특징",『조선과 유구』, 아르케, 1999, 70-72쪽.

73. 배우성, "정조시대 동아시아 인식과『해동삼국도』",『정조시대의 사상과 문화』, 돌베개, 1999, 193쪽.

74. 원문에는『倭漢三才圖會』라 표기되어 있다. 국립중앙박물관에 소장된『화한삼재도회』에도 표지에는『왜한삼재도회』라 기재되어 있다.

75. 본절의 내용은 "고산자 김정호의 지도제작과 그 의의",『고산자 김정호 기념사업 연구보고서』(국립지리원, 2001)를 바탕으로 작성되었다.

76. 李圭景,『五洲衍文長箋散稿』권38, 萬國經緯地球圖辨證說.

77. 泰然齋가 누구의 堂號인가에 대해서는 최한기로 보는 입장과 김정호로 보는 입장의 두 가지 견해가 있다.『지구전후도』의 전체적인 제작을 최한기가 주관하고 김정호가

단지 刻手로서 참여했다면 泰然齋는 최한기의 堂號로 보는 것이 타당할 것이다.

78. 全相運, 『韓國科學技術史』 제2판, 正音社, 1988, 49-50쪽.

79. 신헌은 무관으로서 1849년 禁衛營大將이 되고 잠시 파직, 적배되었다가 1866년 총
    융사, 이후 병조판서, 진무사 등을 역임하고 1876년에는 판중추부사로 일본과의 강화
    도조약을 체결했던 인물이다.

80. 申櫶, 『申大將軍集』 琴堂初篇, 大東方輿圖序.

　　輿地之有圖古也 風后受圖九州始布 周禮大司徒以下職方司書司險之官 俱以圖辨正
　　名物 蘇秦甘茂之徒 據圖而言天下險夷 蕭何入關先收圖籍 鄧禹馬援皆言形勝圖之不
　　可闕明矣 余嘗有意於我東輿圖 如籌司奎閣之藏 古家蟫蠹之餘 廣蒐而證定 參互羣
　　本 援據諸書 合以衷輯 因謀諸金君百源屬以成之 指證口授數十年 始成一部凡二十三
　　糾 分合隨宜考覽其便 脈路線路了無疑眩 名山支麓之特峙幷峙連峙疊峙者 經川派溪
　　之滙流分流幷流絶流者 郡縣坊里之境界 道里之量尺 以至驛郵鎭堡城壘倉廨寺刹烽
　　燧關海嶺阨 無不纖悉 分率可以辨廣輪之度 準望可以正遠近之軆 道里可以定所由之
　　數 高下方邪迂直俱可以審焉 百司庶府以之綜理民物 則財賦之所出 軍國之所資在焉
　　方伯守令民社之寄 則彊域之盤錯山澤之藪廛 與夫耕桑水泉民情風俗在焉 四民之往
　　來水陸險易趨避之實在焉 此治世之所必資也 孫子曰 不知山林險阻沮澤之形者 不能
　　行軍 不用鄕導者 不能得地利 苟不能辨其綱領識其條貫 而取信於臨時之行軍鄕導不
　　爲敵之所愚者幾希矣 辨要審緩急 奇正斷于胸中 死生變于掌上 因地利之所在而權
　　衡焉 皇帝舜禹聖人也 尙亦用干戈 易曰 安而不忘危 其可以己治忽之也哉 余治世之
　　武人也 一生苦心拳拳於此 余亦何意也歟.

81. 이상태, 『한국고지도발달사』, 혜안, 1999, 221쪽.

82. 그러나 이러한 제작 시기 추정에는 다소의 문제가 있다고 판단된다. 신헌은 1849년
    헌종이 위독할 때 사사로이 의사를 데리고 들어가 진찰한 죄로 섬으로 위리안치(圍
    籬安置)되고 1854년 무주(茂朱)로 이배(移配)되었다가 1857년에 풀려나왔다. 그 후
    1862년에 통제사를 거치면서 고위 관직을 역임했다. 「대동방여도 서문」의 내용으로
    볼 때 수십 년에 걸친 노력의 결실로 지도가 완성되었다고 하고 있는데 귀양에서 풀
    려난 직후에 지도를 완성시킬 수 있었는지 의심이 간다. 또한 『대동여지도』의 선행 지
    도로 제작되었다고 한다면 『대동여지도』는 『동여도』의 제작 이후에 만들어진 것이
    되는데 『동여도』가 제작된 지 2~3년 사이에 목판본 『대동여지도』를 완성시킬 수 있
    었는지도 의문이다. 『대동여지도』의 판각이 최소한 김정호 1인에 의해 이루어졌다고
    볼 때 126면의 목판을 2~3년 내에 판각하는 것은 거의 불가능할 것이다. 따라서 『동

여도』의 제작 시기와 더불어 『동여도』가 『대동여지도』의 선행 지도인가 아닌가의 문제는 좀 더 깊이 있는 연구를 필요로 한다고 생각된다.

83. 李祐炯, 『大東輿地圖의 讀圖』, 匡祐堂, 1990, 27-29쪽.

84. 金正浩, 靑邱圖凡例.

85. 국립중앙도서관 소장의 『해동여지도』와 동일한 사본으로 일본 동양문고에 『강역전도』가 있는데 『해동여지도』의 부본으로 보인다. 『해동여지도』는 3책으로 구성되어 있는데, 1책은 경기, 충청, 전라, 경상의 군현지도가 수록되어 있고, 2책은 강원, 황해, 평안, 함경의 군현지도가 수록되어 있다. 3책은 군현의 통계자료가 수록된 것인데, 민호(民戶), 군총(軍總), 곡총(穀總), 전답, 사방 경계, 방면(坊面) 등의 사항이 기재되어 있다. 그러나 『강역전도』에는 『해동여지도』의 제3책인 통계자료가 없다. 아울러 『해동여지도』처럼 2책으로 지도책이 나누어져 있지 않고 한 책으로 묶어져 있는 것이 다른 점이다. 전체적으로 볼 때, 개별 군현지도의 체제와 내용, 표현 방식 등이 동일하여 부본으로 제작된 것으로 볼 수 있다(고려대학교 해외한국학자료센터 홈페이지).

86. 이상태, 『한국고지도발달사』, 혜안, 1999, 215-216쪽.

87. 배우성, 『조선후기 국토관과 천하관의 변화』, 일지사, 1998, 405쪽.

88. 신경준, 『旅菴遺稿』 권5, 東國輿地圖跋.

89. 金正浩, 靑邱圖凡例.

90. 이상태, 『한국고지도발달사』, 혜안, 1999, 207-208쪽.

91. 李祐炯, 『大東輿地圖의 讀圖』, 匡祐堂, 1990, 24쪽.

92. 『대동여지도』에 대한 최근의 연구사 정리는 다음을 참조. 배우성, "『대동여지도』 연구의 쟁점과 과제", 『한국과학사학회지』 28-1, 2006, 117-138쪽.

93. 양보경, "대동여지도", 『한국사시민강좌』 23, 1998, 51쪽.

94. 윤홍기, "대동여지전도의 지도 족보론적 연구", 문화역사지리 3, 1991, 40-43쪽.

95. 李祐炯, 『大東輿地圖의 讀圖』, 匡祐堂, 1990, 36-37쪽.

96. 성남해, "대동여지도 연구의 제문제: 제1편 대동여지도의 축척과 조선전통 10리", 『측량』 53, 2000, 37쪽.

97. 양보경, "대동여지도", 『한국사시민강좌』 23, 1998, 51-52쪽.

98. 이찬, 『한국고지도』, 한국도서관학연구회, 1971, 211쪽.

99. 김두일은 이전 시기 지도의 해안선 윤곽으로 비교하는 것에서 벗어나 Bidimensional Regression(BDR)이라는 통계 기법을 이용하여 공간적 정확성을 분석했다. 그에 의하면, 전통적인 기법으로 제작된 『대동여지도』가 현대 지도와 상당히 유사하여 공간적

정확성은 높은 편이라 했다. 또한 공간적 정확성을 측정했을 때 나타나는 중요한 특징은 전국적 차원에서의 정확성과 지역 차원에서의 정확성이 다른데, 지역 차원에서의 정확도가 보다 높다는 점이다(金斗日, "大東輿地圖의 공간적 정확성", 『문화역사지리』 6호, 1994, 41쪽).

100. 양보경, "조선시대 읍지의 성격과 지리적 인식에 관한 연구", 『지리학논총』 별호3, 1987, 8쪽.

101. 『함주지』에 관한 연구로는 다음을 참조. 김문식, "16~17세기 寒岡 鄭逑의 地理志 편찬", 『민족문화』 29집, 2006, 173-218쪽; 강창용, 「16세기 사찬 읍지의 연구:『咸州志』를 중심으로」, 숭실대학교 석사학위논문, 1998.

102. 『一善誌』, 善山地圖誌.

　　輿地之有圖. 古也. 天下有天下之圖. 一國有一國之圖. 一邑有一邑之圖. 而邑圖之於守令. 爲其切焉. 蓋其山川廣袤. 戶口多寡. 墾田贏縮. 道里遠近. 於是乎有考焉. 以賦征於民. 而均差其租庸調. 以奉公上. 寧可少耶.

103. 고창석, "제주도관계지지류의 현황", 『제주목 지지총람』, 제주시, 2002, 17-18쪽.

104. 李衡祥, 『南宦博物』, 誌候.

105. 양진석, "18세기말 전국지리지 『해동여지통재』의 추적", 『규장각』 43, 2013, 37쪽.

106. 배우성, 앞의 책, 140-141쪽.

107. 국사편찬위원회, '해제', 『여지도서』, 1973, 1-4쪽.

108. 한국문화역사지리학회편, 『한국역사지리』, 푸른길, 2011, 298쪽.

109. 『여지도서』에 수록된 군현지도에 대한 연구는 다음을 참조. 노희방, "여지도서에 게재된 읍지도에 관한 연구", 『지리학과 지리교육』 10, 1980, 1-17쪽.

110. 양윤정, "18세기 여지도서 편찬과 군현지도의 발달", 『규장각』 43, 서울대학교 규장각한국학연구원, 2013, 20쪽.

111. 양보경, "여암 신경준의 지리사상", 『월간국토』 5월호, 1999, 42쪽.

112. 양진석, 앞의 논문, 41쪽.

113. 『정조실록』 27권, 정조 13년 7월2일(병술).

114. 배우성, 『조선후기 국토관과 천하관의 변화』, 일지사, 1998, 158-159쪽.

115. 正祖, 『弘齋全書』 권184, 群書標記, 海東輿地通載六十卷.

116. 양진석, 앞의 논문, 67-68쪽.

117. 이 부분은 양보경의 논문을 바탕으로 정리했음을 밝혀둔다. 양보경, "조선시대 읍지의 성격과 지리적 인식에 관한 연구", 『지리학논총』 별호3, 1987, 113-118쪽.

118. 김태웅, "근대개혁기 전국지리지의 기조와 특징",『규장각』43, 2013, 113-143쪽.

119. 1899년 읍지에 관한 연구로는 다음을 참조. 정대영, "1899년 全國邑誌相送令과 읍지편찬 연구",『書誌學報』제38호, 2011, 77-113쪽.

120. 朴仁鎬,『朝鮮後期 歷史地理學 硏究』, 이회, 1996, 272쪽.

121. 노도양, 앞의 논문, 92-93쪽.

122. 朴仁鎬, 앞의 책, 88쪽.

123. 朴仁鎬, 앞의 책, 88-99쪽.

124. 노도양, 앞의 논문, 97쪽.

125. 현존하는『사군지』사본 가운데 고려대 도서관 소장의 육당문고본이 유득공의 원본으로 추정되고 있다.

126.『동환록』은 1908년 조선에 거주한 일본인들이 결성해 조선의 주요 고서들을『朝鮮群書大系』로 발간한 조선고서간행회에서 1911년에 신연활자본으로 발행해 널리 알려지게 되었다.

127. 박인호,『조선시기 역사가와 역사지리인식』, 이회, 2003, 393-409쪽.

128. 이후 장지연은 1928년『대한강역고』를 국한문혼용체로 풀어 쓴『朝鮮疆域誌』를 문우사에서 간행했다. 현재 서울대 규장각한국학연구원 등에 소장되어 있다.

129. 신경준의 학문과 사상에 대해선 다음을 참조. 고동환, "旅庵 申景濬의 학문과 사상,"『지방사와 지방문화』6-2, 2003, 179-216쪽.

130. 류명환, "신경준의『도로고』필사본 연구,"『문화역사지리』26-3, 2014, 19-32쪽.

131. 崔昌祚, "旅菴 申景濬의 地理學解釋",『茶山學報』第8輯, 茶山學硏究所, 1986, 44-46쪽.

132. 양보경, 앞의 논문, 39-40쪽.

133. 박인호, 앞의 책, 133-134쪽.

134. 도도로키 히로시, "『距京程里表』의 내용·유형과 계통에 관한 연구",『대한지리학회지』45-5, 2010, 647-666쪽.

135. 양보경, 앞의 논문, 40쪽.

136. 박인호, 앞의 책, 135-136쪽.

137. 양보경, 앞의 논문, 41쪽.

138. 양보경, "조선시대의 자연인식체계",『한국사시민강좌』제14집, 일조각, 1994, 70-97쪽.

139.『산경표』의 저자에 대해서는 신경준으로 추정하는 설과 이를 부정하는 설이 있다.

140. 조선광문회에서 간행한『산경표』는 崔誠愚 소장본을 저본으로 하고 있다. 이 책에서도『산경표』의 찬자를 미상으로 표기했지만 신경준의「山經」에서 비롯되었음을 밝히고 있다. 조선광문회본은 이후 1990년 푸른산에서 영인 간행되었다.

141. 일부 사본에서는 낙남정맥을 낙남정간으로 표기하는 등 약간의 차이가 있다.

142. 김종혁, "산경표의 문화지리학적 해석",『문화역사지리』14-3, 2002, 88-91쪽.

143. 양보경, "정약용의 지리인식―대동수경을 중심으로",『정신문화연구』67, 한국정신문화연구원, 1997, 97-116쪽.

144.『동국명산기』에 대한 최근의 연구로는 다음을 참조. 양재성,「研經齋 成海應의 山水記 硏究―『東國名山記』를 중심으로」, 영남대학교 석사학위논문, 2010.

145. 현재 서울대 규장각한국학연구원에 소장되어 있으며 1983년 아세아문화사에서 전국지리지총서의「전국지리지3」으로 영인 간행되었다.

146. 양보경, "반계 유형원의 지리사상: 동국여지지와 군현제의 내용을 중심으로",『문화역사지리』4, 1992, 37-39쪽.

147. 배우성, "擇里志에 대한 역사학전 讀法: 필사본 비교연구를 중심으로",『한국문화』33, 2004, 213-246쪽.

148. 권정화, "이중환의 택리지",『공간이론의 사상가들』, 한울, 2001, 527-536쪽.

149. 梶井陟 역,『択里志』, 成甲書房, 1983.

150. Choi Yoon, Inshil, *Yi Chung-Hwan's T'aengniji, The Korean Classic for Choosing settlement*, Wild Peony, 1998.

151. 한국문화역사지리학회편, 앞의 책, 319쪽.

152. 권정화, 앞의 논문, 530-534쪽.

153. 박영한, "淸潭 李重煥의 地理思想에 關한 硏究",『지리학논총』4, 1977, 35쪽.

154. 현재 서울대 규장각한국학연구원과 영남대학교 도서관에 소장되어 있다.

155. 최홍규,『우하영의 실학사상 연구』, 일지사, 1995, 63-70쪽.

156. 김혁, "우하영의 지리적 사유와 그 문화적 위치―'팔도론'과 '풍토론' 사이―",『규장각』43, 2013, 73-109쪽.

157. 한국문화역사지리학회편, 앞의 책, 302쪽.

158. 이상태,『한국 고지도 발달사』, 혜안, 1999, 186-192쪽.

159. 편찬 시기 추정의 근거는『여도비지』제1책 京都 廟典 조에서 헌종을 종묘에 모신 기록(1851년)과 같은 책 宮廟 조의 은언군묘와 전계대원군묘를 "주상 전하가 기유년에 세우다."라는 기록(1849년), 지지에 순조의 廟號를 '純宗'으로 표기한 일(1857년

이전), 순조릉의 인릉(仁陵) 천봉(遷奉) 기사(1856년) 등을 들 수 있다.

160. 이러한 강역표, 극고표, 방위표, 도리표 등은 전적으로 지도 제작을 위해 작성된 항목으로 보아『여도비지』를『동여도』의 시방서로 보는 견해도 있다(이상태, 앞의 책, 197쪽). 그러나 이러한 표는 실제 측량을 통해 작성된 것으로 보기는 어렵다. 강역표, 극고표, 방위표 등은 지도에서 측정된 수치로 지도를 제작하기 위해 작성된 수치는 아닌 것이다.

161. 양보경, "古山子 地志의 現代的 評價",『지리학』26-2, 1991, 169쪽.

162. 이 절의 내용은 필자의 다음 논문을 토대로 작성되었다. 오상학, "조선후기 세계지리지에 대한 시론적 고찰",『규장각』43, 2013, 245-275쪽.

163.『지봉유설』의 세계지리지적 성격과 세계 인식에 관한 연구로는 다음을 참조. 장보웅·손용택, "芝峯 李睟光의 지리적 세계관",『문화역사지리』16-1, 2004, 225-235쪽; 이경희, "『지봉유설(芝峯類說)』에 나타난 이수광의 세계 인식―외국부(外國部) 외국조(外國條) 기사를 중심으로",『문명교류연구』제2호, 2011, 225-258쪽.

164. 정수일, "『지봉유설』속 외국명 고증문제",『문명교류연구』제2호, 2011, 191-193쪽.

165. 위의 논문, 193쪽.

166. 李睟光,『芝峯類說』諸國部, 外國.
萬曆癸卯 余忝副提學時 赴京回還使臣李光庭權憘 以歐羅巴國輿地圖一件六幅 送于本館 (중략) 地圖乃其國使臣馮寶寶所爲 而末端作序文記之 其文字雅馴 與我國之文不異 始信書同文 爲可貴也 按其國人利瑪竇李應誠(試)者 亦俱有山海輿地全圖 王圻三才圖會等書 頗采用其說.

167.『芝峯類說』, 諸國部 外國.

168.『芝峯類說』, 諸國部 外國.

169. 이수광은 '永結利'이라 표기했는데, 이러한 표기는 중국의 서적에서도 보기 힘들다. 이것은 잉글랜드를 음차하여 표기한 것으로 중국에서는 보통 '英吉利'라 표기한다. 이 외에 다른 표기로는 '英機黎', '英圭黎', '膺吃黎', '諳厄利', '英倫的' 등을 들 수 있다(『瀛環志略』권2, 英吉利國). 그런데 1602년 간행된 마테오 리치의『곤여만국전도』에는 '諳厄利亞'라 표기되어 있고, '英吉利'라는 표기도 청나라 건륭 연간에 간행되는『皇淸職貢圖』,『皇朝文獻通考』,『皇朝通典』등의 문헌에서 처음 보인다. 따라서 이수광이 자신이 직접 이 표기를 만든 것인지 아니면 다른 문헌을 보고 표기한 것인지가 분명하지 않다.

170. 魏伯珪『寰瀛誌』「利瑪竇天下圖」. 이 지도는 보통의 원형 천하도와는 달리 직사각

형으로 그려져 있는데 이는 책의 판형에 맞춰 그렸기 때문이다. 그러나 전체적인 내용은 원형 천하도와 거의 일치한다.

171. 김문식, "『보만재총서』 해제", 『보만재총서』1, 규장각자료총서 과학기술편, 2006, 18쪽.

172. 김문식, "18세기 徐命膺의 세계지리 인식", 『한국실학연구』11, 2006, 86쪽.

173. 『保晩齋叢書』, 「緯史」 권11, 方國偏東一, 佛郞機國.

174. 『明史』 卷三百二十五　列傳 第二百十三 外國六 佛郞機.

175. 최한기의 세계지리 인식에 대해서는 다음을 참조. 李元淳, "崔漢綺의 世界地理認識의 歷史性: 惠岡學의 地理學的 側面", 『문화역사지리』4호, 1992, 9-32쪽.

176. 『지구전요』에 대한 지리학적 연구는 다음을 참조. 노혜정, 『지구전요에 나타난 최한기의 지리사상』, 한국학술정보, 2005.

177. 李元淳, 앞의 논문, 20쪽.

178. 『해국도지』는 아편전쟁의 중심인물인 임칙서(林則徐)가 번역한 『四洲志』를 위원이 증보하여 1842년 60권으로, 1852년에는 100권으로 출판한 세계지리서다. 내용은 세계 각국의 지세, 산업, 인구, 정치, 종교 등 다방면에 걸쳐 있는데 주제를 18개 항목으로 분류하여 서술했다. 마테오 리치의 지도설과 알레니의 『직방외기』, 페르비스트의 『곤여도설』의 내용을 많이 수록하고 있다. 『영환지략』은 1848년 서계여의 편저로 10권 6책으로 되어 있다. 이 책 역시 『직방외기』와 『곤여도설』을 많이 채용했으나 그 범례에 있는 것과 같이 지도는 최신의 서양 지도를 채용했고 지명과 국명도 최신의 신문잡지에 발표된 것으로 바꾸었으며 변화된 서양 제국의 연혁과 강역을 수정했다(金良善, "韓國古地圖硏究抄", 『梅山國學散稿』, 崇田大學校 博物館, 1972, 139-240쪽). 『해국도지』는 해안 방어를 위한 洋務 意識을 기초로 한 세계지리서이기에 여러 부분에서 해방론과 청국인들의 해방 정책 그리고 해상 침략 세력에 대비한 해방 무기 시설에 관해 언급하고 있다. 이에 반해 『영환지략』은 지도에 대한 정확한 지식과 세계 각국에 대한 지리적 소개를 의도한 것이기에 해방론과 관련된 기사는 없다. 이로 본다면 『영환지략』이 보다 순수한 의미에서의 세계지리서에 가깝다고 할 수 있다.

179. 徐繼畲 『瀛環志略』, 凡例.

180. 崔漢綺 『推測錄』 卷6, 推物測事, 地志學.
　　地志者 載錄風土物産 古今事實者也 地圖者 倣象郡國界境 參錯廣輪者也.

181. 權五榮, 「惠岡 崔漢綺의 學問과 思想 硏究」, 한국정신문화연구원 한국학대학원 박사학위논문, 1994, 254-255쪽.

182. 楊普景, "崔漢綺의 地理思想", 『震檀學報』81, 1996, 292-294쪽.

183. 『지구전요』의 일본 부분은 『해국도지』나 『영환지략』에 수록된 내용이 소략하여 『海遊錄』에 수록된 내용을 주로 이용했는데(崔漢綺, 『地球典要』 凡例), 「日本圖」도 여기에 실린 것을 모사한 것으로 보인다.

5장 근대적 지리학의 도입과 한계

1. 이진호, 『大韓帝國地籍 및 測量史』, 土地, 1989, 8쪽.

2. 이찬, 『한국의 고지도』, 범우사, 1991, 398쪽.

3. 국토지리정보원, 『한국지도학발달사』, 2009, 7-8쪽.

4. 유길준, 『서유견문』 제13편, 학문의 갈래.

5. 『여재촬요』에 대한 최근의 지리학적 연구는 다음을 참조. 임은진·서태열, "여재촬요의 세계지리영역에 대한 고찰", 『사회과교육』 51-4, 2012, 181-194쪽.

6. 『輿載撮要』 卷之一, 輿載撮要序.

7. 이민석, "1886년 박문국의 『만국정표』 출간과 세계지리 정보의 유통", 『한국사연구』 166, 2014, 258쪽.

8. 『여재촬요』에는 동서반구도의 세계지도가 수록되어 있으나 '천하오대주방도'라는 세계지도도 수록되어 있다. 메르카토르 도법을 사용한 서구 중심의 세계지도로 영국의 그리니치 천문도를 기준 경선으로 하고 있다. 지도에 수록된 대륙명이나 국명이 본문에 기술된 명칭과 차이가 있는 것으로 보아 중국이나 일본에서 제작된 지도를 저본으로 삼아 베껴 그린 것이다.

9. 『輿載撮要』 歐羅巴洲 荷蘭.

10. 임은진·서태열, "여재촬요의 세계지리영역에 대한 고찰", 『사회과교육』 51-4, 2012, 181-194쪽.

11. 『ㅅ민필지』 서문.

12. 한문본 『士民必知』는 총 2권 1책으로 구성되어 있다. 구성 목차를 보면 맨 처음에 序文이 수록되어 있고, 1권에서는 地毬, 晦望, 日月蝕, 雲, 雨, 風, 電, 雷, 地震, 霧, 雪, 雹, 潮汐水, 尾星, 流火, 地球總論, 人種總論, 歐羅巴總論(各國), 2권에는 亞細亞總論(各國), 亞美利加總論(各國), 亞非利加洲總論(各國) 등으로 이루어져 있다. 한문으로 번역되면서 한글본의 일부 내용이 빠지기도 했지만, 각국의 연혁에 해당되는 내용이 추

가되기도 했다.

13. 2판에서는 縱書 1단으로 이루어진 초판과 달리 종서 2단으로 편집되어 있고, 내용이 더 추가되었다. 초판은 항목별로 구성되어 있으나 2판에서는 '뎨일쟝 디구'와 같이 장별로 기술되어 있다. 학생들이 스스로 학습한 내용을 복습할 수 있도록 '묻는 말' 항목이 추가되었고, 순 한글로 된 초판과 달리 '디구(地球)', '금셩(金星)', '유로바(歐羅巴)' 등과 같이 일부 용어에 한자를 병기했다. 또한 국명과 지역명, 용어 등의 표기가 달라졌는데, 엥길리국이 영국, 블린시국은 프란스국, 이스바니아국은 셔바나국 싸뎡이는 지구 등으로 바뀌었다.

14. 金在完, "ᄉ민필지(士民必知)에 대한 小考", 『문화역사지리』 13-2, 2001, 205-207쪽.

15. 金在完, 앞의 논문, 202쪽.

16. 『明史』권323, 列傳211, 外國4, 呂宋.

17. 『職方外紀』권1, 呂宋.

18. 『瀛環志略』권2, 南洋各島, 呂宋.

19. 『海國圖志』권39, 大西洋, 大呂宋國.

20. 金在完, 앞의 논문, 206-208쪽.

21. 지문학(Physiography)이란 용어는 영국의 생물학자인 헉슬리(T. H. Huxley)가 처음 만든 용어로 자연현상의 개관을 교육하는 교과 명칭으로 사용되었다. 그가 제시한 지문학은 자연지리학(Physical Geography)보다는 독일의 지구학(Erdkunde)에 해당하는 것으로, 그 내용은 지구에 대한 일반적인 지식과 지구 안에 있는 것, 지구 위에 있는 것 및 지구에 관한 모든 것을 포함한다고 했다. 그는 1877년에 『지문학(Physiography)』을 저술했는데, 여기에는 자연지리학적인 내용뿐만 아니라 지질, 기상, 해양, 천문 등의 분야를 포괄하고 있다. 일본에서는 1880년대 이후 영국의 지문학이 도입되어 교과서로 제작되어 교육에 이용되었다. 우리나라의 지문학은 일본을 통해 들어온 것으로 1895년에 공포한 한성사범학교에 관한 규칙에 처음 등장했다. 지리 교과의 일부로 지문학이 포함되었는데 1907년 이후에는 한글로 편찬된 지문학 교과서가 간행되었다. 민대식의 『신찬지문학』(1907, 휘문관), 윤태영의 『중등지문학』(1907, 보성관), 김동규의 『정선지문교과서』(1909, 의진사) 등이 대표적이다(이면우·최승언, "한국 근대교육기 (1876-1910) 지문학 교과", 『한국지구과학회지』 20-4, 1999, 351-361쪽).

22. 서울대학교 규장각한국학연구원 인터넷 홈페이지, 「지구약론 해제」.

23. 박종석, "개화기 역관의 과학교육활동: 현채를 중심으로", 『한국과학교육학회지』 29(6), 2009, 741-750쪽.

24. 일본인의 기록을 바탕으로 편집한 사실은 총론에서 우리나라의 위치를 설명하는 부분에서 잘 드러난다. 한반도의 위치를 동은 일본해, 서는 황해와 임한다고 하여 전통적인 '동해', '서해'라는 바다 명칭 대신에 일본에서 통용되던 '일본해'와 '황해'로 표기하고 있다.

25. 『대한신지지』에 관한 최근의 연구로는 다음을 참조. 강철성, "문답 대한신지지 내용 분석—자연지리를 중심으로", 『한국지형학회지』 17-4, 2010, 17-27쪽.

〈표 및 도판 일람〉

표 일람

도판 일람

1. 사료 및 고문헌

『견성지(堅城誌)』

『경상도속찬지리지(慶尙道續撰地理誌)』

『경상도지리지(慶尙道地理志)』

『기인한상량(杞人閒商量)』

『고려도경(高麗圖經)』

『고려사(高麗史)』

『구당서(舊唐書)』

『국조역상고(國朝曆象考)』

『도리표(道里表)』

『동국문헌비고(東國文獻備考)』

『동문선(東文選)』

『디구략론』

『명사(明史)』

『산경표(山經表)』

『삼국사기(三國史記)』

『삼국유사(三國遺事)』

『상산지(商山誌)』

『신증동국여지승람(新增東國輿地勝覽)』

『여지도서(輿地圖書)』

『역대지리지장도(歷代地理指掌圖)』

『요사(遼史)』

『일본서기(日本書紀)』

『일선지(一善誌)』

『장자(莊子)』

『조선왕조실록(朝鮮王朝實錄)』

『주례(周禮)』

『증보문헌비고(增補文獻備考)』

『진서(晉書)』

『화한삼재도회(和漢三才圖會)』

곽희(郭熙), 『임천고치(林泉高致)』

권근(權近), 『양촌집(陽村集)』

권기(權紀), 『영가지(永嘉誌)』

김득신(金得臣), 『백곡집(栢谷集)』

김석항(金錫恒), 『손와유고(損窩遺稿)』

김정호(金正浩), 『동여도지(東輿圖志)』, 『여도비지(輿圖備志)』, 『대동지지(大東地志)』

김정희(金正喜), 『완당전집(阮堂全集)』

김종직(金宗直), 『점필재집(佔畢齋集)』

김홍경(金鴻卿), 『중등만국신지지(中等萬國新地志)』

남극관(南克寬), 『몽예집(夢囈集)』

밀러, 『초학디지』

박규수(朴珪壽), 『환재집(瓛齋集)』

서거정(徐居正), 『필원잡기(筆苑雜記)』

서계여(徐繼畬), 『영환지략(瀛環志略)』

서명응(徐命膺), 『보만재총서(保晩齋叢書)』, 『위사(緯史)』

성여신(成汝信), 『진양지(晉陽志)』

성해응(成海應), 『동국명산기(東國名山記)』

신경준(申景濬), 『여암유고(旅菴遺稿)』, 『강계고(疆界考)』, 『도로고(道路考)』, 『사연고(四
    沿考)』, 『산수고(山水考)』

신숙주(申叔舟), 『해동제국기(海東諸國紀)』

신헌(申櫶), 『신대장군집(申大將軍集)』

안정복(安鼎福), 『순암선생문집(順菴先生文集)』, 『동사강목(東史綱目)』, 『순암집(順菴集)』

애유략(艾儒略), 『직방외기(職方外紀)』

오횡묵(吳宖默), 『여재촬요(輿載撮要)』

우하영(禹夏永), 『천일록(千日錄)』

원영의(元泳義), 『조선산수도경(朝鮮山水圖經)』

위백규(魏伯珪), 『환영지(寰瀛誌)』

위원(魏源), 『해국도지(海國圖志)』

유길준(兪吉濬), 『서유견문(西遊見聞)』

유득공(柳得恭), 『발해고(渤海考)』, 『사군지(四郡志)』

유몽인(柳夢寅), 『어우야담(於于野談)』

유형원(柳馨遠), 『동국여지지(東國輿地志)』

윤두수(尹斗壽), 『평양지(平壤志)』

윤정기(尹廷琦), 『동환록(東寰錄)』

이규경(李圭景), 『오주연문장전산고(五洲衍文長箋散稿)』

이규보(李奎報), 『동국이상국집(東國李相國集)』

이긍익(李肯翊), 『연려실기술(燃藜室記述)』

이덕무(李德懋), 『청장관전서(靑莊館全書)』

이만채(李晩采), 『벽위편(闢衛編)』

이상의(李尙毅), 『성천지(成川志)』

이석형(李石亨), 『저헌집(樗軒集)』

이세욱(李世郁), 『견성지(堅城誌)』

이수광(李睟光), 『지봉유설(芝峰類說)』, 『승평지(昇平誌)』

이식(李植), 『북관지(北關誌)』

이원진(李元鎭), 『탐라지(耽羅誌)』

이이명(李頤命), 『소재집(疎齋集)』

이익(李瀷), 『성호사설(星湖僿說)』, 『성호선생문집(星湖先生文集)』

이종휘(李種徽), 『수산집(修山集)』

이중환(李重煥), 『택리지(擇里志)』

이첨(李詹), 『쌍매당협장집(雙梅堂篋藏集)』

이형상(李衡祥), 『남환박물(南宦博物)』

장지연(張志淵), 『대한강역고(大韓疆域考)』, 『대한신지지(大韓新地志)』

장현광(張顯光), 『여헌선생속집(旅軒先生續集)』

정구(鄭逑), 『함주지(咸州志)』

정약용(丁若鏞), 『여유당전서(與猶堂全書)』, 『아방강역고(我邦疆域考)』, 『대동수경(大東水經)』

정인보(鄭寅普), 『담원정인보전집(薝園鄭寅普全集)』

정조(正祖), 『홍재전서(弘齋全書)』

조구명(趙龜命), 『동계집(東谿集)』

최석정(崔錫鼎), 『명곡집(明谷集)』

최한기(崔漢綺), 『추측록(推測錄)』, 『지구전요(地球典要)』

한백겸(韓百謙), 『동국지리지(東國地理志)』

한장석(韓章錫), 『미산집(眉山集)』

한진서(韓鎮書), 『해동역사속(海東繹史續)』

허균(許筠), 『성소부부고(惺所覆瓿藁)』

헐버트, 『사민필지(士民必知)』, 『ᄉ민필지』

현채(玄采), 『대한지지(大韓地誌)』

혜초(慧超), 『왕오천축국전(往五天竺國傳)』

홍대용(洪大容), 『담헌서(湛軒書)』

황윤석(黃胤錫), 『이재난고(頤齋亂藁)』, 『이재전서(頤齋全書)』

2. 지도 자료

『각국도(各國圖)』(국립중앙도서관 소장)

『강역전도(疆域全圖)』(일본 동양문고 소장)

『강원도지도(江原道地圖)』(경희대 혜정박물관 소장)

『곤여만국전도(坤輿萬國全圖)』(일본 미야기현립도서관 소장)

『곤여전도(坤輿全圖)』(숭실대학교 한국기독교박물관 소장)

『광여도(廣輿圖)』(일본 국립공문서관 소장)

『광주평장동도(光州平章洞圖)』(서울역사박물관 소장)

『금강내산총도(金剛內山總圖)』(국립중앙박물관 소장)

『남원부지도(南原府地圖)』(서울대 규장각한국학연구원 소장)

『대동여지도(大東輿地圖)』(국립중앙박물관 소장)

『대동여지도(大東輿地圖)』필사본(국립중앙도서관 소장)

『대명혼일도(大明混一圖)』(북경 중국제1역사아카이브 소장)

『대조선국전도(大朝鮮國全圖)』(서울대 규장각한국학연구원)

『대한여지도(大韓輿地圖)』(서울역사박물관 소장)

『대한제국지도(大韓帝國地圖)』(개인 소장)

『도성도(都城圖)』(서울대 규장각한국학연구원 소장)

『동국대전도(東國大全圖)』(국립중앙박물관 소장)

『동국여지지도(東國輿地之圖)』(해남 녹우당 소장)

『동국지도(東國地圖)』(개인 소장)

『동국팔로분지도(東國八路分地圖)』(성신여대박물관 소장)

『동여(東輿)』(국립중앙박물관 소장)

『무안목포진지도(務安木浦鎭地圖)』(서울대 규장각한국학연구원 소장)

『산림약도(山林略圖)』(국립중앙박물관 소장)

『서북피아양계만리일람지도(西北彼我兩界萬里一覽之圖)』(서울대 규장각한국학연구원
　　소장)

『수선전도(首善全圖)』(국립중앙박물관 소장)

『아경지도(俄境地圖)』(영남대학교 박물관 소장)

『양의현람도(兩儀玄覽圖)』(숭실대학교 한국기독교박물관 소장)

『여지도(輿地圖)』(중국 뤼순박물관 소장)

『여지전도(輿墜全圖)』(서울역사박물관 소장)

『역대지리지장도(歷代地理指掌圖)』(上海古籍出版社 영인본)

『오천축도(五天竺圖)』(일본 호류지 소장)

『요계관방지도(遼薊關防地圖)』(서울대 규장각한국학연구원)

『장운도(掌運圖)』(국립민속박물관 소장)

『조선도(朝鮮圖)』(일본 오사카부립도서관 소장)

『조선방역지도(朝鮮方域之圖)』(국사편찬위원회 소장, 국보 제248호)

『조선지도(朝鮮地圖)』(서울대 규장각한국학연구원 소장)

『조선팔도고금총람도(朝鮮八道古今總覽圖)』(서울역사박물관 소장)

『조선팔도통합도(朝鮮八道統合圖)』(서울역사박물관 소장)

『지구도(地球圖)』(국립중앙박물관 소장)

『지구전후도(地球前後圖)』(서울대 규장각한국학연구원 소장)

『천상열차분야지도(天象列次分野之圖)』(국립고궁박물관 소장)

『천상열차분야지도(天象列次分野之圖)』필사본(국립중앙박물관 소장)

『천지도(天地圖)』(국립중앙박물관 소장)

『천하고금대총편람도(天下古今大總便覽圖)』(서울역사박물관 소장)

『천하도지도(天下都地圖)』(서울대 규장각한국학연구원)

『철옹성전도(鐵甕城全圖)』(서울대 규장각한국학연구원)

『청구관해방총도(靑丘關海防總圖)』(국립중앙박물관 소장)

『청구도(靑邱圖)』(서울대 규장각한국학연구원 소장)

『팔도지도(八道地圖)』(서울대 규장각한국학연구원 소장)

『해동도(海東圖)』(호암미술관 소장)

『해동삼국도(海東三國圖)』(서울대 규장각한국학연구원 소장)

『해동여지도(海東輿地圖)』(국립중앙도서관 소장)

『해동지도(海東地圖)』(서울대 규장각한국학연구원 소장)

『해동팔도봉화산악지도(海東八道烽火山岳之圖)』(고려대학교 박물관 소장)

『해방도(海防圖)』(국립중앙박물관 소장)

『해안해도(海岸海圖)』(국립중앙박물관 소장)

『혼일강리역대국도지도(混一疆理歷代國都之圖)』(일본 류코쿠대 소장)

『혼일역대국도강리지도(混一歷代國都疆理地圖)』(인촌기념관 소장)

『화이도(華夷圖)』(중국 시안 碑林박물관 소장)

『황명여지지도(皇明輿地之圖)』(일본 국립공문서관 소장)

『회입곤여만국전도(繪入坤輿萬國全圖)』(서울대학교 박물관 소장)

3. 단행본

국립중앙박물관, 『오사카 부립도서관 소장의 조선도』, 2007.

국립지리원, 『고산자 김정호 기념사업 연구보고서』, 2001.

국토지리정보원, 『한국 지도학 발달사』, 2008.

노혜정, 『지구전요』에 나타난 최한기의 지리사상』, 한국학술정보, 2005.

류강 지음, 이재훈 옮김, 『고지도의 비밀』, 글항아리, 2011.

민족문화추진회, 『국역고려도경』, 1977.

朴仁鎬, 『朝鮮後期 歷史地理學 硏究』, 이회, 1996.

박인호, 『조선시기 역사가와 역사지리인식』, 이회, 2003.

박종채 저, 김윤조 역주, 『역주 과정록』, 태학사, 1997.

방동인, 『한국의 지도』, 세종대왕기념사업회, 1976.

방동인, 『한국지도의 역사』, 신구문화사, 2001.

배우성, 『조선후기 국토관과 천하관의 변화』, 일지사, 1998.

배우성, 『조선과 중화』, 돌베개, 2014.

서울대학교 규장각, 『조선시대 지방지도』, 1995.

서울대학교 규장각한국학연구원, 『조선후기 대축척 조선분도—정상기의 『동국지도』 수 정본 계통—』, 2007.

徐仁源, 『朝鮮初期 地理志 研究—『東國輿地勝覽』을 중심으로—』, 혜안, 2002.

스켈톤 저·안재학 역, 『탐험지도의 역사』, 새날, 1995.

오상학, 『옛 삶터의 모습 고지도』, 통천문화사, 2005.

오상학, 『조선시대 세계지도와 세계인식』, 창비, 2011.

오상학, 『천하도, 조선의 코스모그라피』, 문학동네, 2015.

오지 도시아키 지음, 송태욱 옮김, 『세계지도의 탄생』, 알마, 2010.

오홍석, 『현대 한국지리학사』, 도서출판 줌·북메이트, 2004.

윤경진, 『高麗史 地理志의 分析과 補正』, 여유당출판사, 2012.

위원학, 『한국의 전통적 지역이론 택리지 연구』, 신양사, 1993.

이상태, 『한국고지도발달사』, 혜안, 1999.

李龍範, 『韓國科學思想史研究』, 東國大學校出版部, 1993.

李祐炯, 『大東輿地圖의 讀圖』, 匡祐堂, 1990.

이진호, 『大韓帝國地籍 및 測量史』, 土地, 1989.

李燦, 『韓國古地圖』, 韓國圖書館學研究會, 1971.

李燦, 『韓國의 古地圖』, 범우사, 1991.

이찬·양보경, 『서울의 옛 지도』, 서울학연구소, 1995.

임종태, 『17, 18세기 중국과 조선의 서구 지리학 이해』, 창비, 2012.

全相運, 『韓國科學技術史』 제2판, 正音社, 1988.

정기준, 『고지도의 우주관과 제도원리의 비교연구』, 경인문화사, 2013.

鄭在書 譯註, 『山海經』, 民音社, 1985.

朝鮮總督府 編 『朝鮮金石總覽』 上卷, 1919.

제러미 블랙 저, 김요한 역, 『세계지도의 역사』, 지식의숲, 2006.

최창조, 『한국의 풍수사상』, 민음사, 1984.

최홍규, 『우하영의 실학사상 연구』, 일지사, 1995.

河宇鳳, 『朝鮮後期實學者의 日本觀研究』, 一志社, 1989.

한국문화역사지리학회편, 『한국역사지리』, 푸른길, 2011.

한국역사민속학회, 『한국의 암각화』, 한길사, 1996.

한국정신문화연구원, 『한국민족문화대백과사전』, 1991.

홍시환, 『지도의 역사』, 전파과학사, 1976.

洪以燮, 『朝鮮科學史』, 正音社, 1946.

王庸, 『中國地理學史』, 商務印書館, 1938.

王成組, 『中國地理學史』, 商務印書館, 1988.

劉迎胜 主編, 『『大明混一圖』与『混一疆理圖』研究』, 風鳳出版社, 2010.

李孝聰, 『歐洲收藏部分中文古地圖叙錄』, 國際文化出版公司, 1996.

曹婉如 外(編), 『中國古代地圖集: 明代』, 文物出版社, 1995.

宮紀子, 『モンゴル帝國が生んだ世界圖』, 日本經濟新聞出版社, 2007.(미야 노리코, 김유
    영 역, 『조선이 그린 세계지도』, 소와당, 2010.)

藤田元春, 『日本地理學史』, 刀江書院, 1932.

梶井陟 譯, 『択里志』, 成甲書房, 1983.

野間三郎·松田信·海野一隆, 『地理學の歷史と方法』, 大明堂, 1959.

応地利明, 『繪地圖の世界像』, 岩波新書, 1996.

織田武雄, 『地圖の歷史』, 講談社, 1974.

海野一隆, 『東洋地理學史: 日本篇』, 清文堂出版株式會社, 2005.

Bagrow, Leo(Ed. R.A. Skelton), *History of Cartography*, 1966.

Choi Yoon, Inshil, *Yi Chung-Hwan's T'aengniji, The Korean Classic for Choosing Settlement*,
    Wild Peony, 1998.

Harley, J. B., and David Woodward, eds., *The History of Cartography*, vol.2, book.2, University
    of Chicago Press, 1994.

Needham, Joseph, *Science and Civilisation in China Vol.3, Mathematics and the Science of the
    Heavens and the Earth*, Cambridge University Press, 1959.

Short, J. R., *Korea: A Cartographic History*, University Of Chicago Press, 2012.

4. 논문

강창용, 「16세기 사찬 읍지의 연구:『咸州志』를 중심으로」, 숭실대학교 석사학위논문,
　　1998.

강철성, "문답 대한신지지 내용 분석—자연지리를 중심으로", 『한국지형학회지』 17-4,
　　2010.

고동환, "旅庵 申景濬의 학문과 사상", 『지방사와 지방문화』 6-2, 2003.

고창석, "제주도 관계 지지류의 현황", 『제주목 지지총람』, 제주시, 2002.

권선정, "한국의 전통지리 풍수의 재현물로서 고지도", 『문화역사지리』 23-3, 2011.

權五榮, 「惠岡 崔漢綺의 學問과 思想 研究」, 한국정신문화연구원 한국학대학원 박사학
　　위논문, 1994.

권정화, "이중환의 택리지", 『공간이론의 사상가들』, 한울, 2001.

김기혁, "조선후기 방안식 군현지도의 발달 연구—'東國地圖 三'을 중심으로—", 『문화역
　　사지리』 19-1, 2007.

金斗日, "大東輿地圖의 공간적 정확성", 문화역사지리 6호, 1994.

김문식, "18세기 徐命膺의 세계지리 인식", 『한국실학연구』 11, 2006.

김문식, "『보만재총서』 해제", 『보만재총서』 1, 규장각자료총서 과학기술편, 2006.

김문식, "16~17세기 寒岡 鄭逑의 地理志 편찬", 『민족문화』 29집, 2006.

金相洙, 「大東輿地圖 製作의 測地學的 分析」, 연세대 석사학위논문, 1986.

金良善, "韓國古地圖研究抄", 『梅山國學散稿』, 崇田大學校 博物館, 1972.

金在完, "〈민필지(土民必知)에 대한 小考", 『문화역사지리』 13-2, 2001.

金貞培, "首善全圖考", 『史叢』 제8집, 1963.

김종혁, "산경표의 문화지리학적 해석", 『문화역사지리』 14-3, 2002.

김태웅, "근대개혁기 전국지리지의 기조와 특징", 『규장각』 43, 2013.

김혁, "우하영의 지리적 사유와 그 문화적 위치—'팔도론'과 '풍토론' 사이—", 『규장각』
　　43, 2013.

노도양, "한국의 지지 편찬사", 『한국지지: 총론』, 건설부 국립지리원, 1979.

盧禎埴, 「韓國의 古世界地圖研究」, 효성여자대학교 박사학위논문, 1992.

노혜정, 「최한기의 지리사상 연구: 『地球典要』를 중심으로」, 서울대학교 박사학위논문, 2003.

노희방, "여지도서에 게재된 읍지도에 관한 연구", 『지리학과 지리교육』 10, 1980.

도도로키 히로시, "『距京程里表』의 내용·유형과 계통에 관한 연구", 『대한지리학회지』 45-5, 2010.

류명환, "신경준의 『도로고』 필사본 연구", 『문화역사지리』 26-3, 2014.

朴星來, "이익의 서양과학 수용", 『東園 金興培博士 古稀紀念 論文集』, 1984.

박영한, "淸潭 李重煥의 地理思想에 關한 硏究", 『지리학논총』 4, 1977.

박인호, "동환록에 나타난 윤정기의 역사지리 인식", 『조선시대의 사회와 사상』, 조선사회연구회, 1998.

박종석, "개화기 역관의 과학교육활동: 현채를 중심으로", 『한국과학교육학회지』 29(6), 2009.

배우성, "18세기 전국지리지 편찬과 지리지 인식의 변화", 『한국학보』 22-4, 1996.

裵祐晟, "古地圖를 통해 본 조선시대의 세계인식", 『震檀學報』 83호, 1997.

배우성, "정조시대 동아시아 인식과 『해동삼국도』", 『정조시대의 사상과 문화』, 돌베개, 1999.

배우성, "서구식 세계지도의 조선적 해석, 〈천하도〉", 『한국과학사학회지』 제22권 제1호, 2000.

배우성, "擇里志에 대한 역사학적 讀法: 필사본 비교연구를 중심으로", 『한국문화』 33집, 서울대 한국문화연구소, 2004.

배우성, "「대동여지도」 연구의 쟁점과 과제", 『한국과학사학회지』 28-1, 한국과학사학회, 2006.

성남해, "대동여지도 연구의 제문제: 제1편 대동여지도의 축척과 조선전통 10리(1)", 『측량』 53, 2000.

손승철, "조유 교린체제의 구조와 특징", 『조선과 유구』, 아르케, 1999.

안휘준, "옛지도와 회화", 『우리 옛지도와 그 아름다움』, 효형출판, 1999.

야마다 마사히로(山田正浩), "일본 江戶 시대의 지방지 편찬에 대하여—尾張藩의 사례를 중심으로—", 『문화역사지리』 16-1, 2004.

양보경, "조선시대 읍지의 성격과 지리적 인식에 관한 연구", 『지리학논총』 별호3, 1987.

양보경, "古山子 地志의 現代的 評價", 『지리학』 26-2, 1991.

양보경, "반계 유형원의 지리사상: 동국여지지와 군현제의 내용을 중심으로", 『문화역사지리』4, 1992.

양보경, "조선시대의 자연인식체계," 『한국사시민강좌』 제14집, 일조각, 1994.

楊普景, "朝鮮時代의 地方地圖—高宗代 郡縣地圖를 중심으로—", 『朝鮮時代 地方地圖』(서울대 규장각 전시회 도록), 1995.

楊普景, "崔漢綺의 地理思想", 『震檀學報』 81, 1996.

양보경, "정약용의 지리인식—대동수경을 중심으로", 『정신문화연구』 67, 한국정신문화연구원, 1997.

양보경, "대동여지도", 『한국사시민강좌』 23, 1998.

양보경, "여암 신경준의 지리사상", 『월간국토』 5월호, 1999.

양보경, "일본 대판부립도서관 소장 朝鮮圖의 고찰", 『서지학연구』 17집, 1999.

양보경, "고산자 김정호의 지리지 편찬과 그 의의", 『고산자 김정호 기념사업 연구보고서』, 2001.

양윤정, "18세기 여지도서 편찬과 군현지도의 발달", 『규장각』 43, 서울대학교 규장각한국학연구원, 2013.

양재성, 「硏經齋 成海應의 山水記 硏究—『東國名山記』를 중심으로」, 영남대학교 석사학위논문, 2010.

양진석, "18세기말 전국지리지 『해동여지통재』의 추적", 『규장각』 43, 2013.

오상학, 「정상기의 『동국지도』에 관한 연구—제작과정과 사본들의 계보를 중심으로—」, 서울대학교 석사학위논문, 1994.

오상학, "목판본 輿地全圖의 특징과 地理思想史的 意義", 『韓國地圖學會誌』, 제1권 제1호, 사단법인 한국지도학회, 2001.

오상학, "조선후기 圓形 天下圖의 특성과 세계관", 『지리학연구』 제35권 제3호, 한국지리교육학회, 2001.

오상학, "고산자 김정호의 지도제작과 그 의의", 『고산자 김정호 기념사업 연구보고서』, 국립지리원, 2001.

오상학, "조선시대의 일본지도와 일본 인식", 『대한지리학회지』 38-1, 2003.

오상학, "조선시대 지도제작의 문화적 특성", 『국사관논총』 107, 국사편찬위원회, 2005.

오상학, "조선시대 지도에 표현된 대마도 인식의 변천", 『국토지리학회지』, 2009.

오상학, "조선후기 세계지리지에 대한 시론적 고찰", 『규장각』 43, 2013.

윤홍기, "대동여지전도의 지도 족보론적 연구", 『문화역사지리』 3, 1991.

이경희, "『지봉유설(芝峯類說)』에 나타난 이수광의 세계 인식—외국부(外國部) 외국조

(外國條) 기사를 중심으로",『문명교류연구』제2호, 2011.

이기봉, "정상기의『동국지도』수정본 계열의 제작 과정에 대한 연구",『문화역사지리』제
　　20권 제1호, 2008.

이기봉, "국립중앙도서관 소장『동여편고』연구",『한국지역지리학회』18-1, 2012.

이면우·최승언, "한국 근대교육기(1876-1910) 지문학 교과",『한국지구과학회지』20-4,
　　1999.

이민석, "1886년 박문국의『만국정표』출간과 세계지리 정보의 유통",『한국사연구』166,
　　2014.

이우형·오상학, "국립중앙박물관 소장『조선지도』의 지도사적 의의",『문화역사지리』제
　　16권, 제1호, 2004.

李元淳, "崔漢綺의 世界地理認識의 歷史性: 惠岡學의 地理學的 側面",『문화역사지리』
　　4호, 1992.

李燦, "한국지리학사",『한국문화사대계』제3권(과학기술사), 고대민족문화연구소, 1970.

李燦, "十八世紀 耽羅地圖考",『지리학과 지리교육』9-1, 1979.

李燦, "朝鮮前期의 世界地圖",『학술원논문집(人文社會科學篇)』제31집, 1992.

李燦, "『海東諸國紀』의 日本 및 琉球國地圖",『문화역사지리』제4호, 1992.

이형윤, 「조선시대 산도를 통해서 본 지리인식」, 대구가톨릭대학교 박사학위논문, 2010.

임상선, "『삼국유사』말갈발해조의『指掌圖』",『동북아역사논총』18호, 2007.

임은진·서태열, "여재촬요의 세계지리영역에 대한 고찰",『사회과교육』51-4, 2012.

임종태, "議政府의 세계지도, 「混一疆理歷代國都之圖」",『문화역사지리』27-1, 2015.

장보웅·손용택, "芝峯 李睟光의 지리적 세계관",『문화역사지리』16-1, 2004.

장상훈, "조선후기 대축척 조선전도의 발달과 동여",『문화역사지리』19-1, 2007.

장상훈, "조선후기 분첩식 대축척 전국지도의 제작과 조선도",『문화역사지리』20-2,
　　2008.

장지연, "풍수의 역사성과 고지도 재현의 상관성에 대한 검토",『한국고지도연구』3-2,
　　2011.

장진숙, 「국립중앙도서관 소장 필사본『대동여지도』연구」, 부산대학교 교육대학원 석사
　　학위논문, 2008.

정대영, "1899년 全國邑誌相送令과 읍지편찬 연구",『書誌學報』제38호, 2011.

정수일, "『지봉유설』속 외국명 고증문제",『문명교류연구』제2호, 2011.

조지형, "『混一疆理歷代國都之圖』의 아프리카: 비교사적 검토",『이화사학연구』제45집,

2012.

陳準鉉, 「檀園 金弘道 硏究」, 서울대학교 박사학위논문, 1998.

최영준, "『택리지』: 한국적 인문지리서", 『진단학보』 69, 1990.

최영준, "조선후기 지리학 발달의 배경과 연구 전통", 『문화역사지리』 제4호, 1992.

최창모, 《혼일강리역대국도지도(混一疆理歷代國都之圖)》(1402년)의 제작 목적 및 정치 사회적 배경에 관한 연구", 『한국이슬람학회논총』 23-1, 2013.

崔昌祚, "旅菴 申景濬의 地理學解釋", 『茶山學報』 第8輯, 茶山學硏究所, 1986.

河宇鳳, "實學派의 對外認識", 『국사관논총』 76집, 1997.

汪前進·胡啓松·劉若芳, "絹本彩繪大明混一圖硏究", 『中國古代地圖集』(明代), 文物出版社, 1995.

錢健, "日本藏《混一疆理历代国都之图》初本之考述", 『中國學論叢』 36, 2012.

曹婉如, "『歷代地理指掌圖』硏究", 曹婉如 外編, 『中國古代地圖集』(全國一元), 文物出版社, 1999.

上里隆史·深瀨公一郎·渡辺美季, "沖繩縣立博物館所藏『琉球國圖』", 『古文書硏究』 60號, 2005.

船越昭生, "マテオリッチ作成世界地圖の中國に對する影響について", 『地圖』 第9卷, 1971.

小川琢治, "近世西洋交通以前の支那地圖に就て", 『地理雜誌』 258-160號, 1910.

室賀信夫·海野一隆, "日本に傳われた佛敎系世界地圖について", 『地理學史硏究』 1, 柳原書店, 1957.

田保橋潔, "朝鮮測地史上の一業蹟", 『歷史地理』 60-6, 1932.

海野一隆, "李朝朝鮮における地図と道敎", 『東方宗敎』 57, 1981.

Fuchs, W., 織田武雄 譯, "北京の明代世界圖について", 『地理學史硏究』 2, 1962.

Ledyard, Gari., "Cartography in Korea", in *The History of Carrography* Vol.2, Book.2, eds. J. B. Harley and David Woodward, University of Chicago Press, 1994.(장상훈 옮김, 『한국 고지도의 역사』, 소나무, 2011.)

McCune, Shannon, "The Chonha Do-A Korean World Map", *Journal of Modern Korean Studies* 4, 1990.

Yang, Bo-kyung, "Traditional Geography", in *Korean Geography and Geographers*, eds. The Organizing Committee of the 29th International Geographical Congress.(제29차세계지리학대회조직위원회, 『한국의 지리학과 지리학자』, 한울, 2001.)

Yi, Ik Seup, "A Map of the World," *Korean Repository* 1, 1892.

Yoon, Hong-key, "The expression of landforms in chinese geomantic maps", *The Cartographic Journal 29*, 1992.

지구과학(地球科學), 215, 397, 419, 422, 427

『지구도(地球圖)』, 212-13, 302

『지구도설(地球圖說)』, 397-98

지구설(地球說), 34, 60, 68, 137, 207, 216, 218, 220-21, 223, 227, 229, 236, 396, 422, 447, 454

「지구운화(地球運化)」, 397

지구의(地球儀), 207, 213-15, 298, 447

「지구전도(地球前圖)」, 220

『지구전요(地球典要)』, 207, 209-211, 213-14, 397, 399, 450

「지구전후도(地球前後圖)」, 210, 213-14, 398

『지구전후도(地球前後圖)』, 51, 207-209, 213-14, 221, 298, 301-302, 308

지군사(知郡事), 183

지대구도사(知大丘都事), 172

「지도식(地圖式)」, 318

『지도연의(地圖衍義)』, 48

「지도유설(地圖類說)」, 61, 305, 326

지도책(atlas), 62, 118, 211, 213, 242, 245, 250, 275, 301, 308, 314, 322, 407, 444, 453-54

지도첩(地圖貼), 154, 211, 242, 251, 258, 260, 282, 287, 290, 453

지도학(地圖學, cartography), 18-19, 21, 23-27, 43-44, 57, 61-62, 67, 95, 97-100, 110, 131, 137, 156, 201, 255, 297, 299, 308-310, 313, 318, 321, 327, 330, 347, 380, 407-408, 411, 413, 415, 442, 444-47, 453-55

『지도학의 역사(The History of Cartography)』, 23, 141

지도화(mapping), 16, 57, 69

지리학(地理學, geography), 16-22, 26-28, 33, 36, 38-40, 43, 79-81, 85, 95, 108, 110, 137, 180, 306, 310, 327, 329, 352, 354, 373, 376-77, 387, 396, 418-19, 426, 436, 438-39, 442, 451, 454-455

『지리학안내』, 143

지반(志磐), 38

『지봉유설(芝峯類說)』, 102, 202, 387-88, 390, 392, 394, 450

지사(知事), 54, 111

지세의(地勢儀), 214

지심론(地心論), 216

지역지리(地域地理), 376, 436-37, 439

지역지리학(地域地理學, regional geography), 79, 81, 387, 451

지원설(地圓說), 67

지인상관론(地人相關論), 180, 439

지자기(地磁氣), 58

『지장도(指掌圖)』→역대지리지장도 참조

지중추부사(知中樞府事), 192

지증왕(智證王), 123

지지용(智之用), 52, 111

지지학(地誌學), 18-19, 22-23, 25-27, 43, 79, 81-85, 103, 120, 126, 170, 191, 210, 332, 352, 360, 377, 386, 397, 417, 430, 442, 448-53, 455

직방세계(職方世界), 37, 159-60, 162, 221, 224, 226-27, 240, 282, 388, 392

직방씨(職方氏), 37, 44, 84-85

『직방외기(職方外紀)』, 201, 203-205, 215, 226, 391-92, 394-96, 428

직제학(直提學), 184

진경산수화(眞景山水畵), 75, 444

Contents in English

History of Korean Traditional Geography

....

by Sanghak, Oh
Professor, Department of Geography Education
Jeju National University

Introduction

Chapter 1: The Nature and Subject of Traditional Geography
Chapter 2: Traditional Geography before the Joseon Dynasty
Chapter 3: Traditional Geography in the Early Joseon Dynasty
Chapter 4: Traditional Geography in the Late Joseon Dynasty
Chapter 5: Introduction of Modern Geography and Its Limitations

Conclusion